지은이 ¦ 미셸 드 세르토 Michel de Certeau

역사가이자 예수회 사제로서 신학과 인류학, 정신분석과 문화연구를 넘나든 20세기 프랑스 지성사의 독특한 인물. 1925년 5월 프랑스 남부 샹베리에서 태어난 세르토는 그르노블 대학 등에서 철학을 공부한 뒤, 1950년 예수회에 들어가 1956년 사제 서품을 받는다. 1960년 소르본 대학에서 예수회 공동 창립자인 피에르 파브르의 신비주의 사상에 대한 논문을 제출, 종교학 박사학위를 받는다. 근대 초기 종교사 전문가가 된 세르토는 17세기의 저명한 신비주의자이자 구마사, 예수회 사제인 장조제프 쉬랭의 저술을 편찬하면서 동시에 정신분석학에 이끌려 라캉학파에 참여한다. 기호학과 아날학파의 방법론에도 관심을 기울이던 그는 68혁명을 적극적으로 옹호하고, 이후 현대사회와 일상성 문제에 천착해 문화이론가로도 입지를 다진다. 특히 일상의 층위에서 지배 권력에 맞선 미시 저항의 실천을 성찰한 전략/전술 개념은 20세기 후반 지성계에 큰 영향을 미친다.

세르토는 파리8대학 등에서 강의하다 1978년 미국으로 건너가 샌디에이고의 캘리포니아 대학 교수를 지내고, 1984년 파리로 돌아와 사회과학고등연구원에서 '신앙의 역사인류학' 분과를 맡지만, 1986년 1월 암으로 세상을 떠난다. 자신의 사후 유고를 정리하고 책으로 펴내는 일은 제자인 뤼스 지아르에게 일임한다.

주요 저서로는 『이방인 혹은 차이 속의 결합』(1969), 『루됭의 마귀들림』(1970), 『복수형의 문화』(1974), 『역사의 글쓰기』(1975), 『일상의 발명 1—실행의 기술』, 『일상의 발명 2—주거하기, 요리하기』(1980), 『신비주의의 우화 1』(1982), 『과학과 픽션 사이의 역사와 정신분석학』(1987), 『타자의 자리—종교사와 신비주의』(2005) 등이 있다.

옮긴이 ¦ 이충민

서강대학교 불어불문학과에서 학사·석사를 마쳤고 프랑스 파리8대학에서 박사과정을 수료했으며(D.E.A.), 서강대학교에서 프루스트 연구로 박사학위를 받았다. 현재 서강대학교 유럽문화학과 연구교수로 재직중이다. 지은 책으로 『통일성과 파편성—프루스트와 문학 장르』가 있고, 옮긴 책으로 질 들뢰즈의 『프루스트와 기호들』(공역), 란다 사브리의 『담화의 놀이들』 등이 있다.

감수 ¦ 이성재

서울대학교 역사교육과를 졸업하고 같은 학교 서양사학과 및 중앙대학교 연극학과에서 석사학위를 받았다. 프랑스 파리8대학에서 「무대에서의 양성의 형상」으로 연극학 박사학위를, 사회과학고등연구원에서 「16~17세기 프랑스 성직자들의 정신세계에 나타난 빈민의 형상과 구원의 추구」로 역사학 박사학위를 받았다. 현재 충북대학교 역사교육과 교수로 재직하고 있다.

루됭의 마귀들림

La Possession de Loudun
by Michel de Certeau

Copyright © Editions Gallimard 1973,
Nouvelle édition en 1980.
Korean translation copyright ©
MUNHAKDONGNE Publishing Corp.
2013. All rights reserved.

This Korean edition was published by
arrangement with Editions Gallimard
through Sibylle Books Literary Agency,
Seoul.

이 책의 한국어판 저작권은 시빌에이전시를
통해 프랑스 Gallimard 사와 독점 계약한
(주)문학동네에 있습니다. 저작권법에 의해
한국 내에서 보호를 받는 저작물이므로 무단
전재 및 무단 복제를 금합니다.

책의 판본에 대하여

이 책은 1970년 피에르 노라와 자크 르벨이 기획한 '아카이브' 총서로 쥘리아르 출판사에서 처음 출간되었으며, 이후 저자가 몇 군데 손질을 하여 1980년과 1990년에 갈리마르/쥘리아르 출판사에서 같은 총서로 다시 간행되었다. 뤼스 지아르의 검토로 확정된 본 판본에는 저자가 소장하고 있던 출간본에 직접 표시한 수정사항이 모두 반영되어 있다. 또한 여타 확인 과정을 통해 발견된 세부 오류들도 모두 수정했으며, 주석과 출전의 형식도 통일시켜 분명히 했고, 인명 찾아보기를 추가했다. 반면 저자의 본래 글은 전혀 손대지 않았으며, 인용된 문헌의 철자법이 맞지 않거나 언급된 인물의 신원에 관한 일부 자료가 불분명한 경우(세례명의 혼동, 성姓의 오기誤記나 축약, 표기법 변경 등)에도 저자의 원문을 존중해 수정하지 않았다. 이런 문제는 찾아보기를 참조하면 해결에 도움이 될 것이다.

문학동네 인문 라이브러리 6

루됭의 마귀들림

근대 초 악마 사건과 타자의 형상들

미셸 드 세르토 ¦ 지음 | 이충민 ¦ 옮김 | 이성재 ¦ 감수

문학동네

차례

역사는 결코 확실한 법이 없다 7
1 마귀들림은 어떻게 태어나는가? 23
2 마법의 원圓 43
3 마귀들림의 담론 63
4 피고 위르뱅 그랑디에 91
5 루됭의 정치: 로바르드몽 113
6 예심의 초반부(1633년 12월~1634년 4월) 135
7 마귀들린 여인들의 연극(1634년 봄) 149
8 의사들의 시선(1634년 봄) 189
9 진리의 기형학畸形學 211
   I 철학의 상상력 213
   II 신학이라는 거짓말쟁이 238
10 마법사에 대한 판결(1634년 7월 8일~8월 18일) 259
11 처형: 전설과 역사(1634년 8월 18일) 289
12 죽음 이후 문학이 305
13 영성의 시간: 쉬랭 신부 333
14 잔 데장주의 승리 357
   타자의 형상들 381

사료와 참고문헌 385
주 391
미셸 드 세르토 연보 407
해설 411
옮긴이의 말 423
찾아보기 425

일러두기

1 이 책은 Michel de Certeau, *La Possession de Loudun*(Editions Gallimard)을 완역한 것이다. 원서 초판은 1970년에 출간되었고, 1980년과 1990년 개정판이 나왔다. 한국어판 번역은 뤼스 지아르가 재검토해 확정한 2005년판을 저본으로 삼았다.
2 이 책은 '루됭의 마귀들림 사건' 관련 각종 문헌자료의 인용과 저자의 논평이 교차하는 독특한 구성으로 이루어져 있다. 원서에서는 저자의 논평이 이탤릭체로, 문헌자료 인용과 강조 등이 정자체로 되어 있다. 한국어판에서는 문헌자료 인용의 경우 청색 글씨로 표시했고, 강조는 따로 구분해 고딕체로 표시했다.
3 본문에서 { }는 원저자의 부연설명, [ ]는 역자의 부연설명이다.
4 책 뒤의 미주는 원주原註이며, 본문 하단의 주는 역주譯註이다.
5 단행본과 소책자, 정기간행물은 『 』로, 논문 등은 「 」로, 예술작품은 〈 〉로 표시했다.

프로이트적 서론

바이에른의 크리스토프 하이츠만(빈, 1677~1678 겨울)이 자신의 환상들을 재현하는 그림들을 보면 죽은 아버지가 유방을 가진 악마로 변신한다. 이 악마는 아버지의 법을 대신하는 다른 법전을 들고 있다.

프로이트는 이 사례를 「17세기의 악마 신경증」에서 분석한다. 악마와 신의 양가성, 악마적 아버지가 부재하는 아버지를 대체하게 만드는 계약, 새로운 법에의 복종과 신경증 환자가 그로부터 얻는 이득의 결합. (오스트리아 국립도서관 소장)

II

환영들

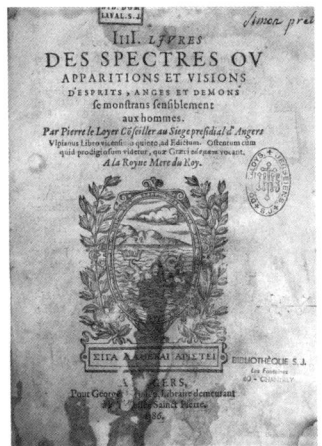

피에르 르루아예의 『유령들의 책』(1586) 겉표지. 파리, 프랑스 국립도서관 소장.

자크 칼로, 〈성 앙투안의 유혹〉, 부르주/뷜로.

III

무시무시한 환영은 풍경은 물론이고 식자들의 저작에도 나타난다. 이러한 상상계는 역사의 일부이다. 칼로의 건축물처럼 글쓰기에도 불안정한 환영이 들러붙어 있다. 환영이 불안정한 것은 그것이 관람객 내면의 정신인 동시에 관람객 앞의 사물이기 때문이다. 요컨대 환영은 세계에 관한 주체의 생산물인 동시에 세계에 관한 주체의 지각이라는 위험한 양면성으로 규정된다.

IV

조지프 글랜빌의 『사두개파 척결』(1691)
표제그림. 프랑스 국립도서관 소장.

악마들과 천사들을 천상의 위계 속에
배치하고 있던 우주론이 붕괴되면서 이들은
인간 세계로 진입한다. 거꾸로 인간은
천사나 악마가 된다. 경계선이 교란된다.

V

위쪽/아래쪽 그림: 성 이냐시오 생애의
일화들, 할러와 콜라르트의 판화집. 로마,
1609, 국립도서관 소장.

이냐시오 데 로욜라는 악마의 농노가 되기도
하고 악마의 주인이 되기도 한다. 하지만
악마는 밤이 되어 자기 세상이 되면 인간이
되지만 구마의식의 추적을 받는 낮 동안에는
짐승이 된다. 인간이라는 권력의 형상이
그려지는 것이다.

VI

어휘들

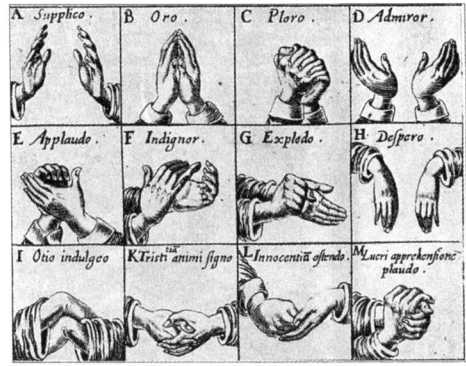

손의 모양들은 어떤 어휘집이 된다.
(존 불워, 『수화법手話法』, 1644, 프랑스
국립도서관 소장)

사물은 말이다. 예수 이름의 나열은 가시성의
사전이 된다. 책상 위 공간에 흩어진
은유들은 종교적 '형상'의 부재를 드러낸다.
(비에르크스, 『예수의 다양한 이름들의
알레고리』, 프랑스 국립도서관 소장)

VII

거짓말과 진실 사이의 전투, '이다'와 '아니다'
사이의 전투는 강박적이 되고 바로크적이
된다. 열린 무덤이나 파괴된 제국을 중심으로
끝없는 싸움이 벌어진다. 속담이 말하기를
'다들 틀렸으면서 다들 자기가 옳다고 여긴다.'
(만데러르의 삽화, 프랑스 국립도서관 소장)

VIII

신체의 설명그림

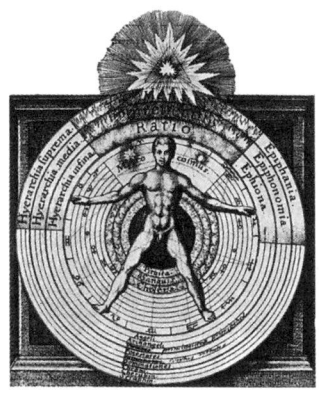

과거에 인간 신체는 하나의 소우주로 자연적·초자연적 위계체계들의 교차점에 놓여 있었다. 세계의 자식인 신체-왕도. (로버트 플러드, 『초자연·자연·반자연적 소우주론』, 오펜하임, 1629. 테오도르 드 브리의 삽화, 프랑스 국립도서관/Snark International)

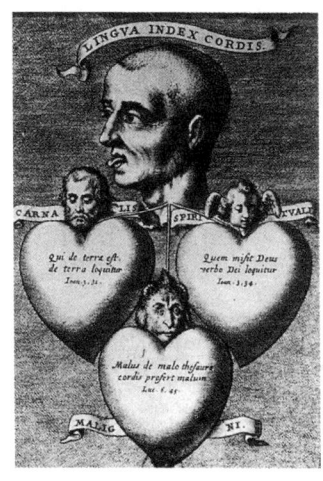

영성의 신체: 여러 개의 머리와 심장이 수수께끼 같은 관계로 연결되어 있다. 설사 혀끝이 내적 운동의 발현이라 해도 머리는 우리가 볼 수 없는 천상의 머리, 인간의 머리, 짐승의 머리에 대해 속임수이다. 혀는 여러 숨은 얼굴들의 비밀을 말해준다.(안톤 비에르크스의 삽화, 프랑스 국립도서관)

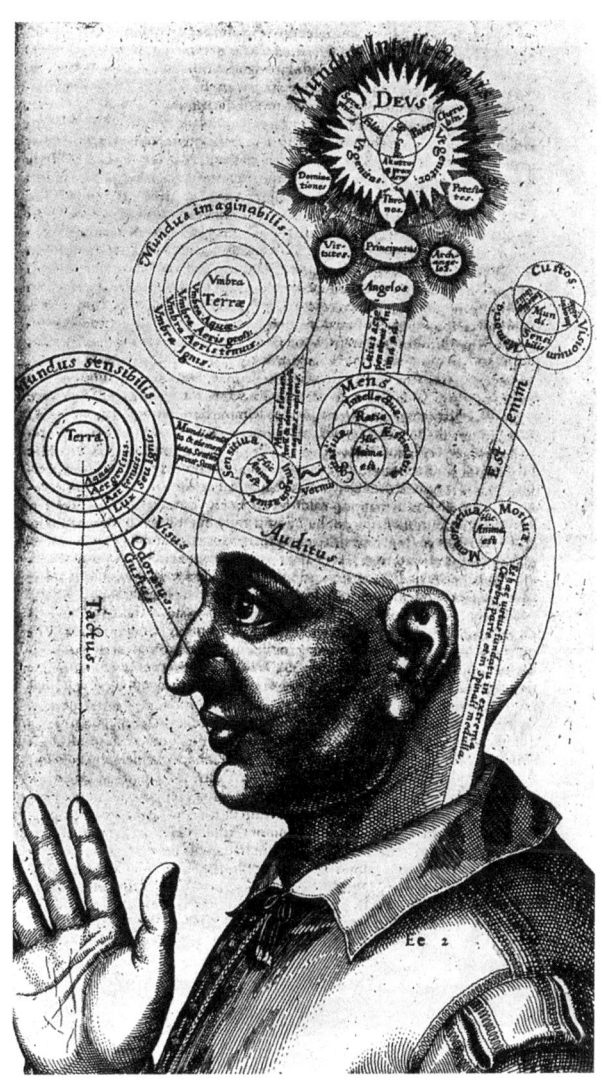

의학의 두뇌체: 뇌는 새로운 코스모스이다.
지식의 공간이자 대상인 두개골 속에서
땅과 하늘이 연결된다.(로버트 플러드,
『양 우주지兩宇宙誌』, 1629, 프랑스
국립도서관 소장)

X

'라로셸을 떠나는 악마'. 종교전쟁은 적을 악마로 만든다. 루됭의 연극은 라로셸의 폐왕廢王의 첫 '퇴장'을 되풀이하면서 일련의 유사한 '퇴장'들을 보여줄 것이다. (프랑스 국립도서관)

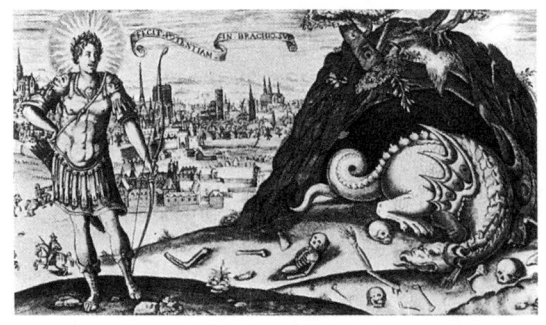

용과 맞설 새로운 신의 출현. 영광의 왕은 어제의 성 게오르기우스인 동시에 내일의 국가이성의 태양이다.(〈루이 13세에 대한 알레고리〉, 1617, 프랑스 국립도서관)

손과 계약

민간 성화聖畫 속의 잔 데장주. 마귀들린 여인은 악마의 동굴이었다가 신의 성막聖幕이 된다. 대중들에게 숭배의 대상이 되는 성스러운 기다란 손을 가진 여인-사물. (프랑스 국립도서관)

악마는 글을 쓰기 시작한다.(1634년 5월) 악마 아스모데오는 잔의 몸에서 '나갈' 것을 서면으로 약속하며, 그 덕에 왕립도서관에 들어간다.(프랑스 국립도서관)

XII

전성기의 위르벵 그랑디에.
(프랑스 국립도서관)

잔 데장주. 그녀는 가장 많은 자문을 받는
수녀원장이 되었다.(루됭)

루됭의 판사들.(프랑스 국립도서관)

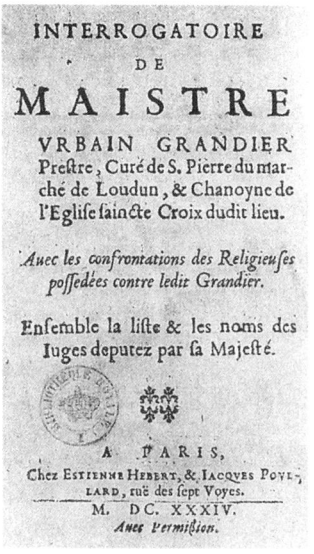

퐁뇌프 다리의 서적상들이 팔던 비방문 중
하나.(프랑스 국립도서관)

XIII

푸아티에의 주교로 재직하던 아직 젊은
시절의 라로슈포제.(1615) 세월이 흐르면서
그는 살이 찐다.

모험이 끝날 무렵의 쉬랭.
(프랑스 국립도서관)

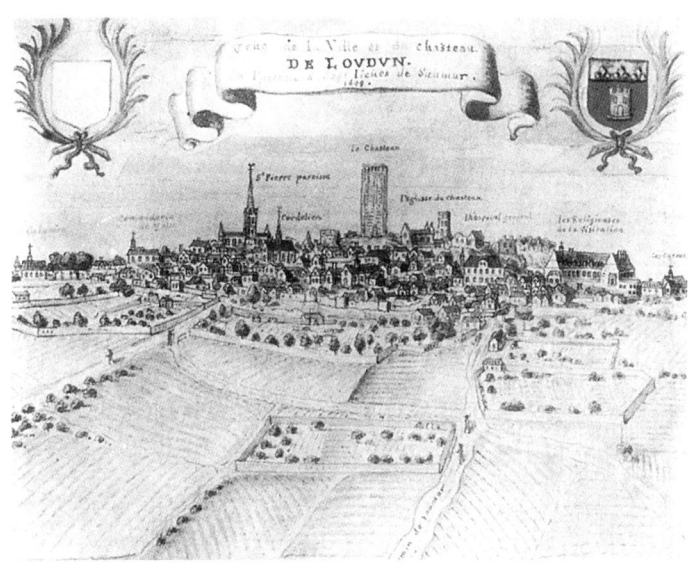

들판 한가운데 종탑들이 모여 있는 루됭.
(프랑스 국립도서관)

XIV

『위르벵 그랑디에라는 인물에 대해 루됭에서 이루어진 처형 장면을 생생히 보여주는 초상』, 푸아티에, 르네 알랭 출판사, 1634.(프랑스 국립도서관)

『위르벵 그랑디에의 사형판결과 처형의 초상』, 파리, 장 드 라누 출판사, 1634. (프랑스 국립도서관)

푸아티에의 카테드랄 거리와 코크 거리가 만나는 모퉁이에서 전설의 반열에 올라, 후대에 의해 조각되고, 세월에 의해 주름이 파인 그랑디에.(사진: 네세르)

루딩 탑.(사진: 장로베르 마송)

XVI

광기의 현존

카발레로비치의 영화 〈잔 데장주 수녀〉.
(1960. Snark, coll. Sirodeau.)

펜데레츠키의 오페라 〈루됭의 악마들〉,
함부르크, 1969.(사진: 프리츠 페이어)

역사는 결코 확실한 법이 없다

이상한 것들은 보통 우리 발밑에서 은밀히 돌아다니게 마련이다. 하지만 위기가 닥치기만 하면 이들은 홍수라도 난 것처럼 곳곳에서 지상으로 올라와, 하수구 뚜껑을 들어올리고 지하실에 스며들며 급기야는 시가지를 침범한다. 야음夜陰의 존재가 난폭하게 백주대낮으로 밀려오는 것은 낮의 주민들에게 언제나 놀라운 일이다. 하지만 이로 인해 지하의 삶이, 뿌리 뽑을 수 없는 내부 저항이 드러난다. 사회를 위협하는 어떤 힘이 덮칠 기회를 노리며 웅크리고 있다가 사회의 긴장 상황을 틈타 잠입하는 것이다. 별안간 이 힘이 긴장을 가중시킨다. 그 힘은 사회의 장치와 회로를 이용하는데, 이때 이 장치와 회로는 어떤 '불안'이 표출되는 수단이 된다. 그리고 그것은 멀리서 오는 예기치 못한 불안이다. 그 힘은 울타리를 부수고 사회의 배수로를 범람하고 길을 뚫는다. 나중에 물이 빠지면 그 길 끝에는 다른 풍경, 다른 질서가 나타날 것이다.

이는 이질적 요소의 침입인가 아니면 어떤 과거의 반복인가? 역사가는 결코 이 질문에 대답할 수 없다. 이런 돌연한 팽창이 일어나기만을 기다렸다는 듯 신화들이 되살아나서 강력히 부상하는 이 이상한 것들에게 표현수단을 제공하는 것이다. 이런 사회적 불안의 언어들은 현재의 한계를 거부하는 동시에 그 미래의 현실적 조건을 거부하는 것처럼 보인다. 흉터가 새로운 병에게 이전의 병과 동일한 자리를 지정해주는 것처럼, 이러한 언어는 시간이 흘러 도주하여 현재의 사건이 과거사가 되어버리기 전에 (혹은 한번 과거사가 되었던 일이 다시 귀환하기 전에?) 그러한 시간의 도주(혹은 역행)의 징후와 영역을 미리 정해준다.* 역사의 이례적 사건들irrégularités이 [각 시대의 새로운, 특수한 현상인 것이 아니라] 태곳적부터 수없이 되풀이된 일처럼 보이는 것은 이 때문이다. 마치 각각의 특이한 사건들이 어떤 몰역사적 시작始作으로, 어떤 불안의 어두운 심연으로 귀착되기라도 하는 것처럼 말이다. 평소에는 잠복해 있던 특정한 모티프singularité가 다수의 사건이 연달아 터지면서 [그 개별적 사건들을 통해] 발현되기라도 하는 것처럼 말이다. 하지만 이렇게 피상적 판단에 기초하여 '사실'을 서둘러 무시간적 중립성으로 환원시켜봐야 무슨 소용이 있겠는가? 공포를 역사에서 그렇게 쉽사리 추방해서 역사의 외곽·하부·법칙으로 만들어도 된단 말인가?

악마의 발현이라는 위기 상황

예전에는 이러한 이상한 움직임이 악마의 모습을 취하는 경우가 많았다. 물론 탈종교적 사회나 비종교적 사회라면 이는 다른 얼굴을 하게 된다. 그런데 16세기 말에서 17세기 초에 걸쳐 유럽을 휩쓸었던 것과 같은 마녀 사건sorcellerie과 마귀들림 사건possession의 거대한 부상은 종교적 문명 내부에 심각한 균열이 생기고 있었음을 보여준다. 그것은 아마도 종교라는 도구를 통해 표현될 수 있었던 마지막 균열이었을 것이고, 새로운 시작 이전의 마지막 균열이었을 것이다. 이 현상은 아직 무어라 말할 수 없는 어떤 종말을 표시하는 것처럼 보인다. 그렇기에 이는 종말론적인 것이 된다. 이 현상은 미래에 대해서도 불안을 드러내는데, 여기서는 그 불안을 표현하는 것

---

*불어에서 '시간의 도주fuite du temps'라는 표현은 돌이킬 수 없는 도도한 시간의 흐름을 뜻한다. 따라서 '시간의 도주'는 시간의 불가역적 소멸을, '시간의 귀환'은 시간의 가역적 재출현을 의미한다.

조차 공포와 억압의 대상이 된다. 이 현상은 임시방편의 (여전히 종교적인) 수단으로 어떤 구멍을 메우려 하는 것이기에 역으로 그 구멍의 존재를 확인해준다. 몇몇 집단은 사회 질서와 가치 체계가 상정하고 있던 어떤 '당연한 사실들'을 (스스로 입증할 수 없기에) 더 이상 믿지 않는다. 이렇게 견딜 수 없이 불안정한 상태를 벗어나려면 누구에게 도움을 청해야 할 것인가? 의혹이 확신을 갉아먹고, 누구의 도움도 기대할 수 없고, 현 상황에 어떤 의미를 부여해야 할지 알 수 없을 때 이런 상태를 대신할 확고한 근거를 어떻게 찾을 것인가? 악마 사건diablerie*은 이런 상태의 징후이자 잠정적 해결책이다.

악마의 발현이라는 위기 상황에는 이중의 의미가 있다. 이 위기는 한 문화의 균형이 깨졌음을 폭로하는 한편 그 변화 과정을 가속화하기도 한다. 이것은 단지 역사적 호기심의 대상이 아니다. 여기서 무엇보다 확연히 드러나는 것은 한 사회가 기존의 확실성을 잃어가고 새로운 확실성을 만들려 하는 와중에 이 확실성들과 대면하는 과정이다. 모든 안정성은 불안정한 균형에 기초하고 있으며, 이 균형을 더 안정적으로 만들려는 모든 노력은 이 균형을 교란한다. 특정한 사회 체제에서 마녀 사건과 마귀들림 사건은 어떤 균열이 갑자기 난폭하고 극적인 형태로 커지고 있음을 보여준다. 이 틈들은 자신의 모태가 되는 문화와의 연관을 버리지 않으면서도 다른 곳에서는 다른 모습을 하게 된다. 하지만 어찌되었든 역사는 결코 확실한 법이 없다.

연극의 무대, 루됭

W. 뮐만의 지적처럼 "악령이 유난히 날뛰는 시대들"¹이 있는데, 16세기에서 17세기 전반에 이르는 시기가 바로 그렇다. 루됭Loudun 의 마귀들림 사건은 오랜 전염병의 소멸과 시기적으로 맞닿으며,

* 이 책의 맥락에서 '악마 사건'은 마녀 사건sorcellerie(또는 마법사 사건)과 마귀들림 사건possession을 포괄하는 용어이다.

데카르트의 『방법서설』(1637) 출간과 더불어 이성이 급부상한 시기(1632~1640)와도 겹친다. 이때쯤 되면 악마 사건도 보다 세련된 모양새를 띤 지 오래였다. 악마 사건은 별의별 경향이 출현하고 경합하고 행동하고 떠드는 장소였다. 마귀들림 사건은 과학과 종교가 대립하고, 확실과 불확실에 대한, 이성에 대한, 초자연적인 것에 대한, 권위에 대한 논쟁이 벌어지는 거대한 공개 재판장이 되었으며, 식자들의 저작과 대중 언론은 이러한 논쟁을 진두지휘했다. 이 사건은 프랑스의 호사가들은 물론이요 거의 전 유럽의 관심이 쏠리는 '연극의 무대'가 되었으며, 당시의 재판기록에 숱하게 나오는 표현처럼 신사들의 즐거움을 위한 서커스였다.

이러한 쇼가 약 10년 동안 상연되면서 루됭은 교화, 호교론, 순례자, 신도 단체, 자선 단체 등의 활동무대가 된다. 악마의 발현은 익숙한 일이 된다. 악마 사건은 점차 돈벌이 수단이 된다. 그것은 사회를 계속 불편하게 하면서도 사회의 언어에 재도입된다. 이 이야기 속에서 악마의 발현은 어떤 전통적 역할극의 고정된 배역을 수행하게 된다. 일련의 변화가 발생한다. 처음엔 난폭한 존재였던 악마가 차츰 문명화된다. 악마는 말로 싸우고 사람들은 악마에 대해 말로 논의한다. 나중이 되면 악마는 천편일률적인 동어반복을 되풀이하게 된다. 공포는 쇼로 변하고, 쇼는 설교로 변한다. 물론 '마법사' 위르뱅 그랑디에Urbain Grandier의 처형 이후에 이어진 구마의식驅魔儀式 동안에도 여전히 울음과 비명이 들려왔지만 교회에 몰려든 구경꾼들이 간식을 먹지 못할 정도로 끔찍한 것은 아니었다.

마귀들림 사건과 마녀 사건

이러한 변화와 당대의 분위기를 이해하려면 문제를 좀더 넓은 틀에서 바라보아야 한다.

마귀들림 사건은 마녀 사건과 같은 것이 아니다. 물론 과거의 관련 서적들을 보면 양자를 연결시키는 것은 물론이요 혼동하는 경우도 많았지만, 두 현상은 서로 별개이며 나타난 시기도 다르다. 먼저 등장한 것은 마녀 사건들(남성 마법사와 여성 마녀의 급증)로 16세기의 마지막 사반세기(1570년 덴마크, 1575~1590년 로렌 등)에서 17세기의 첫 30여 년(1625년 알자스, 1632년 뷔르츠부르크, 혹은 1630년 밤베르크 등)을 장식하며, 이후 1663년 [영국령] 매사추세츠, 1650년 나이세 강(작센), 1685년 마이닝겐(작센)까지 이어진다. 마녀 사건은 프랑스(브르타뉴, 프랑슈콩테, 로렌, 알자스, 사부아, 푸아투, 베아른 등), 독일(바이에른, 프로이센, 작센), 스위스, 영국, 네덜란드에서 창궐하지만 에스파냐나 이탈리아(북부 산간지대의 코모 지방을 제외하면)와는 무관한 현상인 듯하다. 뤼시앙 페브르가 거대한 '심리적 혁명'의 시기로 간주하는 1590년에서 1620년 사이에[2] 마녀 사건은 유럽을 둘로 나눈다. 유럽의 북쪽에서는 마녀가 창궐하고 유럽의 남쪽에서는 마녀가 드물었던 것이다. 마녀 사건의 마지막 중요한 특징은 그 배경이 시골 지역이라는 것이다. 그러다 보니 해당 법원들은 도시에서 대규모 공판을 열기는 했지만 조사위원들과 판사들(보귀에, 랑크르, 니콜라 르미 등)을 촌구석으로 파견하지 않을 수 없었다.

그러던 중 색다른 부류가 나타나 마녀 사건과 잠시 공존하다가 그 자리를 차지하니 이것이 바로 마귀들림이다. 마귀들림은 처음에는 니콜 오브리, 잔 페리, 특히 마르트 브로시에(1599) 등의 고립된 사례들을 통해 산발적으로 출현한다. 그러던 중 엑상프로방스에서 고프리디 재판(1609~1611)이 열리면서 이 현상에 일종의 모델을 제공하게 되고, 세바스티앙 미카엘리스 신부가 쓴 『한 속죄한 여인의 마귀들림과 개심에 관한 놀라운 이야기』(파리, 1612)라는 책이 출간되어 이 사건을 대대적으로 알리면서 일련의 새로운 현상들을 규정하게 된다. 그리고 루됭 사건(1632~1640)을 필두로 루비에르

(1642~1647), 옥손(1658~1663) 등에서 다른 '마귀들림' 사건들이 계속된다. 이 사건들은 최초의 도식에 따라 각자 이야기를 만들어 내고, 고객층을 창출하며, 고유한 문헌을 유통시킨다.

 이 신종 현상은 시골이 아니라 도시를 무대로 한다. 마귀들림은 원시적 마녀 사건과는 달리 야만적이거나 집단적인 현상도 아니고 피비린내를 풍기지도 않는다. 마귀들림 현상은 소수의 스타에게 집중된다. 마귀들림은 개인적 인간관계와 개인의 심리를 드러낸다.(주인공은 개인이나 군소 그룹이다.) 관련된 사회집단은 마녀 사건 때보다 계층적으로 더 높고 더 동질적이다. 마귀들림의 주요 인물들은 마녀 사건에 비하면 '중간' 계급에 속하는 편이어서 판사들과 피고들 사이에는 계급차가 전무하며, 판사들과 피고들은 서로의 언어를 잘 이해하고 모두 같은 유형의 담론을 사용한다. 마녀 사건이 판사와 마법사라는 2항구조로 되어 있었다면 마귀들림 사건은 3항구조가 되며, 제3의 요소인 마귀들린 여인possédée에 대한 대중의 관심은 점점 높아진다. 달리 말하면 이들은 죄인이 아니라 피해자이다. 한편 마법사들은 성직자, 의사나 식자識者인 경우가 많으며, 때로 '자유사상가'로 간주되기도 한다. 따라서 이들은 주임신부·부속사제·의사 등에 관한 전통적·대중적 이미지와는 완전히 어긋난다. 물론 이 새로운 '마법사들'의 경우에도 마법으로 간주되는 위협의 대상은 여전히 '은밀한 지식'이다. 하지만 이는 기성 집단에게 지금까지와는 다른 종류의 거리감을 낳는 근대적 지식이다.

 그래서 사건에 대한 반응은 마법사들에 대한 폭력에서 희생자들에 대한 동정어린 호기심으로 옮겨간다. 배경공간은 황야나 외딴 마을이 아니라 수도원으로 국한된다. 복수와 처벌보다는 호교護敎와 설교가 득세하면서 악마 사건의 형국은 마녀와의 '전쟁'에서 서커스 같기도 하고 대중 포교 같기도 한 쇼로 변해간다.(물론 '축제'는 계속해서 죄인을 죽여버리라고 요구하고 있지만.) 따라서 '마귀들림'은 마녀 사건에 비하면 진일보한 것이다. 하지만 마귀들림 사건은 훗날 남편을 독살한 여인들에 대한 정치적 재판으로 이어지기도 할 것이다.

그러므로 악마 사건의 이 두 모습은 더 넓은 연속적 진보 과정에서 보면 하나의 단계에 불과하다. 한편으로 '악마의 발현'이라는 현상은 더 문화적인 형태를 띠어, 문학과 민속의 장場에서 펼쳐지기도 하고 민간 점성술이나 '전원시'에 녹아들기도 할 것이다.(전원시라는 장르에는 본디 기성질서에 반하는 테마가 다수 살아남는 법이다.) 다른 한편 이 현상은 영역을 넓히게 되는데, 그 와중에 정치색을 띠면서 탈바꿈할 것이다. 민중의 저항은 폭동에서 보부상*들이 판매하는 팸플릿†에 이르기까지 다양한 새로운 언어로 표출되지만 그럼에도 불구하고 여전히 주변적인 지위를 벗어나지 못할 것이다.

천국과 지옥의 결혼

이런 전후 사정을 논하기에 앞서 한 가지 강조할 것은 이 현상에 몇 가지 공시적共時的 일관성이 있다는 점이다. 그중 하나는 종교사宗敎史에 밀접히 관련되는데, 어떤 이유에서인지 마귀들린 자들이나 (마귀들림이 진짜라고 믿는) '빙의 신봉자'들이 종교 공동체들과 연결된 경우가 굉장히 많다는 것이다. 17세기 중반의 프랑스 지도를 보면 마귀들림 사건과 가장 '독실한'(가장 긍정적인 의미에서) 신도 집단이 같은 장소(낭시, 에브뢰 등)에 공존하는 경우가 많았다. 그래서 이 광기의 시절 동안 루됭은 영성靈性의 학교이기도 했다. 17세기의 가장 위대한 신비주의자 중 하나인 장조제프 쉬랭

* 근대 초까지도 대도시가 아닌 지방에서는 보부상이 서적·잡지·신문·팸플릿의 유통에 핵심적 역할을 담당하고 있었다.
† pamphlet. 보통 소책자의 형태로 인쇄되어 유통되는 지하 출간물로 기성질서에 대한 비판·풍자를 담고 있다. 이 책에서 자주 언급되는 별쇄본follicule, 비방문libelli, 소책자livret 등은 모두 같은 성격의 것이다.

Jean-Joseph Surin은 이 악마의 축제 한복판에 3년 동안 머물렀는데, 그는 이 '기이한 모험'의 돈키호테이자 횔덜린이었다. 악마의 극장들은 신비주의의 소굴이기도 했던 것이다.

 이는 우연이 아니다. 문화가 변하면서 이제 성스러운 것le sacré의 표현은 의심스러운 것이든 순수한 것이든 모조리 천대받는 듯하다. 하나같이 같은 자리로, 즉 사회의 주변부로 밀려난 것이다. 마찬가지로 교회 제도의 위기로 인해 그 균열로부터 어떤 종교적 징후들이 (쉬랭이 지적한 바와 같이) 가장 케케묵은 것과 가장 급진적인 것이 뒤섞인 채 유출되고 튀어나온다. 이제 이 징후들은 의심의 대상이 되며, 그 모두가 걸핏하면 동일한 사회적·교리적 '이단'에 속한다고 비난받는다.

 더 근본적으로 말하면 루됭 사건에서 "성령의 빙의와 악마의 빙의가 명백히 서로 쌍을 이룬다"³는 알프레드 자리의 지적은 타당하다. 이 두 가지 '빙의'*는 유사한 구조를 보이는 것이다. 성령의 빙의와 악마의 빙의는 의미意味의 문제에 대한 상반된 해법이다. 특이한 점은 이 문제가 선택의 여지 없는 무시무시한 양자택일—신이냐 악마냐—의 형식으로 제기되면서 절대성의 탐구를 사회적 매개로부터 분리해 고립시킨다는 것이다. 언어가 조밀해지면서 영성이 스며들 틈이 사라지고 신성神聖의 통로가 완전히 막혀버리는 사회에서 신비주의 신학과 마귀들림은 종종 같은 범주가 되어버린다. '피안彼岸'과의 관계는 악마의 지배의 즉각성과 신의 계시의 즉각성이라는 두 극단 사이를 왕복한다. 그래서 잔 데장주Jeanne des Anges만 해도 한때는 마귀들린 자로 유명했지만 말년의 사반세기 동안은 '신비체험'을 통해 계시를 얻은 인물로 여겨진다.

---

 *이 책에서 possession은 대체로 '마귀들림'으로 옮기지만 경우에 따라 '빙의'라고 번역하기도 한다.

역사의 변신

이런 각도에서 볼 때 여기에는 어떤 공모관계가, 윌리엄 블레이크의 책제목을 빌려 말하자면 '천국과 지옥의 결혼'이 있다. 이런 모순된 것의 결합은 '마귀들림 사건'의 주요 특징으로, 바로크 예술의 테마 중 하나인 변신의 테마와 연결된다. 인물들의 불안정성, 경험적 세계의 붕괴, 한계의 불확실성 등은 어떤 정신적 우주의 변화를 드러낸다. 피렌체의 동굴에 베르나르도 부온탈렌티가 만든 조각을 보면 인체들이 아직 형체가 불분명한 채로 태초의 진흙에 묻혀 있어 거기서 빠져나오는 것인지 다시 빨려들어가는 것인지 알 수가 없는데,[4] 이와 비슷하게 루됭은 서로 대립하며 서로를 상대화하는 가톨릭 신앙과 프로테스탄트 신앙의 경계선상에 자리를 잡고 있다 보니 이 프랑스 촌구석의 도시는 그 자체만으로 사라지는 것과 시작하는 것 사이의 중간계가 된다. 야만적이면서도 미묘한 이 복합적 장소는 불안정하다. 루됭은 통과지점으로 규정된다. 유동적 사회상황과 분리할 수 없는 불안과 야심이 그곳에 자리를 잡는다. 루됭에서는 심층적 변화가 표면화되는데, 이는 앙리 르페브르가 말하는 '악마의 변신들'[5]로 드러난다.

우리는 10여 년 가까이 계속되는 루됭 전쟁의 기점이 되는 일련의 에피소드에서 이러한 변신의 양상들을 읽어낼 수 있으며, 이후 나오는 루됭 사건에 관한 일련의 해석 역시 그 연장선상에 있다. 그래서 1633년의 각종 '비방문'에서 펜데레츠키의 오페라(⟨루됭의 악마들⟩, 1969)에 이르기까지 온갖 작품이 이 사건을 다루고 있으며, 관련 작품 목록을 훑어보면 알렉상드르 뒤마, 알프레드 드 비니, 쥘 미슐레, 올더스 헉슬리 등의 이름을 만날 수 있다. 문학 외의 여타 문화적 공간에서는 옛날의 논쟁이 새로운 사건을 위해 사용된다. 루됭 사건과 무관한 다른 전쟁들이 당대를 설명하기 위해 루됭의 역사를 사용한다. 최근 분쟁의 당사자들은 어제의 적수들을 끌고와 자기 시대의 악마들과 대화할 수 있는 수단을 얻는다. 어찌 보면 역사가들은 한 사회가 과거의 어휘들을 쓸 수 있게 해준다. 이렇게 당대 현실은 옛날의 인물들에게서 이름을 따온다.

루됭에 관한 문헌목록은 이러한 재활용의 역사이다. 과거의 연극은 새로운 재판에 흔적을 남기며, 이를 통해 새 시대는 계속해서 위르벵 그랑디에의 화신化身을 낳는다. 어제의 '마법사'는 가톨릭의 희생자로, 자유사상의 선구자로, 과학적 정신의 예언자로, 혹은 진보의 복음을 전하는 전도사로 탈바꿈한다. 그의 적들은 유사하면서도 상반된 운명을 겪는다. 잔 데장주는 박해받는 기독교 정신의 순교자로 귀환하고, 쉬랭은 '만유자력萬有磁力'* 내지는 '원초적 사실'의 목격자가 되며, 구마사驅魔師들이나 로바르드몽은 어떤 '사회 질서'나 정치 질서의 헌신적 하수인으로 간주되는 식이다. 루됭의 역사에는 유구한 역사가 있는 것이다.

루됭 관광

지금이라도 루됭에 가보라. 이제 루됭은 인구의 3분의 2를 잃었고 면적이 줄어들다 보니 골목마다 실종자와 유령이 빼곡히 들어차 있다. 도시의 구조를 뜯어고쳐 십자가의 길로 바꿔버리기라도 했는지, 관광 루트는 재판소에서 생트크루아 교회에 이르기까지 '주인공'의 마지막 여정에 늘어선 각 '처處'†를 따라가고 있다. 사형선고가 언도된 법정, 최초의 타락이 일어난 장소, '한 수도사'가 그랑디에를 몽둥이로 때린 길모퉁이, 생피에르 성당의 입구(죄인은 그 앞

---

* magnétisme universel. 최면술·심령술 등에서 말하는 신비로운 힘. 루됭 사건이 종결될 무렵 구마사 쉬랭은 종교적 신비주의 교파를 만드는데, 그로부터 200여 년 뒤 비종교적 신비주의 집단에서 쉬랭을 복권하는 것을 말한다.
† 십자가의 길을 따라 순례할 때 잠시 머무르는 장소들.

에서 군중에게 사죄하고 용서를 빌어야 했지만 관대한 그리요 신부가 구해준다), 마르셰생트크루아 광장(바로 이 광장에서 우리의 사제는 회개한 도둑 르네 베르니에 신부 앞에서, 그리고 거만하게 창가에 자리를 잡고 앉은 박해자 루이 트랭캉의 눈앞에서 구마사들이 직접 붙인 불에 화형을 당했다) 등 여러 장소들이 관광가이드의 목소리와 손짓에 따라 잃어버린 역사의 전개과정을 재구성한다. 이 장소들을 따라 루됭을 배회하다 보면 과거의 탐색은 전설의 형태가 되고, 그 행로는 입문적 성격을 띠게 된다.

하지만 전설에서 출발하지 않는 역사 연구가 어디 있단 말인가? 역사 연구는 정보와 해석의 근원이나 규준을 취하면서 과거에서 무엇을 읽어야 하는지를 미리 규정한다. 이런 관점에서 보면 역사는 역사가와 함께 움직인다. 역사는 시간의 흐름을 따른다. 역사는 결코 확실한 법이 없다.

분열된 책

역사가 어찌 확실할 수 있겠는가? 역사책은 당대에서 시작한다. 역사책은 두 계열의 데이터에서 출발해 구축된다. 한편으로 어떤 과거에 대한 우리의 '관념들'이 있는데, 이 관념들은 옛날의 재료들에 실려, 하지만 새로운 사고방식이 만든 통로를 따라 운반된다. 다른 한편으로 기록documents과 '고문서archives'가 있다. 이 사건에 관한 수많은 자료 중 어느 것이 사라지고, 어느 것이 남았는지는 순전히 우연이다. 게다가 이 잔존하는 기록과 고문서는 여러 장서藏書* 속에 동결되어 있다 보니 새로운 의미를 부여받게 된다. 그리고 르베리

---

*박물관이나 문서고에서 특정 주제에 관한 자료들은 '~장서fonds'라는 이름으로 묶여 보존된다.

에 Le Verrier가 두 지점의 관찰에서 출발해 미지의 행성을 발명할 수 있었던 것처럼,* 양자의 차이는 역사적 거리를 드러내준다.

　루뎅에 대한 이 책은 바로 이러한 관념과 사료의 중간지대에서 만들어졌다. 이 책은 위에서 아래로 균열이 나 있어 역사를 가능케 하는 조합 혹은 관계를 드러낸다. 이 책은 논평과 고문서 사료로 분열된 채 어떤 현실을, 한때 생생한 통일성을 갖고 있었으나 이제는 존재하지 않는 어떤 현실을 가리키는 것이다. 결국 이 책은 어떤 부재 때문에 찢겨 있다. 그런 의미에서 이 책은 책의 내용—어떤 과거—에 걸맞은 형태를 하고 있다. 또한 이 두 개의 반편半偏은 서로에 대해 그 진실보다는 그에 결핍된 것을 말하고 있다.†

마귀들림의 문헌들

고문서들로 이루어진 반편 중에는 방대한 양의 '1차사료'가 있다. 나는 이 자료들의 목록을 다른 책에서 제시한 바 있다.[7] 마녀 사건 시대와는 달리 마귀들린 자들은 발언권이 있었다. 마녀 사건 당시 피고인과 희생자는 시골의 문맹 지역 출신으로, 기껏해야 소심한

---

*르베리에의 계산에 따라 갈레가 해왕성을 발견한 것을 암시한다.
†이 책에서 다루는 루뎅의 마귀들림 사건의 경우 구마의식 조서調書, 마귀들린 여인들에 대한 의사들의 보고서, 증인들의 공술서, 소송기록, 국왕이나 대주교의 명령, 관련 인사들의 편지 등 사건의 수사·재판과 관할권 다툼에 관한 수많은 기록이 여러 도서관과 문서보관소에 남아 있는데, 이렇게 사건의 직접적 진행을 증언하는 자료들을 세르토는 '1차사료 sources'라고 부른다. 한편 '고문서 archives'에는 이러한 1차사료뿐 아니라 사건에 대한 당대의 해석이 담긴 2차서적들, 즉 사건을 전후하여 다양한 세력과 관련 당사자들(구마사, 마귀들린 수녀, 구마의식이나 재판의 참관인 등)이 소책자·책자·별쇄본 등의 형태로 생산·유포한 팸플릿과 서적이 포함된다. 한편 '분열된 책'이라는 표현은 이 책이 이러한 기록과 고문서의 직접인용(청색 글씨 부분)과 그에 대한 세르토의 논평(검정색 글씨 부분)이 교차하는 형식으로 구성되어 있음을 가리킨다.

항의밖에 할 수 없었다.(오늘날 이들의 목소리를 들으려면 판사들의 보고서나 명사名士들의 시각을 통할 수밖에 없다.8)) 반면 마귀들림 사건에 이르면 악마가 말을 한다. 악마는 글을 쓴다. 심지어 고객들의 사회적 계층이 높아지다 보니 악마는 글을 출간하기까지 한다. 그래서 루됭 사건에 관한 위르벵 그랑디에, 잔 데장주, 쉬랭 신부의 글을 필두로 마귀들린 자들의 편지나 글은 수백 건에 달한다.(하지만 잔 데장주와 쉬랭의 글은 대부분 출간되지 않았다.) 바리케이드 건너편에서 일어나는 일들이 당사자들의 육성으로 들려오는 것이다.

    마찬가지로 사건은 이제 밀실에서 진행되지 않으며, 지방의 소외지역을 도는 순회 재판소에 의해 신속하게 처리되지도 않는다. 사건은 공개적이 되고 연극적이 되며 한없이 장기화된다. 그러다 보니 몇 달, 몇 년 동안 매일같이 작성하고 날인한 조서들이 산더미처럼 쌓여간다. 목격자들 역시 목격담을 남겼다. 판사, 구마사, 지역의 명사, 교구教區의 명사, 전국적 명사뿐 아니라 관람객, 각종 호사가, 휴가중인 사교계 인사, 사냥감을 뒤쫓는 석학, 기이한 현상을 찾아다니는 수집가, 흥미로운 논거를 발견한 호교론자, 반론을 굴복시키려고 작정한 종교논쟁 전문가 등 말이다. 무엇보다 이런 종류의 구경거리에는 빠지지 않는 단골손님들이 있다. 기이한 현상이 발생하면 순례자가 꼬이는 것이다. 그래서 앙제, 보르도, 리옹, 파리뿐 아니라 스코틀랜드, 이탈리아, 네덜란드 등에서도 사람들이 몰려왔는데, 이들이 남긴 글을 봐도 이들이 루됭을 찾은 까닭은 정확히 알 수 없다.

    고문서들은 또한 리슐리외나 루이 13세에게 보낸 보고서, 로마의 예수회 총장과 파리·보르도·루됭의 성직자들 사이에 오간 서한, 로바르드몽의 편지, 의사들의 소견서, 신학 의견서, 파리나 푸아투의 관청에서 보낸 소환장 등 더욱 비밀스럽고 공식적인 역사의 광맥도 열어준다.

이 모든 육필 문헌들은(이를 분류하는 것은 퍼즐 조각을 맞추는 것 같은 일이었다) 빙산으로 말하자면 수면 밑의 숨은 부분에 해당한다. 이 육필 문헌들은 당대에 이미 대중에 공개되어 있던 자료들, 즉 인쇄물 사료만으로는 알 수 없는 사건의 심층을 복원해준다. 물론 빙산에서 수면 위에 노출된 부분에 불과하다고는 하지만 인쇄물 사료 역시 육필 문헌 못지않게 막대하다. 이 인쇄물들은 비방문, 각종 '기이한 이야기', '진실한 보고서', 앙주·리옹·파리·푸아투·루앙 등의 출판업자들이 지역 독자를 위해 재간행한 별쇄본(심지어 당해 연도에 재간행한 적도 있다) 등의 형태를 하고 있다. 이 '사료들'은 신자를 위한 예배서와 최초의 신문의 중간쯤이 된다.⁹ 이들은 여전히 선전물이지만 점점 신문 가십 기사 비슷해진다. 이런 인쇄물들은 소장자나 출판인이 죽었을 때 [상속 절차를 위해 공증인이 작성하는] 사후 재산 목록에 기재되지도 않을 정도로 가치가 없었지만 당대에는 널리 유포되었던 것으로 보인다. 어쨌든 리슐리외와 조제프 신부가 여론을 조성하고 이끄는 수단으로 사용했던 『메르퀴르 프랑세』지紙*는 1634년에 이미 마귀들림 사건에 대해 거의 40쪽에 이르는 공식 설명을 제시하고 있다.¹⁰

그러므로 이상한 것들은 한 사회의 심층에 굳게 뿌리박고 있다. 이상한 것들은 사회의 심층에 사회문화적으로 너무나 많이 연결되어 있어서 따로 떼어낼 수 없다. 이를 끄집어내려 할 경우 그것과 수많은 방식으로 연결된 토양이 같이 딸려나온다. 아마도 이 이상한 것들은 전반적 변화를 드러내는 것일 터이다. 어떤 위기가 새로운 질서를 낳는 동안 다시 한번 그 위기의 최초 징후들을 몰아내거나 축소하려 하는 변화 말이다.

하지만 일단은 이해하려는 시도부터 해야 할 것이다.

*17세기 초 창간된 프랑스 최초의 잡지.

1   마귀들림은
     어떻게 태어나는가?

1632년 루됭 시는 흑사병으로 심각한 타격을 입는다. 몇 달 사이에(5~9월) 약 1만 4,000명의 주민 중 3,700명이 사망한 것이다.[11] 1603년 흑사병의 비극적 재연이었다. 할 수 있는 사람은 다 그랬지만 프랑수아 푸르노, 장 푸케, 르네 모누리 등의 의사들도 흑사병이 번지자마자 시골별장으로 피신한다. 이들이 루됭으로 돌아와 우르술라 수녀회의 수녀들에게 생긴 일을 해석하고 목격하는 것은 나중의 일이다.

흑사병, 악의 현현

이 재앙에 대한 당대의 인식을 감안하면 이런 굴욕적 도피가 이해되지 않는 것도 아니다. 아비뇽의 흑사병 목격자 한 사람은 이렇게 쓴다. 9월 6일 흑사병이라는 신의 재앙이 이 도시의 한 신기료장수의 집에 떨어졌다. 하느님, 저희를 도와주소서! 아멘.[12] 이 병은 치료법이 전무하다. 따라서 어떤 의사도 이를 퇴치할 수 없을 것이다. 흑사병은 설명도 이유도 없는 불행이다. 이 병은 사회체 내부에서 나오지만 한번 생기면 그 구성원 누구도 피할 수 없다. 스스로 확산되는 이 병은 일종의 사회 현상 혹은 신神의 현현이었다. 따라서 인간은 흑사병 앞에서 속수무책이었다.(당시에는 매독도 마찬가지였다.) 사람들은 병이 힘을 다 소진하고 저절로 진정되기를 기다릴 뿐이었다. 징벌은 완수되어야 했다. 할 수 있는 일이라고는 성문을 걸어 잠그고 두건을 뒤집어쓴 채 도시 밖으로 도망치는 것뿐이었다. 흑사병에 관한 수많은 '논고'(1581년에 나온 로랑 주베르의 책자를 필두로, 1568년 클로드 파브리의 책에서 1623년 앙투안 미조의 책에 이르기까지)나 감염이 의심되는 시기에 흑사병을 피하기 위해 시민들에게 알리는 '고시문' 등에 따르면 공기 전염에 "휩싸인 possédé" 도시에서 할 수 있는 일은 기껏해야 알로에, 테레빈나무, 로제 포도주, 장미 연약煉藥 및 여타 향료를 사용해서 좁은 반경 안에 새로운 냄새로 다른 공기층을 만드는 정도였다.

장갑, 셔츠, 손수건, 머리카락, 수염 등에 늘 향수를 뿌리고 다니는 것도 좋다. 향긋한 사과를 목 주변이나 묵주에 달고 다니다가 짜서 냄새를 맡는 것도 좋다.
   돈이 있는 사람이라면 구할 수 있는 최고의 향수를 구해 집에서 자주 사용하도록 하라.
   돈이 없는 사람은 월계수, 로즈마리, 노간주나무나 사이프러스의 잎과 나무를 비축해두었다가 최대한 자주, 특히 아침과 밤에 거실이나 침실에서 태우도록 하라.[13]

이 지역에서는 두 세기 전부터 흑사병이 빈번히 창궐하다 보니 죽음─과 "갑자기 죽을지도 모른다는 공포와 두려움"─이 도처에 널려 있었다.[14] 이는 하늘에서 '떨어진' 치명적이고 불가항력적인 죽음으로, 인간의 이해능력을 뛰어넘는 부조리한 것이었다.
   1632년의 흑사병이 남긴 흔적은 일종의 낙인이었다. 루됭에 닥친 재앙은 신학적 재앙이었다. 나중에 마귀들림 사건들은 이 재앙에 훨씬 분명한 형태와 '설명'을 제공하게 된다. 인간본성과는 구별되는 (초자연적·악마적) 원인에서 재앙이 생긴 것으로 여겨지는 것이다.

 루됭 시는 1632년에 이미 흑사병을 퇴치하기 위해 구마사를 구하고 있었다. 시에서는 미르보 읍의 의사인 프레장 보느로에게 도움을 청하지만 보느로는 제안을 거절하고, 결국 기욤 그레미앙이 임무를 맡는다.[15] 위생소들이 설치되어 흑사병 환자들이 격리된다. 정확히 말하면 환자뿐 아니라 모든 집단이 상호 격리의 법칙에 따라 재주껏 은거한다. 의사들과 지주들은 시골로 피신한다. 수녀들은 수녀원 담장 안에 틀어박힌다. 위생소들과 마찬가지로 수녀원도 면회실을 폐쇄하면서 외부와 완전히 단절된다. 게다가 우르술라 수녀회에서는 발병 사례가 한 건도 나오지 않는다. 관련자들은 생피에르 성당의 주임신부 위르벵 그랑디에가 용감하고 관대하게 행동했음을 이구동성으로 증언하고 있다. 그는 흑사병 환자들에게 종부성사를 내려주었고 사재를 털어 극빈자들을 도왔다.

부서진 도시

프랑스와 유럽의 많은 곳이 그랬듯 흑사병은 루됭에 트라우마를 남겼을 것이다. 흑사병은 도시 사회에 타격을 가하면서 그 정신적·지적 구조를 뒤흔든다. 사람들은 공포 때문에 신비주의적 광신과 고행苦行에 빠지며, 하늘의 고집스러운 침묵 앞에서 절망하여 불경죄를 저지르고 방탕한 생활에 빠진다.[16] 어디에 의지해야 할 것인가? 회의懷疑가 확산된다. 50년 전 종교전쟁 때문에 루됭 시내의 사거리마다 시체의 산이 쌓였던 것을 감안하면 흑사병의 타격은 엎친 데 덮친 격의 상황이었을 것이다. 두 진영은 진리를 놓고 다툰다. 논쟁 속에서 신은 난도질을 당한다. 이들의 대립으로부터 공통의 준거가 되는 제3의 입장이 만들어진다. 이 입장은 정치적 현상유지의 형태로 나타나는데 이를 통해 미래의 '해결책'이 서서히 그려진다. 하지만 이는 또한 어제의 적들이 서로를 인정할 수밖에 없어 원한을 쌓아가거나 회의주의에 대한 대비를 시작하는 잠복기이기도 하다. 각자의 개인적 입장이 어떠하건 간에 진리를 위한 전투는 결판이 나지 않으며, 이런 초조한 상황이 각 종교의 확신을 위협한다.

흑사병은 처음에는 신의 분노나 사회 현상, 점성술적 현상으로 여겨졌지만 곧 비위생과 영양실조에 맞서 싸움을 시작하는 사람들이 생겨난다. 각 도시의 시청에서는 16세기부터 평신도, 사법관, 의사 등이 중심이 되어 세속 차원의 보건 시설을 만들고 치료법 연구를 시작한다. 그들에게 이것은 신의 침묵을 벌충하는 노동이다. 그와 동시에 주민들은 뿔뿔이 흩어진다. 전염을 피하기 위해 집회를 금지한 것이다. 도시의 긴급 상황 때문에 종교적 일체감의 기호들이 사라지며, 특히 교회 행사가 사라진다. 이처럼 노동에서는 연대하는 반면 신자들은 피신하여 외부와 단절된 소집단의 단결 이외에는 어떤 보증도 갖지 못한 채 전방도 상방도 시계視界가 제로인 참호에 파묻힌다. 수녀원에 틀어박힌 우르술라 수녀회도 그런 경우였다.

유령들

'마귀들림'은 루됭을 다섯 달 동안 짓밟은 재앙의 후속탄이었을까? 한 가지 주목할 만한 사실이 있다. 수녀원에서 유령이 처음 '출현'하는 것은 1632년 9월 말, 즉 루됭에서 흑사병의 마지막 사례가 보고된 시점의 일이다. 9월 21일에서 22일로 넘어가는 밤에 원장수녀(잔 데장주), 부원장(콜롱비에르 수녀), 마르트 드 생트모니크 수녀(그녀는 막 피정避靜을 끝낸 참이었다)는 어둠속에서 몇 주 전 사망한 이곳 수녀들의 고해신부 무소 원장의 유령을 본다. 23일에는 검고 둥근 물체가 구내식당을 지나가는 것이 목격된다. 27일에는 한 남자가 뒷모습만 보인다. 유령이 처음에는 밤에 나타났지만 곧 낮에도 활보하게 된 것이고, 처음에는 아는 얼굴이었지만 곧 그 얼굴이 사라진 것이다. 이렇게 유령은 신원이 불분명한 익명의 존재가 되더니 얼마 후 낯익은 사람의 형체를 띠기 시작하고 급기야 10월 7일에는 평소 수녀들의 뇌리를 떠나지 않던 얼굴이, 멀쩡히 살아 있는 주임신부 위르벵 그랑디에의 얼굴이 된다.

성직자들의 행렬

1632년 10월 초부터 비명을 질러대고 몸을 뒤트는 수녀들로 뒤숭숭하던 수녀원에 드라마의 주요인물들이 차례로 입장한다. 원장수녀 잔 데장주의 방에 맨 처음 도착한 것은 성직자들이었다. 이 조속한 등장은 모양새가 전례典禮 행렬 비슷하다.

먼저 하위성직자가 등장한다. 수녀원의 신임 부속사제인 참사회원 장 미뇽이 그 사람이다. 다음에 앙토넹 드 라샤리테(루됭 원장), 외제브 드 생미셸, 엘루아 드 생피에르, 칼릭스트 드 생니콜라, 피에르 토마 드 생샤를, 필리프 드 생조제프, 외젠 드 생르네(푸아티에 원장)가 온다. 이들은 모두 초자연적 사건이라면 만사 제치고 달려오는 가르멜 수도회 소속이다. 한편 파리 신학부 학사이자 시농에 있는 생자크의 주임신부인 피에르 바레가 지원 요청을 받고 구마 전문가로서 불려온다. 피에르 바레는 교구신부들을 잔뜩 데리고 달려와 10월 12일부터 임무에 착수한다. 다음에 도착한 것은 프란치스코회 원장 프랑수아 그리요, 카푸친 작은형제회 원장 위리엘, 카푸친 작은형제회의 엘리제 드 시농, 루됭 인근의 마을인 노트르담드브니에(이 마을을 통해 소문이 근방으로 퍼져나간다)의 교구신부 피에르 랑지에, 생트크루아의 참사회원 마튀랭 루소(그는 이미 유명한 판사였으므로 불려오는 것이 당연했다) 등이었다. 처음 몇 번의 구마의식에는 열 명, 열두 명, 열네 명의 사제가 참여한다. 이들의 숫자는 점점 늘어날 것이다. 이렇게 가다가는 각 교구에서 설교할 신부가 모자라게 되는 것 아닌가? 하지만 이들에게 이 일은 호기심이 아니라 임무였으며, 따라서 부름이 있으면 동원되는 것이 당연했다. 이들은 이 사건을 즉시 마귀들림이라 칭했고, 사안이 사안이다 보니 많은 논란이 있을 것을 뻔히 알면서도 소환에 응할 수밖에 없었다.

하지만 루됭 시내에서는 이게 다 사기극에 불과하다는 말이 이미 공공연히 떠돌고 있었다.[17] 그동안 원장수녀의 방에서는 성뽤의 전쟁이 시작되고 있었다.

마귀들림이 '자리를 잡다'

최초의 조서는 사건이 외부에 알려지기 전에 어떻게 시작되었는지를 보여준다. 사제들이 웅성거리면서 돌아다니는 동안 우르술라 수녀회의 수녀들이 운영하던 기숙학교의 학생들은 아직 수녀원에 남아 있었다. 이 최초 단계에는 이것이 교훈적 이야기*인지 악마 사건인지 확실치 않았다. 상황이 아직 불안정했던 이 짧은 순간에 마귀들림은 '자리를 잡는다.' 그로부터 불과 며칠 사이에 상황이 분명해진다. '기이한' 현상은 악마의 소행으로 판명되며, 구마의식이 해법으로 여겨진다.(10월 1일) 그 결과 한 사람이 마법사로 지목된다.(10월 5~11일) 처음에는 불특정한 단수單數로 그저 '악마적인 것'이라고 지칭되던 것이 곧 복수複數의 존재로 늘어난다. 그래서 마귀들린 수녀들에게 아스타로트, 자뷜롱 등 여러 악마의 이름이 붙

---

*가톨릭의 맥락에서 초자연적 사건은 주님의 권능을 보여주는 기적일 수도 있고 악마 사건일 수도 있다.

으며, 이 수녀들은 오랜 전통이 확립해놓은 배역의 목소리와 얼굴을 취하게 된다. 순식간에 인물들이 자리를 잡는다. 불과 3주 만에 연극이 무대에 올라가고, 그때부터 이 최초의 도식에 따라 상황이 전개될 것이다.

최초의 조서

가장 오래된 보고서는 10월 7일의 것이다. 이 문서는 이를 작성한 최초의 소그룹이 생각한 것 이상의 사실을 보여준다.

거룩하며 지극히 숭고하신 성부, 성자, 성령 삼위의 이름으로 우리들, 즉 파리 대학 신학 학사이자 시농 교회의 참사회원이고 상기 소교구의 운영을 맡고 있는 피에르 바레 신부, 루됭 교회의 참사회원이며 루됭 지역의 성 우르술라회 수녀들의 일반 고해신부인 사제장 미뇽, 루됭의 설교신부 외제브 드 생미셸과 상기 수도원의 가르멜회 수사 피에르 토마 드 생샤를은 이곳 수녀들의 호소와 요청에 따라 수녀원에 모여 있는 바, 수녀들은 지난 {1632년} 9월 21일과 22일 사이의 밤부터 이달(10월)의 셋째 날까지 자기들에게 악령이 들러붙었음을 알려왔다.

　그 악령 중 하나는 새벽 1시에서 4시 사이에 커다란 망토와 수단 차림에 흰 양피지로 싼 책을 손에 든 남성 성직자의 모습으로 마르트 수녀에게 나타나더니 책을 펼쳐 두 개의 그림을 보여주며 그 책에 대해 많은 이야기를 한 다음 그녀에게 책을 받으라고 강요했다. 마르트 수녀가 상급자가 주는 책이 아니면 절대 남에게 책을 받지 않겠다면서 이를 거부하자 유령은 조용해지더니 그녀의 침대 발치에서 한동안 울었다. 마침내 수녀는 겁에 질렸고, 유령은 자기가 많은 고통을 겪고 있으나 하느님께 기도할 수 없으니 자기 대신 기도해달라고 말하기 시작했다. 그러자 그녀는 이 유령이 아마도 연옥에 있는 자의 영혼일 거라 생각하고 상급자에게 이를 알리겠다고 말했다. 하지만 그녀는 유령의 존재를 더이상 견딜 수 없어 가까운 침대에 있던 기숙생을 불렀다. 두 사람이 자리에서 일어섰으나 그 순간 이제 아무것도 보이지 않았다. 한 시간 동안 무릎을 꿇고 있으니 옆에서 탄식하는 소리가 들릴 뿐이었다. 4시를 알리는 소리가 들렸고 이후 그곳에서는 아무 소리도 들리지 않았다.

하지만 서원誓願수녀들의 숙소에서 같은 유령이 원장수녀와 부원장수녀에게 나타나 원장수녀에게 "나를 위해 하느님께 기도해주시오"라고 말했고 부원장수녀에게는 "그대도 나를 위해 하느님께 기도해주시오"라고 말했다.

또한 수녀들의 말에 따르면 그달 24일 저녁 6시에서 7시경에 구내식당에 다른 유령이 나타났다고 한다. 이 유령은 새까만 공 모양으로 마르트 수녀와 원장수녀의 어깨를 밀어 마르트 수녀는 바닥에 세게 넘어졌으며 원장수녀는 의자에 주저앉았다. 동시에 그 자리에 있던 다른 수녀 두 명은 누군가가 다리를 때리는 느낌을 받았으며, 실제로 다리에 테스통 은화(19수에 해당하는 동전)만 한 빨간 타박상 자국이 여드레 동안 남아 있었다.

게다가 그날 이후로 수녀들은 그달 내내 밤마다 불안, 초조, 두려움에 시달리지 않은 날이 없었다고 한다. 심지어 보이는 것은 아무것도 없는데도 여러 목소리들이 서로를 부르는 것을 들을 수 있었다. 주먹질을 당한 사람도 있었고, 따귀를 맞은 사람도 있었으며, 어떤 이들은 흥분에 휩싸여 자기도 모르게 미친 듯이 웃기도 했다.

"세 개의 산사나무 가시"

이번 달 1일 저녁 10시에 원장수녀는 촛불을 켜놓고 주위에 7~8명의 수녀가 지키고 선 가운데 잠자리에 들었다. 유독 원장수녀가 유령의 공격을 많이 받았던 것이다. 그렇게 잠자리에 들었을 때 그녀는 눈앞에 아무것도 없는데도 누군가의 손이 자신의 손을 잡더니 산사나무 가시 세 개를 손에 쥐여주는 것을 느꼈다. 다음날 원장수녀는 이를 어떻게 처리해야 할지 자문을 구하려고 우리 중 한 명에게 문제의 산사나무 가시를 넘겼다. 이틀 후 원장수녀가 직접 이를 태워버리는 것이 좋겠다는 결정이 내려졌고, 그녀는 이 도시의 카푸친 작은형제회 원장이 보는 앞에서 이를 행했다.

하지만 가시들을 받은 후 원장수녀와 다른 수녀들은 판단력을 완전히 상실하거나 현실적 이유를 찾을 수 없는 심각한 경련을 일으키는 등 심신에 기이한 변화가 생기는 것을 느꼈으므로, 우리는 그 가시가 그들을 마귀들게 만드는 주술의 매개체라고 생각하게 되었다. 더구나 이달 3일에는 원장수녀와 루이즈 드 제쥐 수녀, 클레르 드 생장 수녀가 이상하게 고통스러워하고 요동을 치는 것이 목격되었으므로, 우리는 이들이 마귀들린 것이 틀림없다고 판단했으며, 이들에게 거룩한 교회의 구마의식을 집전하는 것이 적절하리라고 결론을 내렸다. 하지만 우리는 이달 5일까지 구마의식을 미루었다. 그사이 우리는 전술한 고통과 요동이 계속되는 것을 관찰했는데, 이 고통과 요동이 너무 강해 예닐곱 명이 달라붙어도 막을 수 없었으며 이들이 영성체를 한 후에는 더욱 빈번해졌다.

이달 5일 처음으로 구마의식을 행하며 악령들에게 라틴어로 이름을 댈 것을 명했으나 이 악령들은 두세 차례 '신의 원수'라고 답할 뿐이었다. 또한 "Sancte Joannes Baptista, ora pro eis(세례요한이여, 그들을 위해 기도하소서)"라고 신도송信徒頌을 암송하자 원장수녀의 악령은 숨을 몰아쉬며 여러 차례 "허어, 세례요한이라고?"

라고 외쳤다. 그리고 원장수녀에게 구마의 주문呪文을 암송하는 동안 (악령은) 그녀를 공격하며 세 차례 "Sacerdos(성직자)"라고 말했고 구마의 주문을 욀 때마다 이를 반복했다.

신의 원수

같은 날 정오부터 원장수녀에게 두번째 구마의식을 집전하자 악령은 라틴어로 이름을 밝히라는 요청에 고함을 치고 울부짖으면서 불어로 대답했다.
"허어, 말하지 않았나."
다시금 독촉하자 또 이렇게 되풀이했다.
"신의 원수."
그리고 구마의식이 이어지는 동안 울부짖으며 말했다.
"너무 몰아붙이지 마. 3주만 더 줘봐. 아직 2주밖에 안 지났잖아."
그리고 조금 후
"허어, 나쁜 놈! 그놈은 나더러 수녀회 전체를 타락시키라고 했단 말이야!"
세번째 구마의식을 행하자 원장수녀는 감각과 이성을 완전히 상실했다. 이름을 말하라고 하자 악마는 두 차례 "신의 원수"라고 대답했다.
그리고 이름을 숨기지 말라고 독촉하자 이렇게 말했다.
"벌써 말했잖아."
어떻게 원장수녀의 몸에 들어갔냐고 묻자
"계약"이라고 말했다.
더 압박하자 계속 울부짖으며
"나는 불에 타고 있다"라고 했다.

또 그 계약을 누가 맺었냐고 묻자 "Sacerdos(성직자)"라고 답했다.

"Quis sacerdos?(어떤 성직자?)"

"Petrus.(생피에르)"

"Dignitas?(그의 직위는?)"

"주임신부."*

원장수녀의 몸에서 나가라고 명령하자 악마는 거칠게 몸부림을 치면서 고통스러워하더니 소리소리 지르고 이를 갈다가 (뒤쪽의 이 두 개가 부러졌다) 한참 후에야 비로소 그녀를 놓아주었고 그녀는 매우 안정된 상태가 되었다. 그녀는 강력한 정신적 고통과 격렬한 심장박동에서 치유되었다고 선언했고 자기가 완전히 나았다고 믿었다. 그녀는 그렇게 밤새도록 안정된 상태를 보였고 유령이 등장한 이래 처음으로 편안히 잠들었다.

다음날 아침 원장수녀를 비롯하여 구마의식을 받은 여타 수녀들은 영성체에 극도의 거부감을 표시했으며, 영성체를 준비하라는 명에 악마들은 수녀들에게 다시금 고통·요동·마비를 일으켰다. 하지만 끈질긴 독촉에 결국 악마들은 수녀들이 고해를 하도록 허용했다.

원장수녀에게 영성체를 갖다주자 고통과 판단력 상실이 시작되었고, 그녀가 신을 찬양하고 경배하게 내버려두라고 압박하자 악마는

"신이란 놈은 저주나 받으라지"라고 했고,

세 차례에 걸쳐

"나는 신을 부인한다"라고 말했다.

하지만 계속 독촉을 가하자 마침내 악마는 그녀가 신을 찬양

*구마의식 도중 구마사는 라틴어로 질문하며 악마(수녀)는 불어로 대답한다. 간혹 라틴어를 쓰더라도(원장수녀의 라틴어 실력이 제한적이므로) 악마는 한두 단어로만 말한다.

하도록 내버려두었다. 그리고 그녀에게 "신이시여, 제 영혼과 육신을 거두어주소서"라고 말하게 하자 그녀가 "육신을"이라고 말하려 할 때 악마가 세 차례 목을 졸라 그녀는 비명을 지르고 이를 갈고 혀를 내밀었다. 마침내 복종하지 않을 수 없게 되자 그녀는 성체를 받았다. 하지만 악령은 여러 차례 그녀가 성체를 뱉게 만들려 했고 그녀에게 구토를 일으켰다.

루이즈 드 제쥐 수녀에게 성체를 갖다주었으나, 예닐곱 명이 달라붙어도 막지 못하게 요동을 쳐서 그것을 받는 데는 반시간이 넘게 걸렸다. 그녀는 신을 경배할 수 없었지만 마침내 입을 열었고 평온히 영성체를 했다.

"신부 한 명이 나를 여기에 넣었다"

이후 그녀에게 즉시 라틴어로 구마의식을 집전하자, 고통이 재개되었다. 악마에게

"Quomodo inductus?(너는 어떻게 이 몸에 들어왔느냐?)"라고 묻자

악마는 여러 차례 "글자"라고 말했다.

"Sub quo symbolo?(어떤 기호로?)"라는 질문에

"가시 모양이었다"라고 말했고

"Ubi positus?(너는 어디에 놓였느냐?)"라는 심문에

"몰라. 너희가 잘 알잖아"라고 말했고

곧이어 "아, (성직자의) 글자의 힘이여! 그는 전능하다. 한 신부가 나를 이 안에 넣었으니, 다른 신부가 내게서 이를 빼앗지 못하리라"라고 말했다.

클레르 수녀에 대한 구마의식도 이와 비슷하게 격렬했다. 그녀는 계속해서 웃었으며 자기 이름이 자뷜롱이라고 두 차례 말했다……[18]

10월 11일 수사망이 좁혀진다. 위르벵 그랑디에가 마법사로 분명히 지목된다. 기소 내용은 무시무시했다. 기소장은 모든 범죄를 한데 모으고 있다. 리무쟁, 오트 마르슈, 바스 마르슈, 오베르뉴의 지방장관에게 상기 지방에서 저질러졌고 저질러질 살인, 암살, 사법권에 대한 도전, 주술, 독살, 마법을 처벌할 임무를 내리는 1632년 8월 12일의 국서를 생각하면 쉬울 것이다.[19] 마법이라는 단어는 의미가 불분명하다 보니 온갖 위협을 싸잡아 가리킬 수 있는 것이다.

그러면 이제 10월 11일 저녁 7시에서 8시 사이에 성 우르슬라회 수녀원에서 작성하고 장 미뇽, 루됭의 가르멜회 원장 앙투안 드 라샤리테, 가르멜회 수도사 외제브 드 생미셸이 서명한 조서를 보도록 하자.

장미들

악마에게 이름을 밝히기를 명하는 구마의식을 거행하는 동안 악마는 계속해서 독촉을 받자 크게 분노하면서 마침내 자기 이름이 아스타로트라고 세 차례 말했다. "Quomodo domo ingressus fuisset?(집에는 어떻게 들어간 것인가?)"를 말하라고 명령하자 악마는 "Per pactum Pastoris ecclesiae S. Petri(생피에르 교회 신부와의 계약을 통해서)"라고 말했다.

우리가 기도를 계속하자 악마는 끔찍한 비명을 지르며 불어로 두 차례 말했다.

"아, 악랄한 사제 녀석!"

이에 "Quis sacerdos?(어떤 신부 말인가?)"라고 묻자 악마는 두 차례 "Urbanista(위르벵)"라고 했다.

"Et jussus quinquies ut diceret clare et distincte quisnam ille presbyter?(그리고 그는 그 신부가 누구인지 분명히 말하라는 명령을 다섯 차례 받았다)"

그러자 악마는 목청을 높여 한참을 울부짖더니 휘파람이라도 부는 듯 대답했다.

"위르뱅 그랑디에."

"Qualis esset ille Urbanus(이 위르뱅이 누구)"인지 말하라고 독촉하자 "Curatus S. Petri(생피에르의 주임신부)"라고 말했다.

"Cujus S. Petri(생피에르 교회의?)"라고 묻자

"뒤마르셰"라고 두 번 말했다.*

"Sub quo novo pacto remissus fleurit(어떤 계약에 따라 보내졌는가)"를 말하라고 거듭 재촉하자

"Flores(꽃들)"이라 했다.

"Qui flores.(어떤 꽃?)"

"Rosarum.(장미)"

이 모든 답변은 수많은 위협을 통해 얻은 것이므로 악마가 억지로 말했다는 것을 알 수 있었다. 또한 대답하라는 명령으로 인해 자기 이름을 말한 것이 어찌나 분했던지 그는 한번은 절규하면서 외쳤다.

"허어, 내가 왜 말했지?"

그날 저녁 그에게 대답을 강요한 마지막 질문은

"Quare ingressus fuisset in monasterium puellarum Deo Sacramentum(왜 신에게 헌신하는 여인들의 수도원에 들어온 것이냐)"였는데

악마는 "Animositas.(증오)"라고 말했다.[20]

---

*위르뱅 그랑디에는 생피에르뒤마르셰의 사제였다.

유력인사들

두번째 인파가 원장수녀의 방으로 몰려와 수도원에 자리를 잡으니 바로 유력인사들이었다. 12일에는 귀족인 군사법원 판사 폴 그루아르, 귀족인 검사장 루이 무소, 외과의사 르네 모누리가 왔고, 13일에는 추가로 위그노교도였다는 의학박사 다니엘 로지에[21]와 가스파르 주베르, 그리고 약사 르네 아당이 왔다. 조서에 따르면 이 세 명은 마귀에 들린 잔 데장주가 놀라울 만치 몸을 뒤틀며 영성체를 거부하는 것을 보고 눈물을 흘렸다고 한다.

그들은 그런 고통이 인간의 힘을 넘어서는 것이며 어떤 자연적 질병으로부터도 생길 수 없는 것이라고 분명히 진술했다.[22]

그런데 자연적인 것이란 무엇인가? 이것이 바로 문제의 핵심이다.
이곳에는 루됭의 보통 법원과 중급 법원의 판사인 대관代官*도 있었다. 평귀족이던 기욤 드 스리제(게리니에르 경)는 '긴 가운의 대관'이었다. 즉 그는 대관(짧은 가운을 걸치거나 칼을 찬 관리)으로서 행정권을 담당하는 동시에 긴 가운의 사법관으로서 사법권도 행사했다. 통상적으로 행정권과 사법권은 1561년의 왕령에 따라 분리되었지만 그는 이 두 직책을 겸임하고 있었던 것이다. 그는 유력자들 중에서도 가장 중요한 인물이었을 뿐 아니라 루됭 사법 체제의 정점에 서 있는 사람이었다. 스리제는 이곳에 오면서 민사 대리관(루이 쇼베)과 그의 동생인 배석판사 샤를 쇼베, 형사 대리관(르네 에르베), 검사장(무소), 대관 보좌관(폴 오브리), 두 명의 법원 서기보 피에르 티보와 (늘 펜을 들고 있던) 위르뱅 뒤퐁 등도 데

---

*bailli. 구체제에서 국왕이나 대귀족을 대신하여 특정 관할구역 하에서 행정권이나 사법권을 행사하는 관리를 가리킨다. 이 단어는 사학계에서 '바이이'라고 통용되지만, 이 책에서는 '대관'이라고 옮긴다.

려왔다. 의사들도 더 왔다. 루됭에서는 마티외 팡통과 샤를 오제가 왔고, 샤텔로에서는 뱅상 드 포가 왔으며, 퐁트브로에서는 알퐁스 코니에가, 투아르에서는 프랑수아 브리옹이 왔다.[23] 요컨대 마귀들림 사건이 지정한 장소로 지역 '사교계' 전체가 총출동한 셈이었다. 마법에 걸린 여인들 옆에서 이들은 자신들의 가치관을 판돈으로 걸고 일종의 사교 게임*을 시작한다. 악마는 판에 끼지 못하고 옆에서 광光이나 판다.

신사들[귀족들]은 아직 오지 않았다. 아마 이런 일에 연루되고 싶지 않았던 것이리라. 게다가 그들의 영지는 더 먼 곳에 있었다. 하지만 머지않아 신사들도 오게 될 것이며, 이와 더불어 사건의 전파는 한 단계를 더 넘어서게 된다.

게임의 규칙

등장 순서는 물리적 거리보다는 신분의 순서를 따른다. 사회계층의 순위에 따라 역순으로 등장 순서를 정했다고 해도 믿을 정도이며, 적어도 이는 루됭의 지리적·계층적 조직을 재현하고 있다고 할 수 있다. 지리적·계층적 조직을 전복하는 것이 아니라 그대로 가져오는 것이다. 초자연적 현상과의 만남에서도 사교계의 게임의 규칙은 세심하고 정확하게 엄수된다. 이것이 사회질서에 근본적인 위협이 되는 사건이다 보니 더욱 그럴 수밖에 없었을 것이다. 그래서 10월 25일 명문가 출신의 명망가인 뒤그레 경은 자신의 신분과 덕망을 내세우며 대관에게 문제의 방에 들어가 원장수녀의 침대에 다가갈 권리를 요구한다.

*le jeu de société. 사교 게임에는 다양한 종류가 있는데 여기서는 카드놀이를 의미한다.

이는 시작에 불과하다. '마귀들린' 수녀들이 생피에르뒤마르셰의 주임신부 위르벵 그랑디에를 자신들을 옭아맨 주술의 원흉으로 지목했다는 소문이 퍼진다. 이렇게 해서 우르술라회 수녀 열일곱 명이 평온히 성무일과를 암송하면서 그 지역 소녀들을 교육하던 이 수녀원에서 대사건이 시작된다. 이 사건은 유럽 곳곳에서 수천 명의 호사가를 끌어들일 것이며, 당시 나라 곳곳에서 종기가 터지듯 연달아 터지던 마귀들림 사건 중 가장 유명한 사례가 될 것이다.

9월 21~22일 밤에 유령들이 출현한 후 사건은 과거의 여러 서적들이 정해놓은 단계에 따라 전개된다.

『한 속죄한 여인의 마귀들림과 개심에 관한 놀라운 이야기』(파리, 샤스틀랭 출판사, 1613)*는 몇 개의 막으로 나눠져 있다. 이 책에서는 심지어 가시와 장미가 언급되고 있으며, 내러티브 형식으로 사건의 전개에 모델을 제공하면서 루됭 사건의 모든 것을 루됭 사건 이전에 미리 말해준다. 1막부터 이미 장면이 만들어진다.

12월 7일과 8일, 같은 구마의식을 매일 두 번씩 집전하면서 악령들을 취조하자 그들은 자기들이 세 명이며 주술의 힘으로 루이즈의 몸 안에 들어와 있다고 대답했다. 또한 자기들의 이름은 베린, 그레질, 소네용이며, 셋 다 제3위, 즉 좌천사座天使에 속한다고 밝혔다.[24]

여기에는 몸을 뒤트는 유형, 주요 악마들의 이름(지역에 따라 이름은 조금씩 달라지며, 작가가 이름을 새로 만들 때도 있다), 악마들이 자백을 강요받아 영혼의 진정한 의사, 약사, 외과의사가 되었을 때 내놓는 유익한 자백 등 도식의 모든 요소가 고루 갖춰져 있다. 프로방스 지방의 사건을 다룬 이『놀라운 이야기』라는 책에는 예전에 세바스티앙 미카엘리스 신부가 쓴『정령에 대한 논고』(파리, 샤

*엑상프로방스에서 있었던 고프리디 재판을 다룬 프랑수아 돔프티우스의 저작.

스틀랭 출판사, 1612)가 합본되어 있다. '논고'가 '이야기'를 설명하고 정당화해주는 것이다. 이와는 달리 루됭 사건의 경우 내러티브와 이론의, 이야기와 논고의 아름다운 합일은 사라진다. 이야기는 극화되고, 심리적 차원이 늘어나며, 분량이 엄청나게 증가한다. 반면 논고는 파편화되고 해체되어 다른 설명이 들어올 여지를 남겨준다.

1632년 10월 12일 이후 장 미뇽은 이 사건이 고프리디를 죽음으로 몰아넣은 사건과 유사하다는 점을 강조한다. 이는 그랑디에에게 위협이 되는 발언이지만 실은 고백이기도 하다. 엑상프로방스 재판을 언급함으로써 그 즉시 "모든 명백한 징후에 따라 전술한 새로운 마귀들림 사건의 진상"[25]을 인정하게 되는 것이 아닌가? 하지만 아마도 이 원형原型은 증거로 쓰이기에 앞서 규범으로 쓰였을 것이다. 이는 오래전부터 암묵적으로 강요된 규범으로, 조서들을 읽어보면 이런 메커니즘이 그토록 순식간에 수월히 작동하는 것은 놀라울 지경이다. 이 메커니즘에는 나름의 전통이 있으며, 이곳 주민들은 별 어려움 없이 미리 정해진 배역을 나눠 가진 것이다.

2   **마법의 원圓**

즉시 수많은 사람이 사건에 관여한다. 이에 따라 도시가 재편된다. 또한 그 와중에 기존에 잠복해 있던 도시의 여러 갈등도 드러난다. 이는 해결되었다고 믿었던 잊고 싶은 갈등이 드러나는 것일 수도 있고 어떤 갈등이 점점 심각해지다가 여기서 출구를 찾는 것일 수도 있다. 우르술라회 수녀들이 살고 있던 파스켕 거리에서 기이한 야음夜陰의 사건이 발생할 것이라는 징조는 전혀 없었다. 하지만 이 사건이 루됭에 큰 반향을 일으킨 것은 놀라운 일이 아니다. 이는 작은 시골마을 특유의 뒷공론과 호기심 때문만은 아니다. 이는 또한 오랫동안 처마 밑에 잠복해 있다가 신과 악마의 공개 토론이 벌어지자 옳다구나 하고 튀어나온 각종 내분, 분파간의 싸움, 개인간의 반목에만 기인하는 것도 아니다.

하지만 이 토론은 어마어마한 결과를 가져온다. 새로운 상황이 만들어지는 것이다. 여론은 분열된다. 일상생활의 복잡한 네트워크가 두 진영으로 찢어진다. (물론 해진 직물의 짜깁기한 부분이 갈라진 것이지만) 마귀들림 사건으로 인해 과거의 분쟁들이 재집결하지만 새로운 표현 톤이 제공됨에 따라 이 분쟁들은 조움김을 겪는다. 마귀들림 사건은 비록 과거의 대립관계들을 상정하고는 있지만 새로운 언어 덕에 전과는 다른 경험이 된다. 마귀들림 사건은 '과거에 존재했던 어떤 것'을 드러낸다. 하지만 마귀들림은 무엇보다 '존재하지 않았던 어떤 것'을 허락하고 가능케 한다. 이렇게 루됭의 땅에 고저차가 생기면서 전투의 지형이 결정되며, 거꾸로 이 전투는 이 고장의 사회문화적 토양을 변화시킬 것이다. 과거의 대립으로 환원될 수 없는 무언가가 일어난다. 그로 인해 지금 생기는 일은 '사건'이 된다. 그리고 이 사건에는 고유의 규칙들이 있어 기존의 여러 분할에 변동을 유발한다.

종교적 국경

기존의 분할들 중 가장 중요한 것은 의심의 여지 없이 종교전쟁이 만든 분할이다. 60년 전 위그노교도들*과 가톨릭 신자들이 서로를 살육했다면 1632년 같은 장소에서 이들은 언쟁으로 만족할 것이다. 처음에 위그노파의 수중에 있었다가 가톨릭 군대에게 포위공격을 당한 끝에 함락되었고 다시금 위그노파가 이를 수복하여 약탈과 방화를 저질렀던 도시 루됭에서 말이다.

1562년부터 '복음 만세!'†를 외치며 약탈을 자행한 동일한 위그노교도들에 의해 성당의 장식품은 모두 파손되었고 성상聖像들은 찢기고 불에 탔다. 미사는 폐지되었다.[26]

물론 보석寶石보다는 사람이 더 고초를 겪었다. 10년 뒤 가톨릭 신자들은 앙갚음을 한다. 그들은 정반대 교의敎義의 이름으로 똑같이 파괴와 약탈을 자행한다. 일련의 학살이 되풀이될 것이다. 학살극은 매번 각각의 '진리'가 승리했음을 확인해주는 절차이다. 이런 상황이 잠잠해진 것은 낭트 칙령(1598년)을 통해 루됭이 신교도를

* 프랑스의 칼뱅파 신교도.
† 프랑스에서는 개신교를 통상적으로 복음주의évangélisme라고 칭한다.

위한 '안전지역'으로 선포되면서 신교도들에게 기존의 지위가 공식적으로 보장된 이후의 일이었다. 신교도의 거점지역이 남·서 프랑스라는 점을 감안하면 [중서부 지방에 위치한] 루됭은 신교의 지배하에 있는 전진기지이자 준準국경도시였다. 또한 구교와 신교 간의 불안정한 합의상태를 개선하기 위해 콩데 공公과 위그노 지도자들이 마리 드 메디시스의 특사들을 만나 회담을 가진 후 루됭 조약(1616년 2월)을 체결하면서 루됭은 전국적 주목을 받는 도시가 되기도 했다.

기실 이러한 휴전상태는 상황의 점진적 변화로 인해 위협을 받고 있었다. 루됭에서는 [가톨릭이 주관하는] 전국 시노드*(1619~1620년)와 수많은 지방 시노드(1610년, 1631년 등등)가 열렸지만 이 도시의 주민 다수는 위그노였다. 루됭에서 위그노의 위세는 여전히 강력하여 유력인사 대다수가 위그노였고 많은 개신교 학교를 운영하고 있었다. 하지만 이들은 전초지역에 고립되어 있다고 느꼈으며 1628년 라로셸†이 함락되면서 미래에 대한 불안감은 가중되었다. 라로셸 함락을 기해 1628년 12월 15일 루이 13세가 파리에서 발표한 포고문은 신민에 대한 국왕의 부성애와 평화와 안정을 이룩하려는 그 의지를 상기시켰지만, 이제 국왕이 어떠한 반역행위도 용납하지 않을 것이며 그동안 유지되던 힘의 균형을 뒤집으려 한다는 점에는 의심의 여지가 없었다.

우리는 국정자문회의에서 이 사건을 토의했으며, 이제 우리의 확실한 지식이요 한없는 능력이요 특별한 은총이신 국왕의 의견에 따라 우리 손으로 서명한 본 포고문을 통해 신분 고하를 막론하고 소위 개혁종교라는 것을 믿는 모든 신민에게 명하는 바이니, 금후로 반역에 가담하여 무기를 들거나 국왕의 통치를 방해하고 복종의 의무

* 교구 내의 사제, 수도사, 신부 등이 모여 여는 회의. 공의회와는 다르다.
† 라로셸은 루됭에서 약 160킬로미터 떨어져 있다.

를 저버리며 우리의 도시와 광장을 점령하는 자, 그런 점령을 행하는 무리에 찬동하는 자, 어떤 식으로든 그 무리 안에 있는 자는 무기를 버리고 자신의 의무로 돌아가 본 포고문이 발표된 후 보름 안에 자신의 거주지에서 가장 가까운 우리 관할의 고등법원이나 중급 재판소 앞에서 이를 정식으로 신고할지어다.[27]

루됭의 가톨릭 신도들은 오래전부터 저항에 익숙해 있었지만 이후 왕권의 보호를 받게 되었으며, 행정당국의 요직을 장악해 순회설교자들에게 교황의 십자군에 동참하라는 요청을 받기도 했다. 그런데 17세기 초부터 인근 지역에 여러 수도회들이 자리를 잡으면서 이들은 더욱 힘을 얻게 된다. 프란치스코회는 생마튀랭 부근에 수도원을 열었고, 예수회는 1606년 생피에르뒤마르셰 인근에 사택을 지었으며, 1604년 수도원을 재건하기 시작한 맨발 가르멜회는 생피에르뒤마르트레 교회를 보유하여 그곳에서 1614년 처음으로 총회를 열었고, 카푸친 작은형제회는 1616년에, 갈보리 수녀회는 1624년에, 우르술라 수녀회는 1626년 루됭에 진출했다. 이런 과정을 통해 수도회들은 교회들을 복구하고 새로운 수도원을 건설했으며 신도 네트워크를 구축해 루됭의 일상에 점점 깊숙이 침투하고 있었다. 따라서 국면이 전환되는 중이었는데 마귀들림 사건들은 이 과정을 드러내는 동시에 가속화하는 것이었다.

두 개의 정치 권력

루됭 시와 루됭 성의 지방총독이 (1617년 12월 18일 국왕의 특허장을 통해) 신교도 부아스게랭에서 국왕의 제1시종이었던 구교도장 다르마냑으로 교체된 것은 이런 변화를 나타내는 징후 중 하나였다.

하지만 여기에 다른 유형의 분할이 개입한다. 중앙권력의 압력에 맞서 지방의 특권을 옹호하는 이들이 종교적 차이를 극복하고 한데 결집하는 것이다. 장 다르마냑은 위그노였던 전임자의 입장을 계승하여 성곽 복원 사업을 마무리한다.(1626년) 하지만 이 사업은 루이 13세의 하사금(1622년 5월 13일) 덕에 가능한 일이었다. 다르마냑의 행동은 꽤나 오락가락했던 셈이다. 지적이기보다는 정열적이었고 유능하기보다는 음흉한 사람이었던 다르마냑은 결국 반대 진영의 뜻에 놀아나게 되고 제 꾀에 제가 넘어가고 만다. 먼저 그는 성곽에 대한 국왕의 결정(1622년)에도 불구하고 자기가 기거하던 성탑을 보존하려 한다.[28] 1631년 11월 로바르드몽 남작은 국왕으로부터 미르보 성(1629년)과 루아양 요새(1630년)를 헐었던 것처럼 루됭의 성곽과 방어용 성벽도 철거하라는 명을 받은 바 있다. 하지만 루이 13세는 곧 남작에게 친서를 보내 성탑은 내버려두라고 지시한다. 지방총독에게 특혜를 베푼 것이다.

짐이 경에게 내린 명에 따라 루됭 성의 성벽 철거를 신속히 집행하는 것이 짐의 통치와 푸아투 지방 백성들의 안위에 중요한 까닭에 경에게 이 편지를 보내니 이 편지를 받는 즉시 상기 성의 성탑은 제외하고 일전에 지시한 내용을 정확히 집행하도록 하시오. 성탑은 그대로 보존하여 아무것도 허물지 말기를 바라는 바이며……[29]

미묘한 술책, 잠정적 관용, 은근한 거역이 이 성탑을 중심으로 얽혀들면서 성탑은 두 정치 권력의 쟁점이 된다. 그리고 이렇게 각자가 입장을 정해 서로 대결하거나 본의를 감추는 와중에 새로운 지형이 만들어진다. 정치적 투쟁은 종교적 진영 분할과 정확히 겹치지 않는다. 이제 신앙과는 직접 관련이 없는 기준에 따라 당파와 입장이 재편된다. 지역의 사법권은 물론 지역의 자주권을 수호하기 위해 가톨릭교도, 위그노, 회의주의자가 결집한다. 반대편 역시 사정은 마찬가지다. 이런 관점에서 볼 때 마귀들림 사건은 다르마냐의 진영과 리슐리외의 진영을 대립시킨다. 중앙권력의 조치는 이들의 종교적 동기가 어떠하건 간에 다르마냐 진영의 지지를 얻고 리슐리외 진영의 이익을 거스르는 것이었다. 중앙권력은 두 진영의 신앙을 성격이 다른 문제에 투입시킴으로써 대립을 종교적 맥락에서 분리시키고 논점을 바꾸게 만든다.

[종교라는] 기존의 준거틀이 도전을 받게 되고 그에 따라 의심스러운 것이 되자 정치는 이 준거틀을 은밀히 대체하는 축이 된다. 정치는 종교적 입장이라는 것을 모호하게 만든다. 가톨릭 신자이든 개신교 신자이든 할 것 없이 중앙집권화를 통해, 혹은 중앙집권화에 대항하여 여전히 자기 집단을 방어하고 있었지만 이 과정에서 이제 중요한 것은 종교적 진영이 아니라는 점을 깨닫게 된 듯하다. 권력은 이제 종교적인 것이 아니었다. 진리에 관한 것이든 교회 분파의 대립에 관한 것이든 이제 결정권은 종교적 입장에 기반한 집단의 손을 벗어났다. 국가이성 Raison d'État [국시國是, 국익國益]의 관점에서 옳고 그름이 규정되는 것이다.

새로운 언어의 탄생

마귀들림 사건이 시작되기 훨씬 전에 이미, 마귀들림을 종교사 宗教史의 문제로만 치부하지도 정치적 문제로만 해석하지도 못하게 하는 현상이 시작된다. 이러한 모호함은 어떤 변화의 징후이다. 모호함은 그 변화를 가속화시킨다. 마귀들림은 정의상 이 불안정한 순간이 되고, 그것에 낡고도 새로운 표현을 제공하는 언어를 통해 이 순간을 상징하며, 입장을 표명해 어떤 과정을 (화학 용어로 말하자면) '침전'시킨다.

누구보다 완고한 구마사이자 악마의 현존을 누구보다 열렬히 믿었던 트랑킬 신부는 그만큼 순진했기에 준거틀의 불확실성이 일으킨 위기를 극복할 힘에 대해, 가톨릭의 위계질서에 기반한 어제의 권력을 대체하게 될 힘에 대해 누구보다 훌륭히 말할 수 있을 것이다. 트랑킬 신부는 자신의 글에서, 마귀들림 사건은 왕권王權만이 악령들을 물리칠 수 있으며 이 용龍의 목을 부러뜨리려면 교회의 힘만으로는 부족하다[30]는 사실을 보여주었다고 쓴다.

마귀들림 사건이 분열된 도시의 갈등에 출구를 제공하고 이 갈등을 백일하에 드러낸다면 이는 이 갈등의 조옮김을 통해서이다. 악마 담론이라는 결투장에서 불안, 복수심, 증오 등이 고삐 풀려 표

17세기의 루됭 시 지도
1. 사각형의 탑
2. 큰 성곽
3. 재판소
4. 생피에르 성당
5. 생트크루아 성당
6. 우르술라 수녀회
7. 예수회
8. 생피에르뒤마르트레 성당
9. 가르멜 수도회
10. 카푸친 작은형제회
11. 프란치스코 수도회

출되었다고 말하는 이도 있으리라. 하지만 이 감정들은 무엇보다 어떤 언어 속으로 옮겨지고, 그 언어 속에 감금되며, 다시금 가면을 쓰고, 다른 표현체계의 제약들에 복속하게 된다. 이제 중요한 것은 바로 루됭 지역의 표면적 역학관계에서 떨어져나와 독자적으로 부각되는 새로운 영역, 과거의 사례들로 환원할 수 없는 새로운 영역이다. 악마 사건이라는 영역 말이다.

감옥

이후의 사건 전개는 성격이 완전히 달라진다. '연극'은 일단 자리를 잡으면 고유의 법칙을 따르게 된다. 연극은 제반 문제와 감정을 먹고 자라나지만 거꾸로 이 문제와 감정은 연극 때문에 현저한 변화를 겪는다. 한편으로 연극은 도시에 잠복한 응어리들을 중대하고 무시무시한 질문으로 이끈다. 악령, 신, 자연적·초자연적 세계 등의 개념이 의심을 받는 것이다. 즉 연극은 응어리들이 목표나 준거의 결핍을 직시하도록 강요한다. 다른 한편 연극은 너무나 다양한 문제들을 예와 아니요의 양자택일 문제로 만들어버린다. 찬성 아니면 반대밖에 없는 것이다. 이항 구조의 단일하고 획일적인 법칙은 한 도시의 수많은 분쟁을 조옭김하여 이 모든 것이 신들의 전쟁에 편입되도록 사전에 조율한다. 이 법칙은 선택지를 단순화한다. 처음부터 규범적 코드를 수립하여, 다양한 분쟁을 사탄의 진영과 신의 진영 중 하나로 환원시키는 것이다. 그래서 이 언어는 감정들을 '해방'시키기는 해도* 애초에 그 자체가 닫힌 체계, 혹은 많은 사람들이 증언하듯 하나의 감옥이다.

하나의 무대 위로 공간이 한정되면서 논쟁은 두 진영으로 편성된다. 라로셸 함락을 기념하기 위해 예수회 콜레주의 기숙학생들이

---
* '감정을 해방시키다'라는 표현은 감정을 마음껏 배출·표현케 한다는 뜻이다.

공연한 '발레' 〈테앙드르 대왕이 정복한 영광의 전차〉가 그 예이다. 발레 전문가 클로드 메네스트리에 신부의 설명에 따르면, 이 발레에서는 재상宰相인 신하 카스피스의 도움을 받는 주인공 테앙드르(루이 13세)에 이단異端과 반역이라는 주술이 대립한다.³¹ 신의 이름이 담긴 이 이름*은 모든 선한 목적을 대변하면서 모든 악을 상징하는 '반역'에 맞서는 것이다. 하지만 이 무용극에 앞서 폭력적인 극작술이, 마귀들림의 극작술이 있었으니…….

피해자인가, 공범인가?

점점 많은 사람이 이 놀이†에 가담할 것이다. 초기 단계에서 이 극작술에 대한 동의는 미적지근한 것이었다.(물론 어찌되었든 참여한 셈이긴 하지만) 이 극작술에서는 무엇이든 말할 수 있고, 무엇이든 들을 수 있고, 무엇이든 볼 수 있는데, 그것은 이 연극이 악마의 언어, 즉 무엇이든 감추는 알레고리적 언어를 통하기 때문이다. 모든 것이 허용된다. 하지만 이는 그것이 타자(악마)의 담론, 정확히 말하면 다른 담론이기 때문이다. 하지만 이 놀이는 '이해'를 상정하기에 놀이가 진행되면서 그에 대한 최초의 이해를 키워준다. 놀이는 참가자들을 자신의 논리 안에 가둔다.

놀이라는 체계가 작동하려면 참가자의 동조가 필수적이지만 그와 동시에 그 체계는 참가자에게 어떤 구속을 가하게 마련이다. 잔 데장주는 1644년 자신의 이전 상태에 대해 쓴 책에서 이 동조와 구속의 결합을 누구보다 훌륭히 보여주었다. 여기서 그녀는 자

---

* 테앙드르Théandre라는 이름에는 신을 뜻하는 어간 theo가 들어 있다.
† 여기서 '놀이'라고 옮긴 jeu라는 단어에는 '놀이', '게임'뿐 아니라 연극의 '연기'라는 뜻도 있다. 이 대목에서 '놀이'라는 단어는 이런 여러 의미를 포괄하고 있다.

기가 마귀에 들렸던 상황의 초기 단계를 설명하는데, 이렇게 그녀의 육성을 처음으로 들어봄으로써 우리는 그녀가 멀쩡히 제정신을 차리고 명민하고 교활하게 머리를 굴리고 있다는 것을 느낄 수 있다. 그녀는 심문관들이 무엇을 기대할지 언제나 미리 내다보는 것이다. 하지만 그녀가 이처럼 명석한 정신을 갖게 된 것은 실제로는 먼 훗날, 그녀가 자기 휘하의 수녀들, 자신의 영성 지도자들[고해 신부], 신자들과 함께 신비주의라는 다른 체계에 들어갔을 때의 일이다. 지금 그녀가 이야기하는 과거 시절에는 그런 언어를 쓰지 않았을 것이다. 그녀는 자신의 심리상태에 매몰되지 않고 간사한 통찰력을 발휘하여 집단적 마귀들림의 한 가지 양상을 분석한다. 구마사, 호사가, 관객 역시 자기들이 비난을 퍼부으며 파렴치하다고 거부하고 있는 이 추잡한 쇼를 욕망하고 원하며 이 쇼의 배우가 되는 방향으로 움직이는 것이다.

    나중에 살펴보겠지만, 자기가 악령들의 피해자라고 주장하던 잔 데장주에게 그녀가 사실은 악령들의 공범이라는 점을 설명해준 것은 쉬랭이었다. 물론 원장수녀는 성직자로서 양심 성찰의 습관을 갖고 있었고 고백을 변명으로 뒤바꾸는 간교한 기술을 오랫동안 연마해왔으므로 그녀의 고백은 주도면밀하게 계산된 것이다. 하지만 그럼에도 불구하고 이 고백 덕에 한 번 들어오면 옴짝달싹할 수 없는 이 마법의 원圓 cercle magique*에 사건의 당사자들이 어떤 불확실한 통로를 통해 들어가게 되었는지를 알 수 있다.

＊다른 차원의 세계와 소통하기 위한 의식에서 사용되는 원형으로 이 원 내부의 권역에서는 현실의 규칙이 통용되지 않는다. 여기서는 사건이 연극적 형태로 전개되면서 마귀들린 수녀, 구마사, 관객들이 자기도 모르게 그 연극의 자체적 규칙에 복속하는 것을 가리킨다.

악마가 주는 재미

악마는 내가 몸에 요동을 일으킬 때 약간의 즐거움을 느끼게 하고 내 몸에 여타 여러 가지 기이한 현상이 일어나게 하여 나를 속였다. 나는 사람들이 악마 이야기를 하는 것이 너무나 즐거웠고 다른 수녀들보다 더 심하게 마귀들린 것처럼 보이는 게 좋았다. 그 때문에 이 가증스러운 마귀들은 큰 힘을 얻게 되었다. 마귀들은 우리가 자기들의 활동을 보는 걸 좋아하게 할 수 있다는 사실에 기뻐했고 그렇게 해서 천천히 우리의 영혼에 침투해 우리의 영혼을 장악했다. 마귀들은 우리가 그들의 간계를 파악하지 못하게 만드는 것이다. 오히려 마귀들은 인간정신의 특성을 숙지한 후 그런 작은 재미들을 통해 암묵적 동의를 이끌어내어 자기들에게 정신을 빼앗긴 인간에게 매우 해로운 일을 저지른다. 왜냐하면 마귀들은 우리의 영혼에 우리가 좋아하는 것을 심어놓고는 자기들이 원하는 것을 우리가 원한다고 믿게 만들기 때문이다. 이 영혼들이 마귀들을 자기 안위의 적으로 생각하지 않다 보니 이런 조작은 더욱 용이하다. 그래서 평소에 하느님께 매우 충실하고 자기 양심에 큰 주의를 기울이는 영혼이 아니라면 크나큰 죄악을 저지르고 크나큰 잘못을 범할 위험이 있다. 이 가증스러운 마귀들은 이런 식으로 인간의 의지에 침투한 다음 인간 영혼에게 자기들이 원하는 바의 일부를 설득시킨다. 마귀들은 때로 자기 계획을 알려주며, 그후에 정신을 혼미하게 하여 인간 영혼을 엄청난 혼란에 빠트리는 것이다.

"내 혼란의 제1원인은 나 자신이었다"

대개의 경우 나는 내 혼란의 제1원인이 나 자신이며 악령은 내가 제공한 입구를 통해서만 행동한다는 것을 분명히 깨닫고 있었다.

이 점을 구마사들에게 말하자 그들은 악령이 내 안에 숨고 싶거나 내가 나 자신의 사악함에 낙담케 하려고 나에게 그런 느낌을 주는 것이라고 대답했다. 그런 말을 들어도 나는 기분이 좋아지지 않았다. 왜냐하면 당장은 구마사들의 말을 믿으려 했어도 내 판단의 기준인 나의 양심은 어떤 평온도 주지 않았기 때문이다. 결국 구마사들의 단언은 나를 눈멀게 할 뿐이었다. 구마사들로서는 내가 그토록 사악하다고는 믿을 수 없었기에 악령들이 내게 그런 양심의 가책을 불러일으켰다고 생각한 것이리라…….

악령의 시달림을 받는 영혼은 절대적으로 하느님께 매달려야 하며 자기 자신을 매우 경계해야 한다는 사실을 독자가 더 잘 이해할 수 있도록 중대한 사안과 가벼운 사안에 두루 걸쳐 몇 가지 예를 들도록 하겠다.

락탕스 신부가 나의 고해신부 겸 구마사로 배정되고 나서 처음 며칠 동안 나는 매우 부끄럽게도 그의 사소한 행동방식을 설사 굉장히 선한 것이라 해도 비난한 적이 많았다. 하지만 이는 내가 사악했기 때문이다.

하루는 신부님이 창살 틈으로 우리 모두에게 영성체를 주려 했다.

당시 우리 대부분은 극심한 혼란과 경련에 시달렸으므로 성체를 받을 때 보통은 신부가 성단소로 들어오거나 우리를 성단소에서 나오게 한 뒤 성당 안에서 영성체를 했다. 나는 그가 관례를 벗어난 방식으로 일을 처리하려 하는 것에 화가 났다. 나는 그런 생각을 속으로 웅얼거리기 시작했으며 그도 다른 신부들의 방식을 따르는 것이 좋을 것이라고 생각했다.

그런 생각에 함부로 빠져 있다 보니 악령이라면 신부님을 모욕하려고 성체에 불경한 짓을 저질렀을 것이라는 생각이 들었다. 나는 너무나 파렴치해 이 생각을 떨치려는 노력을 별로 하지 않았다. 내가 영성체를 할 차례가 되었을 때 악마가 내 머리를 장악했고 내가 면병을 받아 반쯤 적셨을 때 악마가 그것을 신부님의 얼굴에 던졌다. 그 행동을 내가 자유로운 의사로 저지른 것이 아님은 분명하지만 부끄럽게도 악마가 그런 짓을 할 구실을 준 것은 확실하며 내가 악마와 전혀 연결되어 있지 않았다면 악마는 그런 힘을 전연 갖지 못했을 것이다.[32]

마법의 매개체 사향장미

그렇다면 마술 특유의 장소lieu는 어디인가? 한 '마법의 매개체'가 이 장소의 범위를 획정하는 것은 전혀 놀랍지 않다. 이에 관해 작은 단서가 있다. 어떤 냄새가 이 공간을 뒤덮고 있는 것이다. 달리 말하면 냄새가 이 공간을 '점유possession'한다. 17세기에 후각이 얼마나 중요했는지를 아는 사람이라면 이 결정적 지표를 소홀히 하지 않으리라. 전설의 땅에 연무煙霧가 퍼져 있고, 성인의 머리에 금빛 후광이 둘러싸이는 것처럼 냄새는 어떤 탈시간적 시간, 후각·상상력·즉각성이라는 준엄하고 억눌린 법칙을 따르는 시간을 위한 영토를 구축한다. 말과 행동의 모든 '광기'에 있어서 어떤 냄새를 중심으로 마법의 원이 그려지는데, 그 중심은 바로 사향장미 다발이다.

이 발단을 이야기해주는 것은 뒤 퐁 신부이다. 그는 푸아티에에 사는 지체 높은 귀족으로 퐁트브로의 수도사이며 루됭에서 한 시간 거리에 별장을 갖고 있는 뒤 퐁 양의 오빠 또는 친척이다. 구마의식 내내 최전방에 있었던 이 호기심 많고 수다스러운 신부는 세 번의 현장 체류 이후 위베르 씨에게 보낸 여덟 통의 편지와 '보고서' 한 부를 남겼다.

원장수녀가 제게 말한 바에 따르면 우르술라 수녀회의 수련수녀인 아네스 수녀는 서원을 한 당일{1632년 10월 11일}에 마귀에 들렸습니다. 마법의 매개체는 공동침실의 계단에 있던 사향장미 다발이었습니다. 원장수녀는 그 꽃다발을 가져와 냄새를 맡아보았고 그녀를 따라 다른 수녀 몇 명도 냄새를 맡았는데, 그 즉시 이들 모두가 마귀에 들렸습니다. 이들은 울부짖으며 그랑디에를 부르기 시작했습니다. 이들은 그랑디에를 너무나 간절히 원해 다른 수녀들은 물론이고 그 누구도 이들을 막을 수 없었습니다. 이들은 그랑디에를 찾아가겠다며 수녀원 지붕이나 나무에 올라 잠옷 바람으로 뛰어다니고 나뭇가지 끝에 서 있었습니다. 이들은 끔찍한 비명을 지르더니 사오일간 먹지도 않고 우박·서리·비를 맞으면서 그 위에 머물렀습니다.33

몇 주 후 다른 목격자가 증언하듯 도시 전체가 이 마법의 원에 들어가게 될 것이다.

구마의식이 집전되는 동안 수녀들과 그들의 교회가 어떤 상태였는지를 내 글재주로 얼마나 정확히 묘사할 수 있을지 모르겠다. 수녀 다섯 명에 대해 한 사람당 신부나 수도사가 두세 명씩 달라붙어 있었다. 한쪽에서는 비명을 지르고 울부짖고 먼지 속에서 뒹굴며 얼굴을 찡그리는 등 별의별 끔찍한 짓을 다 했고, 한쪽에서는 말을 하다가 웃다가 팔을 들고 목소리를 높여 노래를 불렀다. ……그뿐 아니라 사람들이 계속 드나드는데다 모두들 이 수녀 저 수녀 사이를 뛰어다니는 형국이어서 도무지 정신이 없었고, 그 와중에 한숨을 쉬는 이도 있었으며 빈정대는 이도 있었다. 그곳은 먼지가 뿌옇게 쌓여 있었고 공기는 후덥지근하고 김이 났으며 이 고장 주민 모두에게서 나는 마늘 냄새가 풍겼다. 지옥도地獄圖가 따로 없었다. 그래서 아무리 정신력이 강한 사람이라 해도 이 폭풍우 속에서는 흥분할 수밖에 없었으며 장소가 이처럼 뒤죽박죽이다 보니 무슨 생각을 하든 그 역시 뒤죽박죽이 되었다. 이성이 혼비백산한 감각을 구해

주어 이 교회가 하느님의 집이라는 사실을 알려주지 않았다면 이곳이 공포와 두려움과 형벌의 감옥인 줄 알았을 것이다.34

각종 조서, 일기, '보고서'는 사향장미, 세 개의 산사나무 가시, 10월 20일 수녀원 도서관에서 발견된 금잔화와 패랭이꽃 등의 기이한 냄새에서 이 고장 주민 모두에게서 나는 마늘 냄새(이 또한 끔찍하기는 마찬가지다)에 이르기까지 별의별 냄새들을 언급하고 있다. 이러한 다양한 경험들을 보다 정교한 분석을 통해 분류해보는 것도 좋을 것이다. 하지만 전체적으로 보면 이 어휘들에는 시각과 후각 사이의 위계에 결부된 한 가지 특유한 의미가 있다.

냄새의 마법

물론 당대의 연극과 마찬가지로 쇼는 도시 전체를 '마법의 섬'으로 뒤바꿔버리는 것이 사실이다.* 성벽으로 둘러싸인 이 '마법의 섬'에서 배우와 관객은 모두가 동일한 '환영illusion'에 사로잡혀 있다. 쇼는 도비냐이 『연극의 실제』에서 능숙한 마술은 우리에게 새로운 하늘, 새로운 땅, 무수히 많은 초현실적인 것을 눈앞에 있는 것처럼 보여준다35라는 말로 정리한 바 있는 어떤 체계의 영역을 창출한다. 그러려면 배우도 관객도 그것이 연극이 아닌 것처럼 행동해야 하며, 관객들은 속는 것을 즐거워하면서 환영 창출 기술art illusionniste과 공모관계를 맺어야 한다. 하지만 그렇다 해도 시각은 여전히 꿈과 현실 사이에서 망설인다. 어떤 장소가 마법에 걸렸다 해도 [그것이 현실이 아닐 것이라는] 의혹은 남는 것이다. 장소를 아무리 정교히 꾸며놓아도 어떤 내적 시간이 이에 저항한다. 그래서 도비냐은 다음

---

*중세 말에서 근대 초까지 유럽의 연극은 축제 기간 동안 도시의 여러 광장에서 동시다발적으로 이루어지는 것이 보통이었다.

과 같이 덧붙인다. 그와 동시에 우리는 우리가 보는 것이 실제 현실이 아니라는 것을 분명히 알고 있다.

결국 이 공간 안의 사물들은 재현되었지만 여전히 불안정하므로 그 공간은 튀어 보인다. 따라서 공간이 사람들의 정신을 진정으로 '홀리는possession' 것은 오직 냄새를 통해서만 가능하다. 이렇게 냄새를 통할 때만 공간은 (영토를 점령하듯) 배석자들과 배우들을 '점령occupation'한다. 시각적 외양이란 늘 우리와 거리를 두고 있다 보니 기교와 의심이 교묘히 결합될수록 외양은 있는 그대로 믿을 수 없는 수상쩍은 것이 된다. 하지만 외양에 후각이라는 내면적 지각이 덧붙여지면 외양은 다른 경험에 자리를 마련한다.* 질적 도약이 생기는 것이다. 이때 신체라는 내적 공간은 사물의 범위를 연장한 것이 된다. 따라서 궁극적으로는 후각이 시각을 보장하고 판단하고 선행한다.

몽테뉴는 이미 냄새는 코에 스스로 실려다니며, 신체에 달라붙고, 신체를 지탱하면서 신체에 달라붙는다고 말한 바 있다.

자연이 인간에게 냄새를 코에 들고다닐 도구를 만들어주지 않았다고 불평한다면 이는 오산이다. 냄새는 스스로 운반되는 것이다. 특히 내 경우에는 두터운 콧수염이 있어 도움이 된다. 장갑이나 손수건을 콧수염에 갖다 대면 그 냄새가 콧수염에 온종일 붙어 있다. 따라서 콧수염은 내가 어느 곳을 다녀왔는지를 드러낸다. 예전에는 달콤하고 게걸스럽고 끈적끈적하고 농밀한 청춘의 키스가 콧수염에 달라붙어 몇 시간이나 떨어지지 않았다…….

나는 의사들이 냄새를 지금보다 더 유용하게 사용할 수 있으리라고 본다. 냄새의 성질에 따라 냄새가 내 정신을 바꾸고 내 정신에 작용하는 것을 나는 여러 차례 깨달은 바 있다…….[36]

* 저자는 donner lieu à라는 표현을 쓰고 있는데, 이 숙어의 본뜻은 '~을 야기하다', '~을 초래하다'이지만 강조 표시가 되어 있고 문맥상 공간에 관한 것이므로 직역해서 '자리를 마련한다'라고 옮겼다.

몽테뉴는 공기 전염으로 생기는 민간 질병을 언급하고 있다. 또한 앞에서 본 바와 같이 어떤 냄새들은 흑사병을 막는 가장 좋은 수단이다. 어떤 냄새들은 다른 공간을 창조하는 것이다. 거꾸로 파올로 차키아스는 법의학 분야에서 17세기까지도 위대한 고전으로 남아 있던 기념비적 저작 『법의학의 문제들』(아비뇽, 1557년)에서 냄새의 위험에 대해, 냄새로 현기증, 두통, 숨막힘을 유발하는 독극물에 대해 길게 논한 바 있다. 차키아스는 이렇게 쓴다.

우리는 냄새만으로 생명체가 병에 감염되는 사례를 무수히 알고 있다. ……매일같이 수많은 사람이 좋은 냄새나 나쁜 냄새 때문에 중태에 빠지며, 어떤 사물의 냄새를 맡았다가 혼절하는 사람도 많다…….

차키아스에 따르면 냄새는 영양분을 공급할 수도 있고 상처를 썩게 만들 수도 있으며 사람을 죽일 수도 있다.[37] 냄새의 이러한 효력은 '인식된 존재란 우리에게 배어들거나 스며든 존재다'라는 아퀴나스식 이론에 부합하는 것일까? 17세기에 냄새에 의한 전파라는 경험은 의학적 진단뿐 아니라 영성 식별에서도 찾아볼 수 있다. 의사는 환자 집에 들어서면서 냄새를 맡아 병을 파악한다. 또한 수도원에서 들려오는 이야기들에 따르면 환시幻視 때 본 물체의 향기를 통해 환시가 진짜인지의 여부를 확인한다든지 수도사가 죽었을 때 좋은 냄새가 나면 성인聖人으로 여기는 일이 다반사였다. 즉 후각적 지각은 판별의 원칙이다. 미각이 요리의 질을 판단하는 것처럼 후각적 지각은 실재성을 판별하며 실재성을 인준한다.

냄새는 우리가 눈으로 보는 2차원의 물체들을 우리가 들어가 있는 3차원의 공간으로 바꿔놓는다. 우리가 들이마신 공기는 질병의 세계, 은총의 세계, 마법의 세계 등 우리가 들어갔던 세계의 지표이다. 냄새를 맡는다는 것은 이미 그 안에 들어가 있는 것이며, 정확히 말하면 그 일부가 되는 것이다. 루됭 사건에서 유독한 냄새, 심호흡, 경악호흡驚愕呼吸* 등은 시각적 명칭—이미 이루어진 어떤 변화를 사물의 이름 같은 구체적 어휘로 명확히 표현하여 상세히 밝혀줄 시각적 명칭들—을 예고하는(혹은 요청하는) 듯하다. 하나의 공간이 언어나 몸짓으로 묘사되기 이전에, 일련의 스펙터클이 최초의 '마법'을 보여주거나 확장시키기 이전에 후각적 인상들이 그 공간을 공간으로 인준해준다. 봄이 왔다는 흔적이 아직 보이지 않는데도 봄의 공기가 문득 느껴지는 것처럼 이상한 공기가 루뵝의 이야기에 미리 장소를 정해주는 것이다.

---

* 익사할 때 반사적으로 한 차례 나타나는 깊은 흡기성 호흡.

3   **마귀들림의 담론**

주술의 매개체로부터 태어난 장소는 일시적이고 단단하지 못하므로 대지大地에 등록되어야 한다. 장소는 어떤 무대 위에서 형체를 얻었다. 장소는 어떤 언어 속에서 실체성을 얻는다. 하지만 최종적으로 장소는 도시 안에 자리를 잡아 광장을 배정받을 것이다.

두 명의 주교, 두 개의 행동방식

앞서 본 바와 같이 마귀들림 사건은 순식간에 전개된다. 10월 11일 그랑디에가 용의자로 기소된다. 10월 12일 법원 관리들이 개입한다. 10월 22일 주임신부는 친절하고 쾌활한 고위성직자이며 고상한 취미를 가진 궁정인인 푸아티에 주교에게 항소를 한다. 앙리 3세의 로마 주재 대사였던 부친과 남편 사후 신교로 개종한 모친을 둔 주교 앙리 드 샤스테니에르 드 라로슈포제는 스칼리게르의 제자인 인문주의자인 동시에 근엄하고 엄격한 반反종교개혁파*라는 두 개의 얼굴을 가졌던 듯하다. 물론 그가 주교총대리로 삼은 생시랑이

---

* 반反종교개혁contre-réforme은 신교의 부상에 대한 대응 차원에서 구교 측에서 일어난 운동으로 가톨릭 내부의 쇄신과 신교 지역의 재再구교화를 목표로 한다. '가톨릭 종교개혁'이라고도 한다.

주교가 콩데 공에 맞서 무기를 든 것을 변호하기 위해 긴급상황에서 성직자가 무기를 들 권리를 옹호하는 글(1615년)을 써야 했던 것은 사실이다. 하지만 라로슈포제는 많은 동료들과 달리 관할 구역을 떠나지 않는다. 그는 반종교개혁 운동에 참여하며 1642년 이후에는 성사회聖事會 Compagnie du Saint-Sacrement*에서 중요한 자리를 맡게 될 것이다. 그는 루됭 주임신부의 일탈을 용납하지 않을 것이다. 미술품 애호의 즐거움, 사교계의 세련된 대화, 학문 연구 등에 전념하기 위해 공공질서와 개인적 안정이 필요했던 것이다. 쉴리 공작에 따르면 라로슈포제는 점액질† 체질이었다. 의무감이 강한 뚱보 주교님의 겉모습 뒤에는 지식인의 자유와 쾌락이 숨어 있었다.

11월 24일 주교는 구마의식을 공식적으로 승인하고 허락한다. 12월이 되자 투아르의 교회참사회장 르네 드 모랑과 샹피니의 교회참사회장 바질이 주교를 대신하여 루됭에 파견된다. 얼마 후에는 왕비의 궁중사제 마레스코도 루됭에 내려온다. 12월 10일 그랑디에는 파리 고등법원에 재심을 청구한다.

12월 24일 보르도 대주교가 개입하면서 지지부진하던 상황에 제동이 걸린다. 대주교 앙리 데스쿠블로 드 수르디는 밀스라는 의사(그는 철학자‡였다고 한다)로 하여금 마귀들린 수녀들을 진찰·검진케 한 뒤 명령을 내려 이행할 조치들을 지시한다. 이 명령은 심사숙고해서 검토할 만한 가치가 있다. 대주교는 개방적이고 성질 급한 사람이었으며 라로슈포제와 마찬가지로 반종교개혁파였지만 가스코뉴식의 반종교개혁파였다. 라로셸 공성전攻城戰 동안 그는 포병대 대장이었으며 식량 책임자였다. 1636년 그는 국왕의 국

---

* 신교 탄압에 앞장선 17세기 구교도들의 비밀결사.
† 4체액설에서 말하는 네 가지 체질 중 하나로 차분하고 냉정한 성격에 해당한다.
‡ 18세기에 '철학자'라는 표현이 계몽철학자를 의미한 것처럼 17세기에도 이 단어에는 '비판적 지식인'의 의미가 있었다. 대주교는 마귀들림을 미신이나 사기극으로 치부할 것이 뻔한 인사를 파견한 것이다.

정자문회의 의장 자격으로 에스파냐와의 해전에 참전해 부제독 겸 군수 총책임자로서 다르쿠르 경을 보좌한다. 성급하고 불같은 성격 때문에 그는 리슐리외에게 "그대의 조급한 사고와 언사"를 두고 주의를 받을 것이다. 대주교로서는 정치적(특히 라로슈포제와의 반목), 개인적(루됭의 우르술라회 수녀 중에는 그의 조카딸 두 명이 있었다), 종교적(그의 신앙심은 근면한 헌신보다는 격정적 열정 쪽이었다) 이유 때문에 루됭 사건에서 진짜 마귀들림이 일어났다고 믿기 어려웠다.

진실 파악

대주교의 명령은 다음과 같다. 우선 마귀들린 수녀들은 격리 조치할 것이며, 이후 가톨릭 신자인 2~3인의 숙련된 의사가 검진케 한다. 며칠 동안 검진을 계속하고 필요하다고 판단되는 경우 하제下劑를 사용한다. 그다음 위협, 체벌(필요하다고 판단되는 경우) 및 다른 자연스러운 수단을 통해 진실을 파악하도록 한다. 마지막으로 그녀(마귀들린 수녀)가 3인의 구마사들이 몰래 주고받은 생각에 대답한다든지, 그녀와 말하는 도중 멀리 떨어진 곳에서 일어난 일들이나 그녀가 절대 알 수 없으리라 여겨지는 일을 알아맞힌다든지, 8~10개의 단어로 된 문장을 정확하고 조리 있게 여러 언어로 말한다든지, 방바닥의 매트리스에 손발을 묶어놓은 후 아무도 가까이 가지 못하게 했는데 상당한 시간 동안 허공에 떠 있는 등 초자연성의 흔적이 나타나는지 살펴보도록 한다.

체계적인 확인 절차가 요구되며, 분명한 기준이 주어진다. 대주교는 수녀 이송, 의사 왕진, 구마사 및 간병인에 관한 비용 등 필요한 모든 금액을 제공할 수 있도록 조치하며, 이를 위해 자기 소유인 투앵 수도원의 자금을 동원한다.[38]

마지막 항목은 수녀들의 경제상황과 관련이 있다. 수녀들은 순식간에 궁핍에 빠진다. 우르술라회 수녀들의 부모 중 상당수가 이 사건에 충격을 받아 약속한 기숙비의 납입을 중단한 것이다. 기숙생들은 수녀원을 떠나기 시작한다. 루됭 부근에 세워진 술장식 공장이 제공하는 일거리는 애초에 보수가 빈약했던데다 이제는 수녀들이 그런 일을 할 수 있는 상황이 아니었다. 1638년 잔 데장주는 사건 발생 초기 몇 개월 동안 자신의 수녀원이 몰락해가는 과정을 묘사한다. 후원금을 기대하며 왕비에게 쓴 편지이다 보니 더욱 처량한 어조를 띠는 것도 당연하다.

저희는 완전히 버림받아 모든 물자가 부족한 상황에 빠졌습니다. 대개의 경우 빵이 없어 허기를 채우기 위해 먹다 남은 양배추 조각이나 여타 보잘것없는 푸성귀를 뜰에서 그러모아 야자유와 소금을 넣고 끓인 다음 빵도 없이 그것으로 저녁식사와 야식을 때웠습니다. 그 정도의 먹을 것도 없는 경우가 많아 저녁과 밤참을 거를 때도 많았습니다. 또다른 불행이 있었으니, 설사 소금과 식용유와 푸성귀가 있다 해도 그것을 조리할 사람이 아무도 없었습니다. 악마에게 더럽혀져 병든 이들을 돌보는 데 워낙 손이 많이 필요했기 때문에 건강한 이들은 부엌일을 할 시간이 없었으며, 불쌍한 수녀들은 밤낮으로 너무나 끔찍한 광경을 겪었기에 먹고 마실 생각을 할 정신도 기력도 없었습니다.[39]

말과 사물

수르디 대주교의 명령으로 첫번째 단계로서 조직화가 마무리된다. 그때까지 마귀들림 사건은 3개월간 아무렇게나 전개되고 있었다. 사건은 수녀원 일대와 해당 도시 및 인근 지방을 피상적으로만 뒤

덮고 있었다. 그런데 사전에 만들어져 있던 행로와 이야기들이 점차 하나로 수렴된다. 현장에서 발견된 모든 재료가 형태를 얻어 마귀들림의 담론, '하나의 담론'이 된다. 먼저 이는 여러 개의 언술과 다른 분야나 과거 사건에서 온 다양한 요소들로 이루어지므로 '담론'이다. 하지만 이는 또한 이 다양한 과거의 편린들에 방향을 제공하고 이 편린들을 최초의 마법에 맞춰 조정하며 이 편린들을 냄새를 통해 처음부터 주어진 '형언할 수 없는 것'의 언어로 만드는 '단일한' 담론이기도 하다.

따라서 어떤 다변화가 이루어지는 것인데, 이는 표현의 가능성인 동시에 새로운 현상에 재투입된 전통들의 재부상이기도 하다. 이 다변화는 스콜라 철학의 외양을 하고 있다. 분류가 이루어지고 세밀하고 정교한 규정이 뒤따르는 것이다. 마귀들림의 부류 구분, 악마의 범주 구분, 몸짓과 경련의 유형 구분, 구마의식 동안의 단계 구분 등이 이미 이루어지고 있다. 배석자들과 구경꾼들은 여러 그룹으로 나뉜다. 의견이 갈린다. '악마를 공략하기 위한' 전술들이 다각화된다. 하지만 이 복잡한 외피에도 불구하고 논의 대상은 여전히 마귀들림이다. 원초적 '후각'은 수많은 구분과 하위구분으로 분해되어 언어적 분석으로 변한다. 말이 냄새를 순식간에 대체한다.

10월 1일 열일곱 명의 수녀 중 세 명에게 마귀에 들렸다possession는 선고가 내려진다. 12월이 되면 숫자가 늘어 아홉 명이 마귀에 들렸고 여덟 명은 마귀가 들러붙었으며obsession 나머지 수녀들은 건강하다고 선언된다. [수녀들을 몇 개의 집단으로 나누는] 이러한 '분류'는 우르술라회 수녀 개개인에게서 관찰된 '차이들'에 자리를 내주지만, 이 차이들은 악마 담론 특유의 상투적 코드화에 따라 다시금 분류된다.

들러붙음obsession과 마귀들림possession의 기본적 차이는 다음과 같다. 들러붙음에서 악마는 들러붙은 사람에게 외적으로만 작용한다. 즉 그 사람이 좋든 싫든 그 사람의 눈앞에 빈번히 나타나고, 그 사람을 때리고, 그 사람을 혼란스럽게 만들며, 본래 성격·기질·능력의 폭을 현저히 넘어서는 기이한 감정과 동작을 자극한다. 반면 마귀들림에서 악마는 마귀들린 사람의 정신능력과 신체기관을 마음대로 쓸 수 있다. 그래서 악마는 그 사람이 적어도 정상적인 상황에서는 스스로 할 수 없는 행동을 그 사람 내부에 일으킬 뿐 아니라 그 사람이 그런 행동을 하게 만든다.[40]

이후 들러붙음은 '봉쇄된 도시'에 비유되고 마귀들림은 '포위공격을 받는 도시'에 비유될 것이다. 또한 들러붙음에서 악마는 '외적' 원리에 따라 작용하고 마귀들림에서는 '내적' 원리에 따라 작용한다고도 할 것이다.

코드

이때 마귀들림에 개입한 악마들이 열거되면서 이 일차적 범주 구분을 보완한다. 10월 13일 잔 대장주는 자기 몸에 깃든 악마 일곱 명을 거명한다. 그녀는 몸을 뒤트는 양상과 얼굴 표정을 통해 각 악마가 가진 특유의 라이트모티프와 '말투'(예컨대 신성모독, 외설적 언사, 조롱 등)를 대뜸 적시한다. 그래서 이후로는 수녀의 얼굴이나 언사에 따라 어떤 악마가 무대에 '입장'했는지 알 수 있게 된다.

"첫번째 악마의 이름은 무엇인가?"
"아스타로트."
"두번째 악마의 이름은?"
"자뷜롱."
"세번째 악마의 이름은?"

"샴."
"네번째 악마의 이름은?"
"네프탈롱."
"다섯번째 악마의 이름은?"
"아카스."
"여섯번째 악마의 이름은?"
"알릭스."
"일곱번째 악마의 이름은?"
"위리엘."⁴¹

 이 기이한 대화는 코드를 수립한다. 고유명사들은 지표指標를 창출하며 악마성의 무성적 익명성을 여러 지대로 분할한다. 이름의 거명은 암호해독처럼 보일 수도 있을 것이다. 마귀들린 자들이 보이는 신체동작을 통해 어떤 암흑의 힘들이, 신체 밑에서 움직이는 암흑의 힘들이 그려지는 것을 본 다음 이 악마들에게 언어적 명찰을 붙여주는 식의 암호해독 말이다. 하지만 실제 순서는 그와는 정반대이다. 이것은 오히려 일종의 과학적 절차를 따른다. 악마 이름 목록이 현상들의 표면 위에 분류틀을 얹는 것이다. 이후 구마의식의 임무는 마귀들린 자들에게서 나타나는 현상의 '잡탕'으로부터 '알맞은' 신체를, 개념적 모델에 부합하는 순수 원소를 끄집어내는 것이다.
 오늘날 우리는 이런 언어 제국주의가 실제적 검증 조건을 제공하지 않으며, 마귀들린 자들로서는 (그들 역시 이 제국주의의 체계에 포함되며 그 체계가 거푸집처럼 그들을 빚어내므로) 저항할 수단이 거의 없다고 평가할 수 있다. 코드화는 언제나 '성공한다.' 닫힌 영역 내부에서 작업이 진행되다 보니 코드의 작동은 순전히 동어반복적인 것이다. 구마사들의 입장에서 보면 이 임무의 어려운 점은 주어진 코드화가 옳은지 여부를 검증할 수단을 마련하는 것이 아니라 '수녀들'을 담론의 울타리 속에 가둬두는 것이다.

하지만 우려했던 대로 수녀들은 그 울타리 밖으로 탈출한다. 어떤 때는 마귀들린 수녀가 '침묵을 지킨'다. 이런 경우 구마사는 싸워서 이 '침묵 서약'을 깨뜨려야 한다. 어떤 때는 수녀가 '정신을 차리'지만 다른 탈출 방법을 찾는다. 수녀는 구마사에게 이렇게 말한다.

"아, 예수님 도와주세요, 신부님께서 저를 죽이시는군요."
"하느님 맙소사, 심장이 아파요."
"제발 좀 그만하세요. 더는 못 견디겠어요……."
"신이시여, 이걸 더 어떻게 견디란 말이죠? 몸이 말이 아니에요, 갈비뼈가 부러진 것 같아요."[42]

이 비참하고 가련한 상태 덕에, 이러한 의식意識으로의 복귀 덕에* 마귀들린 자는 악마학적 실험의 영역을 벗어난다. 이런 경우 구마사는 그녀를 토론이라는 언어적 장으로 복귀시켜야 한다. 아니면, 흔히 있는 일이었는데, 다른 여인으로 넘어간다. 담론의 동질성[악마성]을 복원하기 위해 외재성[제정신이 든 수녀의 의식]이 침투한 영역을 버리고 악마학적으로 '알맞은' 언어를 택해 작업을 계속하는 것이다.

마귀들림의 간계

구마사들의 입장에서 볼 때 근본적 정의定義들에 따라 만들어진 실험실을 수호하려면 마귀들린 자가 '과거를 기억하는 것'은 그가 '정신을 차리는 것'만큼이나 위험한 일이므로 한시도 경계를 늦추지 않아야 한다. 의식의 순간은 메커니즘에 균열을 일으키는 것이다.

*예수님, 하느님을 찾는 것은 일시적으로 악마가 빠져나가고 수녀가 정신을 차렸다는 증거로 간주된다.

과거 회상은 불법적인 사건이다. 마귀들림의 담론이 가능하려면, 첫째, 수녀가 마귀들림을 기억하지 못해야 하며, 둘째, 악마 문법의 자율적 작동을 위협하는 수녀의 개인적 개입은 철저히 차단되어야 한다. 마귀들림의 담론은 오직 그럴 때만 허락된다. 코드가 만들어낸 네트워크―순수한 텍스트, 주체 없는 언어, 배역들이 결합되고 '알맞은' 이름들이 열거되는 체제―는 이런 식으로 유지되고 전개된다.

그래서 구마사는 마법의 원을 벗어난 수녀가 얼마 전 탈진할 정도로 몸을 뒤틀던 것을 기억하지 못하며, 자기가 한 말들을 이해하지 못한다는 것을 끊임없이 확인해야 한다.

……그때 그녀가 정신을 차리고 '예수님!'[맙소사]이라고 말했다. 그러자 바레 신부는 지금 자기가 그녀에게 보여주고 있는 살아계신 하느님의 이름으로 명하노니* 라틴어로 말하던 것을 기억하는지 말하라 했다. 이에 그녀는 그게 무슨 말인지 모르겠으며, 그런 기억이 전혀 없다고, 아무 양심의 가책 없이 신을 부인하는 행동을 한 것은 기억하지만 라틴어로도 불어로도 말한 것 같지 않다고 답변했다.⁴³

……모든 일이 끝난 후 그동안 벌어진 일에 대해 어떤 기분이 드느냐고 묻자 그녀는 굉장히 피곤하고 기진맥진한 것을 빼면 아무 느낌이 없다고 했다.

……고통이 끝나자 원장수녀는 바레에게 말했다. "제게 무엇을 원하시나요?" 바레가 자기는 그녀에게 말하는 것이 아니라 악마에게 말하는 것이라고 하자 그녀는 "무슨 말씀을 하시는지 모르겠어요. 한마디도 이해 못하겠어요."라고 했다.⁴⁴

*구마사들은 흡혈귀에게 십자가를 들이대듯 마귀들린 여인에게 성체나 여타 성물을 들이대 자백을 강요한다. 여기서 '살아계신 하느님'은 성체를 뜻한다.

결국 언어가 문제인 것이다. 하지만 이는 닫힌 언어이다. 이 언어에 접근하려면 꿈을 꿀 때처럼 무의식 상태를 통해야 한다. 악마의 언어는 다른 언어이며, 학습을 통해서는 이 언어에 진입할 수 없다. 악마의 언어에 진입하려면 그 말을 이해하지 못한 채 그 말에 사로잡혀야possession 한다.

알지 못하면서 말하기

구마의식이 거행되는 동안 언어는 전투의 장소인 동시에 전투의 대상이다. 우선 외국어가 중요하게 간주된다. 라틴어는 무엇보다 악마의 모국어이다. 우리는 교회의 언어[라틴어]가 닫힌 코르푸스corpus가 되고, 기이함의 텍스트[악마성의 담론]가 된다는 사실에 주목해야 한다. 교회의 언어는 이제 과거와는 달리 안정된 질서의 기준이 아니며 초자연적 사건을 감싸 안는 신의 가호를 나타내지도 않는다. 이제는 마귀들림의 입증(이 언어를 배운 적이 없으면서도 이 언어를 말한다면 마귀에 들린 것이 분명하다는 식의)도 이 언어의 일차적 기능이 아니다. 교회의 언어는 무엇보다 하나의 공간, 부지불식간에 들어가게 되는 공간이다. 잔 데장주가 실제로는 성무일과서나 예배를 통해 라틴어를 상당히 익혀, 정확하게 사용하지는 못해도, 이 낯선 영역에 뛰어들 정도는 되었다는 사실은 그렇게 중요하지 않다. 그보다는 마귀들림이 요구하는 조합을 충족시키기 위해 그녀가 라틴어를 아는 척했다가 모르는 척했다가 하게 만드는 체계에 대한 질문이 선행되어야 한다.

여기에는 한 가지 역설이 있다. 설사 잔 데장주가 라틴어를 배운 적이 없으면서 말한다 해도 청중의 한 축인 구마사들은 라틴어를 할 줄 아는 것이다. 구마사들은 관찰자, 조사관, 투사鬪士이다. 이들은 악마 현상의 바깥에 자리잡고 있는데, 이는 어떤 외국어가 그들을 악마 현상의 밖으로 내몰았기 때문이 아니라 그들이 그 외국어를 배웠기 때문이다. '초자연성'은 노동이 없는 쪽에 있다. 이 역시 규칙이었다.

하지만 조서들을 보면 청중의 호기심, 거북한 질문을 막기 위해 착한 척할 줄 아는 '악령'의 협잡이, 구마사들의 당혹이 사방에서 체계에 침투하고 있음을 알 수 있다. 전문가로 자처하던 바레는 어찌할 바를 모른다. 대관代官의 말마따나 그는 문법의 미로에서 길을 잃는다. 그가 잔 데장주에게 내리는 명령들은 오락가락한다. 그는 남들의 요구에 따라 움직인다.

악마의 언어

몇 사람의 요청에 따라 바레는 원장수녀에게 'Scotia lingua(스코틀랜드어)'로 답할 것을 명했다. 그러자 카푸친 작은형제회의 원장이 우리 중 스코틀랜드어를 아는 사람이 한 명도 없으니 이는 적절치 않은 방법이라고 지적했다. 그러자 바레가 한 명은 스코틀랜드어를 안다고 대꾸했다. 그러자 원장은 한 명의 증언으로는 충분치 않다고 반박했다. 악마는 한동안 스코틀랜드어로 답하라는 요구에 응하지 않으려 하다가 결국 이렇게 말했다.

"Nimia curiositas.(궁금한 게 너무 많군)"

구마사가 같은 언어로 대답하라고 재촉하자 악마는 또 이렇게 말했다.

"Non volo Deus.(신은 그러기를 원치 않아)"

또한 바레가 정확한 라틴어로 말하라고* 라틴어로 말하자 더

---

* "Non volo Deus"에서 volo(1인칭)는 vult(3인칭)로 써야 한다. 바레는 이 문법적 오류를 지적한 것이다. 앞에 언급한 것처럼 잔 데장주는 라틴어가 완벽하지 않다.

이상 몸을 요동치지 않았다. 그래서 바레는 악마에게 원장수녀의 언어로 돌아가라고 명령했고 "Scotice(스코틀랜드어로)" 대답했다. 고문이 재개되자 악마는 다시 한번 말했다.

"Nimia curiositas.(궁금한 게 너무 많군)"

바레가 악마에게 같은 언어로 답하라고 계속 촉구하자 악마는 이렇게 말했다.

"Non voluntatem Dei.(신의 뜻이 아니야)"

또한 정확한 언어로 말하라는 명령을 받고 거듭 촉구를 받자 악마는 마지막으로 이렇게 말했다.

"Nimia curiositas.(궁금한 게 너무 많군)"

이에 바레가 발언하기를, 하느님께서는 악마가 이 언어로 대답하기를 원치 않으시는 것 같으니 더이상 이를 재촉하는 것은 시간낭비라고 했다.

그동안 원장수녀는 쉬고 있었으며, 바레가 질문에 대답하라고 악마에게 라틴어로 명하자 원장수녀가 대답했다.

"무슨 말을 하시는지 모르겠습니다."

몇몇 사람이 원장수녀가 라틴어를 할 줄 안다는 소문이 있다고 하자 그녀는

"제 눈앞에 있는 성체를 걸고 맹세하거니와 저는 한번도 라틴어를 배운 적이 없습니다"라고 대답했다.

구마의식이 계속되자 어떤 이들은 악마가 만약 외국어로 대답한다면 그녀가 마귀에 들렸다는 사실을 믿을 수 있을 것 같다고 했다. 이에 대관께서는 바레에게 악마로 하여금 lingua sacra(성스러운 언어)로 말할 것을 명하라고 했다. 그러자 제실의 창살에 몸을 기대고 있던 카푸친 작은형제회 원장이 희랍어와 라틴어도 성스러운 언어라고 말했다. 그러자 대관께서는 "Hebraica(히브리어)"라고 하셨다.

그러자 바레는 찬송가인 〈마리아 은총의 어머니〉를 부르라고 했다. 이에 수녀들이 선창을 했고 원장수녀에게 두 배의 고문이 가해졌으며, 그동안 바레는 자기 손에 들린 신의 권능으로 악마에게 lingua sacra(성스러운 언어)로 답하라고 명령했다.

"Quodnam esset pactum ingressus sui?(너는 어떤 계약을 통해 들어왔느냐?)"

여러 차례 명령을 받은 후 악마는 대답했다.

"Achad."

히브리어를 아는 이들에 따르면 이 말은 두 단어를 합친 것으로 그 뜻은 'effusionem vel decursus aquarum(물이 솟거나 아래로 흐르는 것)'이라 한다…….

몇몇 사람이 바레에게 악마로 하여금 "non uno verbo sed pluribus(한 단어가 아니라 여러 단어로)" 대답하게 시키라고 하자, 바레는 이 의견에 따라 악마에게 그렇게 명령했다. 또한 악마가 말을 하게 하려고 사람들은 찬송가를 다시 부르기 시작했다. 그와 동시에 고문이 재개되었으며, 그동안 바레는 악마에게 "pluribus verbis(여러 단어로)" 대답하라고 라틴어로 명령했다. 그러자 악마가 말하는 게 들렸다.

"Eched."

이에 몇몇 사람이 말했다.

"그녀는 하느님을 부인하려 하고 있소."

그러자 구마사가 그녀의 얼굴에 성체함을 갖다 댄 후 악마에게 "lingua hebraica(히브리어로)" 대답하라고 하면서, "pactum ingressus sui(어떤 계약을 통해 들어왔는지)" 말하라는 명령을 되풀이했다. 그때 악마는 원장수녀의 몸을 공중에 띄웠다. 그녀는 손발이 전처럼 뒤틀려 있었지만 발이 침대에 닿지 않은 채로 몸이 허공에 떠 있었다. 프란치스코회 원장은 그녀의 발과 침대 사이에 손을 넣어보았으나 아무것도 없다고 했다. 악마가 그녀의 팔을 들어 있는 힘을 다해 대들보를 쳤다. 그러자 그 자리에 있던 사람들 대부분은 "하느님, 저희를 불쌍히 여기소서"라고 외쳤다.

악마는 바레의 심문과 히브리어로 말하라는 명에 응하지 않았고 원장수녀는 여러 차례 동일한 고통에 빠져 음탕한 몸짓을 해 댔다…….[45]

"이름을 잊었다"

악마 현상이라는 피안彼岸의 영역에 결부되었던 언어는 취약하고 불안정하고 논란의 여지가 있어 잘 잡히지 않는다. 이 언어는 이제 달아난다. 그 대신 과도한 노출증이 이를 벌충한다. 내일이면 이 언어는 설교의 테마로 대체될 것이다. 악마가 설교자가 되는 것이다. 이는 악마 담론의 종말일 것이다. 하지만 그럼에도 불구하고 그것은 유용한 담론일 것이다. 마귀들린 자들은 이미 구마사들이 기대하는 '알맞은 단어들'을 주지 않으려고 잔 데장주가 자서전에서 언급했던 간접적이고 익살스러운 간계를 쓴다.

"Quis est tu, mendax, pater mendacii? Quod est nomen tuum? (너는 누구냐, 이 거짓말쟁이, 거짓말의 아버지야. 네 이름은 무엇이냐?)"이라고 묻자 악마는 한참 침묵을 지킨 끝에 말했다. "내 이름을 잊어버렸어. 못 찾겠어……."

다시금 이름을 말하라고 명하자 대답했다. "빨래를 하다가 이름을 잃어버렸어."[46]

더구나 국왕의 사법권이 개입하면서 이 알쏭달쏭한 언어는 카운터펀치를 맞고 뻗어 다시는 일어나지 못할 것이다. 악마는 증인이

되거나 피고가 될 것이고 그들은 다른 사람들처럼 불어로 말할 것이다.

신체의 어휘

하지만 처음부터 악령은 다른 언어로 말해지며, 이 언어는 다른 곳에 비해 루됭에서 훨씬 핵심적이 될 것이다. 이 다른 언어는 바로 신체의 어휘이다. 얼굴을 찌푸리고 사지를 뒤틀고 피가 쏠리는 등의 증상은 차츰 악마의 어휘목록을 구성한다. 어떤 분할이 이루어져 신체적 지표들 덕에 초자연성(이 경우에는 악마성)의 범위가 설정된다. 처음에 의사들은 이를 자연적인 것이라 칭하면서 이런 지표를 이용해 몇 가지 질병을 규정하는 것으로 만족할 것이다.

이 신체언어는 어떤 의미에서 라틴어나 히브리어처럼 통상적 언어의 바깥에 있는 것이기도 하다. 사실 이는 기존의 지성적 영역을 어떤 새로운 세계(감각의 세계, 경련과 땀의 세계, 피부라는 변화무쌍한 표면과 몸짓의 서로 상충되는 동작의 세계 등 '바로크적'이라고 부를 수도 있을 세계)의 목록으로 대신하려 하는 더 큰 경향의 일부이다. 문헌과 체험에서 이 지리학은 탐험가들이 묘사한 미지의 대륙과 동일한 역할을 수행한다. 신체의 지도들이나 아메리카의 '무대들'*은 전통적 우주론이나 전통적 '지리'와 대립된다. 실제 임상경험으로부터 어떤 지식체계가 태어나는데, 이 지식은 기성의 지식체계에 반기를 들고 새로운 지식을 모색하고 있지만 그 역시 코드화되어 있다.

루됭에서 이 신체의 담화는 강박적 성격을 띠게 된다. 사람들은 마귀들린 자들이 보이는 생리학적 이상증상을 아무리 사소한 것

---

*17세기에는 '무대théâtre'라는 단어가 지리·지도를 뜻하기도 했다. '세계의 무대 teatrum mundi'라는 유명한 표현도 같은 맥락에서 나온 것이다.

이라도 놓치지 않고 예의주시한다. 구마사들과 구경꾼들은 의사가 도착하기도 전에 이미 의사의 시선을 갖고 있는 듯하다. 이미 풍부한 어휘를 보유하고 있는 한 언어적 장비appareil linguistique가 신체언어의 기술을 위해 이용된다. 극히 최근의 '영성' 문헌에서 심장·폐·위胃의 '감정들émotions'(동작들)* 및 소화의 '감정들'이 하나의 어휘 체계를 이루면서 막 종교적 지위를 얻어 중세의 영성 사전을 대신하기 시작한 것이다. 이 언어적 장비는 16세기 말 영성 문헌이 신비주의에서 의학으로 이행하는 시점에 탄생한 것으로 보인다. 예컨대 '마음으로의 복귀'에 대한 영적 명상을 담은 『준주성범De Imitatione Christi』은 판 헬몬트를 인간 유기체의 생물학적 '중추'에 대한 의학적 개념들로 인도했다.[47]

이후 변화는 뚜렷해진다. 구마 현장에서 가시적 신체는 이야기의 가독성 자체가 된다. 이제 말은 신체의 배후에 있을지도 모르는 진리나 신체가 표현할지도 모르는 진리를 기술하지 않는다. 말은 의미가 현상으로 존재하는 표면을 묘사한다. 말이 서술하는 것은 이 표면을 훑는, 관찰하기도 전에 '관찰할 만한' 것이 무수히 있다고 인정되는 표면을 훑는 눈의 행로이다. 여기서는 어떤 유형의 시선이 먼저 있고 기술technique은 차후에 그로부터 태어난다. 관찰 가능한 것은 관찰 이전에 결정된다.

루됭에서 마귀들림 사건의 조서는 빙의의 주체인 악마나 빙의의 객체인 마귀들린 자들을 겨누지 않는다. 이야기가 이름들(고유명사들)과 배역들로 조각나는 것처럼 조서는 이제 사람들을 지시하는 것이 아니라 사람을 맥박의 이야기, 소화의 이야기, 입·혀·다리의 이야기 등과 같이 서로 결합되어 있는 일련의 여러 이야기로 대체한다. 마귀들린 자의 의식적 '나'가 공연히 제거되는 것이 아니다. 그것은 제거되어야만 한다. '확인할 수 있는 것'을 악마 언어의 지형학에 따라 배치하며, '초자연적인 것'의 영역을 신체기관의 이

*17세기 불어에서 émotion이라는 단어는 사물의 격렬한 움직임을 뜻했다.

야기들histoires d'organes로 분류하는 식으로 분석이 진행되다 보니 이 '나'는 사전에 배제된다. 그러므로 다른 분야에서(혹은 이후의 시기에) 멜랑콜리, 발foot, 성기, 꽃가루 등에 대해 그러는 것처럼, 과학적이고 비인간적인 '단위'에 관계되는 에피소드들을 따르면서 한 수녀에서 다른 수녀로 건너뛰어도 무방하다. 이러한 청중의 시각은 악마보다 훨씬 더 이 수녀들을 소외시킨다. 존재하는 것은—그리고 수녀들을 존재하게 하는 것은—오직 연하嚥下(삼키기)의 화신들, 섭취의 양상들, 다리의 동작들(다리 벌리기, 다리 구부리기, 다리 들기), 맥박의 급변, 발한發汗의 변동 등일 뿐이다.

신神—살肉

정말 굉장했던 것은 잔 데장주가 손을 모으도록 내버려두라고 악마에게 라틴어로 명령을 하자 악마가 어쩔 수 없이 명령을 따르게 되어 그녀의 손이 계속 떨리면서도 모아졌다는 것이다. 그리고 성체를 입에 받자 악마는 숨을 몰아쉬고 사자처럼 포효하면서 그것을 밀쳐냈다. 어떤 불경도 범하지 말라고 명하자 악마가 그런 행동을 그치는 것이 보였고 성체는 위胃로 내려갔다. 악마는 명령을 거역하며 토하려 했으나 이를 금하자 그러기를 그만두었다……[48]

관람객들로서는 이 신체적 감정은 아무리 보아도 싫증이 나지 않는다.

또한 세번째 동료의 이름을 말하라고 악마에게 명하자 마귀들린 여인은 더욱 괴로워하면서 고개를 파묻고 음탕한 동작으로 혀를 내밀었으며 숨을 몰아쉬고 침을 뱉다가 굉장히 높이 몸이 올라갔다……[49]

음란성은 보는 이의 시선을 매혹시킨다. 눈은 샅샅이 훑는다. 촉각은 이를 검증한다.

수녀의 몸은 팔을 뒤로한 채 엎드리더니 격렬하게 뒤틀렸고 손발도 마찬가지로 뒤틀렸다. 두 손은 서로 얽혀 있었고 두 발바닥은 풀로 붙인 후 굵은 동아줄로 묶어놓기라도 한 것처럼 서로 딱 달라붙어서 여러 사람이 달려들어도 떼어낼 수 없었다.[50]

한 '악마'는 천재적이게도 "신神-살肉"[51]이라는 표현을 쓰는데, 이 신체의 담화가 종교적 담화가 된다면 그것은 오직 '신-살' 덕이다. '몸'이 아니라 살이다. 몸은 개인을 고려치 않는 분할들에 따라 조각조각 쪼개졌으므로 이제 현실적 단위가 될 수 없는 것이다. 몸은 이제 그것을 구성하는 천상적·지상적 요소들로 분할되는 것이 아니라 기관들, 팔다리, 가시적 기능들로 분할된다. 하지만 그냥 살이 아니라 신이 된 살이다. 이때 살을 신으로 만드는 것은 살을 우선시하는 관찰 자체이다. 이제 신은 옛날의 우주론이 주었던 '몸'이 없다. 그는 성聖과 신체 현상학의 중립지대에서 길을 잃는다.(신인가 악마인가?) 반면 마귀들린 자 역시 몸이 없다. 악마는 마귀들린 자가 '내 몸'이라는 말을 하지 못하게 했다고 한다.[52] 당대의 이데올로기에 따르면 몸은 악마의 소유이다. 반면 여기서 몸은 그것을 개인적 실체성과는 다른 코드에 따라 구별되고 진열되는 사물들로 분산시키는 관객의 소유이다.

조서들을 보면 이 담화를 음탕하다고 칭하는 경우가 많다. '음탕하다'라는 형용사는 어쩌면 새로운 '호기심'이 출현하자 그에 따라 도덕관념이 재부상했음을 보여주는 것일지도 모른다. 하지만 다른 의미에서 보면 이 형용사는 사람들이 악마의 신화를 통해(혹은 악마의 비호 아래) 신을 어떤 것으로 만들어버리는지를 정확히 보여주고 있다. 이제 신은 사물의 표면을 지탱하는 기체基體, 그 표면을 통해 해석학이 해독해야 할 기체가 아니다. 신은 어떤 표면으로 환원되는데 신은 이 표면의 여러 장소 중 하나의 장소만을 차지할 뿐이다. 신은 그곳에 즉각적으로, 엄폐물 없이 주어져 있다. 신을 감추던 옷은 이제 벌거벗은—음탕한—살이 된다. 옷을 걸칠 몸이 달리 없는 것이다.

판돈 올리기

구마사들이 아직 알지 못하는 사실이 있다. 하지만 의사와 방문객이 이를 알려줄 것이다. 마귀들린 수녀들은 발화의 주체나 의식을 드러내지 않는 언어로 말하라고 강요를 받는데, 방식이 달라서 그렇지 구마사들 역시 의식이 없기는 매한가지다. 구마사들은 자기들이 모르는 것을 실행한다. 하지만 그들의 무지는 마귀들린 수녀들과는 입장이 다르다. 마귀들림의 정의 자체가 애초에 의식을 배제하고 있으므로 마귀들린 자들의 경우 의식은 마귀들림과 나란히 있다. 구마사들의 경우 구마사들이 자기들의 언어를 이해하는 방식과 관객이 이 언어를 이해하는 방식 사이에 괴리가 생긴다. (이 괴리를 느끼는 관객은 점점 많아진다.) 구마사들의 해석과 통상적 용법 사이에 괴리가 생기는 것이다.

 구마사들은 생리학적 어휘들을 하나하나 기입해 목록을 만듦으로써 지옥이나 천국이라는 심층을, 악마의 내면성을, 초자연적 피안을 보호한다고 믿는다. 이를 통해 구마사들은 가시적인 것이 자기들의 의도를 말하게 만든다. 구마사들의 해석은 신체 담화의 논리를 무시한 채 영적 내면성과 사물의 신비적 내면성을 한데 붙여버린다. 구마사들은 자기들의 내면과 신체 현상의 배후에 동일한 것이 있다고 상정한다. 이는 동어반복적 주장이다. 하지만 이미 그들의 언어는 이를 말하지 않는다.

구마사들은 관객의 싸늘한 반응 때문에 신비주의의 판돈을 올리면서 간접적으로나마 이 사실을 깨닫는다. 자기 텃밭에서 자기들의 해석을 방어할 수단이 없게 되자 이들에게는 한 가지 방법밖에 남지 않는다. 자기 자신을 판돈으로 걸고, 자기가 하는 말이 참이 아닐 경우 영벌을 내려달라고 청하는 것이다. 개인을 논거로 삼는 것은 이들의 마지막 보루이다. 이들은 이런 도전을 통해 추론의 부족분, 즉 어떤 공통 언어의 부족분을 메워줄 기적을 찾는다. 이들은 하늘을 도발한다. 스스로를 위험에 빠뜨린 다음 자기들이 무사하다는 사실에 증거의 가치를 부여할 셈인 것이다.

그래서 1632년 11월 25일 구마의식이 시작되자

바레는 성직자의 제복을 입고 성체함을 두 손에 받들어 주님의 몸을 그 안에 넣은 채 배석한 이들 모두에게 지적하기를, 자기와 수녀들과 이들을 보좌한 가르멜 수사들이 마녀나 마법사이며 자기들이 하는 일은 모두가 사기와 협잡에 불과하다는 소문을 유포시키는 자들이 있다는 것을 잘 알고 있다고 했다. 그는 만약 이 소문이 사실일 때에는 자기뿐 아니라 수녀들과 가르멜 수사 모두를 수녀원과 함께 지옥에 떨어뜨려달라고 하느님께 기도했다. 그리고 무릎을 꿇고 성체함을 머리 위로 올리더니 동일한 기도를 했다. 그러자 모든 수녀들과 가르멜 수사들이 한목소리로 '아멘'이라고 말했다. 또한 가르멜회의 원장{앙토냉 드 라샤리테} 역시 성체함을 손에 들어 머리 위에 올린 후 같은 말을 했다. 이에 모든 수사들과 수녀들이 다시금 한목소리로 '아멘'이라 했다.[53]

이 적극적 공세는 매우 인상적이지만 그래봐야 (똑같이 의심받고 있는) 두 항—천국과 지옥—사이의 양자택일에 의존하기는 마찬가지다. 기성 체계가 이미 의문시되는 상황에서도 이 틀을 벗어나지 못하는 것이다.

무방비 도시, 루됭

기실 구마사들이 창안했으며 보유하고 있다고 주장하던 담론은 이들을 순식간에 좌절에 빠뜨린다. 한동안은 미뇽과 바레만 있으면 만사형통이었다. 악마들과의 논쟁을 시작하고 난 뒤 처음 며칠은 영웅적 아침과도 같은 것이었다. 격리된 공간에서 은밀히 심문을 진행하다 보니 라틴어로 속삭이며 발견한 정보들은 원장수녀의 방을 빠져나가지 않았다. 혼을 잃은 신체(이 신체는 그들을 매혹시키는 한편 혀를 내밀며 그들을 비웃기도 했다) 위에서 수많은 위협과 괴롭힘[고문]을 통해 한 단어 한 단어 찾아낸 미지의 언어는 오롯이 구마사들만의 것이었다. 그런데 이 악마의 말이라는 보물을 남들과 나누어야 하는 상황이 온 것이다. 몇몇 우르술라회 수녀들의 말과 동작 속에 갇힌 채 가시적으로 유통되던 이 금화金貨에 수많은 사람이 몰려든다. 피안일지도 모르는 것이 여기에 있다 보니 어느새 도시 전체가 이에 관여하게 된다.

구마사들은 가독성 있는 어휘목록을 제시하면서 이것이 신비스러운 기원(즉 감춰진 기원)의 기호이고, 초자연적 '금 함유율' 덕에 그 가치는 막대하다고 소개한다.(말은 당대의 실물화폐로서 그것이 나타내는 것을 즉각적으로 제공한다고 여겨진다.) 하지만 언어는 공공의 제도이다. 언어는 만인의 것이다. 악마의 말들은 [화학용어로] '분리'되자마자 소지자들의 손을 떠나 수백수천 명의 거래에 말려든다. 원장수녀 방에서의 내밀한 유통 덕에 구마사들에게 보장되었던 산정액은 이제 평가절하된다. 사용자가 점점 늘어남에 따라 이 불안정 통화의 태환성은 더욱 불확실해진다.

권력들

전장戰場을 처음에 차지하던 이들은 다른 이들에게 자리를 내주어야 한다. 우선 푸아티에, 보르도, 파리 등에서 온 타 지역 성직자들이 전장에 들어온다. 그뿐 아니라 비종교적 권력도 끼어든다. 세속의 사법권이 개입하는 것이다. 먼저 형사 대리관 에르베가 온다. 하지만 그는 미뇽과 친분이 두터웠기에 아직까지는 내부인으로 여겨졌다. 곧이어 대관이 등장한다. 그는 자신의 친구 그랑디에를 겨냥한 이 말도 안 되는 음모에 화가 잔뜩 나 있었지만 그랑디에를 필사적으로 옹호하지는 않는다. 또한 오브리, 다니엘 드루앵, 티보, 루이, 샤를 쇼베 등 대관의 서기와 보좌관들도 온다.

의료 권력 역시 현장을 방문한다. 믿을 만하고 친분이 두터운 의사들이 지원 요청을 받고 불려온 것이다. 하지만 마귀들림의 실재성을 공증해주건 부인하건 간에 의사는 구마사들과는 관점이 다르다. 라크루아스트르의 개업의인 의학박사 가브리엘 쿠스티에는 원장수녀의 머리를 손으로 잡아보더니 뇌의 백질과 회백질 어디에서도 동맥이 요동치고 있지 않다고 낭랑하게 선언한다. 의학박사 다니엘 로지는 경련에 땀이 수반되지 않는다는 점을 주목한다. 퐁트브로의 시의侍醫였던 알퐁스 코니에는 특히 사흘에 걸쳐 여러 여인에게 일어난 온갖 특이증상에 주목한다.[54]

투아르 지방의 주임외과의 프랑수아 브리옹 역시 비슷한 소견을 밝힌다. 초기에 불려온 의사들 중 다니엘 로지에와 르네 모누리는 1632년 10월 18일 다음과 같은 확인서에 서명한다.

아래에 서명한 우리는 의학박사와 주임외과의로서 루됭 시에 머물면서 왕립재판소의 집달리 지라르가 전달한 루됭 시와 루됭 지방의 형사 대리관 나리의 명에 따라 관련 당사자 모두에게 다음의 사실을 확인하는 바이다. 우리는 이 도시의 우르술라회 수녀들의 수도원을 방문하여 원장수녀 및 클레르라는 이름의 수녀를 검진했는데, 두 사람은 침대에 누워 있었으며 때로 사지의 무의지적 동작과 경련을 보였고, 특히 얼굴이 담황색으로 변하고 눈알이 뒤집히는 등 여러 끔찍한 증상을 보였다. 또한 그동안 맥박이 정지되었는데 순식간에 힘이 돌아오며, 그러한 격렬한 동작 후에 환자에게 어떤 변화도 나타나지 않는 것으로 미루어볼 때 이는 의식적이거나 허위적인 동작이 아니며 질병으로 인한 것도 아니라고 판단된다.[55]

루됭의 의사 두 명을 대신하게 될 의학박사, 시의, 주임외과의 중에는 훨씬 치밀한 이들도 많으며, 이들의 검진 기록은 보다 학식 있는 말투로 작성될 것이다. 하지만 이 두 의사는 이미 어떤 신비스러운 언어의 범위를 제한하고 그 옆에 신체 자체의 담화를 병치시키고 있다. 이들은 특정 어휘에 심연의 가치를 부여한다고 상정되는 깊이 대신 경련, 땀, 고른 호흡, 뒤집힌 눈 등 가시적 사실들의 일람표로 구성된 표면을 제시한다. 이들의 진단은 고립된 문장들의 (초자연적) 기원이 아니라 의사들의 눈이나 손으로 '검진'하고 촉진하고 관찰하고 주파한 장소들 상호간의 관계에 근거한다.

1632년 11월 26일 로지에, 포, 주베르, 팡통 등의 의사들은 판관이자 관찰자로서 더욱 정밀한 '검진'을 요구한다.

대관 나리와 국왕의 신하들께서는 상기 수녀원의 정원에서 우리를 불러 마귀들린 여인들의 동작에 대해 어떻게 생각하는지 말하라고 구두로 명하셨다.

이에 우리는 수녀들을 더 특별히 관찰하지 못한다면 한 차례의 검진으로는 그런 동작의 원인을 분명하게 제대로 파악할 수 없다고 이구동성으로 답했다.

또한 이에 관한 총체적이고 확실한 인식을 얻을 수 있도록 우리 모두 대관 나리가 지정하신 법관 및 성직자들과 함께 며칠 밤낮을 수녀들 옆에 붙어 있게 해달라고 청했다.

또한 우리 모두가 이 사건에 대해 더 정확히 판단할 수 있도록 수녀들에게 음식도 약도 주지 말아야 하며 꼭 필요한 경우 우리 손으로 주게 해달라고 청했다. 또한 누군가가 수녀들에게 말을 할 때는 큰 목소리로 우리 의사들이 보는 앞에서만 말하도록 할 것이며, 수녀들이 그런 동작을 할 때는 우리 의사들이 모두 있을 때 우리 의사들만이 수녀의 몸을 만질 수 있게 해달라고 청했다.[56]

의사들은 두 가지를 독점하려 한다. 첫째, 신체. 한시적으로라도 수녀들의 신체에는 의사들만이 접근할 수 있어야 한다. 둘째, 인식. 의사들은 이러한 검진을 통해 총체적이고 확실한 인식을 이끌어 낼 것이다. 이러한 독점적 소유는 특정 의사 한두 명이 요구하는 것이 아니라 의사 모두가 "이구동성"으로 요청하는 것이다. 우리는 여기서 어떤 신체의 권력, 의학적 신체의 권력이 수립되고 있음을 볼 수 있다.

광장

사건 초반에 구마사들이 거둔 성공은 이들에게 덫이 된다. 구마사들이 설정한 공간은 그곳에 들어오는 자들에 의해 변형된다. 새로운 인물들의 등장 자체가 그 공간을 변질시킨다. 사건이 공공장소로 끌려나오면서 구마사들의 점유권은 점진적으로 박탈되는데, 사건을 다루는 장소들의 연이은 변화는 이 과정의 각 단계를 나타낸다. 취조실은 잔 데장주의 방에서 우르술라회 수녀들의 기도실로 옮겨지고, 다시 교구 교회들로 장소를 바꾼다. 나중이 되면 토론은 도시의 여러 광장에서 마무리된다.

    제기된 질문과 찾아야 할 해답의 유형에 따라 심문의 범위는 확장되지만 심문 장소의 지형학적 변화는 이러한 심문 범위의 양적 확장의 결과만은 아니다. 최초의 주역들은 애초의 기획으로부터, 그들이 이 기획에 부여한 의미로부터 축출된다. 몰지각한 침입자들 때문에 그들의 '업무'라는 정신적 우주에 균열이 생기는 것이다. 당신은 여기 있으면 안 됩니다. 지금 하시는 일도 하면 안 되는 일이고요. 10월 25일의 조서를 보면 입회인 한 명이 다른 사람에게 이런 명령을 내리는 것을 볼 수 있다. 이 명령은 이후로도 빈번히 튀어나온다. 고립된 일대일 심문의 불가능성은 최초 장소의 이동으로 표현된다. 다양한 관점과 다양한 해석이 서로 대결하고 서로를 파괴하는 와중에 다른 토론의 다른 영역이 만들어진다.

    루됭의 문제는 다음과 같이 정리할 수 있다. 서로 양립할 수 없는 논리들이 회합하는 이 '장소'는 무엇인가? 상이한 기준에 따라 어떤 '현실'을 단언하려는 여러 기획들 사이에는 하나의 언어와 공통된 기준점이 존재하는가? '실제로 무슨 일이 일어났는가?'와 '그것을 어떻게 말할 것인가?'라는 두 질문은 사실은 하나이며 어떤 공통의 장소의 존재를 가리킨다. 이 이야기의 수수께끼는 마귀들림에 대한 단일한 담화가 가능하냐는 것이다. 처음에 마귀들림은 구마사들이 마련한 성스러운 담장 안에서 확실한 것으로 간주되면서 스스로 어떤 초자연적 언어를 제공했다. 하지만 일단 유통되기 시작하면 이 피안의 말들은 인간의 말로 전락한다. 피안의 말들은 이제 어떤 지옥의 장소를 설정하지 않는다. 사람들이 이 말들을 갖겠다고 서로 다투고 상이한 지적 체계들이 차례로 이 말들을 접수하면서 이 피안의 말들은 어떤 장소—토론의 대상일 뿐 아니라 차후 이 말들을 해결할 원칙인 장소—를 가리킨다. 그 장소는 바로 광장이다.

4   **피고 위르벵 그랑디에**

마귀들림의 담론은 한 부재자不在者의 주위를 맴돌면서 천천히 그게 누구인지 밝힌다. 이 부재자는 바로 마법사이다. 혹시나 있을지 모를 오해를 피하기 위해 말하는데, 루됭의 연극은 이 무시무시하고 불가사의한 인물이 유발한 것이 아니다. 루됭의 연극은 마법사가 다가오거나 마법사가 보여서 생기는 것이 아니다. 이 연극이 작동하려면 마법사가 필요하다. 그래서 연극은 제반 절차를 발전시키고 정교히 가다듬어 스스로의 체계를 마련하면서 마귀들림의 선제조건인 '주술사'의 모습, 이름, 악행을 명시한다. 먼저 구마술의 절차, 한 언어의 범위설정, 악마적 위기의 규칙들이 다듬어진다. 하지만 체계의 논리상 이 모든 것은 범인이 있을 때만 가능하다.(형태는 달라도 모든 언어가 그렇겠지만) 이 언어를 가능케 하고 허락하는 것은 죽음이다. 죽음만이 최종적으로 드라마를 공증하고 연극을 진실한 담화로 만들어줄 것이다. 루됭에 대한 당대의 수많은 소책자들에 붙었던 이 '진실한 담화'라는 제목은 이 소책자들을 이야기의 감춰진 공리였던 어떤 '결말'을 향해 몰고 간다. 담화가 진실이 되려면 누군가가 화형에 처해져야 한다.

따라서 마법사를 잡기 위한 그물 설치 작업이 은밀히 진행된다. 물론 시행착오도 없지 않다. 앞에서 본 것처럼 초반에는 유령이 작고한 부속사제 무소의 얼굴을 하고 있었다. 하지만 곧 공포와 선망과 거부의 대상인 부속사제 위르벵 그랑디에가 그를 대신한다. 깐깐한 고해신부directeur de conscience(그랑디에)가 그렇지 않던 고해신부(무소)를 대신한 것은 우연이 아니다. 최근의 지위 향상으로 수녀원에서 교육자·감독자의 직책을 맡게 되었으면서도 아직까지 성스러운 권력과 남성적 지식의 엄중한 감독하에 있던 적극적인 여성들이 이런 식으로 반발하는 것이다. 10년 전(1622년) 낭시에서는—이 경우에는 수도원 영내가 아니라 서서히 발전중이던 도시 생활권 안에서 벌어진 일이었지만—의사 한 명이 엘리자베트 드 랑펭에게 주술을 걸었다고 고발된 적이 있다. 지식체계는 달라도 여전히 감독자directeur가 지목되는 것이다. 새로운 지식체계가 전통적 권력을 차지하자 이를 겨냥하여 본색을 숨긴 '여성주의적' 반란이 일어나는 것이다.

그렇다면 이 위르벵 그랑디에는 대체 어떤 인물이었을까?

오만하고 허영심 강한 난봉꾼?

미슐레는 이렇게 말하리라.

나는 화형을 명한 자들에 반대하지만 그렇다고 해서 화형당한 자를 옹호할 생각은 추호도 없다. 리슐리외가 밉다고 해서 화형당한 자를 순교자 취급하는 것은 바보 같은 일이다. 그는 오만하고 허영심 강한 난봉꾼으로 화형이 아니라 무기징역을 받아 마땅한 사내였다.[57]

루됭에서 오랫동안 신부 생활을 했으며 루됭 사건에 관한 옛날의 역사가 중 최고였던 오뱅은 그랑디에의 전신 초상화를 남긴 바 있다.* 그랑디에의 옷차림처럼 오뺑의 문체는 언제나 맵시 있으며 결코 성직자 티가 나지 않는다. 오뺑은 얼굴에 화장기가 있는 인물을 소개한다. 오뺑은 점잖은 표현을 쓴다. 바람기는 여성에 대한 친절이라는 말로 언급되고 간교함은 재치 있다는 말로 순화된다. 하지만 오뺑이 완곡한 필치로 초상화를 그렸다 해도 그의 묘사는 균형감을 갖추고 있으며 많은 자료를 압축적으로 보여주는 것이 사실이다.

달변가

그는 훤칠한 키에 잘생긴 얼굴의 남자로 굳세고도 치밀한 정신을 갖고 있었고 언제나 깔끔한 차림에 옷을 맵시 있게 입었으며 결코 성직자 차림으로 나다니지 않았다. 이런 외면적 단정함에는 정신의 단정함이 동반되었다. 그는 유창한 언변을 뽐냈다. 그는 설교를 꽤 자주 했다. 그의 설교는 설교단에 오르는 다른 성직자 대부분을 압도했다. 저명한 세볼 드 생트마르트가 죽은 후 그가 쓴 추도사{1623년}는 훌륭한 미문美文으로 그의 천재적 재능을 보여준다. 그는 친구들에게 다정하고 정중했으나 적들에게는 오만불손했다. 그는 자신의 지위에 집착했으며 자기 이익에 관계된 것이라면 포기하는 법이 없었고 모욕을 받으면 너무나 철저히 되갚는 바람에 자기편이 될 수도 있었을 사람들의 심기를 거슬렸다. 더욱이 그는 적이 많았다. 그의 거만한 태도는 수많은 적을 낳았고 여성을 지나치게 친절히 대하는 성격은 더욱 많은 적을 만들었다.[58]

*초상화portrait라는 단어는 소설 등 문학작품에서의 인물 묘사를 뜻하기도 하는데, 여기서 세르토는 오뺑의 (글로 된) 인물 묘사를 (그림으로 된) 초상화에 비유하고 있다.

또한 이스마엘 불리오는 그랑디에가 처형된 후 1634년 9월 7일 가상디에게 보낸 편지에서 오랫동안 가까이에서 보아온 이 인물에 대해 언급하고 있다. 루됭 출신으로 사건을 현장에서 지켜본 증인인 불리오는 학자이자 문필가로 나중에 뒤퓌 형제와 함께 투 지방의 도서관장직을 지내게 된다.

그는 크나큰 덕 못지않게 크나큰 악덕을 지닌 사람이었다. 하지만 그의 악덕이란 인간적인 것이었고 인간이 자연스레 가질 수 있는 종류의 것이었다. 그는 학식이 높았고 뛰어난 설교자이자 달변가였지만 오만과 자존심이 너무 커서 교구 사람 대다수를 적으로 돌렸으며 그의 미덕은 평판은 나쁘지 않아도 덕망 있다는 말은 못 듣던 재속성직자들의 질시를 자아냈다.[59]

훌륭한 경력

그랑디에는 마옌 지방의 부에르 읍에 있는 작은 집에서 태어났다.[60] 오늘날 부에르에 가보면 시가지 끝 쪽에 집터가 남아 있는 것을 볼 수 있다. 부친 피에르와 모친 잔 르네 에스티에브르는 자식이 여섯이었다. 위르벵, 프랑수아, 장은 모두 성직자가 되었으며 그중 프랑수아는 마귀들림 사건 당시 생피에르뒤마르셰의 보좌신부였다. 르네는 푸아티에 법원 판사였으며, 두 딸 중 한 명은 결혼을 했고 프랑수아즈는 어머니와 함께 루됭에서 위르벵의 집에 살았다.

위르벵은 루됭의 주임신부직을 얻기 전까지 성직자로서 정통 코스를 밟아왔다. 위르벵은 열 살 때부터 생트에서 참사회원으로 있던 삼촌 클로드 그랑디에의 곁에서 지냈으며, 이후 보르도에 있는 마들렌 예수회 학교에 들어가고, 25세에 사제 서품을 받는다. 생피에르뒤마르셰에 예수회 학교 성직자 자격으로 주임신부 자리를 보유하고 있던 푸아티에 예수회는 보르도 예수회의 적극적 추천에 따라 그랑디에를 맞아들인다. 그랑디에는 1617년 승인을 받고 생 피에르뒤마르셰의 주임신부직을 얻는다. 그는 그곳에서 1633년까지 주임신부직을 수행한다.[61]

말의 힘

그랑디에의 말을 듣는 것은 경이로운 경험이었다.[62] 당시의 문서 하나는 그랑디에가 거둔 성공의 성격과 차후 몰락의 이유를 동시에 가리키고 있다. 그는 언변이라는 힘이 있었다. 그는 청중을 매혹시켰다. 그의 성공 이유는 우리 현대인들에게는 잘 와닿지 않는다. 그의 가장 유명한 '작품'인 「추도문」은 당시 꽃피우던 호상好喪문학 장르에 속한다. 이 글에는 장르 특유의 간드러진 맛이 있다. 1629년 파리에서 간행된 「87세를 일기로 1623년 별세한 푸아티에 세무서장 세볼 드 생트마르트의 추도문」은 매력적인 대조법을 사용해 삶과 죽음을 능수능란하게 갖고 논다.

그의 죽음은 진리에게 수많은 아쉬움을 남기겠지만 그의 삶은 더욱 풍요로운 위안을 남겼다. 고인은 인간의 평균수명을 훨씬 넘겨 지극히 많은 나이까지 살았고, 그의 명성은 그 어떤 야심찬 소망도 뛰어넘는 것이었다. 마지막으로, 살아생전 고인은 선善을 향한 부단한 노력을 아끼지 않았으며 임종시의 풍경은 복되기 그지없었다. 따라서 우리는 그의 육신이 신성하고도 틀림없는 신탁대로 회춘하여 더이상 늙지 않고 다시 태어나 더이상 죽지 않을 그 장엄한 날이 올 때까지 우리 모두의 어머니 품에서 휴식하는 동안 그의 영혼이 천국에서 행복하게 살기를 바라고, 그럴 것이라 믿을 수밖에 없으니, 고인의 죽음에는 안타까울 것이 전혀 없도다.[63]

그래서 교구의 많은 여신도들이 주임신부에게 반하는데, 이들은 자기들이 말하는 만큼 정숙한 편은 아니었다. 그랑디에는 화술로 여인들의 마음에 불을 지른다. 하지만 어찌되었든 이 루됭의 여인네들에게 금전과 현세적 안락에 비하면 잠시의 불장난이 뭐 그리 중요하겠는가? 달콤한 말과 사랑의 열병은 단단한 현실을 붙잡을 수 없다. 그랑디에가 지방총독 장 다르마냑 2세 및 총독의 부인과 주고받은 편지들을 보라. 이 편지들에는 정보와 관심이 가득하고 어조도 다정하다. 하지만 그럼에도 이 편지들은 그랑디에와 총독이 같은 언어를 다르게 사용하고 있다는 인상을 준다. 그랑디에는 말과 함께 있다. 그는 말을 즐기고 말과 함께 있으면 마음이 편하다. 공작은 아낌없이 조언을 베풀고 여러 도움을 약속하지만 자기가 하는 말에 어느 정도 거리를 둔다. 공작은 말을 이용한다. 공작이 살고 일하는 곳은 말의 영역이 아니라 정치적·지역적 권모술수의 영역이다.[64]

그랑디에 신부는 1632년 마귀들림 사건이 일어나기 전에도 이미 10년에 걸쳐 여러 차례의 재판을 겪었다.(1621~1631년) 재판은 서열 다툼이나 품행 문제 같은 외면적 동기를 넘어서 달변가, 벼락출세자, 가진 건 말재주밖에 없는 타향 출신 인사에 대해 현지의 토호土豪들이 선포한 전쟁의 알레고리가 된다. 그리하여 그랑디에는 외지인으로 지목되고 본색을 숨긴 저항세력의 타깃이 된다. 하지만 신부는 자기가 서열을 무시했고 연애사건에 휘말렸다는('공공연한' 연애질은 절대 용서받을 수 없다) 비난이 얼마나 심각한 것인지 깨닫지 못하는 듯하다. 그는 작은 사회의 언어를 교란시키고도 별 탈 없이 지낼 수 있다는 것에 우쭐해한다. 하지만 이 사회는 내적 갈등이나 연애 감정이 제도에 스며들 때 어떤 파국이 생길 수 있는지 냉정히 인식하고 있으므로 자신의 의례와 위계와 체면을 지키기 위해서는 얼마든지 잔인해질 수 있다. 요컨대 신부가 비난을 받는 것은 실제 행동보다는 말 때문이며, 어떤 일을 저질렀다는 사실

자체보다는 자기 행동을 거만하게 떠벌리기 때문이다. 토론회와 언쟁에서의 성공이 바로 몰락의 원인이다. 그에게 박수갈채를 보내는 여론도 없지는 않았다. 연극에 박수가 없을 순 없다. 그렇다 보니 이들은 그랑디에가 사형수로 출연하는 연극에도 갈채를 보낼 것이다.

대중의 호의faveurs* 밑에 숨겨진 덫에 빠질 때마다, 적들이라는 난폭한 현실이 그로부터 자랑스러운 달변의 마력을 빼앗을 때마다, 그는 깜짝 놀라고 무방비 상태가 된다. 하지만 그는 아직도 다른 말로 상황을 모면할 수 있을 것이라 믿는다. [마귀들림 사건이 터지기 전인] 1629년 12월 풍속 사건으로 체포되어 푸아티에 주교구의 첨탑에 투옥되자 그는 라로슈포제에게 화사한 문체로 편지를 쓴다.

주교님의 같은 손이 펠레우스의 혀처럼 자신이 낸 상처를 치료해 주시길 바랍니다.

실제로 그는 개심改心과 절망의 불쌍한 언어 뒤에서 망가진다. 푸아티에 주교에게 감옥에서 보낸 다른 편지가 이를 증언한다.

저의 적들은…… 저를 제2의 요셉처럼 쓰러뜨리길 원했기에 결과적으로 제가 하느님의 왕국으로 나아가게 만들었습니다. 그들의 박해가 교훈이 되어 저는 증오를 사랑으로, 복수심을 그들을 섬기려는 마음으로 바꾸었습니다. 주교님께서 저를 그들에게 돌려보내주신다면 저는 그 어느 때보다 그들을 더 잘 섬길 것입니다. 이곳을 나간다면 저는 그들에게 복종할 것입니다. 저는 제 영혼의 치료를 위해 이곳에 충분히 머물렀고 제 육신의 건강을 위해서는 너무 오래 머물렀습니다. 제 육신은 본디 허약한데다 이곳의 너무나 많은 크나큰 불편 때문에 허약해졌기에 이제 저의 의연한 정신을 보좌하지 못합니다. 이곳은 불편한 점이 너무 많아 이제 저에게 남은 것은 정

* 불어에서 '호의를 베풀다'라는 표현에는 여성이 몸을 허락한다는 뜻도 있다.

신뿐이며, 그 정신마저 제가 겪고 있는 견디기 힘든 고통 때문에 예민해져 제 불행에 파고들다 보니 저는 더욱 불행해집니다. 사실 주교님으로부터 구세주의 말씀{"라자로여, 밖으로 나오너라"}을 듣고픈 희망이 없었다면 저는 죽었을 겁니다. 물론 그 말씀만으로는 제가 부활하지 못하겠습니다만, 라자로가 불필요하게 누이들의 보살핌을 받으며 휴식을 취하던 무덤에 비하면 제가 있는 감옥이 훨씬 가혹하니 그 말은 더욱 달콤할 것입니다. 라자로와 달리 저는 저의 비참함에 매몰되어 있으며, 제 친구들은 저를 보지도 위로하지도 못하고 단지 밖에서 감옥을 쳐다볼 수 있을 뿐입니다.

    그리하여 저는 복음서의 그 불쌍한 자보다 더 버림받은 듯합니다. 그는 영원한 불꽃 속에서 라자로에게 말을 걸어 목을 축일 한 방울의 물을 구걸할 자유는 있었으니까요. 저는 모친을 만나 한 방울의 위안을 청하거나 모친께 한 방울의 위안을 줄 것도 허락받지 못하고 있는 처지입니다. 이런 가혹한 처우는 주교님의 동정을 받을 자격이 있다고 사료됩니다. 이처럼 처우와 환경이 너무나 열악하다 보니 하느님이 은총으로 저를 강하게 만드시고 이 모든 것이 저를 겸손하게 만들기 위한 것이라고 알려주시지 않았다면 저는 이미 죽었을 것입니다.

    피소된 죄목에 대해서는 무고하지만 하느님 앞에서는 너무나 죄스러운 까닭에 하느님께서는 저의 죄악을 벌하기 위한 계획에 이 그릇된 고발을 사용하고 계신 것입니다.[65]

이러한 신이 내린 시련은 미래를 예고한다. 하지만 그는 석방되자마자 다시금 화려한 달변과 말장난으로 돌아갈 것이다.

호전적 지방

그랑디에는 1621년에 이미 설교단 하나를 교회 안으로 들여오지 못하게 한 것 때문에 공개적으로 모욕을 받은 적이 있었다. 그는 이 일로 형사 대리관 에르베를 고발한다.[66] 이는 전초전 격인 사건으로 이후 좌석 서열 무시, 예배행렬 변경, 주임신부에 대한 폭행 등 수많은 싸움이 뒤따른다. 작은 마을에서 암투를 벌일 때 쓰는 수단이 모조리 동원되는 것이다. 이후 그랑디에는 품행을 이유로 수많은 소송을 겪는다. 기소 사유가 더욱 위험한 금기에 관계되는 것이다. 1629년 말 사건이 푸아티에 교회판사 앞으로 '올라간다.' 사건은 곧 파리 고등법원으로 이송된다. 고등법원 국왕 전속 대관 비뇽은 1630년 8월 31일의 심리 결과 나온 판결에 따라 보제의 주임신부 재판을 상기시킨다. 보제의 주임신부는 정신적 근친상간과 불경한 외설 때문에 사형선고를 받은 바 있다. 판결문은 다음과 같이 이어진다.

국왕 전속 대관은 교회 판사가 피고를 세속 판사에게 넘긴 것은 필요에 의해서가 아니라 오직 업무상 이유 때문이었으므로 이송은 정당했으며 절차상의 권한남용은 전혀 없다는 의견에 동의했다.[67]

그랑디에의 사건은 교회의 사법권에서 세속의 사법권으로 넘어간다. 이런 사례는 이미 빈번했지만 논란의 여지가 있는 일이었다. 이후 로바르드몽의 개입으로 세속화의 과정은 더욱 강화될 것이다. 국왕 전속 대관의 판결에 뒤이어 파리 법원은 1630년 사건을 푸아티에 형사 대리관에게 이송해, 새로운 증인의 증언을 청취하고 계고장을 재발송한다는 조건하에 교회 판사가 진행한 예심에 따라 판결을 내리라고 명한다.[68]

그랑디에는 판결문이 명하는 대로 푸아티에 재판소에 자수하는 대신 루됭으로 돌아가 변론을 준비한다. 단순히 경솔한 행동인가 아니면 의식적 도발인가? 그의 동생 르네, 그의 대소인代訴人 에스티에브르 경, 루됭의 지방총독 장 다르마냑은 푸아티에와 파리에서 그를 위해 분주히 돌아다닌다. 1630년 12월 14일 총독은 그랑디에 신부에게 다음과 같은 편지를 쓴다.

신부님의 사건은 이제 잘 풀릴 거라고 봅니다. 어떻게 지내시는지, 어떤 일을 하시려는지, 제가 또 누구에게 편지를 써야 하는지 종종 알려주시기 바랍니다. 우리가 수요일에 파리에 가서 자리를 잡게 되면 저는 예심기록을 찾아 공포할 겁니다. 자세한 얘기는 동생분{르네}께 들으시고요. 사건과 관련해 해야 할 일을 하나도 빠뜨리지 마시고요. 최대한 빨리 푸아티에로 가서 저 때문에 더 일찍 오지 못했다고 얘기하세요. 국왕 전속 대관에게는 드 라프레네 씨를 통해 이미 말을 전했으니, 제가 신부님을 직접 데려갈 생각으로 붙잡아두었다고 하면 됩니다.[69]

체포영장이 발부되었음에도 불구하고(1630년 11월 3일) 재판은 지지부진하다가 1631년 5월 24일이 되어야 판결이 내려진다. 그랑디에는 유죄판결도 무죄판결도 받지 않으며 단지 현재로서는 혐의가 없다는 결정이 내려진다.[70] 이는 경고였다.

사랑에 빠진 사제

같은 고장 출신인 샹피옹이 노골적으로 말하는 것처럼 그랑디에는 처녀 및 유부녀와 연애했으며 상당히 훌륭한 가문의 과부들과 재미를 보았다는 이유로 비난을 받는다. 이런 소문에 각 수도원은 발칵 뒤집힌다. 이런 평판은 근거가 있는 것이었다. 루됭의 여러 작은

살롱에서 그의 말을 듣는 것은 경이로운 경험이었다. 루됭 왕립 재판소의 검사장이자 1614년 삼부회三部會에서 제3계급 의원이었던 루이 트랭캉이 주재하던 문학적·종교적 사교모임에서 그는 집주인의 친구였고 손님들은 그와 얘기하고 싶어 안달이었다. 트랭캉은 1638년 푸아티에의 쥘리앙 토로 출판사(이 출판사는 루됭 사건에 관한 수많은 '비방문'을 출간했다)에서 『앙주의 사보니에르 가문의 가계와 역사』를 출간하게 될 박학한 역사가일 뿐 아니라 『앙글 주민들에 반대하여, 또는 앙글 주민들이 불법적 무장武裝을 변명하려고 내세운 구실에 대한 답변, 그리고 루됭의 소위 개혁 종교인이라는 자들에 대한 훈계』(1628년, 쥘리앙 토로 출판사. 리슐리외에게 헌정)에서 알 수 있듯 싸움꾼이기도 했다. 주임신부는 그의 맏딸 필리프를 정복한다. 이들 사이에서 아이가 하나 태어나자 트랭캉 집안에서는 마르트 르펠티에의 자식이라고 둘러대지만 루됭 사람들은 바보가 아니었다.

　얼마 후 더욱 놀라운 스캔들이 터져 도시 전체를 들쑤셔놓는다. 이번에는 국정자문회의 위원이자 리게유의 영주인 르네 드 브루의 집안에서 벌어진 일이었다. 브루는 이 지역의 모든 '명문가名文家'와 사돈관계를 맺고 있었으며 대관인 기욤 드 스리제와는 일가친척이었다. 르네와 그의 아내 도로테 주느보(그랑디에는 그녀에게 종종 돈을 빌려주곤 했다)가 죽은 뒤 세 딸 중 막내이자 아직 미혼이었던 마들렌은 그랑디에 주임신부의 영성 지도를 받게 된다. 비사교적인 성격에 독실한 신도였으며 한때 수녀가 될 것을 고려하기도 했던 마들렌은 자신의 고해신부의 정부가 된다.

　자신의 세속적 권력을 잃고 '민사 재판'에서 패소하자 다른 자리를 찾아 심리적 권위를 강화시키려는 듯 다시 한번 '영성 지도자'의 마력이 발휘되는 것이다. 이 권력은 이제 종교적 정치권력이 될 수 없기에 개인적 인맥 쪽으로 방향을 전환하는 것처럼—혹은 더이상 종교 권력에 의존하지 않는 정치 조직의 결정을 따르는 것처럼—보인다. 그랑디에는 분명 약점도 많고 재능도 남다른 인물이다. 하지만 사실 그랑디에는 한 가지 시대적 변화를 나타내는 수많은 징후 중 하나에 불과하다. 과거의 종교적 사회가 해체되고 성직자들이 사회적 역할이나 압력단체에 배속되거나 영적 대화에 배치되는 방향으로 변화가 진행되고 있었던 것이다. 성직자가 영적 대화에 배치되는 과정에서 말은 점차 공적 제도의 기능을 잃고 사적인 관계가 되어간다. 쉬랭 역시 1635년 이후 구마의식의 스펙터클을 마귀들린 수녀 잔 데장주와의 영적 의사소통으로 대체하면서 이 점을 자기 식으로 증언할 것이다.

독신에 관한 논고

그랑디에와 마들렌 드 브루의 결합에서 성관계는 신학적 교육을 통해 준비되고 매개되고 정당화된다. 세볼 드 생트마르트의 죽음에 대한 연설문을 제하고 보면 그랑디에가 쓴 유일한 장문長文 텍스트는 바로 이 분절지점에 놓인다. 『진리가 허식 없이 있는 그대로 드러나 분명히 이해될 수 있도록 미사여구 없이 간결하고 꾸밈없는 추론으로 이끌어낸 명약관화한 근거와 권위에 의해 성직자가 결혼할 수 있음이 증명되는 독신에 대한 논고』*는 마들렌을 위해 썼고 마들렌에게 헌정된 것이었다. 이 신학적 논고는 밀어蜜語이다. 역사적-사변적 논증 속에서 사랑이 말해진다. 이 논증은 어떤 전통의 내용을 곡해하여 커플의 결합이라는 목적을 위해 사용하면서 담화를 감정의 바로크적 알레고리로, 담화가 말하는 동시에 감추고 있는 벌거벗은 진리라는 이상한 의복으로 탈바꿈시킨다. 더구나 거꾸로—얼마 후 루됭의 '신자들'의 경우에도 그렇게 되겠지만—황홀경extase과 영혼의 감정, 신체의 '감정' 등의 묘사는 '신비주의적 언어', '진정한' 신학이나 '새로운 영성'의 언어가 된다. 이는 동일한

*당시에는 이렇게 책제목이 긴 경우가 드물지 않았다.

변화의 두 가지 상반된 양상이다. 나중이 되면 사람들은 종교적 언어를 별의별 목적에서 제멋대로 사용하게 되는데, 이런 일이 벌어지기 전에 이미 종교적 언어는 변신하여 이런 자의적 사용을 예고하고 준비한다.

    게다가 이 달변가의 논고는 매우 현대적인 형태의 논증을 펼치고 있다. 여기서는 역사적 증명이 다른 증명방법보다 중시된다. 자연법이 초자연적인 것에 대해 판단을 내린다. 논리는 명확하고 집요한 것이 딱 법정변론문의 논리이다. 이 논고의 주제는 16~17세기에 수없이 다뤄진 바 있는데 이 글에서 독창적인 것은 다루는 문제 자체가 아니라 문제를 다루는 방식이다.

자연의 법칙

이 점에 대해 일말의 의혹도 남기지 않기 위해 모든 법이 유대 제사장들의 혼인을 허락했다는 점을 밝혀야 한다.
    그런데 법이란 인간이 자신의 행위를 준비하고 실행하기 위해 따라야 할 규칙일 뿐이다. 법의 역할은 이 의무를 가르치고 이를 행하게 만드는 것이다. 신은 그의 섭리라는 무류無謬의 규칙을 통해 모든 피조물을 다스리고 이들을 자신의 목적으로 인도하므로, 신 자체라는 지고의 영원한 법이 존재한다. 다른 모든 법은 이 영원한 법에서 나온 것으로 자연법, 모세의 율법, 즉 성문법[구약], 그리고 은총의 법인 복음서[신약] 등이 이에 해당한다. 이 법들은 동일한 근원에서 나와 인간을 완전하게 만든다는 동일한 목표를 갖고 있으므로 전혀 대립하거나 상충되지 않는다. 오히려 이 법들은 서로 협력하여 공조하고 서로의 성취를 위해 사용된다. 따라서 은총의 법은 성문법을 완성하며 성문법은 자연법을 완성한다. 그러므로 하나의 법이 명하는 것은 다른 법과 상충될 수 없다……

따라서 자연법은 무언無言의 박학자博學者요, 비밀스러운 빛이요, 영원한 법에의 분유分有요, 창조되지 않은 태양[신]이 우리 영혼에 보낸 빛이다. 이 마지막 것은 이성理性이라 일컬어지는데 우리에게 무엇이 선한 것이요, 무엇이 악한 것인지를 알려주면서 우리가 선을 행하고 악을 멀리하도록 해준다. 이는 불가침의 법이며, 만물의 불변의 진리와 언제나 단일하며 언제나 자기동일적인 이성에 근거하고 있으므로 더욱 불가침하다. 이 법은 자연으로, 다른 모든 법은 그 안에서 태어나며 그 안에서 이치를 얻는다. 어떠한 법이든 이 법에서 태어나고 이 법에서 이치를 얻지 않는다면 그릇된 법이다. 이 법은 선을 행하고 악을 피할 것을 명하는 일반적 계율을 만들어 내는데, 인간은 이 계율을 잘 따르기만 하면 행복해질 수 있다. 왜냐하면 선을 행하고 악을 피하는 자는 자기완성을 위해 다른 것이 필요 없기 때문이다. 하지만 이 자연적 계율은 너무 일반적이고 모호하므로 개별 사례를 통해 설명할 필요가 있었다. 바로 이것이 모세의 성문법의 역할로 이 법은 무엇이 선이며 무엇이 악인지를 알려주었다…….

결혼과 사제직

감히 말하건대 자연법은 단호히 결혼을 명한다. 결혼이 없으면 자연은 멸할 것이며, 종種을 보존할 뿐 아니라 개체를 늘린다는 자연의 중심목표가 실패로 돌아갈 것이기 때문이다.

  이 진리를 증명하기 위한 첫번째 근거는 신과 자연은 어느 것도 헛되이 행하지 않는다는 진정한 원칙에서 나온다. 따라서 신과 자연은 남자와 여자에게 자기와 닮은 이를 낳고 싶은 욕망과 욕구를 주었을 뿐 아니라 이를 위한 도구, 수단, 그릇을 주었으므로 남자와 여자는 이 욕망을 이용할 수 있고 이용해야 한다는 결론이 나온다. 이 능력에 대한 욕구가 실제로 사용되지 않는다면 이 욕구는 헛된 것이 될 것이기 때문이다.

또한 이 욕구가 정당하고 이성에 부합하며 결코 타락한 본성의 결과가 아니라는 것을 밝히기 위해서는 원죄를 짓기 이전 무구無垢의 상태 때부터 이미 결혼이 존재했다는 점을 주목해야 한다. 이 논거는 창세기에 기록된 세계의 창조 역사로부터 끌어온 강력한 권위에 근거하고 있다. 창세기에 따르면 신은 남자를 창조한 후 그를 혼자 두는 것이 옳지 않다고 여겨 갑자기 그에게 여자를 주어 그를 돕고 위안케 했으며, 그들에게 성장하고 번식하여 대지를 자손으로 채우고 서로 사랑하라 명했다. 이 사랑은 매우 다정하고 독특한 것으로 인간은 어버이를 버리고 자신의 반쪽에 붙어 있을 것을 명받았다.

중요한 것은 결혼이 선하고 성스러운 것인지의 여부가 아니라 성직자와 제사장에게 결혼이 격에 맞는 것인지의 여부라고 말하는 이가 있을지도 모른다. 이에 대해 나는 우리의 첫 아버지는 성직자였다고 대답하겠다. 종교는 이성적 피조물만큼이나 오래된 것이다. 인간은 창조되자마자 창조주를 인식하고 경배해야 했으며, 이를 위해 신에게 제물sacrifice을 바쳤는데 이러한 희생sacrifice은 종교의 영혼으로 종교는 희생 없이는 존재할 수 없다. 따라서 최초의 인간은 자신의 신에게 제물을 바쳤으므로 결혼을 한 몸임에도 불구하고 제사장sacrificateur이었다는 결론이 나온다. 또한 그후로 카인, 아벨, 아브라함, 이삭, 야곱은 모두 제사장이며 기혼자였다. 따라서 자연법에서 혼인은 성직과 양립 불가능하지 않다는 결론을 내려야 한다.

성문법의 경우 구약을 훑어본 사람이라면 구약에 독신이 한번도 언급되지 않는다는 사실을 분명히 알 것이다. 반대로 구약에서 혼인은 대단히 명예로운 일로 취급되고 있어서 아이를 낳지 못하는 여인들은 저주를 받고 있다. 또한 제사장들에 관해 말하자면 신의 사랑을 받는 선민選民이었던 이스라엘 민족은 열두 개의 지파로 나뉘는데 그중 오직 레위의 혈통만이 신의 숭배에 봉헌되어 성직을 차지했지만 구법舊法의 성직자였던 레위족은 제사장이라는 지위에도 불구하고 혼인을 하는 데 아무 문제가 없었다…….

각자의 자유

이제 우리가 살고 있는 은총의 법 아래서도 성직자들에게 혼인이 허락되었음을 설명할 차례이다. '허락'이라고 말하는 것은 성직자의 혼인은 명령사항도 금지사항도 아니며 각자의 자유로 남아 있기 때문이다. 이 점에 대해서는 태초에 자연법 아래에서 지상에 사람을 채우기 위해 혼인이 전적으로 필요했다는 점을 고려해야 한다. 모세의 법 아래서는 결혼이 꼭 필요한 것은 아니었지만 여전히 유용하고 명예로운 일이었으며 그 반대는 불명예였다. 세상의 쇠퇴기인 복음의 법 아래서는 결혼은 필요하지도 않고 그 반대인 독신만큼 명예롭지도 않으나 필요에 따라 결혼을 하건 신의 가장 큰 영광을 위해 정절을 유지하건 그것은 개인의 자유이다. 그리고 신약에 부합하는 신법新法을 읽어보면 결혼이나 동정에 관한 명령이나 금지가 전혀 나오지 않는다. 성 바오로는 분명 독신을 권하지만 그렇다고 해서 결혼에 반대하는 것은 아니며 결국 각자가 자기의 소명에 따라 결혼이나 독신을 택하도록 자유에 맡겼다. 신약에서 결혼은 매우 찬미되어 크나큰 성사聖事의 자격을 가질 정도이다. 신약에서는 동정 또한 매우 고결할 뿐 아니라 복음적인 덕으로 찬양된다. 혼인과 동정 두 경우 모두 신을 기리고 있으며 양쪽 모두 각자의 매력과 갸륵한 미덕과 축하할 점이 있어 각자의 다양한 취향과 욕구와 성향에 따라 축복을 받는다. 요컨대 성 바오로와 더불어 다음과 같은 결론을 내릴 수 있다. 결혼을 하는 자는 선을 행하는 것이며, 동정으로 남는 자는 더 큰 선을 행하는 것이다. 나로 말하자면 더 큰 선을 행하는 것은 할 수 있는 자의 몫으로 남겨두고 단지 선을 행하는 것으로 만족하노니…….

우선순위의 문제

이제 이 지고의 영원한 성직자가 기독교의 토대를 놓았을 때 어떻게 자신을 다스렸는지 살펴보도록 하자. 그는 성 베드로와 성 요한 등 기혼남들과 동정남들로 사도단을 만들어 양자 모두 교회에 받아들여져야 함을 보여주었다…….
하지만 복음서에는 사도들이 예수 그리스도를 따르기 위해 모든 것을 버렸다고 적혀 있는데 '모든 것'이라고 하면 예외가 없다는 뜻이니 그들이 아내를 떠났다고 보아야 할 것이라고 반박하는 이도 있으리라. 이것이 문제의 어려운 점이며 바로 이 구절에 근거하여 독신의 법칙이 만들어졌다. 따라서 이 구절은 진지하게 검토해야만 한다.
우리는 사도들이 구세주를 따르기 위해 아내를 비롯한 모든 것을 버렸다는 점에 동의한다. 하지만 이는 의무사항이 아니었으며 단지 품위와 편의 때문이었다. 사도의 직 때문에 그들은 수많은 고장을 떠돌며 복음을 전해야 했고 그런 여행에 아내와 자식을 데리고 가는 것은 매우 부적절하고 불편한 일이었을 것이다. 이 때문에 사도들은 신을 섬기는 것을 자신의 만족보다 우선시하면서 의무 때문이 아니라 편의상 아내를 버린 것이다…….
이 점에 대해 한 가지 주목할 점은 성서가 무언가를 버리라고 명할 때마다 그것은 우리가 사랑하지 않을 수 없는 것이므로 여기서 버리라는 명령은 절대적인 것이 아니라 우선순위의 문제로 이해해야 한다는 것이다. 아내에게 충실하라는 말은 부모를 완전히 떠나라는 말이 아니다. 부모를 완전히 떠난다는 것은 자연법을 거스르는 것인데, 우리가 이미 말한 바와 같이 자연법은 어떤 다른 법으로도 철폐할 수 없다. 결국 결혼을 할 때 부모를 떠나라는 말은 남편이 부모와 아내의 곁에 동시에 있을 수 없을 때 아버지와 어머니보다 아내를 우선시하라는 뜻이다.

그랑디에는 이런 식으로 논의를 이어간다. 그는 시간을 거슬러올라가 희랍인들을 거쳐 중세를 지나 카리온의 『연대기』와 프라하의 예로님을 인용한다.(카리온은 요하네스 네겔린의 필명으로 이 책은 나중에 필리프 멜란히톤이 완전히 다시 쓴다. 한편 예로님은 얀 후스의 제자이다.) 마지막으로 그랑디에는 독신서약(그는 이 서약이 수도사에게만 해당된다고 본다)을 다루며 다음과 같은 결론을 내린다.

뜨거운 욕망

인간은 결혼이나 먹고 마시는 것에 대해 동일한 욕망이 있으므로 결혼을 금하는 것은 식음을 금하는 것 못지않게 잔인한 일이다. 게다가 결혼의 욕망은 더욱 뜨거운 것으로 인간의 욕망 중 가장 달콤하고 예민한 것이다. 섭식은 이 짧은 삶을 유지시킬 뿐이지만 결혼은 죽음 후에도 자식들을 통해 인간을 부활시키며, 자식들은 종종 자신을 이 땅에 데려온 사람을 기도를 통해 천국으로 보낸다.[71]

투르의 개업의로 루됭의 마귀들림이 진짜라고 믿고 있던 스갱 씨는 1634년 10월 14일에 캉탱 씨에게 보낸 편지에서 루됭에서는 잘 알려져 있던 이 『논고』에 대해 말한다. 이 편지는 곧 『메르퀴르 프랑세』지에 실린다.

그{그랑디에}는 고문을 받게 되자 성직자의 독신에 반대하는 육필 소책자를 쓴 것을 자백했습니다. 이 책을 보면 그가 결혼을 한 것이 아닌가 하는 의혹이 듭니다. 이 책이 그가 사랑하던 내연관계의 여인에게 보내는 것이며, 제목을 포함해 곳곳에 나오는 그녀의 이름은 모두 삭제되어 있고, 다음의 이행시로 끝난다는 점을 주목해야 합니다.

> 당신의 다정한 정신이 이 지식을 취한다면
> 당신의 양심은 편히 쉴 수 있을 것입니다.

이 논고가 굉장히 잘 쓰였으며 결론에 이르기까지 논리 전개도 무리가 없음은 인정해야 할 것입니다. 하지만 결론은 완전히 휘청거리면서 독을 뿜고 있습니다. 이 책에는 마법에 이끌리는 흔적이 전혀 없으며, 다른 곳에서 충분한 증거들이 나오지 않았다면 이 책만 봐서는 정반대의 결론을 내려야 했을 것입니다.[72]

실제로 세속의 재판 절차만이 이 증거들을 제시할 것이다. 마귀들림의 담론은 마법사에 관해 말하고 있었다. 사법적·정치적 권력은 그를 죽은 자로 만들 것이다.

5   루됭의 정치: 로바르드몽

구마사들과 마귀들린 여인들이 날뛰는 무대 뒤로 다른 세력, 다른 사안이 개입한다. 이들은 마귀들림의 담론 때문에 뒤틀리고 왜곡된 모습으로 루됭에 들어온다. 이렇게 정치가 차츰 플롯을 결정하게 되고, 악마 사건은 이 정치의 은유가 된다. 새로운 공공질서의 수립으로 인해 촉발된 다양한 분쟁이 그와는 무관하게 태어난 마귀들림 사건에 암암리에 파고들기 시작한다. 그러면서 제반 분쟁은 마귀들림 사건의 어휘와 데이터를 사용한다. 제반 분쟁은 마귀들림 사건을 천천히 재편하다가 그 속에서 모습을 드러내고 이를 이용하더니 종국에는 마귀들림의 가면을 벗어버리고 이 가면을 광신적 신자나 호사가들에게 먹잇감으로 던져준다.

국왕에의 호소

1633년 9월 로바르드몽 남작이 성곽을 철거하라는 국왕의 명을 받아 루됭에 도착한다. 이는 중앙집권적 정치세력이 들어오는 일종의 전환점이었다. 하지만 사실 서로 대립하는 여러 파벌이 왕의 권위에 호소하면서부터 이러한 개입은 이미 준비되고 있었다고 할 수 있다. 그 누구도 반대파를 압도할 만한 자신감이나 힘이 없다 보니 거의 모든 파벌이 걸핏하면 왕권王權이나 왕의 권위를 내세운다. 이러한 호소는(이는 으름장에 불과한 경우가 많았다) 현지 당사자들의 예상을 뛰어넘는 무시무시한 무게를 얻게 될 것이다. 이러한 호소가 중앙 권력이 개입할 여지를 마련한 것이다.

예컨대 1632년 12월 12일 이후 대관 스리제, 민사 대리관 루이 쇼베, 그의 배석판사 샤를 쇼베는 푸아티에 주교에게 편지를 보내 [그들의 반대파인] 우르술라회 수녀들의 구마사 바레 씨가 국왕의 사법권과 권위를 무시하는 언행을 여러 차례 저질렀다고 주장한다.[73] 고발 치고는 꽤 모호하고 상투적인 셈이다. 하지만 그것이 현실이 되는 순간 국왕에게 호소했던 이들은 모두 무대에서 쫓겨난다. 그들이 한 말이 액면 그대로 받아들여지는 것이다. 별 뜻 없이 툭하면 내뱉던 말이 현실이 되어 늑대인간이 루됭에 실제로 나타난다. 그는 로바르드몽이다.

불도저 나리들*

1633년 9월 지사가 마귀들림 사건과는 하등 관계없는 일로 루됭에 도착한다. 그의 임무는 성곽 철거로 이번에는 성탑도 철거 대상이었다. 8월에 그는 자신이 받은 왕령의 사본을 루됭에 있는 메스맹 드 시이에게 보낸다.

로바르드몽 씨께.
루됭 성을 철거하고 이에 관해 내가 내린 명령을 집행하기 위해 귀하가 기울인 부단한 노력을 알게 된 바 이 편지를 보내 이번 일에 귀하가 보여준 노고에 내가 만족하고 있음을 알리고자 하오. 그리

* 원문은 Messieurs les Raseurs로 '(깨끗이) 밀어버리는 나리들' 정도의 뜻이다. 적당한 역어를 찾지 못해 어쩔 수 없이 현대적 용어인 '불도저'로 옮긴다.

고 아직 성탑을 철거할 일이 남아 있으니 귀하에게 발송한 전갈에 따라 아무것도 남기지 말고 모조리 밀어버리는 것을 잊지 말도록 하시오.

더욱이 상기 시市의 성문들이 성채 구실을 하고 있어 나쁜 의도를 가진 자들이 도시를 장악할 경우 주민 치안에 누를 끼칠 수 있다는 사실을 알게 되었소. 그러니 성문들을 안쪽으로 열어놓아 주민들에게 해로운 방향으로 사용할 수 없게 해주시오. 귀하가 내 뜻을 성실히 이행할 것을 확신하므로 자세한 설명은 생략하겠소. 귀하에게 신의 가호가 있기를.

몽트로에서 1633년 8월 6일
루이 펠리포74

편지에서 언급하고 있는 전갈이 며칠 뒤 로바르드몽에게 도착한다. 이 전갈은 1632년 5월 13일의 특허장 내용을 번복하는 것이었다. 문제의 특허장은 루이 13세가 루아양에서 발부한 것으로 국왕께서 루됭 시와 주민들의 치안을 위해 불필요하다 판단되어 루됭 성을 철거하고 오직 성탑만을 남겨두기로 결심하시는 경우 전하의 제1시종이었던 장 다르마냑 경과 국왕의 비서관이었던 미셸 뤼카 경에게 그들의 봉사를 참작하여 루됭 성의 봉토와 해자 및 해자의 바깥 제방을 내린다75는 것이었다.

철거과정에서 나온 자재 중 일부는 미셸 뤼카에게 귀속되고 일부는 총독에게 귀속될 예정이었다.

새로운 정치적 균형

1631년에서 1632년 사이에 장 다르마냑은 이제 자신의 관저가 된 성탑과 루됭 총독의 직을 잃지 않으려고 이런저런 공작을 꾸민다.

그는 공동의 적들에 맞서 성공을 거둘 것이라고 그랑디에에게 장담을 하고, 철거반—그는 이들을 불도저 나리들이라고 불렀다—에 대해 일시적 승리를 거둔 것에 우쭐해하며, 로바르드몽의 지원을 확보했다고 생각한다.(로바르드몽은 1630년 다르마냑의 아들의 세례식 때 국왕을 대신하여 루됭에 내려온 적이 있었다.) 하지만 이는 착각이었다.

이 나리들이 모두 그곳에 붙잡혀 있는 것을 보는 것만으로도 흐뭇하군요. 로바르드몽 남작 역시 기뻐하고 있고요. 제 아내는 손님들 앞에서 체면이 서겠죠.

총독은 왕의 심부름으로 쉴 새 없이 여행을 다니느라 파리와 루됭의 사정에 어두웠던데다 자기 나름대로 물밑작업을 벌이는 데 정신이 팔려 있다 보니 당시 정계에서 얼마나 큰 폭으로 인적 변화가 진행되고 있는지, 얼마나 많은 사람의 이해관계가 자신의 이익에 반하는 방향으로 수렴되고 있는지 가늠하지 못했다. 예컨대 루이 13세에게 총독보다 훨씬 큰 영향력을 행사하고 있었으며 루됭의 친구들을 통해 루됭의 형국을 훤히 꿰뚫고 있었던 국왕의 수기手記 비서관* 뤼카 경은 얼마 전까지만 해도 총독과 이해관계가 같았지만 이제 그를 몰아내려는 공작을 꾸미고 있었다.

이웃의 리슐리외라는 사람

이는 특히 루됭에서 20킬로미터도 안 되는 곳에 있는 리슐리외 장원莊園이 확장되어 공작령으로 승격(1631년 8월)된 지 얼마 되지

* 국왕의 두터운 신임 아래 왕의 필체를 모방해 왕 대신 각종 문서를 작성하고 서명까지 대신하던 비서관.

않은 시점이었는데, 리슐리외는 이곳을 확실하게 봉토로 만들 생각이었다. 당시 리슐리외는 권력의 정점에 도달하여 마티외 드 모르그가 네덜란드에서 쓴 것처럼 추기경, 재상, 제독, 원수, 대법관, 국새상서, 재무총감, 포병단장, 국무경, 동배공同輩公, 30개 지역 수비사령관, 30개 수도원의 수도원장, 200명의 장갑병과 200명의 근위경기병의 중대장이 되었으며 나머지 직함은 '등등'으로 적을 수밖에 없었다.[76]

1631년 9월 25일경, 다르마냑은 위르벵 그랑디에에게 이렇게 쓴다.

이 도시(파리)의 친구들을 만나보니 로바르드몽 씨가 이미 루됭에 도착했을 것이라 합니다. 친구들은 제가 어떤 식으로든 분명히 만족스러운 결과를 얻을 것이라는군요.
분명히? 이 말은 과장이다. 실제로 그는 다음과 같은 말을 덧붙인다. 하지만…… 심지어 성벽을 포함한 모든 것을 허물어 도시뿐 아니라 그 재판권까지도 소멸시킬 것이라 합니다. 그리하여 왕실의 재판관이 루됭의 재판권을 빼앗고 리슐리외 시市의 공작령을 수립할 것이라 합니다.[77]

다르마냑과는 달리 현실적이었던 로바르드몽은 서둘지 않았다. 그는 시간을 충분히 두고 국왕 전하와 추기경님의 의중이 어느 쪽으로 향할지 살폈다. 그는 레로슈의 원장이며 추기경의 제1비서관이었던 미셸 르말과 교제하며, 앞으로 보게 될 것처럼, 더할 나위 없이 좋은 관계를 유지한다. 그는 또한 리슐리외가 왕의 권위 확립과 중앙집권화의 과업 추구를 최우선 과제로 삼고 이에 헌신적 노력을 기울이고 있으며, 라로셸 함락(1628년) 이후 신교도에게 도피처를 제공할 가능성이 있는 모든 것에 극도의 주의를 기울이고 있음을 알고 있었다.

로바르드몽

리슐리외가 국가의 충신忠臣이라는 표현을 쓸 정도로 중앙권력에 충성을 바치던 신하였으며, 위기의 시기에 추기경이 중대하고 급박한 임무를 여러 차례 맡겼던 인물인 로바르드몽은 명령을 집행하기 위해 특사commissaire* 자격으로 루됭에 도착한다.(특사라고는 하지만 실제 임무는 프랑스 혁명기의 정치지도원commissaire politique이나 다름없었다.) 그는 어떤 정책의 효과적이고 기동성 있는 도구가 되어야 했다. 하지만 그는 맹목적으로 시키는 일만 하는 사람은 아니었다. 그는 자신을 지원하는 세력의 힘을 가늠했고 자기가 개입하게 된 분쟁이 얼마나 치열한지 다시 한번 헤아렸다. 이 시점에 그랑디에는 편지를 한 통 받는다. 아마 이는 루됭 총독이 그랑디에에게 보낸 마지막 편지일 것이다.(9월 7일) 다르마냑은 불안해한다. 하지만 이는 소 잃고 외양간 고치는 격이었다. 자기의 도시로 돌아갈 수 없게 되자 총독은 주임신부에게 그쪽에서 일어나는 모든 일을 예의주시할 것을 부탁하면서 에르베 경과 그의 처남 메스맹 드 시이(메스맹 드 시이는 로바르드몽의 충실한 루됭 연락원이었는데 소문만큼 이중간첩은 아니었다)[78]라는 두 추기경파 인사가 취한 행동을 언급한다. 하지만 문제의 행동은 이미 오래전의 일이었다. 총독은 다음과 같은 말을 덧붙인다.

이 야만적인 형사 대리관과 그의 처남이 루됭 시의 철저한 해체를 청원하여 결국 윤허를 받아냈다는 것이 화가 납니다.[79]

로바르드몽은 루됭에 두 달밖에 머물지 않을 것이다. 하지만 귀

*지방에서 발생한 중대한 사건을 처리하기 위해 국왕이 파견한 단기간의 별정직 관리로 보통 '위임관'이라고도 번역되지만, 이 책에서는 루됭 사건의 맥락을 강조해 '특사'라고 옮기기로 한다.

에 들려오는 말은 온통 주술과 악마 사건에 관한 이야기뿐이다. 그는 구마의식을 참관한다. 그는 개인적으로 조사를 해본다. 로바르드몽은 우르술라회 수녀들 중에 처제가 두 명 있었고 1625년에서 1629년 사이에 이미 보르도 고등법원의 세속 판사와 같은 법원의 수사搜査 책임자를 지내면서 베아른의 마녀 사건을 심리한 적이 있었으므로 이 사건에 이중으로 관련된 셈이었다. 하지만 그는 자신의 생각을 겉으로 표현하지 않는다. 흥분한 루됭 사람들이 볼 때는 놀라운 일이었다.

그는 그토록 기이한 광경을 보고도 전혀 감정을 표출하지 않았다. 거처로 돌아온 후 그는 이 처녀들의 비참한 상태에 깊은 동정을 느꼈다. 자신의 감정을 숨기기 위해 그는 만찬에 그랑디에의 친구들은 물론이요, 다른 이들과 함께 온 그랑디에 본인까지도 받아들였다.[80]

1616년에 있었던 가톨릭과 위그노 사이의 회담 이후 루됭을 다시 찾지 않았던 앙리 드 부르봉 공은 같은 달에 일부러 루됭에 들르는데 이 저명한 구경꾼은 로바르드몽만큼 조심스럽지 않았다. (뒤늦게 독실한 신자가 되어 그만큼 신심이 극단적이었던) 부르봉 공은 그를 위해 특별히 준비한 구마의식 도중 마귀들린 수녀들이 보인 꿋꿋한 태도에 감동하고 열광한다. 나중에 구마사들은 그가 이 쇼를 얼마나 즐거워했는지 증언할 것이다.

'구두수선 시녀' 사건

현재가 과거를 휘젓고 있는 이 도시에서 오래된 이야기 하나가 표면으로 올라온다. 구두수선 시녀라는 별명으로 통하던 루됭의 평민 출신 여성 카트린 아몽은 예쁘고 약삭빠른데다 운까지 좋았던 지라 마리 드 메디시스의 마음을 사로잡아 대비大妃의 측근이 된다. 그녀는 자신의 주인인 대비마마의 이름으로 루됭 사건에 슬며시 끼어든다. 진위는 확인할 수 없지만 그녀는 한때 「대비마마의 구두수선 시녀가 바라다 씨에게 보내는 편지」(1627)라는 리슐리외를 격렬히 비난하는 팸플릿의 출간에 연루된 적이 있었다. 편지 형식으로 된 이 비방문의 명목상 수신자인 프랑수아 드 바라다는 왕의 시종장이었으나 1626년 파면되어 궁에서 쫓겨난 인물이었다. 추기경의 약삭빠른 비서관 샤르팡티에는 이 글이 무엇보다 불경죄를 저지르고 있음을 지적한다.

이 시대의 고삐 풀린 자유는 이런 종류의 일을 여러 차례 만들어냈지만 이토록 모욕적이고 악랄한 것은 아직껏 없었다고 할 수 있다. ……이 글은 국가의 주요 대신들에게 중상모략을 퍼붓고 있으며…… 설상가상으로 국왕 전하의 인격마저 공격하고 모욕하고 있다. 이 책은 전하를 경박하고 변덕이 심하다고 묘사하며…… 전하의 덕성은 모르는 사람이 없건만 망측하게도 행실이 음탕하다는 망언을 일삼고 있다.[81]

누가 이 글을 썼을까? 범인은 찾을 수 없었다. 하지만 문제의 글을 읽어보면 저자는 루됭에 연고가 있는 인사일 것이라는 의혹이 생긴다. 소위 '구두수선 시녀'는 바라다 경에게 이렇게 말한다.

경께서 우리 루됭의 일을 보러 오셨으면 좋겠어요. 그러면 그에 대해 다른 점을 많이 알게 될 거예요. 그것들을 모아두었다가 기회가 되는 대로 보내드리죠.

체포된 사람은 바외 출신으로 라 오그티에르의 영주였던 자크 롱

댕이라는 인쇄업자뿐이었다. 그는 즉시 샤틀레 대법원에서 재판을 받게 되며 혐의사실을 부인했음에도 불구하고 1627년 5월 27일 교수형 판결을 받는다. 그는 결국 로슈포르로 이송되어 갤리선을 젓게 된다.

팸플릿을 쓴 것은 그랑디에였는가?

그런데 같은 해에 같은 제목의 비방문이 또 하나 나온다. 첫 비방문보다 다소 세련되면서도 더욱 매서운 글로, 국왕에게는 아첨을 아끼지 않으면서도 국왕 자신과 국왕이 물리쳐야 할 간신배들을 세심히 구별하고 있다. 1617년 이후(이 시기에 아몽은 잠시 루됭에 체류했고 그랑디에는 루됭에 부임했다) 카트린 아몽과 절친했던 그랑디에가 소위 '구두수선 시녀'가 썼다는 이 두번째 팸플릿의 저자였을까? 사람들은 그렇게 말했다. 어쨌든 카트린 아몽의 여동생 쉬잔 아몽(마귀들린 여인들 중에는 수녀가 아닌 사람이 몇 명 있었는데 쉬잔은 그중 하나였다)이 그를 마법사로 지목하는 순간 그랑디에는 이 위험한 사건에 연루된다. 질 메나주에 따르면 '회색 옷의 예하'* 조제프 신부가 루됭에 심어둔 카푸친 작은형제회의 수사들이 그들의 후원자에게 이 사실을 알린 것으로 보인다.(조제프 신부는 이들 말고도 테오프라스트 르노도†의 도시에 끄나풀이 많았다.)

*카푸친회 소속으로 회색 법의를 입었던 조제프 신부의 별명. 조제프 신부는 '붉은 옷의 예하' 리슐리외 추기경에게 막대한 영향력을 행사했으며 실제로 리슐리외 못지않은 권력을 지녔던 것으로 알려졌다. 현재 '회색 옷의 예하'라는 표현은 불어에서 '막후 실세', '배후 인사'의 뜻으로 사용된다.
†루됭 출신의 의사·언론인으로 빈민구호사업에 애를 썼다. 프랑스의 유명 문학상인 르노도 상은 그의 이름을 딴 것이다. 조제프 신부는 르노도의 후견인이었다.

루됭의 카푸친 수사들은 원수{그랑디에}에 대한 복수심에서 파리의 조제프 신부에게 편지를 보내 그랑디에가 바로 리슐리외 추기경의 인품과 출생에 관해 매우 모욕적인 내용을 담은 비방문「루됭의 구두수선 시녀」의 저자라고 고했다.[82]

그랑디에가 문제의 비방문을 썼다는 카푸친 수사들의 주장에 동의하는 역사학자들도 없지는 않다.(카푸친 수사들이 정말 그렇게 믿었는지는 모르겠지만.) 그렇다면 대체 어디까지가 전설이고 어디부터가 역사란 말인가? 이 구경꾼[질 메나주]의 증언은 카푸친 수사들이 잦은 험담의 대상이 되었음을 보여준다. 하지만 이를 통해 또한 누군가가 비방문을 통해 권력자에 대한 험담을 유포했으며, 다른 이들은 이 비방문을 빌미 삼아 그랑디에에 대한 험담을 퍼뜨리는 것도 볼 수 있다. 루머에 루머가 더해지는 것이다. 이렇게 남을 헐뜯는 이야기들 때문에 도시는 안개에 휩싸인다. 무엇이 진실인가? 무엇이 거짓인가? 이렇게 확실성과 명증성이 사라지는 상황에서 루됭 주민들은 불안에 빠져 자기보호본능을 발동한다. 진실이 어디에 있는지 알 수 없으니 진실을 한 가지는 주장해야 할 것이다.(하지만 모두가 같은 진실을 주장하지는 않을 것이다.)

1633년 11월 30일의 특허장*

10월 말이 된다. 성탑은 철거된다. 로바르드몽은 파리로 돌아가는 길에 시농에 들러 구마사 바레를 만나 몇 가지 새로운 정보를 얻는다. 그는 뤼에유에서 리슐리외와 조제프 신부를 만난다. 미셸 뤼카도 상황을 보고받는다. 뤼에유에서 국정자문회의가 열린다. 국왕과

* 원문에는 연도가 1632년으로 되어 있으나 이는 저자의 오기誤記이기에 1633년으로 바로잡는다.

추기경 외에도 대법관 세기에르, 행정감독관 부틸리에 드 샤비니, 국무경 펠리포, 조제프 신부, 로바르드몽이 회의에 참석한다. 사건을 어떤 식으로 처리할지가 결정된다. 11월 30일 세기에르가 특허장을 작성하고 서명한다.

국왕의 국정자문회의 위원인 로바르드몽 씨는 루됭과 여타 필요한 장소를 방문해 그곳에 머물면서,
　그랑디에의 저주로 마귀에 사로잡혀 고통을 받고 있다는 루됭의 우르술라회 수녀들이나 다른 여인들의 마귀들림 사건에 관한 것을 포함하여 그랑디에에 대한 지금까지의 모든 기소 사실과 향후 새롭게 밝혀질 죄상을 신속히 조사하고,
　구마의식과 이 마귀들림 사건에서 벌어진 일들을 처음부터 모조리 조사하며,
　각종 조서와 조사기록을 재검토하고,
　향후의 구마의식에 참석하여 모든 사항을 조서로 꾸미고, 피치 못하게 참석하지 못할 경우 향후 입증과 확인이 가능한 방식으로 조서를 작성하며,
　모든 사항에 대해 그랑디에와 그의 공범으로 드러나는 모든 이들에 대한 재판을 선포하고 심리하고 재판을 진행하여 최종 판결을 제외하고 재판을 마무리하며, 사건의 성격을 고려할 때 이 과정에서 어떠한 이의신청, 항소신청, 기피신청이 있든 간에 재판이 지체되는 일이 없게 하고, 설혹 그랑디에가 이송신청을 할지라도 이를 무시하도록 하라.
　이에 국왕 전하께서는 해당 지방의 모든 총독, 총독보좌관, 대관, 지방판관, 부판관, 치안관, 그들의 대리관, 시장, 부시장 및 여타 신민들에게 알리는 바이니 로바르드몽 씨가 위에서 명한 사항을 집행함에 있어 필요한 모든 도움과 협력을 아끼지 말 것이며 필요하다고 판단될 경우 감옥을 제공할지어다.

로바르드몽은 마귀들림 사건에 관한 모든 사실을 검토하고 그랑디에에 대한 예심을 시작하는 데 있어 전권을 가진다. 이 권한은 루됭과 필요한 모든 장소에 미치며, 로바르드몽은 (원칙적으로 피의자에게 보장된 권리로서 피의자가 사용할 수 있는) 이의신청, 항소, 이송 요청을 묵살할 수 있지만 유죄를 언도할 수는 없고 스스로 판결을 내릴 수도 없다.

이 특허장에는 국왕과 국무경 펠리포가 서명한 두 가지 왕령이 첨부되어 있다. 로바르드몽 경이 그랑디에와 그의 공범들을 체포하여 안전한 장소에 구금할 수 있도록 모든 치안재판관, 부㓮대관, 부판관, 그들의 보좌관과 경관과 여타 관리 및 신민들은 이 왕령의 집행을 돕고 이를 위해 로바르드몽 경이 내리는 명령에 복종할 것이며 모든 총독과 총독보좌관은 요청이 있을 경우 전력을 다해 경을 돕고 보좌하라.[83]

마지막으로 루이 13세는 로바르드몽에게 라로슈포제 주교에게 전할 편지를 건넨다. 이 편지에서 국왕은 주교에게 우르술라회 수녀들을 위해 손을 써줄 것을 부탁한다. 이 사건이 교회의 권위에 관련되는 문제이니 도움을 달라는 것이었다. 루됭의 주임신부에 대한 세속 재판권의 개입을 명해놓고 주교에게 이런 부탁을 하는 것을 보면 루이 13세도 꽤 짓궂은 인물이었던 듯하다. 이 사건이 꼭 교회 사법권의 관할에 귀속되는 것은 아니지만 (당대의 법 해석은 통상적으로 성직자가 피고일 경우라도 교회의 재판권을 배제하는 것이 보통이었지만 반론도 없지 않았다) 주교가 자기 직권으로 처리할 수도 있었던 것이다. 하지만 이는 일종의 전환점이었다.

리슐리외: "일벌백계"

리슐리외의 입장에서 보면 이러한 결정은 놀라운 것이었다. 준엄하고 '예외적인' 결정이 신속하게 내려져서가 아니라 그 대상이 그랑디에의 주술 때문에 마귀가 들려 악마들에게 고통받고 있는 수녀들이라는 점이 놀라운 것이었다. 관행에 따라 신중을 기하고는 있지만 사실상 주사위는 던져진 셈이었다. 리슐리외는 개인적으로는 미신적이고 복수심이 강한 성격이었지만 공적으로는 엄격하고 일관되게 국가이성[국시國是, 국익國益]이라는 '이성 raison'을 우선시하는 편이었다. 리슐리외에게는 훨씬 심각한 현안이 산적해 있었으므로 수많은 투쟁·위기·죽음으로 점철된 중대 사업들 틈에서 이 따분한 이야기는 통상적 원칙에 따라 처리된다. 나중에 리슐리외는 『회고록』에서 과거사를 돌아보며 변명조로 자신의 행동을 다음과 같이 설명한다.

인간의 악의에서 비롯된 국가적 무질서에 합당한 처방을 내리시던 국왕 전하께서는 얼마 전부터 악령이 루됭 시의 우르술라회 수녀 몇 명의 정신에 깃들어 교회를 혼란에 빠트리자 교회를 돕기 위해 다시 한번 당신의 권위를 사용하여 필요한 조치를 취하실 수밖에 없었다.
 1632년부터 루됭 시의 우르술라회 수녀 몇 명이 마귀에 들린 것처럼 보였다. 추기경은 귀엔 지방을 방문하고 돌아온 뒤 주변 사람들의 조언에 따라 신심이 깊은 고위 성직자 몇 명을 보내 정식 보고서를 작성케 했다. 이들은 수녀들로부터 개별적으로 진술을 청취하여 다음과 같은 사실을 알게 되었다. 밤이 되어 침실로 돌아갔을 때 수녀 몇 명은 방문이 열리는 소리, 몇 사람이 계단을 올라오는 소리, 두려움을 자아내는 희미한 빛과 함께 그자들이 방에 들어오는 소리를 들었다.

수녀들은 모두 자기 방에서 한 남자를 보았다고 했는데 이들이 묘사한 남자의 모습은 그들과 안면이 없는 루됭의 생피에르 성당 주임신부와 일치했다. 그 남자는 수녀들에게 음탕한 말을 해댔고, 불경한 생각에 동의하도록 설득하려 했다. 이 남자의 출현 이후 수녀 몇 명은 고통스러워하며 악령이 들러붙거나 악령이 들린 행동을 했다. 수녀들의 고해신부들과 학식 있고 독실한 성직자 몇 명이 이들에게 구마의식을 집전했다. 그러나 수녀들을 악령으로부터 해방시키자 새로운 계약을 통해 마귀들림이 재연되었고, 악마들은 그 계약의 이름으로 자신이 돌아왔음을 알렸다.

하지만 이런 사건에서는 사기극이 흔하고, 독실한 신앙을 가진 사람은 흔히 생각이 단순하여 실제로 존재하지 않는 현상을 믿게 되는데다 그랑디에를 옹호하는 사람이 많았으므로—그랑디에는 번듯한 외모와 충분한 학식을 갖춘 사람으로 얼마 전 푸아티에 주교에게 처벌을 받아 일정 기간 면직당했다가 보르도 대주교에게 항소해서 무죄 방면된 바 있었다—추기경은 자신이 받은 보고서에 대해 확실한 판단을 내릴 수 없었다. 하지만 사건이 너무나 커졌고 마귀들린 수녀의 수가 워낙 많다 보니 추기경으로서는 각지에서 밀려오는 탄원을 묵과할 수 없었다. 이에 추기경은 국왕 전하께 국왕의 권위를 사용하여 이 사건에 개입할 것을 청했다. 그래서 국정자문회의 위원 로바르드몽 씨를 보내 사건의 진상을 파악한 후 현지에서 신망을 얻고 있는 그랑디에 때문에 증인들이 진실을 진술하지 못하는 일이 없도록 그랑디에를 앙제 성으로 데려가게 했다…….[84]

파리에서 볼 때 처음에 두려움을 자아내는 희미한 빛에 불과하던 사건이 점차 추기경이 묵과할 수 없는 공공의 무질서로 변해간다. 리슐리외는 독실한 신앙을 가진 사람은 흔히 생각이 단순하다는 것을 분명히 알고 있었으며, 마귀들린 것처럼 보이는 수녀들의 사건에 대해 판단을 유보하고 있었다. 하지만 그는 가톨릭 동맹*과 종교전쟁의 기억이 생생한 시점에서 혼란을 유발하는 자(그는 또한 자신을 공격하는 비방문의 저자일지도 몰랐다)를 묵인할 수 없었다. 왕의 규율, 권력의 존중, 성직자 개혁을 동시에 수호하기 위해 리슐리외는 일벌백계를 결심한다.[85] 그랑디에는 특정한 정책을 지키기 위해 치러야 할 대가이다. 그랑디에는 이렇게 루됭에서 소문의 덫에 걸려 공식적 역사의 표면으로 올라오면서 왕의 사법권에 걸려든다.

"운 좋은 성공"

로바르드몽 남작 장 마르탱은 12월 8일 루됭에 도착한다. 남작은 얼어붙은 시가지로 들어가 포부르 드 시농에 있는 메스맹 드 시이의 사위 폴 오뱅의 집에 기거한다. 이렇게 해서 그 역시 공식 역사에 진입한다. 그는 임무를 성공리에 마치겠다는 각오가 되어 있었다. 2년 후인 1636년 8월 28일 남작은 추기경에게 보낸 편지에서 다음과 같이 말한다.

추기경 전하, 저를 과분하게 사랑하고 존중해주는 제 도道의 각 지역에서 일어나는 모든 일을 확실히 파악하기 위해 저는 훌륭한 연락망을 구축했습니다. 전하, 저는 또한 운이 좋게도 명받은 모든 임무를 늘 성공리에 마칠 수 있었습니다. 제 인생과 제 모든 것을 전하의 과업을 위해 사용하기로 하신 후의와 은혜에 감사드립니다. 저

＊'가톨릭 동맹(신성동맹)'은 종교전쟁 중 신교에 맞서기 위해 결성된 과격파 가톨릭 단체였으나 타협적인 앙리 3세를 수도에서 추방하기도 하는 등 왕정에 반대하는 색깔을 노골적으로 드러냈다.

는 이미 오래전부터 확고한 충정으로 전하의 사업에 일신을 바치고 있습니다.[86]

이후 시작될 재판에서 그랑디에와 대결을 벌일 로바르드몽은 국왕과 추기경의 맹목적이고 자신만만한 충복인 동시에 교활하고 냉혹한 야심가의 모습도 갖고 있는 기이한 인물이었다. 귀엔 지방 세무서장과 보르도 고등법원 주재 상서국 심사관을 지낸 그의 부친 마티외 마르탱은 1607년 쿠트라 근방의 사블롱 성과 사블롱 제분소를 취득했고 이곳의 상급·중급·하급 재판권을 인정받았다.* 장 마르탱은 1590년경 보르도에서 태어나 1611년 이자보 드 노르와 결혼하며 1612년에는 장인으로부터 보르도 고등법원 세속판사직을 물려받는다. 그는 1624년 국왕으로부터 사블롱 소교구와 브로티에르 마을을 로바르드몽이라는 이름으로 개명해도 좋다는 윤허를 받는다. 그러던 중 1627년 보르도 고등법원 제1수사부의 부장직에 임명되어 베아른의 마법사들을 기소하기 위한 특별 위원회의 지휘를 맡게 되면서 그의 경력은 본격적으로 시작된다. 그리고 마법 사건은 그의 전문분야가 된다. 이후 그는 성공가도를 달린다. 그의 경력을 수놓고 있는 주요 직위는 다음과 같다. 1629년 아쟁 소재 귀엔 조세 재판소 소장, 1631년 (11월 4일) 반기半期 국정자문위원,† 1631~1632년 루아양 성, 몽트로 성, 루됭 성 철거 특사 등등. 1635년 12월 그는 투렌·앙주·마옌·루됭 및 인근 지방의 사법·치안·재무 지사가 된다. 나중에 그는 이단 혐의를 받은 생시랑의 학설에 대한 심리를 맡게 되며(1639년), 리옹에서 열린 [리슐리외 암살

---

*중세의 영주가 자신의 영지에 대해 갖는 재판권은 사건의 종류에 따라 상급·중급·하급으로 나뉘었다.
†구체제 아래서 일부 공직은 2배수로 임명되어 한 사람이 1년 중 절반만 직무를 수행했다.

을 모의한] 생마르 후작 재판의 예심을 주재하고(1642년), 루비에 르 마귀들림 사건도 처리한다. 국왕의 국정자문회의 평의원이었던 로바르드몽은 1653년 5월 22일 파리에서 사망한다.[87]

국왕의 충복

그에게 국왕의 사업 성공과 공공의 이익은 동일시된다.[88] 왕의 정치는 그의 윤리이다. 의사 던컨은 빙의 신봉자들처럼 순진하지는 않았지만 1634년 이렇게 말할 것이다.

로바르드몽 씨는 지극히 사려 깊었기에 마귀들림에 관한 자신의 의견이 남들에게 법이 되지 못하게 했고, 자기와 다른 감정을 가진 이들에게 아무런 악감정이 없음을 여러 차례 보여주었다. 나는 그가 자신이 맡은 임무를 충실하고 성실하게 집행했다는 것 이외의 칭찬은 전혀 바라지 않았다고 확신한다.[89]

처세술의 교과서라 할 만하지 않은가! 하지만 인간적 양심이 자신의 신념 및 공직자로서의 관심과 일치하는 순간, 그가 개입하게 될 분쟁이 너무나 폭력적이어서 그가 취하는 냉혹하고 이중적인 태도가 정신적 용기와 충심으로 보이는 순간, 특사는 정의의 사도가 된다. 그는 민중의 참혹한 현실이 부당하다고 느꼈으며 군인들이나 징세 청부인들에 맞서 민중을 옹호했다. 그는 세기에르에게 보낸 편지에서 이렇게 말한다.

시대적 필요성 때문에 신민들에게 상당히 무거운 세금이 부과되고 있습니다. 하지만 가장 큰 악은 세금을 징수하라는 명령을 받은 자들과 군인들이 저지르는 악행에서 비롯됩니다. 이들의 폭력성은 이루 표현할 수 없을 정도입니다. 아무리 심지가 굳은 이라도 놀라 벌벌 떨 만큼 끔찍한 비명소리가 곳곳에서 들려옵니다.[90]

십자군 참전

루됭에서의 임무는 종교적 소명과 같은 모습을 띠게 된다. 이 임무는 십자군 전쟁이 된다. 국왕의 명령에 따라 중앙 권력의 적인 동시에 하느님의 원수인 자들과 상대하게 된 것은 로바르드몽에게 기회이자 '은총'이다. 개인적 편지들을 보면 그는 천사들, 아기예수, 기적 등에 관한 신실한 믿음을 내비치고 있는데, 이러한 감정은 거짓이 아닌 듯하다. 신앙심 덕에 그는 성공을 위한 투쟁의 냉혹함을 상쇄하고 사적 신앙과 공적 법률을 결합할 수 있는 감정적 여유를 얻는다. 하지만 더 개인적인 원칙 하나가 한 사람의 두 측면을 하나로 묶는다. 전쟁과 종교적 광신이라는 과거의 사건이 남긴 유물이 왕의 명령을 위해 투입되는 것이다. 정치는 신앙심을 집어삼켜 그것으로 무장武裝한다. 정치는 종교적 전통과 종교적 감수성을 받아들인다.

이런 관점에서 보면 이제 세속과 종교의 분리는 존재하지 않는다. 세속의 인물인 로바르드몽은 자신의 정치적 직위 덕분에 성직 서임을 받는다. 그는 국왕을 위한 십자군 전쟁에서 성직자에 준하는 권력을 발견한다. 그는 종교적 권위를 세속 권위에 투입한다는 명목하에 영성 지도자의 역할을 획득하고 이 역할을 스스로에게 부여한다. 시대적 흐름인 종교에서 '정치'로의 이행을 특사는 개인적 기연奇緣으로 경험한다. 따라서 로바르드몽이 볼 때 교리나 영성에 어긋나는 잘못이나 비행非行은 악마의 주술적 반역과 마찬가지로 세속법관이 인지할 수 있을 정도로 국가에 해를 끼친다는 점에서 '국왕과 관련된 사건'[91]이 된다.

세속성을 장려하고, 하나의 정책을 수립하며, 성스러운 것을 국가를 위해 동원한다는 식의 목적이 수단을 정당화한다. 어떤 천상적 '위계질서'가 복원되어 국가이성 속으로 옮겨지면서 로바르드몽은 이 위계질서 속에서 확고한 자리를 얻고 그와 동시에 성직자들은 성직의 새로운 신학과 '교회의 위계질서'를 위해 이를 동원한다. 이 몇 년의 시기 동안 로바르드몽은 열과 성을 다해 우르술라회 수녀들의 보호자이자 영성 지도자로 나선다.

따라서 국왕에게 반항하는 악마는 그에게 필생의 전투이자 자신의 경력을 정당화해주는 근거가 된다. 루됭의 아첨꾼 한 명이 1634년 그에게 바친 다음의 졸렬한 시가 암시하는 것처럼 로바르드몽은 국가의 대천사가 되려 하며 어딜 가든 한 손에 검을 든, 국왕의 성聖 미카엘처럼 행동한다.

국왕 전하께서는 그대에게 명하여
제2의 미카엘 대천사처럼
악마들을 몸소 처단하고 처부수도록 하셨으니······[92]

권력에 거역하는 세력은 모두가 악마의 얼굴을 하고 있다. 그리고 마침내 악마는 루됭에서 대천사를 만나 가면을 벗고 정체를 드러낸다.

6 **예심의 초반부**
 (1633년 12월~1634년 4월)

로바르드몽은 일에 착수한다. 그것도 신속하게. 그는 예심 자료들을 수합한다. 로바르드몽은 앙제에서 파견된 경관들(라그랑주의 영주이자 기마경찰대 대장인 기욤 오뱅이 이 경관들을 통솔했다)을 이끌고 생트크루아 광장에서 꼭두새벽에 그랑디에를 체포한다.

체포

오뱅은 방, 붙박이장 및 가옥의 여러 장소에 국왕의 봉인을 붙였고 국왕의 근위대 소속인 장 푸케 경으로 하여금 루됭과 시농의 경관 및 헌병들의 보좌를 받아 그랑디에를 앙제 성으로 호송케 했다.[93]

로바르드몽, 메스맹, 에르베, 부르뇌프, 검사 및 검사장 대리 므뉘오는 12월 7일, 9일 및 이후 며칠 동안(그리고 차후 1634년 1월 1일과 1월 31일에도) 그랑디에의 모친 잔 에스티에브르의 입회하에 사제의 자택에 대한 가택수색을 벌인다. 『특사 임무 일지』에 따르면 압수한 문서 중에는 다음과 같은 것들이 있었다.

1. 그랑디에가 육필로 쓴 일종의 독신론 원고. 이 글은 성직자가 결혼을 할 수 있음을 증명하려 한다.
2. 불어로 된 더럽고 추잡한 시詩가 적힌 종이 두 장.
3. 루됭의 대관이 파리의 고검장에게 보내는 편지 두 통의 사본. 이 편지에서 대관은 우르술라회 수녀들의 마귀들림 사건은 사기극이라고 주장한다.
4. 앞선 두 편지에 대한 고검장의 답장.
5. 푸아티에 주교가 생피에르 교구의 수많은 가정에 그랑디에가 집전하는 미사에 참석하지 않아도 좋으며 교회의 성사聖事를 받을 때 그랑디에를 통하지 않아도 된다고 허락하는 적용면제증.
6. 소위 루됭의 마귀들림 사건이라는 것에 대해 자기는 아무 책임이 없음을 주장하며 그 근거와 설명과 논변을 제시하는 건의문 형식의 글.
  94

12월 12일부터 그동안 그랑디에를 상대로 쏟아졌던 각종 불만사항에 대한 심리審理가 시작된다. 푸아티에 주교는 추가적으로 자신의 불만사항을 계고장의 형태로 정리해 루됭의 각 성당에서 이를 읽힌다. 12월 19일 또다른 심리가 열리는 동안 잔 에스티에브르는 앙제에 있는 아들에게 편지를 전하는 데 성공한다.

잔 에스티에브르

......우리가 이제껏 아무것도 전하거나 보내지 않았다고 해서 애정이나 열의가 부족했다고는 추호도 생각지 마라. 지금까지 편지 한 통 전할 방법이 없어서 그랬을 뿐이다. 우리의 친구 모두가 너의 슬픔을 나누면서 하느님께 하루빨리 진실을 드러내어 무죄를 밝혀달

라고 기도하고 있단다. 그러니 너는 하느님의 뜻에 운명을 맡기어라. 하느님께서 너를 지켜주시어 법 앞에서 너의 정당한 권리를 밝혀주시기를 바란다.

그저 네 건강 상태나 우리에게 알려주려무나. 셔츠 한 벌, 팬티 두 장,[95] 양말 두 켤레, 실내화 세 켤레, 가슴장식 두 개, 소맷등 두 켤레, 손수건 네 장, 수면모자 두 개, ······하나,[96] 능직綾織 스타킹 두 켤레, 평소 쓰던 빗, 슬리퍼, 머리끈, 그리고······ 생필품 구입조로 금화 몇 닢을 보낸다. 더 필요한 게 있으면 얘기하여라. 하느님께 네게 용기를 달라고 기도하겠다. 나와 마찬가지로 네 동생 프랑수아와 네 누이는 너의 가호를 빌고 있단다.

네 어미이며 언제까지나 너의 좋은 친구일
잔 에스티에브르[97]

어머니의 규탄장

12월 27일, 그녀는 로바르드몽에게 청원서를 보낸다.

국왕의 국정자문회의 위원인 로바르드몽 특사님께
잔 에스티에브르가 루됭의 주임신부이며 현재 앙제 성에 수감되어 있는 아들 위르뱅 그랑디에 씨를 대신하여, 그리고 본인 명의로 다음과 같은 말로 공손히 읍소합니다.

지난 5~6년간 제 아들의 원수 몇 명이 근거 없는 중상모략으로 아들의 명예와 목숨을 빼앗으려 했으나 번번이 무죄 방면되면서 이러한 기도는 좌절되었습니다.

하지만 그들 중 일부는 사악한 계획을 계속 밀어붙인 끝에 성 우르술라회의 몇몇 수녀에게 갖고 있던 권력과 감독권을 이용해 이 수녀들이 악마에게 빙의되었다고 주장했으며 이 수녀들의 입을 빌려 제 아들이 마법을 사용했다고 고발했습니다. 제가 잘못 안 것이 아니라면 이 고발사항 역시 거짓이며 그랑디에는 이에 항의하여 법원에 상소했습니다. 이들은 열성적 공작 끝에 특사님께서 소소성곽의 철거를 위해 이 도시에 머무시는 동안 특사님과 접촉하더니, 제 아들을 재판에 회부하기 위해 특사님께서 직접 국왕 전하께 특사 파견을 요청해야 한다고 촉구했습니다. 실제로 특사님은 그리 할 마음을 먹고 이 도시를 떠나 시농에 하루 묵으면서 이 음모와 공작의 앞잡이인 피에르 바레 씨와 접선했습니다. 이후 특사님은 파리로 돌아가 특사 파견을 획책했습니다. 청원인은 이상의 사항을 때가 되면 특사님 자신의 서신과 문서를 통해 입증할 것입니다.

특사님께서는 거짓 증거에 의존해 특사 파견을 주장하여 모든 법질서를 무시하고 기습적으로 그에 대한 윤허를 얻은 뒤 이 도시로 돌아와 제 아들을 체포·수감하셨습니다.

시이 경과 그의 자식들, 검사장 대리 피에르 므뉘오 씨 및 특사님께서 이 도시를 떠나기 전이나 돌아온 이후나 줄곧 이들과 교신하고 있던 제 아들의 주적主敵들이 특사님의 명에 따라 제 아들이 체포되는 자리에 배석했는데, 이는 국왕 전하의 명령에 반하는 것이었습니다.

특사님께서는 또한 체포 전후 시이 경의 사위이자 제 아들의 적인 부르뇌프 경의 자택에 묵으면서 숙식을 제공받았습니다.

또한 이후 특사님께서는 제 아들의 적들 사이에 머물며 그들과 손쉽게 협의할 수 있도록 이 도시에서 평소 묵던 곳과는 다른 숙소에 여장을 풀었습니다. 특사님은 실제로 그들과 매일 밤 몰래 회합을 가졌으며 그들은 보통 밤늦은 시간까지 특사님과 함께 있었습니다.

또한 특사님은 한 젊은 변호사{피에르 푸르니에}를 검사장에 임명하여 이 사건을 맡게 했는데, 이 임명 과정에도 므뉘오 씨가 간여했으며, 실제로 므뉘오 씨는 이를 여러 곳에서 자랑한 바 있습니다.

과거 특사님께서는 제 아들의 사건에 대해 일말의 지식도 없는 상태에서 그의 결백에 대해 반감을 표출함으로써 자신이 선입관을 갖고 있음을 보이셨습니다. 제 아들의 적들에 대한 특사님의 호의에서 비롯된 이런 선입관은 이후에도 다시 나타나 특사님께서는 보르도 대주교께서 1632년 12월 24일 리슐리외에서 내리신 우르술라 수녀회 마귀들림 사건에 대한 명령은 잘못된 것이라고 여러 차례 말씀하셨습니다. 게다가 특사님께서는 대주교로 하여금 스스로가 그 명령이 잘못된 것이었다고 인정하게 만드셨습니다. 특사님의 교구 신부를 일부러 데려와 예식을 집전케 하여 특사님의 저택을 방문한 대주교께 보여주신 것이지요. 하지만 그럼에도 불구하고 대주교께서는 최근 리슐리외 성에서 특사님은 물론이고 많은 사람이 배석한 자리에서 상기의 명령은 교회법에 적법한 것으로 공의회의 결정사항에 전적으로 부합하며 다른 명령을 내리는 것은 적법하지도 않고 가능하지도 않았을 것이라고 말씀하셨습니다. 이는 특사님께서 대주교님의 생각이라고 전한 내용과는 완전히 다른 것이었습니다. 하지만 특사님께서는 이런 식으로 사용할 수 있는 모든 수단을 동원해 제 아들의 적들이 지닌 나쁜 의도를 지원하고 조장한 것입니다.

로바르드몽에 대한 기피신청

덧붙이자면, 특사님께서는 푸아티에 주교님과 처가 쪽으로 친척이 되십니다. 그런데 주교님께서는 매우 당연한 이유에서 제 아들의 사건과 관련된 직책에서 물러나셨으며, 제가 듣기로는 특사님 역시 우르술라회 수녀 몇 명과 친척이라고 합니다.

    특사님, 이런 이유에서, 그리고 적절한 시기에 제가 재론할 다른 이유에서, 본 재판의 재판권을 포기하고 사퇴하시고 특사님께서 부추겨 심리하고 있는 고발을 취하하는 편이 어떨는지요?[98]

특사의 응답은 다음과 같다. 그는 국왕 전하의 특명이 있었고 심리를 그만둘 만한 진정하고 적법한 이유를 알지 못하므로…… 어미의 탄원서를 무시하고 하던 일을 계속하라고 명한다. 실제로 특명은 심리에서 (루됭을 관할하는) 파리 고등법원의 사법권을 포함하여 모든 통상적 사법권을 박탈했으며 이는 어떠한 반론, 항소, 기피신청 등이 있건 간에 유효한 것이었다. 따라서 증언은 계속되었으며, 12월 28일에는 증인들에 대한 협박이 금지되었고, 이를 위반할 시 검사장은 그에 대해 수사를 할 수 있게 되었다.[99]

1월 7일, 잔 에스티에브르는 왕실 공증인 앞에서 문서를 작성해 이 명령에 이의를 제기한다. 1월 6일에 그녀는 보르도 대주교가 1632년 12월 24일에 수녀들의 구마의식에 대해 내린 명령의 사본을 집달리를 통해 로바르드몽에게 전달한 바 있었다. 그녀는 또한 앙제에 있는 아들에게 차후의 심문에 관한 자료, 조언, 지시사항을 보낸다.

로바르드몽 씨 앞에서는 대답을 하지 말도록 하여라. 우리는 그를 기피신청했다. …… 네 친구들은 이 광신도 특사를 하루빨리 제거하고 싶어한단다. 무슨 일이 있어도 대답을 하면 안 된다. 그가 네 증언을 청취하러 오거든 진정서에서 거명한 기피 사유를 얘기하여라.[100]

1월 9일과 10일, 피의자의 동생 프랑수아 그랑디에가 다시금 두 건의 청원을 제출한다. 1월 10일에는 또한 로바르드몽을 겨냥하여 서면토의명령{법정 공판에서 시비를 밝히기 어려운 복잡한 사건에 대해 서면 토의를 명하는 예비판결}을 요청하는 청원서가 제출되며, 12일에는 '재판관 상대 소송'이 제기된다.

"그러한 요사스러운 술책들"

1월 17일, 특사에 대한 기피신청을 요구하는 탄원서가 재차 제출된다. 잔 에스티에브르는 공세를 늦추지 않는다. 그녀는 이미 유사한 싸움을 여러 차례 치른 적이 있었다. 게다가 그녀는 아들의 원수들에게 로바르드몽 이상의 적대감을 품고 있다. 그녀의 시각에서 볼 때 이 재판의 진정한 배후세력과 위르뱅의 적들은 루됭에 있었다. 이들은 특사를 조종하며 특사의 곁을 한시도 떠나지 않았다. [obsession, 특사에게 마귀처럼 들러붙어 있었다.] 그녀는 자신과 아들을 노리는 마귀들에 맞서 몇 년 동안 싸워왔기에, 이 도시에 살고 있는 마귀들을 하나하나 지목할 수도 있었다. 그녀는 루됭에 정착한 지 17년이 되었고, 각종 증서와 소송 기록이 입증하듯 뛰어난 수완가였으며, 남편도 없었지만(그녀의 남편에 관한 기록은 전무하다) 끝내 루됭 사람이 되지 못했고 루됭의 명문가名門家들 앞에서 (그녀는 이 가문들의 술수를 잘 알고 있었다) 이방인으로 남아 있었던 듯하다. 이처럼 심각한 위기가 닥치자 '친구들'의 상당수는 침묵하거나 뒤에서 수군거릴 뿐이었다.

그녀는 관할 판사들에게 상소를 요청한다. 어떻게 해서든 현지의 적대적 세력들 손아귀에서 벗어나려 하다 보니 이 판사들에게 자신의 운명을 맡기는 것이다. 그녀는 새로이 상대하게 된 권력집단의 성격을 분명히 헤아리고 있었을까? 그녀는 청원서에서 로바르드몽에게 이렇게 쓴다.

저는 다음과 같은 사실을 알게 된 바, 이를 신뢰할 수 있는 관할 판사들 앞에서 입증하려 합니다.

특사님께서는 제 아들에 대한 형사소송을 심리하시면서 피고측 증인 상당수를 진술도 기록하지 않고 돌려보냈으며,

설혹 진술을 기록했다 해도 제 아들에게 유리한 진술은 삭제하

거나 생략하여 특사님이 판단하기에 피고에게 불리할 법한 진술만
을 기록케 했고,
  증인들이 말하지 않았는데도 독단적으로 피고에게 불리한 내
용을 기록케 하거나 불러주었으며,
  증인 한 명에게 피고가 사형죄를 저질렀다고 암시하여 이를 증
언하도록 설득시키려 했으며, 이 증인이 그런 증언을 하지 않으려
하자 그의 마음을 돌리기 위해 만약 증언하지 않으면 그렇게 증언
한 네 명이 죽게 될 것이라고 말했으며, 소위 증인이라는 자들로 하
여금 제 아들의 원수들이 날조하거나 추정한 사실을 증언하게 만들
기 위해 이들을 원수들이 모여 제 아들의 몰락을 획책하고 있던 성
우르술라 수녀원으로 불러들이거나 보냈습니다.
  하지만 여러 증인에게 행한 그러한 요사스러운 술책들이 비난
을 초래할 우려가 있고 이미 이에 관해 소문이 파다했으므로 특사
님께서는 그런 상황에 직접 개입하지 않기 위해 다른 방법을 강구
했습니다. 그래서 특사님 곁을 한시도 떠나지 않는 이 도시의 고위
관리들(그들은 제 아들의 원수이자 이 사건의 진정한 배후세력이
기도 합니다) 중 두 명이 특사님의 동의와 묵인 아래 선물, 약속, 위
협, 협박 등의 수단으로 증인들을 불러와 이들에게 영향력을 행사
하려 했습니다. 특히 한 여자 증인에게는 그들이 원하는 대로 증언
하지 않을 경우 감옥에 갈 것이라고 위협하기도 했습니다. 이후 이
관리들은 본 사건의 판사라도 되는 양 증인들로부터 선서를 받았으
며, 증인이 자신들의 악독한 계획에 동의하지 않을 것이 확실한 경
우 증언을 청취하지 않고 돌려보냈습니다⋯⋯.[101]

청원은 다시 한번 기각된다. 이제 남은 방법은 잔 에스티에브르가
국왕에게 상소하는 것뿐이다. 그녀는 상소한다. 로바르드몽은 베르
트랑 및 모든 집달리와 집행관에게 상고 재심{기각된 상고를 재청
할 권리}의 경우를 대비하여 그러한 실수를 범하지 말 것을 명하면

서 위반시에는 본보기로 처벌을 내릴 것이라고 경고한다. 이 명령은 1월 15일 질 푸케에게 전달된다.[102]

그랑디에의 침묵

루됭에서의 증언 청취가 끝나자 특사는 서기 자크 노제, 루됭의 변호사 피에르 푸르니에, 푸아티에 대주교가 파견한 참사회원 르네 드 모랑 등을 대동하고 앙제로 향한다. 특사는 앙제의 주교 클로드 드 뤼에유의 허락을 받아 그랑디에에 대한 심문에 착수한다. 심문은 8일 동안 계속된다.(2월 4일~11일) 모친의 조언에 따라 주임신부는 답변을 거부한다. 하지만 주임신부는 자택에서 압수된 계약서, 차용증, 채권과 『성직자 독신론』을 비롯한 여타 문서가 자신의 것이라는 사실은 인정한다.(하지만 문제의 독신론을 누구에게 헌정했는지는 자백하지 않는다.) 2월 11일 로바르드몽은 파리로 상경해 국정자문위원회의 결정문을 받아온다. 이 결정문은 파리 고등법원에 올라온 상고와 그로 인해 진행되던 소송 절차를 국왕께서 파기하셨으니 향후 이 상고를 참작치 말 것이며, 로바르드몽 경은 현재 혹은 향후 어떠한 이의신청, 상고신청, 기피신청이 있던 간에 이를 무시하되 그에 대한 편견을 갖지 않으면서 경이 시작한 그랑디에에 대한 재판을 계속할지어다. 그리고 이를 위해 국왕께서는 경에게 다시금 재판권을 부여하시며 파리 고등법원과 다른 모든 판사에게 본 사건의 재판을 금하는 바이다. 또한 본 사건의 원고 측과 피고 측에는 상고를 금지하니, 이를 어길시 500리브르의 벌금형에 처할 것[103]을 적시하고 있다.

다시 루됭으로

루됭으로 돌아온 4월 9일에 로바르드몽이 내린 첫 결정은 그랑디에를 다시 루됭으로 데려오는 것이었다. 그랑디에는 한 저택의 꼭대기층에 수감된다. 방의 창문은 완전히 막아버리고 벽난로는 벽을 쌓아 봉했으며 집달리 봉탕Bontemps이 문을 지켰다. 봉탕이라니 구마사 트랑킬Tranquille 못지않게 아이러니컬한 이름 아닌가!* 하지만 감금은 철저해야 하므로 신체는 물론이고 정신 또한 구속의 대상이 된다. 그뿐 아니라 언어조차 통제를 벗어나서는 안 된다. 앙제에 투옥되어 있을 당시 주임신부는 기도문과 종교적 성찰을 모은 책을 썼고, 고해하고 영성체를 받고 생피에르 참사회교회의 참사회원 피에르 부셰(그는 재판 동안 그랑디에를 보좌하게 된다)와 자유로이 대화를 나눴다. 하지만 이제 루됭에서는 벽에도 눈과 귀와 입이 달린다. 뒤 퐁 신부는 나중에 다음과 같이 쓸 것이다.

몇 달 전부터 그랑디에의 방에는 카푸친 작은형제회 수도사 두 명이 기거하고 있다. 이들은 예하{푸아티에 주교 라로슈포제}의 명에 따라 밤낮을 불문하고 꼼짝도 하지 않으면서 그를 위해 하느님께 기도를 드리고 그의 방에서 매일같이 미사를 드렸다. 이런 조치가 어떤 결과를 초래할지는 나도 모르겠다.[104]

어쨌든 현지의 감옥들은 독방수감이나 심리치료와 같이 인신구속과 자백 유도에 적합한 조치를 취하기에는 미흡한 것이 사실이었다.

---

*불어에서 bon temps은 '행복한 시절', '즐거운 시간' 정도의 뜻이고 tranquille은 '조용한', '평온한', '편안한' 등의 뜻이다.

아들의 비밀

잔 에스티에브르가 다시금 개입한다. 아들은 어머니에게 이렇게 답한다.

> 어머님,
> 보내신 편지와 여타 물품을 능직 스타킹만 빼고 모두 무사히 받았습니다. 저는 고통스럽지만 인내심을 가지고 견디고 있습니다. 저보다 어머님이 더 걱정이네요. 침대가 없어 무척 불편합니다. 제 침대를 가져올 수 있도록 해주세요. 몸이 쉬지 않으면 정신은 견디지 못하니까요. 마지막으로 제가 위안을 받을 수 있도록 성무일과서, 성경, 성뽈 토마스*의 책을 보내주시고 이제 그만 슬퍼하세요. 하느님께서 제 결백을 밝혀주시기를 바랍니다.
> 동생, 누이와 우리의 충실한 벗들 모두에게 안부를 전합니다.
>
> 언제나 어머님의 뜻을 따르는 착한 아들
> 그랑디에 드림[105]

고독한 처지에 있다 보니 어머니와의 관계에 담긴 문제성이 보다 분명히 드러난다. 유복자로 자란 그랑디에에게는 한 여인이 자연법인 듯하다. 한창 잘나가던 시절 그랑디에는 어느 여인이든 취할 수 있었지만, 그의 삶을 지배하는 여인은 오직 한 사람[어머니]뿐이었으므로, 다른 여자와의 관계는 곧 정리하거나 숨겨야만 했다. 성공가도를 달리던 시절 그가 밖에서 화려한 언변을 보여주었다면 그것은 여인의 아름다움처럼 잠시 화사하다가도 금세 사라지고 마는 덧없는 말들의 장막 뒤에 마마보이 그랑디에가, '어머니에 대한 의존'의 수혜자이자 희생자이자 일시적 반항아였던 그랑디에가 숨어 있

*토마스 아퀴나스를 말하는 듯하다. 그랑디에가 속한 예수회는 전통적으로 주지주의적 경향이 강해 아리스토텔레스와 아퀴나스를 지극히 중시했다.

기 때문일 것이다. 자기가 어떤 '우상'에, 어떤 법法에 묶여 있는지 알지 못한 채 그랑디에는 평생 어머니에 대한 독립과 독립의 거부 사이에서 오락가락한다. 그와 잔 에스티에브르 사이에 그의 비밀이 있다. 집밖에서의 오만과 '비행非行'의 비밀이, 죄수가 된 운명 앞에서의 '인내심'의 비밀이 말이다.

7 **마귀들린 여인들의 연극**
(1634년 봄)

이렇게 주임신부는 철저히 감금·고립되어 사법체제의 대상이 된다. 사법체제는 그를 제거하기에 앞서 격리하는 것이다. 이와 유사하게 마귀들린 여인들도 개별적으로 격리 수용된다. 여인들은 도표의 빈칸을 채우듯 하나씩 배치되는데, 이 빈칸의 체계는 아직 과학의 빈칸과 같은 것은 아니지만 이미 도시 지형학의 빈칸이라 할 수 있다. 사법체제가 이들을 분류하고 정리한다. 잔 데장주, 루이즈 드 제쥐, 안 드 생타네스는 로바르드몽의 배려로 의회의 의원이자 변호사였던 장 드 라빌(그는 미셸 뤼카의 고문변호사이기도 했다)의 자택에 머물게 된다. 클레르 드 사지이와 카트린 드 라프레장타시옹은 참사회원 모라의 집에, 엘리자베트 드 라크루아, 마르트 드 생트모니크, 잔 뒤 생테스프리, 세라피크 아르셰는 니콜라 무소의 집으로 옮겨지며, 다른 이들은 미뇽의 숙모인 과부寡婦 바로의 집에 들어간다. 말할 것도 없이 이 인사들이 간수 역할을 맡게 된 것은 그만큼 믿을 만한 사람들이었기 때문이다. 여기서도 눈에 띄는 것은 여인들을 따로따로 고립시키려는 시도인데, 이는 과학적인 방식이라 할 만하다. 고립과 대상화, 이는 그랑디에와 수녀들에 대해 예심이 취하는 두 가지 모습으로 양자는 상호보완적이다.

 사법체제는 악마학 담론이나 수녀원의 마법의 원이 만들어놓은 동질적 체계를 파괴한다. 사법체제는 그 대신 다른 '이성', 사법

151

체제 특유의 '분석적' 이성을 내세운다. 사법체제는 의사들의 검사대에 올라갈 대상들을 오려낸다. 권력은 과학에 선행한다. 권력이 과학에게 판단의 결과를 미리 정해준다는 말이 아니다. 권력은 의사들이 판결을 내릴 인식론적 단위의 유형을 정해주는 것이다.

구마사들

사법체제의 이러한 개입은 마귀들림 사건에 연루된 배역들 간의 균형을 바꾸어놓는다. [과거 구마사들과 의사들이 맡았던] 분석적이고 조작적인 절차를 특사가 맡다 보니 구마의식은 스펙터클 쪽으로 밀려난다. 구마의식의 연극적 측면이 강화되는 것이다.

대중에게 보여줄 전례典禮 역시 자리가 정해진다. 더구나 이 무섭고 신성한 '놀이'에 배정된 인력들도 증가·교체된다. 바레와 미뇽은 사임한다. 재속성직자들이 맡았던 업무를 수행하기 위해 기존의 가르멜회 수도사들 외에 수도사 몇 명이 추가로 투입된다. 그래서 락탕스 신부(동명의 원시회칙파原始會則派 수도사와 혼동하지 말 것), 트랑킬 신부(라로셸 카푸친 작은형제회 원장), 프로테 신부, 엘리제 신부 등 네 명의 카푸친 작은형제회 수도사가 공식적으로 임명된다. 이렇게 수도사들이 투입되면서 지역적 조직에 대한 전국적·국제적 단위의 압력이 강화된다. 마찬가지로 인근 대도시에서 온 구마사들이 '시골' 구마사들보다 우대받는다. 푸아티에 주교의 신학교육 참사원인 기요토, 리모주 수도원의 원시회칙파 수도사 가브리엘 락탕스가 새 팀에 합류한다. 마지막 두 인사人事는 라로슈포제 주교(와 그가 속한 반종교개혁 진영)가 그보다 더 자유주의적이고 더 '자치주의적'이었던 보르도 대주교에게 승리를 거두었음을 뜻한다.

사적인 것과 공적인 것

구마의식에도 고유한 지위가 주어진다. 이제 구마의식은 사적 영역과 공적 영역의 구별을 제1원칙으로 하는 행정체제의 관리를 받는다. 이때 사적 영역은 마귀들린 여인들을 개인들의 집에 격리·배치함으로써 확보되며, 공적 영역은 이후 세속의 규정들을 따르게 된다. 이때부터 구마의식에는 시간과 장소가 정해진다. 구마의식은 생트크루아 성당과 생피에르 뒤 마르트레 성당 및 노트르담 뒤 샤토 예배당, 우르술라회 수녀원 예배당, 가르멜회 예배당 등에서 동시에 이루어진다. 생트크루아 참사회교회의 주主제단은 보통 원장 수녀만이 쓸 수 있는 공간이었지만 이제 그 앞에 간이무대가 설치되고 관객 모두가 볼 수 있도록 무대 위에서 공연이 진행된다. 각 교회의 제실에는 간이무대에 간이침대를 기대어놓았는데, 마귀들린 여인들이 경련을 일으키는 동안 다치는 일이 없도록 침대에는 간단한 매트리스와 긴 베개가 구비되어 있었다.

마귀들린 여인들은 하루에 한두 번씩 묵고 있던 집을 떠났다. 이 집을 떠난다는 것은 그곳에서 영위하던 평온한 생활을 떠나는 것이기도 했다. 투르의 성직자 한 명은 이렇게 말한다.

그것은 놀라운 광경이었습니다. ……이 여인들은 한번도 계율을 어긴 적이 없었고 공동체의 규율을 저버린 일도 없었지요. 구마의식을 며칠 쉬고 있을 때 개인적으로 이들을 찾아가보십시오. 이들이 당신의 눈앞에서 바느질이나 실잣기와 같은 육체노동을 하는 것을 볼 수 있을 겁니다. 또한 이들이 신에 관한 말씀을 듣고 신을 섬기는 방법을 배우는 것을 좋아하는 온순하고 얌전한 수녀라는 것을 알 수 있을 겁니다. 마귀가 들어 요동을 치지 않을 때면 이들은 마귀들린 적이 전혀 없는 사람처럼 평온한 정신으로 양심성찰을 하고 바르게 고해하고 영성체를 받는답니다.[106]

쇼

이제 경련은 사람들이 전부 모여 있을 때만 해야 한다. 악마의 비극은 공공의 종교만을 건드린다. 투르의 성직자가 말하는 것처럼 개인적으로, 즉 사적인 차원에서 보면, 당신의 눈앞에는 완전히 다른 쇼가 펼쳐진다. [개별 수용된 개인주택에서의] 신앙심 깊은 수녀의 생활을 잠시 접고 군중 앞의 구경거리가 되기 위해 여인들은 삼삼오오 짝을 지어 루됭의 골목길을 따라 성당이나 예배당으로 향한다. 여인들은 집에서, 혹은 성기실에서 팬티와 밧줄을 가져온다. '마귀들린 여인'이 구마의식이 벌어질 교회에 가지 않겠다고 고집을 부리면 당국이 임명한 사제가 그녀를 데리러 오고, 그렇게 되면 여인은 고분고분 따라간다. 무대에 오르면 여인들은 결박된다.

여인들이 구마의식을 위해 도착하면 이들을 긴 의자에 눕히고서 머리에는 베개를 받치고 손은 포승줄로 묶은 다음(이 포승줄은 조금만 힘을 주어도 풀 수 있다) 두 개의 벨트로 양 다리와 가슴을 긴 의자에 고정시킨다. 이런 장면을 보면 처음에는 사자獅子를 묶는 것 같다는 생각이 든다. 하지만 악마가 나타나자마자 구마사들은 여인들을 풀어주어 완전히 자유롭게 움직이게 한다. 즉 여인일 때는 묶여 있고 악마일 때는 풀려 있는 것이다.[107]

원형경기장에서는 '사자들'을 풀어놓지 않는가? 그것은 쇼의 조건이다.

'여인들'은 아침에 교회에 도착한 다음 전원이 미사에 참석한다. 미사를 드리면서 요동을 치지 않을 때도 있지만 대부분의 경우 미사를 시작하자마자, 혹은 미사 도중 거양성체나 영성체 때, 경련을 일으키고 몸을 뒤트는 것이 보통이다. 그러면 구마사들은 즉시 구마의식에 착수한다.

여배우들의 등장

오후가 되면 동일한 입장 의식이 거행된다. 영국 작가 토머스 킬리그루는 이 광경을 이렇게 묘사한다. (흔히 '여행자'라는 별명으로 불리던 킬리그루는 루됭에도 들른 적이 있다.)

사제는 성당의 성가대석에서 마귀들린 수녀 한 명을 호명했다. 수녀는 그때까지 마귀에게 괴롭힘을 당한 적이 없는 다른 수녀 한 명과 함께 제실에 들어왔다. 두 여인은 수도사 옆에 서서 제단 앞에서 30분 정도 기도했으며, 그동안에는 전혀 요동치지 않았다. 기도가 끝나자 마귀들린 수녀는 사제 쪽으로 돌아섰고, 사제는 그녀의 목에 십자가들이 주렁주렁 달린 밧줄을 두른 다음 매듭을 세 번 지었다. 그러자 마귀들린 수녀는 다시 무릎을 꿇고 기도하기 시작했다. 밧줄이 묶이자 수녀는 자리에서 일어나 옆에 있던 수녀에게 묵주를 맡겼다. 그녀는 제단에 절을 한 다음 침대 모양의 자리로 갔다. 침대 끄트머리는 구마사들이 볼 수 있는 곳에 놓여 있었다. 나는 예배당 안에서 이런 침대를 여러 개 확인할 수 있었다. 침대의 머리맡은 제단에 붙여놓은 상태였다. 수녀는 너무나 공손하고 차분하게 침대로 갔기에 사제들이 기도로 도와주지 않고 그냥 풀어주는 게 옳지 않을까 싶을 정도였다. 수녀는 침대에 눕더니 구마사가 두 개의 밧줄로 자신의 허리, 엉덩이, 다리를 묶는 것을 도왔다. 그녀는 이처럼 포박을 당한 상태에서 사제가 성체함에 성체를 담아 들고 다가오는 것을 보더니 한숨을 쉬었다. 그러고는 이제 어떤 고통을 겪게 될지 깨닫기라도 한 것처럼 벌벌 떨었다.108

포박당한 수녀 앞에 성체가 다가오는 장면이 세팅되면서 이제 관객이 고대하던 전투가 시작된다. 모욕받은 여인과 태양(당시에는 성광聖光을 태양이라고 불렀으며,* 그 중심인 성체함을 따로 떼어 사

*성광은 성체 현시에 사용되는 전례 용구로 보통 태양 모양이다.

용하기도 했다)이 정면충돌하면서 이제 눈에 보이지 않는 두 존재, 밤의 신들과 낮의 신의 싸움이 시작된다. 태양은 수하들[신의 부하인 신부들]의 손에서 흔들린다. 피해자는 종교적 표장標章을 박탈당하고 밧줄로 포박된 채(하지만 한동안 경련을 일으킬 수 있어야 하므로 포박은 느슨하다) 일시적으로 마귀들에게 넘겨지지만 결국은 승리자―즉 그녀에게 다가오는 황금 무기武器―에게 봉헌된다.* 이제 무대에는 인간이 없다. 이런 의미에서 여기에는 사람은 없고 배역들만이 있다.

무대 위의 배우들에게 있어 목표는 악마가 패배한 반도叛徒로서 모습을 드러내게 강요하는 것, 마귀들이 예수 그리스도의 경이를 드러내게 하는 것이다. 이 연극의 요체는 인간의 외양 배후에서 작용하는 힘들의 가면을 벗기는 것, 가면을 벗기기 위해 가면을 만들어내는 것이다. 공연은 무대 위의 남녀들을 지워버린다. 공연은 그들 너머에서 일어나는 사건의 재현을 향해, 초자연적이고 내면적인 무대를 향해 문을 열어야 한다. 그러므로 무대장식은 이 다른 무대를 여는 커튼일 것이다. 이 자체를 어떤 이들은 비극으로 받아들이고 어떤 이들은 희극으로 받아들인다. 이것은 단지 공연에 불과할 수도 있고, 초자연적 실재의 폭로는 무대장치의 중첩에 불과할 수도 있으며, 무대장식과 연속적 지평들†의 결합은 눈속임에 불과할 수도 있는 것이다.

* '승리자'라는 표현은 기독교에서 본디 신이나 그리스도에 대해 종종 사용되었으며 여기서는 마귀를 물리치고 여인을 되찾아왔으므로 승리자라고 불릴 수 있다. 한편 황금 무기는 성광을 가리킨다. 성광은 금은으로 도금하는 것이 보통이다.
† 저자는 연극무대의 비유를 이어나가고 있다. 연속적 지평horizon successif이란 근대 초 무대장식에 원근법이 도입되면서 장식용 그림판을 무대의 앞에서 뒤로 층층이 배치해 심도深度를 창출하는 '눈속임' 기법을 말하는데, 여기서는 구마의식 도중 보이는 장면(전경)과 그 배후의 초자연적 실재(후경)가 중첩되는 것을 말한다.

젊은 여인들

그렇다면 이 마귀들린 여인들은 누구일까? 마녀들이나 17세기의 마귀들린 여인들이 흔히 그랬던 것처럼 이들은 젊은 여성들이다. 15년 전 피에르 드 랑크르는 베아른 마녀재판 당시 "마녀가 노파라는 건 동화책에나 나오는 얘기"[109]라고 단언한 바 있다.

루됭의 경우 마귀들린 여인 대부분은 우르술라회 수녀들이다. 설립된 지 얼마 되지 않은(1592~1594년) 이 수도회는 초기에 프랑스 남부 지역에서 인원을 모집했는데, 복잡다단한 전통에 짓눌려 경직성을 띠게 된 기성 교단들과는 달리 신설 수도회 특유의 순수한 열정을 유지하고 있어 많은 소녀들을 매혹시켰다. 그들을 옹호하던 한 인사가 말한 것처럼 이 여인들은 자비, 교육, 묵상이라는 버림받은 영역을 향한 영적인 십자군 전쟁에 아마조네스[110]가 되어 참전했다. 그렇게 우르술라회의 수녀들은 아직 제대로 자리가 잡히지 않은 수도원에서 종종 궁핍한 생활을 하기도 하면서 농지의 소유나 수도회의 전통적 관례 및 현지의 복잡한 인맥에 얽히는 일 없이 대담하게 환상과 공포를 만난다.

우르술라회 수녀들

우르술라회 수녀들은 걸핏하면 마귀에 들린다. 엑상프로방스(1611~1613), 퐁투아즈, 포부르 생자크(1621~1622), 루됭, 옥손 등등. 한 명만 마귀에 들리는 일도 적지 않다. 앙투아네트 미콜롱은 열일곱 살 때 악마들의 '목소리'에 시달리다 목을 매려 한다. 프랑수아즈 드 베르몽은 강인한 여성이었지만 '지옥의 환영幻影' 때문에 겁에 질려 밤마다 외로움과 어둠을 견디지 못하게 된다. 툴루즈의 자케트 드 메니에는 유사한 환시幻視와 극심한 악취가 들러붙어 고통을 받았던데다 그녀를 무신론자이고 우상숭배자라고 비난하는 비밀스러운 목소리 때문에 무너지고 만다. 부르주에서 피네트 드 제쥐 수녀는 밤마다 악마가 얼굴을 일그러뜨리고, 별의별 추잡한 언사로 성모상을 능욕하고, 헛소리를 수도 없이 토해내는 것을 보았다.[111] 물론 이런 일은 결코 우르술라회만의 전유물은 아니다. 다른 수도회의 수녀들은 물론이고 한 시대 전체의 상상계에 수백수천의 유사한 괴물·불안이 득실거린다. 당대의 기록에는 이런 식의 이야기가 수도 없이 많다. 이러한 폭력이 사회적 언어에 진입할 때, 밤에 본 허깨비가 대낮의 스펙터클로 변할 때, [신의 존재에 대한] 의심과 신성모독의 압력이 종교예식까지 덮칠 때, 불안이 마귀들림과 구마의식에서 출구를 찾을 때 지식인들의 학술서에도 수없이 등장하던 악마와 유령은 비로소 자기들의 비밀을 드러내는 듯하다.

여하간 이런 현상들을 분할하고, 규정하고, 그 위치를 지정하고, 포위를 시도하는 활동은 그 자체가 이 현상에 대해 인간이 대응하는 방식이다. 인위적 조작을 부과하고 현상을 분류하는 권력은 이미 지식을 생산하는 인식체계의 권력이며, 이 점에서 수수께끼들을 수용하는 시각과 대립된다. 이 권력에는 또한 치유적 가치도 있다.

악마 전도全圖: 명단

이러한 인식체계의 권력은 사건에 체계를 부여하기 위한 특사의 제반 활동이나 우리가 앞으로 보게 될 것과 같은 의사들의 질병분류학적 구별의 모습으로만 표출되는 것이 아니며, 마귀들린 여인들과 그 마귀들에 대한 명부 작성 작업에서도 드러난다. 여러 조서 속에 흩어져 있던 요소들이 명부 작성 과정에서 수합·정리된다. 이로부터 인물들의 출신가문 단위 구획에 악마들의 생리학적 구획이 겹

처지는 기이한 지리학이 나온다. 더 정확히 말하면 세 가지 기준— 사회적 집단, 천사 등급(악마들은 타락해서 이로부터 추락한 것이다), 신체—을 참조해 좌표가 만들어지고, 이미 '종교명名'* 아래 은폐되고 분류되어 있던 여인들은 이 좌표 덕에 정체성을 얻는다. 그래서 여러 명단liste[112]에 따라 도표가 만들어지며, 이에 따라 사회적·악마학적·의학적 체계라는 세 가지 등급체계를 조합하여 개개인을 식별하고 그 신원을 확인하려는 욕구가 충족된다. 이러한 '실재'의 분류·명명체계를 이해하려면 당시에 통용되던 천사의 품계를 알아야 한다. 이 시대에 천사의 계급은 최상위의 치천사熾天使에서 시작해 지천사智天使, 역천사力天使, 능천사能天使, 권천사權天使, 주천사主天使, 좌천사座天使, 대천사大天使, 일반 천사의 순이었다.

I. 수녀들

A. 마귀들린 자들

1. 잔 데장주, 원장수녀, 30세.
코즈 남작인 루이 드 벨시에르와 실 집안의 샤를로트 드 구마르의 딸. 노주레의 영주인 루이 드 바르베지외의 질녀. 상스 대주교 옥타브 드 벨가르드의 종손녀 등등.
그녀에게 들린 일곱 마귀는 다음과 같다.
　치천사 등급의 레비아탄. 이마 한가운데에 자리잡음.
　능천사 등급의 아만.
　능천사 등급의 이사카론. 오른쪽 옆구리 마지막 갈비뼈 밑
　에 자리잡음.

*사제나 수녀가 입교하면서 받는 이름. 마귀들린 수녀들은 세속의 성姓 대신 종교명으로 불리고 있다. 예컨대 엘리자베트 드 라크루아는 '십자가의 엘리자베트', 잔 데장주는 '천사들의 잔', 루이즈 드 제쥐는 '예수의 루이즈', 잔 뒤 생테스프리는 '성령의 잔'이라는 뜻이다.

주천사 등급의 발람. 오른쪽 옆구리 두번째 갈비뼈 안에
자리잡음.
좌천사 등급의 아스모데오.
좌천사 등급의 베헤모스. 위장 안에 자리잡음.
2. 루이즈 드 제쥐, 28세.
노주레의 영주인 루이 드 바르브지에르와 두즈랑 부인의 딸.
그녀에게 들린 두 마귀는 다음과 같다.
역천사 등급의 카론. 이마 한가운데에 자리잡음.
주천사 등급의 에아자스 또는 에아자르. 심장 밑에 자리
잡음.
3. 잔 뒤 생테스프리
앞 사람의 여동생.
마귀가 하나 들렸음.
권천사 등급의 케르베로스, 심장 밑에 자리잡음.
4. 안 드 생타녜스, 19세.
라모트브라세 후작인 장과 페로넬 드 코르뉘의 딸.
그녀에게 들린 네 마귀는 다음과 같다.
능천사 등급의 아샤프. 이마 한가운데에 자리잡음.
좌천사 등급의 아스모데오. 심장 밑에 자리잡음.
좌천사 등급의 베리트. 위장의 입구에 자리잡음.
대천사 등급의 아카오스. 왼쪽 뺨에 자리잡음.
5. 클레르 드 생장, 보조수녀, 30세.
사지이 가문 출신. 리슐리외 추기경의 친척.
그녀에게 들린 일곱 마귀는 다음과 같다.
지천사 등급의 수음手淫, 왼쪽 어깨 부근에 자리잡음.
역천사 등급의 엘리미.
주천사 등급의 상스팽, 일명 그랑디에. 오른쪽 두번째 갈비
뼈에 자리잡음.

좌천사 등급의 네팔티. 오른팔에 자리잡음.
좌천사 등급의 자빌롱. 이마 한가운데에 자리잡음.
성처녀의 적. 목 밑에 자리잡음.
육욕肉慾. 오른쪽 뺨에 자리잡음.
6. 엘리자베트 드 라크루아, 22세.
본래 성은 바스타.
그녀에게 들린 다섯 마귀는 다음과 같다.
지천사 등급의 외설의 성냥.
주천사 등급의 카스토랭.
좌천사 등급의 카프.
대천사 등급의 아갈.
대천사 등급의 셀스.
7. 카트린 드 라프레장타시옹, 33세.
본래 성은 오프레.
그녀에게 들린 세 마귀는 다음과 같다.
권천사 등급의 프노.
좌천사 등급의 칼레프.
대천사 등급의 다리아.
8. 마르트 드 생트모니크, 25세.
루됭의 부르주아로 마누의 영주인 세르프의 딸.
그녀에게 들린 마귀는 다음과 같다.
역천사 등급의 세동.
9. 세라피크. 수련수녀. 17~18세.
바루크가 그녀에게 들렸거나 들러붙었음.
(주註. 마지막 네 수녀는 1634년 12월 이전에는 구마의식을 받지 않았다.)

B. 마귀가 들러붙은 자들 혹은 '저주받은 자들'

10. 가브리엘 드 랭카르나시옹, 부원장, 35세.
    샤를 드 푸르제르 드 콜롱비에르와 프랑수아즈 드 마농의 딸.
    바루크, 베헤모스, 이사카론의 세 마귀가 들러붙었음.
11. 앙젤리크 드 생프랑수아, 32세.
    모리니에르의 영주인 자크 드 푸빌과 루이즈 드 클레로보의 딸.
    마귀 케르베로스가 들러붙었음.
12. 마리 뒤 생사크르망, 25세.
    멜라르디에르의 영주 메리 드 보발리에와 마리 드 라지이의 딸.
    베리트와 칼레프라는 두 마귀가 들러붙었음.
13. 안 드 생토귀스탱, 30세.
    샹푸아로의 영주였던 고故 프랑수아 드 마르베프와 잔 르블랑의 딸.
14. 르네 드 생니콜라, 34세.
    마귀 아가르가 들러붙었음.
15. 마리 드 라비지타시옹, 36세.
16. 카트린 드 라나티비테, 수련수녀, 22세.
17. 마리 드 생가브리엘, 수련수녀, 20세.
    (주註. 마지막 네 수녀의 본명은 다음과 같다.—어떤 순서인가?
    안 데스쿠블로 드 수르디. 엘리미가 들러붙음.
    그녀의 여동생. 같은 마귀가 들러붙음.
    마리 아셰, 천사 등급의 마귀 간음姦淫이 들러붙음.
    로바르드몽의 처제이자 잔 데장주의 친척인 당피에르 양.)

II. 평신도들*

A. 마귀들린 자들

18. 이자벨 혹은 엘리자베트 블랑샤르, 18~19세.
    그녀에게 들린 여섯 마귀는 다음과 같다.
        지천사 등급의 마롱. 왼쪽 가슴에 자리잡음.
        지천사 등급의 프루. 심장에 자리잡음.
        대천사 등급의 베엘제붑. 왼쪽 겨드랑이 밑에 자리잡음.
        대천사 등급의 지옥의 사자獅子. 배꼽 밑에 자리잡음.
        천사 등급의 아스타로트. 오른쪽 겨드랑이 밑에 자리잡음.
        천사 등급의 외설의 숯불. 왼쪽 엉덩이 밑에 자리잡음
19. 프랑수아주 필라스트로, 27세.
    네 마귀:
        능천사 등급의 뷔페티종. 배꼽 밑에 자리잡음.
        좌천사 등급의 수비용. 뇌의 앞쪽에 자리잡음
        대천사 등급의 코다카니스 혹은 개꼬리. 위장에 자리잡음.
        대천사 등급의 자벨. 몸의 전 부위를 돌아다님.
20. 레옹스 필라스트로, 앞사람의 여동생. 별명은 '막내'. 24세.
    세 마귀:
        좌천사 등급의 에스롱. 뇌의 앞쪽에 자리잡음.
        대천사 등급의 뤼시앙.
        대천사 등급의 뤼테르.
21. 쉬잔 아몽. 마귀 로트가 들림. 이 여인이 바로 그 야심과 성공을 언급한 바 있던 '구두수선 시녀' 카트린 아몽의 여동생이다. (쉬잔은 다른 경력을 걷는다. 정치적 경력이 아닌 악마학의 경력을.)

*수녀들과 마찬가지로 평신도들 역시 모두 여성이다.

22. 마리 보리외, '뒤탕플'이라고 불리었음.
    마귀: 세동.
23. 수녀원에 남아 있던 나이 어린 기숙생 소녀 하나.
24. 라지이 양. 마귀가 들렸으나 루됭 외곽의 오멜에 있는 본가에서 구마의식을 받음.

B. 마귀가 들러붙은 자들 혹은 '저주받은 자들'

25. 마르트 티보. 마귀 베헤모스가 들러붙음.
26. 잔 파스키에. 마귀 르제아르가 들러붙음.
27. 마들렌 벨리아르.

'집안'과 '거주지'

이 도표는 망상인가 현실인가? 실제로 이 몇 달 동안 '현실이란 무엇인가?'라는 질문이 계속해서 제기된다. 그런데 이 명단 안에서는 "마귀들의 이름과 그들의 거주지*의 이름과 마귀들린 여인들의 이름"[113]이 자체적 계통학에 따라 나란히 놓여 있으므로 이를 통해 하나의 공간이, 각 부분에서 모두 유효한 통일된 공간이 만들어진다. '여인들'은 각기 특정 '집안'에 속한다. 물론 이 집안들은 계급적 위계에 따라 평가된다. 반면 이들의 신체에서 '거주지'들은 타락천사들에게 속하는데, 이 악마들의 위계는 여전히 여인들의 출생신분을 따르고 있다. 집안과 거주지 사이에서, 사회계층의 높이와 악마 동굴의 깊이 사이에서 이 명단은 몇 가지 '비례관계'를 제안하는데, 이때 신체는 이 비례들이 드러나는 그림이 된다. 원장수녀, 리

*'거주지résidence'란 마귀들린 여인의 몸 안에서 여러 악마들이 각기 깃들어 있는 신체 부위를 가리킨다.

쉴리외의 친척, 후작의 딸 등에게 더 많은 마귀가, 더 높은 등급의 마귀가 달라붙는다. 마귀들은 소유자possesseur[빙의의 주체]인 동시에 재산이고 의존의 표식인 동시에 높은 신분의 표식인 것이다. 이마 위, 위장 속, 배꼽 밑*과 같은 악마들의 '거주지'는 각 악마의 성격만을 가리키는 것이 아니라(악마들은 잘난 척하는 놈, 화를 잘 내는 놈, 말 많은 놈, 음탕한 놈 등 성격이 제각각이어서 이에 대한 묘사가 상세히 이뤄진다) 그들의 천상에서의 직위fonction와 신체의 생리학적 기능fonction 사이에 떳떳치 못한 대응관계가 존재함을 가리킨다. 제 요소 사이의 관계망이 이 공통 장소의 내적 일관성을 확보해주는 것이다.

움직이는 그림

하지만 관계망의 구속력에도 불구하고 이 요소들은 자리가 고정되어 있지 않다. 구마의식 도중 자세가 달라지면 신체는 다른 악마 '거주지'를 중심으로 재편된다. 마귀들린 여인의 시선 변화는 다른 악마가 입장했다는 뜻이다. 다른 지옥 체제가 들어온 것이며, 심리적 조합이 새롭게 바뀌었음을 알리는 것이다. 이 움직이는 그림†과 더불어 매번 하나의 우주관을 담은 풍경 전체가 변모한다. 이 미묘한 조합을 추적하려면 어휘를 아는 것만으로는 부족하다. 한 언어에 대해 지속적 관심을 가지면서 그 언어에 익숙해지는 것이 필요하다. 오래전부터 이 언어에 친숙했던 뒤 퐁 신부는 이렇게 쓴다.

* 여성의 은밀한 부위.
† '움직이는 그림'이란 용수철 장치를 이용하여 여러 인물의 모습을 차례로 보여주는 그림을 말한다. 구마의식 도중 마귀들린 여인 속에서는 여러 악마가 차례로 등장한다.

수녀들이 보이는 동작은 수녀의 수만큼이나 다양하다. 그리고 이 동작들은 하나같이 신기하며 걸핏하면 달라진다. 얼굴 표정의 변화는 자연스러운 현상일 리가 없다. 왜냐하면 여인들 하나하나가 여러 악마에 빙의되어 있다 보니, 악마가 압박을 받아 더 버틸 수 없을 때 구마의식의 힘을 피하려고 자기 대신 다른 악마를 보내는 일이 흔하기 때문이다. 하지만 악마가 이런 수작을 부리는 것은 반드시 들통이 난다. 왜냐하면 악마가 바뀌면 수녀의 얼굴도 표정이 바뀌어 다른 얼굴처럼 보이기 때문이다. 특히 눈 색깔이 완전히 달라지는데, 이 변화는 너무나 뚜렷하여 구마사는 물론이고 나와 다른 사람들이 경험했던 것처럼 가까이에 있는 사람은 누구나 쉽게 인지할 수 있다. 이런 변화가 빙의라는 내적 원인에서 나온 것임을 알려주는 더욱 놀라운 현상이 있는데, 악마가 머무는 동안 마귀들린 여인은 얼굴을 전혀 찡그리지 않지만, 눈 색깔과 눈빛이 순식간에 바뀌다 보니 자연스러운 상태를 유지하고 있어도 얼굴이 완전히 달라 보이는 것이다.[114]

계약서라는 증거물

라로슈포제 주교가 4월 14일 공개 구마의식을 주재하기 위해 루됭에 도착한 뒤 단호하게

나는 마귀들림이 진짜인지 알아보려고 온 것이 아니다.
나는 그것이 진짜라고 확신하고 있다.[115]

라고 선언했음에도 불구하고 (푸아티에 주교께는 실례가 되는 말이지만) 돌아가는 꼴은 별로 만족스럽지 못하다. 사람들은 닫힌 체계 속에서 하나의 요소가 다른 요소를 가리키는 '기호들'로 만족하

지 못한다. 마귀들림 사건은 자율적이고 자기충족적인 체계가 아니다.* 내부가 외부의 확인을 요구하다 보니 어떤 불안감이 드러난다. 내부와 외부의 연결을 현상적으로 드러내는 증거가 필요하다. 자신을 호출·수용하는 공간의 내적 논리에 따라 해석되면서도 그 공간과는 무관한 어떤 외부에 닻을 내리고 있는 매개현상이, 이 사건을 바라보는 '불신자不信者들'이나 '구경꾼'의 세계에 닻을 내리고 있는 매개현상이, 우리가 그 존재를 믿지 않으려 해도 스스로 자신의 존재를 확인하는 현실에 닻을 내리고 있는 매개현상이 필요한 것이다. 그래서 구마의식은 계약을 폭로하여 이를 증거물로 제시한다. 그래서 악마와의 계약이 낳은 문서, 낙인의 흔적, 객관적인 서명署名, 가시적 노폐물 등의 증거물이 발견되어 동작과 말로 된 담론에 무게를 더해준다. 사실 이런 것들은 구마사들에게 마귀들림이 사실임을 입증해주는 증거라기보다는 마귀들림의 계약 당사자들이 주고받은 징표이다. 마귀들림의 입증에 도움을 주는 근거라기보다는 마귀들림의 산물이다.

　악마가 작성하고 서명한(따라서 누구나 지각할 수 있고 만져볼 수 있는) 종이 한 장을 통해 계약은 붕괴 직전의 체계에 대한 보강공사를 시도한다. 이 계약은 벽의 균열부를 잡아주는 철제 리벳처럼 체계의 요소들을 묶어준다. 그런데 드러내놓고 말은 안 해도 여기와 저세상의 연관은 강한 의심을 받고 있으므로, 그 흔적이 되는 사물은 그 당사자 중 하나인 악마가 실제로 존재하거나 존재할 수 있음을 증명해야 한다. 그리고 이 증명은 '불신자들'이나 악마학의 언어에 무지한 관객들의 눈앞에서 가시적으로 이루어져야 한다. 불신자들은 증거자료를 눈으로 본 후 [마귀들림의 실재성을 확인하는] '빙의 신봉자'들이 내놓은 내재적 해석이 틀림없다는 것을 확인해

*이 두 문장은 마귀들림의 담화를 소쉬르의 랑그langue에 비유하고 있다. 랑그는 기호들의 체계로서 각 기호의 '가치'는 외적 현실과의 대응이 아닌 기호 상호간의 관계, 즉 내재성에 따라 규정된다.

줄 것을(그 해석을 확실한 것으로 만들어줄 것을) 요청받는다. 여기에는 어떤 이중성이 있다. 사물의 가시적 측면을 확인하는 증인들로부터 비의祕義적 측면의 증명을 이끌어내려 하고, 감각적 지각을 숨은 의미의 증명을 위해 전용하며, 관객에게 구경거리로 제공된 계약을 관객과의 계약으로 변형시키고, 두 개의 이질적 그림에 포함된 요소를 근거 삼아 어떤 언어를 옹호하는 것이다. 이 물건은 각각의 해석에 대해 최후 결전장이 되지만, 이 장소 자체가 애초에 양가성으로 규정된다. 따라서 우리는 공통의 사회적 해석이 분열되는 순간 이 미약한 표식 덕에 어떤 객관성의 공간이 자리를 잡는 것을 볼 수 있는데, 이 객관성의 공간은 실은 애매성의 공간인 것이다.

그러므로 이 이야기에서 계약은 증거자료이다. 그것은 물질적으로 존재하며 확인할 수 있다. 이는 털이나 재, 깎고 남은 손톱 부스러기일 수도 있고 머리카락, 오렌지 씨, 피일 수도 있으며 점액일 수도 있다.(리슐리외는 점액이 최소한의 화기火氣만 있어도 무색무취한 물의 형태로 나오므로 지극히 부질없는 소극적 원칙이라고 말한다.) 요컨대 마귀들린 여인들이 '계약'이라고 가리키는 것은 그들의 노폐물과 '배설물'이다.

생산 기술

이 증거자료는 어떻게 획득되는가? 그것은 어떻게 '생산'—'생산하다produire'라는 단어는 17세기에는 '보여주다'라는 뜻이었지만 오늘날에는 '제작'이라는 뜻이다—되는가? 4월에서 5월까지 구마의식의 목표는 이 증거자료를 찾는 것이었는데 그중 한 조서(1634년 5월 17일)를 보면 그 발견 경위를 알 수 있다. 원시회칙파 수도사들과 라로슈포제 주교는 생트크루아 교회에서 각양각색의 대규모 군중이 모인 가운데 구마의식을 하고 있었다. 이 텍스트에서 '우리'라고 칭하는 것은 조서의 작성자인 로바르드몽이다.

{원시회칙파} 신부는 잔 데장주 수녀를 잡고 레비아탄에게 모습을 드러내라고 명했다. 그러자 그녀의 얼굴은 이상할 정도로 명랑하고 상냥한 표정이 되었다.
"Quo profectus eras hodie mane?(오늘 아침에 무엇을 했느냐?)"라고 질문하자 그녀는 "피카르디에 다녀왔어"라고 말했다.*
앞서 말한 이가 계약서를 찾아오라고 명령하자 그녀는 말했다. "그러고 싶지 않아. 그걸 주면 우리는 남는 게 없어. 내가 아스모데오를 비웃은 것처럼 다른 놈들도 날 비웃을 거리가 생기잖아."
명령을 따르라고 재촉하자 수녀의 상냥한 표정은 굉장히 화난 얼굴로 바뀌었고, 매우 격렬히 경련을 일으켰다. 그러자 구마사는 계속해서 레비아탄에게 계약서를 가져오라고 압박했다.
그러자 수녀의 입에서 "내가 누구인 것 같아?"라는 말이 나왔다.
"Quis es tu?(너는 누구냐?)"라고 질문하자
"베헤모스"라고 말했다.
이에 구마사는, 베헤모스는 물러나고 레비아탄이 수녀의 머리로 올라와 그녀의 입과 혀를 완전히 장악해 그녀 대신 말하라고 명령했다. 그러자 수녀는 온몸을 심하게 뒤틀면서 몇 차례 격렬한 경련을 일으키더니 얼굴이 다시금 명랑하고 상냥한 표정이 되어 레비아탄이 그녀를 장악했음을 알 수 있었다.
그러자 구마사는 이를 구실로 주교님의 명—주교께서는 구마사에게 악마가 계약서를 가져오도록 성체함에서 성체를 꺼내 수녀의 입술에 바짝 갖다 대라고 하셨다. 그리고 이렇게 할 경우 수녀가 더욱 격렬히 요동칠 것이라고 하셨다—대로 레비아탄을 그 부위

*피카르디는 루됭에서 약 50킬로미터 떨어져 있다.

에 묶어놓을 수 있었다. 그러자 주교께서는 우리가 구마사들 및 수녀들과 함께 앉아 있던 단(壇) 위로 올라와 자그마한 낮은 의자에 앉으시더니 잔 데장주 수녀의 두 팔을 잡았다. 수녀의 입에 성체를 대고 있던 구마사 신부뿐 아니라 주교님까지 레비아탄에게 강한 압박을 가하자 수녀의 몸이 매우 격렬하게 뒤틀렸고, 사람들이 세 차례 〈살베 레지나〉를 부르는 동안 수녀는 매우 끔찍한 비명을 질렀다.

악마는 계약서를 가져오라는 명령에 계속 시달린 끝에 수녀의 입을 통해 가슴 깊은 곳에서 나온 듯한 다급한 목소리로 재빨리 "거기서 찾아봐"라고 말했다.

"Ubi est?(어디 있는데?)"라고 질문하자
"여기 있어"라고 했다.
"In quo loco?(어느 곳에?)"라고 묻자
똑같이 다급한 목소리로 "이분 밑에 있어"라고 했다.

악마가 주교님을 말하는 것인지 우리를 말하는 것인지 알 수 없었고 수녀는 보통 주교님이나 우리를 '이분'이라는 말로 지칭했으므로 "De quo Domino loqueris?(어떤 분을 말하는 거냐?)"라고 질문을 던졌다.

그러자 악마는 똑같이 다급한 목소리로 수녀의 입을 통해 "주교님 말이야"라고 대답했다.

배설

주교께서 앉아 있던 낮은 의자에서 일어나자 주교님의 긴 옷 밑으로 보이는 왼쪽 발에 종이 한 장이 붙어 있었다. 무언가가 그 종이에 싸여 있었다. 주교께서 이를 주워 우리에게 건네려 하자 수녀는(혹은 악마가 그녀를 통해) 그 종이를 빼앗으려고 난리를 피웠다. 하지만 그녀는 종이를 빼앗지 못했고, 우리는 이를 우리의 주머니에 넣었으며, 사람들은 이토록 이로운 성공을 거둘 수 있도록 은총을 내려주신 것에 감사하며 〈주 찬미하세〉를 불렀다.

　곧이어 주교께서는 우리에게 다음과 같은 이야기를 들려주셨다. 아스모데오가 잔 데장주 수녀의 몸에서 나오기 며칠 전의 일로, 아녜스 수녀에 대한 구마의식 도중 아스모데오가 주교께 다가와 레비아탄의 계약서는 뒷면에 피가 묻어 있다고 말했다는 것이다. 그러면서 주교께서는 우리에게 그 말이 사실인지 확인하라고 하셨다. 그래서 확인을 위해 우리는 주머니에서 문제의 종이를 꺼내 펼쳐보니 이 종이는 봉투처럼 다른 종이를 싸고 있으며, 그 종이는 뒷면에 피가 잔뜩 묻어 있었다. 그래서 이 두번째 봉투 안에 무엇이 들어 있는지 보려고 열어보려 했으나 마치 풀로 붙여놓기라도 한 것처럼 잘 열리지 않았다. 이처럼 봉투가 잘 열리지 않았고, 자칫 봉투가 찢어져서 안에 들은 것이 떨어질까 두려웠던데다, 주위에 있는 많은 관객들이 우리를 매우 거추장스럽게 했으므로 우리는 이 두번째 종이를 본래의 봉투에 다시 넣은 뒤 재판에서 바르게 사용할 수 있도록 이를 통째로 서기에게 주었다.

　수녀를 흔들어대던 악마들에게 이제 물러나 평소의 거주지로 돌아가라고 명한 뒤 잔 데장주 수녀에게 질문을 하자, 그녀는 (진실만 말할 것을 맹세한 뒤 증언한 바) 구마의식 동안 자기가 한 말과 행동을 전혀 기억하지 못하며, 자신의 정신과 의지는 이런 언행에 전혀 협력하지 않았다고 우리에게 말했다.

　이렇게 구마의식이 끝나 우리가 그 자리를 떠나려 하는데 수녀들이 다시금 격렬히 요동을 치기 시작했고, 주교와 구마사들이 악마들에게 항복하라고 명한 뒤에야 이는 중단되었다. 이에 우리는 자리를 떠났다……. [116]

이 계약서는 노폐물의 자리[엉덩이 밑]에서 발견된다. 신체 내부를 순환하는 피와 마찬가지로 이 계약서는 외양의 세계 밑에 숨어 있는 내면성의 존재를 입증할 임무를 지니고 있다. 계약서는 주교의 좌석에서 특사의 주머니로 이동한다. 다른 사건 때도 그랬던 것처럼 이제 이 피가 유출된 상처-구멍을 마법사의 몸에서 찾아야 할 것이다. 이 증거물이 발견된 후 수많은 위치 판별이 이루어진다. 이 증거들은 하나하나가 데우스 엑스 마키나*이다.

"나는 신을 부인한다"

그랑디에가 악마에게 써준 계약서 세 통이 남아 있는데, 하나는 라틴어로 되어 있고[117] 두 개는 불어로 되어 있다. '원본'은 지옥에 보관되어 있으므로 구마사들은 '사본'만을 입수한다. 이 지옥에서 가져온 문서 중 두번째 것이 여기 있다.

나는 신, 성부, 성자, 성령, 마리아 및 모든 성인을 부인하며, 특히 세례요한, 전투와 승리의 교회, 교회에서 이루어지는 모든 성사와 기도를 부인한다. 나는 결코 선을 행하지 않고, 할 수 있는 모든 악을 행할 것을 약속하며, 나의 주 루시퍼여, 당신을 보다 잘 섬기기 위해 내가 전혀 인간이 아니기를, 내 본성이 악마로 변하기를 바란다. 또한 어쩔 수 없이 선한 행동을 하는 경우라도 이를 신의 영광을 위해 하는 것이 아니라 신에 대한 경멸과 당신과 모든 악마들의 영광을 위해 할 것임을 약속하며, 일신을 영원히 당신께 바치는 바이니, 내가 준 각서를 잘 보관할 것을 부탁하는 바이다.

위르벵 그랑디에[118]

악마로 변하고 싶은 욕망은 어디서 나온 것일까? 선한 행동의 객관성과 이 행동에 깃든 나쁜 의도 사이의 섬세한 구별은? 이 질문

*증거들이 절실히 필요한 순간에 매번 기적같이 튀어나온다는 뜻.

에 답하는 것은 어렵지 않다. 다름 아니라 수녀들 자신으로부터 나온 것이니까.

욕망의 야만적 세계

'동기'와 행위의 구별은 신앙생활에서 오래전부터 존재했다. 하지만 이 시기에 이르면 이 구별은 위험하고 새로운 비중을 얻게 된다. 영성 식별의 기준이 되는 것이다. 믿음은 행동과 분리 불가능하지만 행동과 동일시될 수 없다. 선한 행동이 선한 의도를 보장하는 것은 아니지만 선한 의도에는 선한 행동이 따르게 마련이다. 객관적으로는 바른 생활을 영위하는 성직자라도 상기의 구별을 들이댈 경우 이런 반듯함 밑에 나쁜 '본능'이 웅크리고 있을 수 있다. 따라서 의미와 기호를 구분하는 이 구별은 당대의 많은 '신앙인'에게 양날의 검이 된다. 이제 선행과 계율 준수는 일종의 '외양'으로, '실재'와는 무관한 것으로 간주된다. 개인의 내면을 날카롭게 파헤침으로써 욕망의 야만적 폭력성이라는 무시무시하고 불안한 내적 '실재'를 발견해내는 것이다.

양심성찰을 오랫동안 실천하고, 확고한 신심信心조차 반성의 대상으로 삼으려 하며, (나름의 의미가 있을 수도 있고 기독교 정신에 대한 부합을 보장할 수도 있는) 각종 제도와 규칙을 불신하다 보니 진실한 경험은 자꾸만 바른 생활의 무대 뒤편에 있는 것이 된다. 겉으로는 착하게 행동해도 실제로는 남몰래 추악한 생각을 잔뜩 품고 있는 것이 아닐까? 따라서 진리 탐구는 장식에 불과할지도 모르는 계율 준수(성무일과와 바느질 작업에 몰두한 수녀들을 보고 감동을 받는 나리들이 뭘 알겠는가?)와 겉으로 드러나지 않는 사악한 내면(이처럼 행동은 바르더라도 자기 내면이 악에 물들어 있다는 생각은 아마 환상이고 혼란한 생각에 불과할 것이다. 하지만 이를 어떻게 알 수 있단 말인가? 들을 수도 말할 수도 없는 것에 대해 논하는 자들의 조언을 어디까지 믿어야 하는가?) 사이에서 비틀거린다.

그래서 이미 본 바와 같이 많은 우르술라회 수녀들은 절망에 빠진다. 신심의 언어에서는 용납할 수 없는 사항인 회의와 충동에 관한 경험이, 그에 관한 분명하지만 확신할 수는 없는 경험이 이들을 절망으로 내몬다. 기존의 신학적 도식에 따르면 이들은 이제 이런 현실을 전적으로 악마의 탓으로 돌리는 수밖에 없다. 자기들의 내면 풍경 위에 펼쳐지면서 그 풍경을 분열시키고 있는 지옥의 그림자 속에서 이 현실을 인정할 수밖에 없다.

하지만 설사 사건의 진상이 이런 것이라 해도 '내면'의 이야기는 말해지고, 고백되고, 최종적으로 사회적 언어 속에 재도입되어야 한다. 스스로 악마와 계약을 맺건, (오십보백보이지만) 타인이 악마와 계약을 맺었다고 상정하건, 하물며 악마 사건의 등장인물이 되건 간에 이는 사용가능한 문화적 재료의 틀 안에서 존재(나는 악마이다)를 외양으로 보내는 것인 동시에 너무 부담스러운 비밀(나는 있는 그대로의 모습으로 인정받기를 요구한다)을 공공의 의사소통 회로로 돌려보내는 것이 아닌가? 이 점에서 수녀들은 이러한 노출증 덕에 자기 자신에 대한, 사회에 대한 진실에 이르게 된다.

자백의 이점

'마귀들린 여인'이 되는 것은 남는 장사이다. 이 인물이 되면 고백한 죄상은 무효화된다. 마귀들린 여인들은 피해자이다. 죄는 타인―악마이든 마법사이든―에게 물어야 한다. 따라서 수녀들은 교회에서 쇼 도중에(그들은 이 쇼를 아직 종교예식으로 여기고 있다) 죄를 공개적으로 고백하는 순간 죄에서 해방된다. 위협적인 내면의 진실이 '의식불명 상태'(자신의 힘을 벗어나며 자신과는 무관한)에, 고립되고 분리된 시간대에 속한다는 것이 밝혀지면서 수녀들은 죄에서 벗어난다. 용납할 수 없는 비밀은 일련의 입구·출구(구마의식, 의식불명, 악마 등의 입장·퇴장 통로)로 면밀하게 규정된 제한적 범위의 공간만을 차지한다. 이렇게 나쁜 시간의 경계가 획정되면서 그 외의 시간은 착한 시간이 된다. 이제 '악한' 수녀는 없다. 수녀들이 악마의 가면을 쓰고 나는 무엇무엇이다라고 선언할 수 있는 이유는 이들이 악마로부터 자신을 지킬 수 있고, 나는 무엇무엇이 아니다라고 스스로 말할 수 있으며, 교회의 대표자들에게 그건 제가 아니라고 말해주세요라고 부탁할 수 있는 이유와 정확히 동일하다.

이 점에서 연극은 진정한 구마의식이다. 자기가 마귀들렸다는 것을 모르면서 법의 판결만을 기다렸던 '마법사들'과는 경우가 다르므로 연극은 더더욱 필요하다. 자크 도툉은 마법사로 유죄선고를 받은 한 인물의 진술을 인용한 바 있다.

무엇보다 저를 괴롭히는 것은 제가 유죄인지 아닌지를 모른다는 점입니다. 제가 자기도 모르는 새 마법사가 되는 게 가능한 일인지 알려달라고 부탁하는 것은 이 때문입니다. 만약 그런 일이 가능하다면 저는 그것이 무엇인지도 모르는 채 이 끔찍한 사교邪敎의 일원이 된 것이니까요.

이처럼 마법사가 사회적 판단에 의존하는 존재라면 반대로 우르술라회 수녀들은 자신에 대한 판단능력이 있다. 수녀들은 자기 내면에서 어떤 '마법'이 작용한다는 것을 알고 있다. 따라서 사회는 마귀들린 여인들에게 오컬트적 일탈에서 벗어날 수 있는 수단이 된다. 물론 역으로 사회는 스스로의 불안을 몰아내기 위해 이들을 이용해 스스로의 불안을 연극화한다. 여배우들과 관객 사이의 이러한 공모 관계 덕에 구마의식의 놀이는 강화되며, 이는 누이 좋고 매부 좋은 일이 된다. 이 연극에는 사회보장의 면모가 있다.

무신론이라는 역병疫病

치료법은 제기된 질문들에 부합하는가? 그것은 진정한 답변인가, 일시적 진정제인가? 조서들을 보면 신성모독이라는 단어가 지겨울 만치 언급되고, 신을 부인하는 일이 반복되며, 신을 인정하게 하려고 마귀들린 여인들에게 천편일률적 규제가 가해지는데, 이 모든 것은 한 가지 문제를 빤히 드러내고 있다. 그것은 바로 무신론이다. 이는 『무신론 공박』, 『무신론에 대한 반론』, 『무신론자들과 자유사상가에 대한 비판』, 『무신론에 대한 징벌』, 『무신론에 대한 승리』류의 저작의 주제가 될 뿐 아니라 각종 정치적 조치, 사법적 처벌, 무신앙자들에 대한 사회적 대비책 마련의 대상이 되기도 한다. 처음에는 각 교단의 이단자, 비정통적 신자 등이 '무신론자'라는 이름으로 논쟁의 표적이 된다. 하지만 이윽고 논쟁은 신이 과연 존재하느냐는 문제로 집중된다. 1630년경 학식이 깊은 회의주의자들을 중심으로 여러 '자유사상가' 집단이 형성된다. 이 집단들은 1655년경 사라졌다가(이것이 마귀들림이 사라진 시점과 거의 일치한다는 사실을 주목하라) 1680년을 전후해 다시 부상한다. 백 년 전에는 누구도 입에 올리지 않았던 '무신론'이 기정사실이 된다. 이제 무신론은 지식인의 전유물이 아니다. 수백수천의 사람들이 그랬듯 프란치스코회 수도사 장 부셰도 1629년 이후 기회만 있으면 무신론을 비난하고 나선다.

이제 입을 열기만 하면 '왜'라는 질문을 퍼붓지 않는 사람은 어디에도 없다. 하느님이 왜 세상에 법을 주셨을까? 간음죄가 왜 금지되었을까? 하느님의 아들은 왜 인간의 몸을 빌려 이 세상에 오셨을까?[119]

마랭 메르센에 따르면 파리에만 적어도 5만 명의 무신론자가 암약하고 있다. 가장 위험한 것은 악마보다 사악한데도 덕망 있는 인사로 통하는 자들로, 이들의 원칙은 사람은 외적인 행동에 있어서는 자국自國의 종교에 따라야 하지만 내적으로는 각자가 자기만의 믿음을 가져야 한다는 것이다.[120] 과장이라고? 물론이다. 하지만 이 문제는 사람들의 머리를 떠나지 않으며, 설교자들의 경고 세례를 받은 신도들은 특히나 그렇다. 쉬랭 신부는 루됭에 관한 저서 『실험 과학』*에서 이를 확인할 것이다.

무신론을 표방하는 것이 기독교인들 사이에서 흔한 일은 아니지만 이런 유혹은 사람들의 머릿속에서 쉽사리 생겨난다.

여기서 말하는 유혹은 신이 존재하지 않는다고 믿게 만드는 유혹이다. 쉬랭은 이어서 이렇게 말한다. 교회가 제시하는 신은

비록 대부분의 기독교인의 일상적 믿음의 대상이 되고 있지만 이 믿음이란 것이 그렇게 강하지 않아 어떤 이들은 그에 반대되는 의견을 갖고 있고 어떤 이들은 신앙에 적대하고픈 격렬한 유혹을 느끼며, 선한 사람이 이 유혹에 빠지는 경우도 적지 않다.[121]

유혹은 쉽사리 생겨나고, 선한 사람이 이에 빠지는 경우도 적지 않다. 실제로 당대의 영성 문학은 이를 증언한다. 마귀들림의 시대가

* 원제는 『루됭의 우르술라회 수녀들의 마귀들림 사건을 통해 획득한 다른 삶의 사물들에 관한 실험 과학 Science expérimentale des choses de l'autre vie acquise en la possession des Ursulines de Loudun』(1663)이다.

지난 뒤 잔 데장주는 (그 심리 구조는 마찬가지지만) 악마들이 예고하려 했던 불안과 반항을 자기 식으로 들려준다.

신성모독

내 머릿속에 불경한 생각이 들어차는 일이 많았으며, 미처 입을 다물 생각을 하기도 전에 이를 입 밖에 내는 때도 있었다. 신에 대한 반감을 지속적으로 느꼈으며, 신의 선함을 보는 것이나 신이 개종을 원하는 자들을 쉽게 용서하는 것을 보는 것만큼 싫은 일도 없었다. 또한 신이 싫어할 일을 하거나 남들이 신을 모욕하게 만들려고 술책을 꾸미기도 했다.

더구나 신 때문에 수녀라는 직업에 대해 극심한 혐오감이 생겨 간혹 그를 생각하게 되면 내 면사포와 다른 수녀들의 면사포를 잡히는 대로 모조리 찢어버렸다. 나는 면사포들을 발로 밟았고, 입교한 때를 저주하면서 그것을 먹어치웠다. 이 모든 일을 나는 지극히 난폭하게 저질렀다.[122]

'유혹'은 악마와 연관된 것이므로 절망이 수반된다.

절망에 휩싸여 지옥에 떨어지기로 결심했고, 내 영혼의 구원은 어찌되든 상관없었다.[123]

그녀는 마귀들림의 논리에 몸을 맡긴다. 그녀는 여기서 자신의 운명을 발견한다. 그녀는 말言의 게임에 사로잡히고 마귀라는 수다스러운 정령(피에르 드 랑크르의 표현)에 매혹될 뿐 아니라 이제 교회의 예식禮式이 되어버린 춤[경련 등의 신체동작]과 언어의 향연에, 집단 광기의 도취 속에서 도덕적 구속은 물론이요 개인적 구원도 지워지는 춤과 언어의 향연에 빠져든다.

마음의 안정을 얻기 위해 겪어야 할 고통

그게 전부가 아니다. 이브 드 파리는 수많은 동시대인들과 더불어 회의주의자들을 공박하면서 이 불쌍한 영혼들에게는 고뇌와 절망적 불안[124]밖에 없을 것이라고 경고한다.

회의와 불경죄는 고백해야 할 잘못일 뿐 아니라 벌을 받아야 할 죄악이다. 구마의식은 마귀들린 여인들에게 이러한 처벌의 기회를 제공한다. 여인들은 이러한 구마의식의 형벌을 대가로 마음의 안정을 얻는다. 이런 관점에서 볼 때 수녀들은 피해자가 됨으로써 이득을 얻는 셈이다. 징벌을 통해 이들은 성직자 '단체société[사회]'로 복귀하고 이 사회는 본연의 자리로 돌아가는데, 이때 수녀들은 징벌과 공모관계에 있다. 형벌은 극단적일 수도 있다. 이 시기에만 해도 수백 명의 '마녀'가 화형火刑을 요청하거나 스스로 죽음을 선택함으로써,[125] 최후의 심판이 내려져 영혼의 안정을 얻게 될 그날을 앞당기고 최후의 형벌과 최종적 구원이 결합되는 종말에 자발적으로 뛰어든다. 게다가 모든 것을 말하려면 죽어야 하는지도 모른다. 언어가 늘 약속만 하고 주지는 않는 '소통'을 언어 속에서 발견하려면 '스스로에게 정의를 실현해야[자결해야]' 하는지도 모른다.

루됭에 아직 언어의 비극이 있다 해도 이를 무대에 올렸으므로 비극성은 완화된다. 하지만 구조는 여전히 유사하다. 축제라기보다는 피곤한 체조가 되어버린 이 축제들 덕에 수녀들은 정화淨化의 연극의 준엄한 법칙에 순종하면서 피해자라는 특권적 지위를 얻는다. 하지만 연극이 희비극이 되어가면서 처벌과 구원은 절반만 이루어지거나 아예 이루어지지 않는다. 마귀들림은 시대와 회의로부터의 탈출, 하늘과 땅의 대결, 본질적인 것과 가시성의 장소인 척했지만 실제로는 종말론적 상상력의 재탕에 불과하다. 여기서 초자연적 실재는 배변의 형태로 표시되고, 여배우들은 절망한 여인들로 탈바꿈하며, 플롯의 상연시간은 낭비한 시간이 되고, 픽션은 칭송받아 마땅한 노고勞苦가 된다.

4월에 있었던 한 구마의식 동안 잔 데장주는 이렇게 말한다.

나는 미치광이 잔…… 미친 우르술라회 수녀이다. 나는 머리를 딴 데 두었다. 당신네들은 나를 성 마투리누스*에게 데려가는 편이 나을 것이다.

또한 구마사 락탕스 신부에게는 이렇게 말한다.

나하고 붙어 있어봤자 시간만 낭비할 텐데.

또한 자기 자신에 대해 이렇게 말한다.

고통을 받아야 할 거야. ……우리는 나팔수의 말馬로 훌륭해.† 남들이 뭐라 하건 꿈쩍도 하지 않아.

그녀의 입장은 소모전 속의 말馬의 노동, 짐 나르는 가축의 노동에 비유된다. 광고를 보고 몰려든 행인들은 고개를 저으며 떠날 수 있지만 지옥의 축제는 매일매일의 일과로 계속되는 것이다. 샹피옹이라는 루됭의 인사는 이렇게 이야기한다.

구마의식이 처음 몇 차례 치러지고 나자 프랑스뿐 아니라 유럽 전체가 떠들썩했다. 소위 악마라는 것들은 흉측하게 얼굴을 찡그리고 불쾌한 자세를 취하는 것 말고는 보여준 게 없었지만 사람들은 루됭의 거리에 마귀들이 돌아다니고, 수녀들이 교회 첨탑으로 올라

---

*기원후 3세기경의 구마사·선교사. 막시미아누스 황제의 수양딸이 마귀에 들려 미치게 되자 이를 치료했다고 한다. 정신병 환자의 수호성인이다.

†불어에서 '나팔수의 말로 훌륭하다être bon cheval de trompette'라는 표현은 옆에서 무슨 소리를 하건 신경쓰지 않고 태연히 할 일을 한다는 뜻이다.

가 하늘을 난다는 등의 헛소리를 입으로 떠들어대고 책으로 펴냈다. 그래서 이 미친 짓을 보려고 각지에서 사람들이 몰려왔고 그 바람에 루됭의 여인숙들은 방이 동났다. 놀라운 것은 그들 대부분이 구마의식에서 불가사의한 현상을 보지 못했어도 다음번 악마는 뭔가 보여주리라 기대하면서 루됭에 1~2주씩 머물렀다는 것이다. 물론 체류가 끝났을 때도 그들의 지식은 루됭에 오기 전이나 다를 게 없었다.126

이들이 본 것은 고대하던 불가사의는 아닐지언정 분명 심각한 공연이었다. 샹피옹은 동네 아낙네들의 쑥덕공론을 대신하고 있다. 훗날의 일이지만 심각함이 사라지는 순간 쇼는 고작 '신기한 것'으로 전락할 것이다.

아마조네스들의 반란

다른 측면에서 보면 마귀들림 사건은 여성들의 반란이기도 하다. 이 공격적이고 도발적인 여성들은 그들에게 무척이나 도움이 된 악마의 가면을 쓰고 백주대낮에 벌어지는 구마의식에서 자신들의 욕망과 요구사항을 드러낸다. 이들은 두 명의 섭정여왕, 여성 종교개혁가들, 신비주의적 성녀들의 시대에, 여성의 승리*를 노래하고 강인한 여성들의 초상†을 보여주는 여성문학의 선구자들 시대에 속한다. 이들은 교육자이며, 유식했고, 명문가 출신이며, 아마조네스들의 신생 수도회 소속이었는데, 이 수도회의 수녀들은 복종의 가치를 알면서도 자기네 주임신부의 머리 꼭대기에 올라가는 일이 왕

＊영국 작가 메리 워틀리 몬태규의 『남성보다 열등하지 않은 여성 *Woman Not Inferior to Man*』(1739)의 불역본 제목.
†르무안 신부의 저서(1647) 제목.

왕 있었다. 이들의 부속사제였던 무소 원장은 유령처럼 존재가 희미하다.* 이들의 이야기에 살아서 등장하는 다른 신부들 역시 허깨비 이상은 아니다. 하지만 그랑디에는 그렇지 않다. 잔은 이렇게 쓴다.

제가 언급한 사제는 그 무렵 악령들을 이용하여 제 안에 자신에 대한 사랑을 불어넣었습니다. 악령들은 그를 보고 싶고 그와 얘기하고 싶다는 욕망을 주었습니다. 드러내지는 않아도 저희 수녀 중 상당수가 같은 감정에 빠져 있었습니다. 서로 그런 얘기를 나누기는 커녕 최대한 그런 감정을 숨기려 했는데도 말입니다…….
　그를 보지 못할 때면 저는 사랑의 열병을 앓았지만 (밤중에 꿈속에서) 그가 나타나 저를 유혹하려 할 때면 착하신 하느님께서 그에 대한 강한 혐오감을 주셨습니다. 그러면 감정이 완전히 달라졌습니다. 저는 그를 악마보다 더 미워하게 되었습니다…….127

이는 남성과의 대결이지만 사제와의 대결이기도 하다. 과거의 마녀들과 달리 마귀들린 수녀들은 구마사들 앞에서 공손하고 온순하게 굴지 않는다. 수녀들은 구마사들을 욕하고 조롱하고 때리는데, 주교조차 예외는 아니다. 원장수녀는 리모주 출신의 정직한 카푸친 수도사 락탕스 신부를 비웃는다.

꺼져, 짐 싸서 리모주로 돌아가…… 나한테 따귀 한 대 맞고 싶어?

사람 좋은 락탕스 신부는 화가 나서 얼굴이 빨개진다. 악마는 꿈쩍하지 않는다.

*무소 원장은 사건이 일어나기 얼마 전 사망했으며 사건 초기에 그의 유령이 목격된다.

어! 짜증이 나나보지? 그러니까 내 앞에서 입을 함부로 놀리지 말란 말야.

클레르 드 사지이도 입이 험하기는 그에 못지않다. 님Nimes 주교, 샤르트르 주교, 리슐리외의 비서, 로바르드몽 및 저명하신 판관들이 배석한 가운데 구마사들이 전에도 수없이 했던 수법대로 자기들끼리 나직하게 몇 마디 중얼거린 뒤 무슨 말을 했는지 맞춰보라고 하자—여인이 실제로 마귀들렸다는 공개적 징후—그녀는 이 같은 일에 경험이 많은 가르멜회 수도사 엘리제 신부에게 이렇게 말한다.

제가 무슨 [점성술이나 마술에 능한] 집시라도 되나요? 이 나리들이 참을성이 많다고 해도 그렇지 지금 너무하시는 것 아니에요? 이분들이 국왕 전하와 추기경님께 무어라 하겠어요?

또한 로바르드몽에게는 이렇게 말한다. 딱 걸렸어요. 지금까지 그렇게 많은 사람을 속이셨는데 이제야 본색이 드러났네요. 그녀는 엘리제 신부의 동료에게 입맞추면서 입맞추기 좋은 뺨이라고 했고, 추기경의 수석비서관 데로슈 씨에게 다가가더니 넌 너무 늙었어라고 말했다. 이후의 행동에 비하면 이 정도는 귀여운 수준이다. 한 구마사는 가련하게도 보고서에 그녀는 우리를 두 차례 세게 걷어찼다고 적고 있다. 조서 하나를 보면 수녀원장이 요동을 치다가 잠시 후 (악마가 그녀의 몸을 빌려 그랬는지 몰라도) 골 신부의 따귀를 때렸다. 이 때문에 구마사인 락탕스 신부는 악마를 벌할 요량으로 데장주 수녀의 얼굴에 대여섯 차례 힘차게 따귀를 때렸지만 그녀는 히죽거릴 뿐이었다.[128]

반말을 하고, 주먹다짐을 하고, 얼굴에 멍자국이 남는다. 구마의식은 때로 부부싸움과 다를 바 없다.

난폭한 사냥꾼들

한편 구마사들은 '난폭한 사냥꾼들'[129]로, 보고서들에 나오는 표현처럼 괴물 사냥꾼이자 신체 조련사로 탈바꿈한다. 즐거워하는 관객들 앞에서 펼쳐지는 수상쩍은 놀이들과 격투기형 예식禮式은 섹슈얼리티와 종교의 관계를 (이것이 재현·상연이므로) 폭로하는 동시에 부인한다. 애초에 이 언어에는 억압된 것의 귀환이 되는 기능이, 과학 담론과 종교 담론이 제거하려 애쓰는 섹슈얼리티의 잔상殘像이 되는 기능이 있다. 그래서 1634년 5월 8일, 다음과 같은 남녀간의 싸움이 벌어진다.

이윽고 구마사(락탕스 신부)가 악마(잔 데장주)에게 성체를 경배하라고 강요하고, 악마로 하여금 자기가 원하는 자세를 모두 취하게 만들자, 배석자들은 모두 감탄하며 기뻐했다. 구마사는 심지어 구두 명령만으로 이 신체가 배를 깔고 엎드려 고개를 쳐든 채 팔다리는 뒤로 젖혀 한데 모으게 한 다음 떼었다 붙였다 하게 만들기까지 했다.
    괴물이 수녀로 돌아왔기에 〈창조주를 기억하라〉를 부르라고 명하자 괴물은 '마리아 은총의 성모'라는 가사를 읊으려 했는데, 이때 그녀의 입에서 끔찍한 목소리로 "나는 신을 부인한다. 나는 그녀를 저주한다"라는 말이 흘러나왔다. 그러더니 그녀는 혀를 깨물었고 구마사가 막으려 했는데도 격렬하게 자기 팔을 깨물었다.
    이 광경을 보고 락탕스 신부는 마귀들린 여인의 몸을 거칠게 쓰러뜨린 뒤 난폭하게 짓밟다가 그녀의 목에 발을 얹고 'Super aspidem et basiliscum ambulabis et conculcabis leonem et draconem'이라는 구절을 여러 차례 암송했다.[130]

프로이트는 17세기의 병리학적 장면들은 노천탄광처럼 빤히 해석

된다고 보았다.[131] 위의 구절은 그의 견해를 확인해줄 것이다. 구마사는 시편의 구절을 몸으로 주해하는 것이다.

네가 살무사와 바실리스크를 밟으며
젊은 사자와 용을 발로 누르리로다.[132]*

전통적으로 이 구절은 전례의식에서 마리아가 새로운 이브가 되어 에덴동산의 유혹자였던 뱀을 물리치면서 하는 말이었다. 그런데 여기서는 '충실한 어머니'[마리아]에 대한 서약을 거부하고 '거짓말의 아버지'[악마]와 자신을 동일시하면서 무대라는 링 위에서 사자와 용의 자리를 차지하는 '마귀처럼 흉악한' 여인과의 싸움을 위해 남자가 이 구절을 사용하는 것이다.

너, 위르벵 그랑디에

1634년 6월 23일 금요일 오후, 로바르드몽, 라로슈포제, 재속 수도 성직자, 드뢰 씨(시농의 지방총독 보좌관), 라바르 씨, 브레제 씨, 고등법원 검사장 푸르니에 등이 배석하고 당연히 의사들(그롤로, 자케, 브리옹의 3인)도 참석한 가운데 축제일의 군중을 앞에 두고† 생트크루아 교회에서 벌어진 위르벵 그랑디에와 피해자들(아홉 명의 수녀와 세 명의 평신도 여성) 사이의 대질심문 조서를 보면 이 싸움이 어떤 식이었는지 어느 정도 알 수 있다. 가브리엘 락탕스 신부는 그랑디에 본인에게 마귀들린 여인들에 대한 구마의식을 시켜보자고 제안한다. 로바르드몽은 친히 펜을 들어 이후 벌어진 장면을 기록한다.

* 앞의 라틴어 구절의 번역.
† 다음날인 6월 24일은 세례요한탄생축일이다.

구마의식을 계속하라는 요청을 받고 그랑디에가 악령들에게 누가 그들을 여인들의 몸 안으로 보냈냐고 묻자 마귀들린 자들은(혹은 마귀들이 이들의 입을 빌려) 이구동성으로
"너, 위르벵 그랑디에"
라고 말했다. 그러자 그랑디에는 그것은 사실이 아니며, 마법사이든 아니든 세상 그 누구도 남의 몸에 악마를 보낼 수 없다고 말했다. 그러자 마귀들린 자들은 이구동성으로 그랑디에가 자기들을 보냈으며 그랑디에는 세례요한탄생축일의 전날인 9년 전 오늘 베아른{로바르드몽이 악마 사건을 맡았던 지역}*에서 아스모데오에게 입교를 허락받은 뒤 마법사가 되었다고 했다. 이 점은 특히 엄청나게 요동을 치고 있던 아녜스 수녀의 입을 빌려 아스모데오가 강력히 주장했다.

이에 그랑디에가 마귀들에게 희랍어로 심문을 하면 대답하겠냐고 묻자 마귀들린 자들 혹은 그들 대부분은 그랑디에가 마귀들에게 불어 이외의 언어로는 말하지 말라고 명령을 내리고 이를 계약으로 맺었다고 말했다. 하지만 마귀들린 자들 중 몇 명은 희랍어로 질문을 하면 대답하겠다고 했다. 그것은 특히 카트린 수녀의 입장이었다. 그녀는 자기가 문맹이라고 우리에게 선언했고, 이러한 시험에도 놀랄 만큼 당당한 모습을 보였다.

또한 악마 베린이 클레르 수녀의 입을 빌려, 그리고 아스타로트가 이자벨의 입을 빌려 말하기를, 만약 교회가 허락하기만 했다면 지금 당장 그랑디에의 [옷을 벗겨 그의] 몸에 있는 마법사의 표식을 보여주었을 것이라고 했다. 이들은 또한 그랑디에가 다른 마법사 모두를 합친 것보다 더 많은 악행을 저질렀다고 자신 있게 말했다.

이윽고 그랑디에는 주교님께 자기가 정말 마법사이고 여인들의 몸에 마귀들을 들여보낸 것이 사실이라면 마귀들에게 명하여 지

---

*이 심문으로부터 9년 전인 1625년 로바르드몽은 베아른에서 마귀들림 사건을 심리한 적이 있다.

금 당장 자신의 목을 비틀게 해달라고 청했다. 그러자 마귀들린 자들은 이구동성으로 분노를 토하면서 이렇게 말했다.

"아! 허락만 있으면 당장이라도 왜 못하겠어? 하지만 교회도 법원도 그런 일을 허락하지 않으리란 걸 잘 알잖아?"

주교님은 물론이요 우리 역시 그런 일은 허락할 수도 없고 허락하고 싶지도 않다고 답했으며, 주교께서는 마귀들에게 그랑디에나 우리{로바르드몽}에게 어떤 위해도 가하지 말라고 명했다. 또한 우리는 그랑디에에게 그가 앞서 우리에게 여러 차례 같은 제안을 했지만 본 영장에 의해 명백해진 바와 같이 그런 일은 허락할 수 없으니 자신의 무죄를 밝히고 싶거든 다른 방법을 쓰라고 선언했다. 그동안 마귀들린 자들이 너무나 격렬히 발광하는 바람에 장내는 난장판이 되었고 모두가 혼란과 두려움에 빠졌으므로, 우리는 주교님께 이 공판을 시급히 끝내야 할 것이라고 말했다.

마귀들린 자들 모두가 상상을 초월할 만큼 격렬하고 기이하고 끔찍하게 경련을 일으키고 몸을 뒤틀고 요동을 치고 고함을 지르고 불경한 말을 내뱉었다. 이는 형언이 불가능한 광경으로 배석자들 모두가 이 광경을 보면서 지옥의 분노를 목도하는 줄 알았다는 것 이외에는 달리 할말이 없다.

이에 우리는 그랑디에를 끌어내 감옥으로 돌려보냈다…….133

공포와 웃음 사이에서

광분한 여인들이 사제의 옷을 벗기고 목을 비틀려 하는 싸움을 본 후 우리는 엘리자베트 블랑샤르가 뒤 퐁 신부에게 얘기한 것처럼 어머, 수사님, 저것 좀 보세요. 저런 걸 본 적이 없단 말이에요? 하고 말해야 할까? 하지만 80년 전에 뒤 벨레는 사제이자 의사였던 친구 레미 둘생에게 보낸 편지에서 루됭의 많은 관객들이 느낀 것과 비슷한 인상을 밝힌 바 있다.

둘생, 몸에 악마가 들었거나 그런 것처럼 보이는
    이 불쌍한 처녀들이
몸과 머리를 끔찍한 방식으로 움직이고
    소위 늙은 무녀巫女들이 한다는 짓을 하는 걸 볼 때면

지극히 강인한 자들이 광기의 힘을 헛되이 억누르려 하면서
    나약한 모습을 보이는 것을 볼 때면
그리고 심지어 자네의 기예에 가장 능숙한 것으로 여겨지는 자들이
    지식을 모두 잃어버리는 것을 볼 때면

그들이 끔찍하게 소리지르는 것을 들을 때면
    그들의 흰자위가 뒤집히는 것을 볼 때면
나는 온몸의 털이 곤두서고
    더이상 무슨 말을 해야 할지 모르겠다네.

하지만 수도승이 불가타 성경을 들고
    여인들의 배와 젖꼭지를 위아래로 더듬는 걸 보면
두려움은 사라지고 웃지 않을 수 없다네.[134]

8   의사들의 시선
    (1634년 봄)

4월 중순 여러 교회에서 공동으로 진행할 의식을 준비하기 위해 구마사 인력을 증강·교체하는 와중에 의사들이 연달아 불려와 청진·촉진·관찰·투약의 임무를 맡게 된다. 이 중에는 우선 샤를 오제, 프랑수아 카레, 알퐁스 코니에, 가브리엘 쿠스티에, 프랑수아 뒤클로, 마티외 팡통, 뱅상 드 포, 장프랑수아 그롤로, 앙투안 자케, 가스파르 주베르, 다니엘 로지에 등 수많은 의학박사들이 있었고, 알랭, 프랑수아 브리옹, 모누리 등의 외과의사도 있었으며, 약사인 피에르 아당도 있었다. 또한 푸아티에, 투르, 소뮈르, 니오르, 라플레슈, 르망, 파리, 몽펠리에 등에서도 의사들이 불려온다. 이들은 수많은 보고서를 작성한다. 『특사 임무 일지』(1634)에서는 그랑디에가 죽기 전에 작성되고 서명된 26건의 의료 보고서를 거명하고 있으며 그 외에도 다수의 보고서가 작성되었다.[135] 의사들의 출판물 목록도 그에 못지않게 막대하다.

마을과 좋은 도시

의사들 사이의 논쟁은 한 사회 계층의 새로운 '호기심'만을 드러내는 것이 아니다. 루됭의 비극은 지식체계의 변동이라는 드라마가 상연되는 무대이기도 하다. 당시에 의학이라고 불리던 것 속에서 무엇인가가 파열되고 무엇인가가 태어난다. 같은 시기인 1632년 렘브란트는 〈툴프 박사의 해부학 강의〉를 그리는데, 이 그림은 어떤 인식론적 전회轉回의 순간을 나타낸다. 루됭에서 의학이라는 과학은 주어진 대상들에 청진기를 들이대면서 자신의 야심, 의견 대립, 진행중인 변화, 개념들의 변천이나 경직화는 물론이요 자신의 강박관념까지도 노출한다. 하지만 세간의 시각에서 보면 의사들의 의견 대립은 도시와 시골 사이의 사회적 단절과 관련이 있다. 여러 지역에서 간행된 비방문 「위르뱅 그랑디에 선생을 위한 반박문」(1634년 8월)이 '빙의 신봉자들'에게 가하는 비난은 이를 증언한다.

그들은 어떤 의사들을 이용했는가? 그중 한 명은 퐁트브로에서 왔는데{알퐁스 코니에} 그는 교양이 전무했고 그 때문에 소뮈르를 떠나야 했던 경력이 있다. 투아르에서 온 의사들도 마찬가지여서 한 명{장프랑수아 그롤로}은 루됭의 한 가게에서 리본과 모자를 재면서 젊은 시절의 대부분을 보낸 자이고 다른 사람{프랑수아 브리옹}은 그에 못지않게 무식했으며(보르도 대주교께서는 그가 무능하기 짝이 없다고 여기셨다) 트랭캉의 부인과 가까운 친척이기도 했다. 시농에서 온 무식한 의사는 시농의 의사들에 의해 정직당한 자였으며, 심지어 정신 상태도 건강하지 않았다. 미르보에서 온 의사{앙투안 자케}도 마찬가지로 미뇽의 누이의 친척이었다. 요컨대 마을 출신의 의사들은 하나같이…….

그들은 이토록 중대한 사건을 처리함에 있어 투르, 푸아티에, 앙제, 소뮈르와 같은 인근의 좋은 도시들에서 가장 박식하고, 유명하고, 경험이 많은 의사나 약사를 불러오려 하지 않았다. ……그렇게 똑똑한 의사들이 오는 것을 원치 않았던 것이다.[136]

그 외에도 샤텔로에서 온 의학박사 역시 무능하다고 비난을 받는다. 무능한 의사들이 저지른 잘못이 사실 차원의 것이든 판단 차원의 것이든, 여기서는 분명한 경계선이 그려진다. 그랑디에를 옹호하는 이 비방문의 저자는 훌륭한 의사와 나쁜 의사를 가르기 위해 교활하게도 '마을'이 '도시'보다 못하다는 통념을 이용하며, 시골 촌락, 마을, (시장을 갖춘) 큰 마을, 도시 순의 위계적 서열을 동원한다. 의사들은 각자의 개별적 이름을 상실하고 그들을 '분류하고 classer[등급을 매기고]' 단일한 사회-문화적 중심의 관점에서 각자의 지위를 정해주는 장소 범주라는 공통의 이름에 배속된다. 이것만으로도 '무식한' 자와 '똑똑한' 자를 구별하기에는 거의 충분하다. 지식체계에는 나름의 지리학이 있다. 루됭을 중심으로 '마을들'(시농, 퐁트브로, 투아르, 미르보, 샤텔로 등)로 된 좁은 원이 '좋은 도시들'(앙제, 소뮈르, 투르, 푸아티에 등)로 된 넓은 원에 대립된다. (다음 지도를 볼 것)

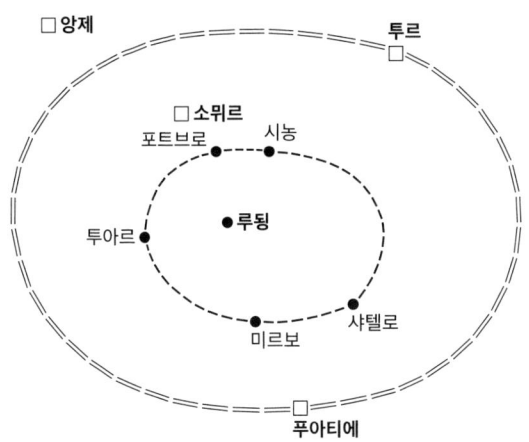

루됭에서 의사들은 '마을'에서 왔느냐 '좋은 도시'에서 왔느냐에 따라 '무식한 자'와 '똑똑한 자'로 분류된다. 하지만 루됭에서 얼마나 떨어진 곳이냐 하는 것 역시 지적 권위의 측정 기준이 된다.

의학박사, 외과의, 약사

여기에 출신지의 구별처럼 노골적이지는 않지만 그에 못지않게 엄격한 또다른 구별이 도입된다. 의학박사, 외과의, 약사 사이의 사회 직군별 구별이 바로 그것이다. 이들이 작성한 증명서 하단에서는 까다로운 소속 구분이 (공식문서의 상단에서 기입순서를 정해주는 것처럼) 서명署名 순서를 규제한다. 먼저 학위를 지닌 의학박사들이 있다. 다음은 의학의 기술자이자 수족인 외과의들이다. 의학박사들이 시각과 지식을 '점유'(사법적 의미에서)하고 있는 데 반해 외과의들은 수공업적 장인의 지위를 받는다. 외과의 디오니는 이를 분명히 말한다. 의사들은 이론적 학문을 독차지했고 실무와 수작업은 우리의 몫으로 남겼다. 심지어 사혈瀉血을 직접 하는 것은 장색匠色의 수준으로 전락하는 일이라고 여기는 의사들도 적지 않았다. 두 직업군 사이의 까다로운 서열차로 인해 말·지식과 행동·작업은 완전히 분리된다.

한편, 피에르 아당 같은 약사들의 경우 의학박사·외과의의 증명서에 이름을 넣지 못한다. 이들은 '진실'이 확인되는 장소로부터 배제된다. 우리는 전통의학의 의사였던 기 파탱(1600?~1672)이 『한 의사가 자신의 아들에게 전해주는 특별한 가르침』에서 약사에 대해 한 말을 기억하고 있다.

약학藥學은 의사에게는 걸리적거리는 장애물이자 함정이므로 이로부터 현명히 자신을 보호해야 한다. 너의 양심과 의사의 명예를 저버리고 약사의 의견을 따르는 일은 절대 없도록 해라. ……그들의 상점에 있는 수많은 약상자 중 서너 개를 제외하면 나머지는 모두 야바위로, 이 예쁘게 채색하고 금칠한 상자들 안에는 쥐똥밖에 없는데, 약사들은 이것이 후추나 생강인 척한다. 약국이라는 상점과 약사라는 직업이 용인되는 것은 오직 몇몇 의사들의 묵인과 속기를 원하는 백성들의 어리석음 때문이다. 의사가 환자에게 많은 약을 처방한다면 환자에게 해를 끼치고 자신의 양심을 파는 일이 될 것이며, 심지어 보통은 지옥에 떨어질 일로 환자를 죽이게 된다.[137]

이렇게 여러 직업군을 '등급들'로 뒤바꾸는 재배치는 학문, 기술, 상업(혹은 파탱식으로 말하자면 '상점') 사이의 계층화에 대응되는 것일까? 이러한 재배치는 신체에 대한 세 가지 접근양식(이론적 지식, 처치, 약물) 중에서 잠정적으로 재현을 우선시하는 분류법을 의미하는 것일까? 과학의 가장 높은 단계에는 직업 편제의 최고 등급과 마찬가지로 스펙터클이 있는 것이다.

보고 검진하기

의사들의 첫째 임무는 '보고 검진하는 것', 즉 신체의 여러 스펙터클을 추적하고 기록하는 것이다. 의사들은 당시 세계의 무대나 세계의 거울(현재의 지도책의 옛 형식)을 쓰면서 만약 네가 ……을 보고 싶거든이라는 말(모리스 부그로는 『프랑스의 무대』*에서 이렇게 말한다)을 책의 모토로 삼던 저자들과 동일한 방식으로 작업한다. 의사들은 '격렬한 움직임émotion'이나 운동, 분출 등의 용어를 사용해 환자를 땅이나 지표의 기복처럼 묘사한다. 하지만 의사들은 그 와중에도 지형을 자기들에게 보이는 대로 기술한다. 그들의 진술서는 이미지의 이미지, 시각적 이미지의 문자적 이미지다. 이 진술서들은 눈目의 여행담을 들려준다.

 1634년 1월 30일 최초의 왕진의사들이 남긴 '확인서'와 '증언'은 비록 매우 초보적이기는 하지만 이러한 특징을 여실히 보여주고 있다.

 *1594년에 발간된 프랑스 최초의 지도책.

우리, 아래 서명한 의학박사들과 외과의들은 관련 당사자 모두에게 다음의 사실을 확인하는 바이다. 우리는 국왕의 국정자문회 위원인 로바르드몽 씨의 명에 따라 루됭 시의 우르술라회 수녀원의 수녀원장을 보고 검진하기 위해 상기 장소로 이동했으며, 수녀원장의 얼굴 전체, 특히 두 뺨과 턱과 인후에서 다수의 찰과상을 발견했고, 말라붙은 피를 물과 포도주로 닦아낸 뒤 상처를 자세히 들여다보니 우측 뺨 위에 다른 상처보다 더 깊고 넓은 상처 두 개가 있음을 알아차렸으며…….

위와 같이 우리가 증언한 사항이 진실임을 수결手決로써 확인한다. 1634년 1월 30일 작성.

의학박사 D. 로지에

외과의 알랭, 외과의 모누리.[138]

'주의 깊게 관찰한' 사실들의 엄밀한 '무대'는 의료진이 '증언'하며 '모두에게 확인'하는 최초의 진실을 형성한다. 보는 눈이 많으면 많을수록, 즉 의사들이 많으면 많을수록 무대는 더욱 확실할 것이다. 놓치고 지나갈 수 있는 사항이 너무 많지 않은가! 모든 사항이 이들을 받아들이는 '거울' 속에 들어가야 한다. 따라서 시선은 늘어난다. 왕진의사 부대는 인력이 증강된다. 그에 따라 동일한 표면에 대한 수많은 눈의 상보적 행로들로 구성된 확인서들은 분량이 길어진다. 내러티브는 축적된다. 여기에는 심지어 환희가, 끊임없이 더 많은 관찰을 획득하는 환희가 깃들어 있는 것처럼 보인다. 정확성의 정조情調를 기반으로 해서 어떤 수사학이, 공간의 분산分散법칙에 따라 디테일을 끝없이 덧붙이는 수사학이 펼쳐진다.

의혹

하지만 더 확실한 광경과 더 폭넓은 관찰에 대한 집착은 어떤 불안을 나타내기도 한다. 확실성의 요구는 확실성의 상실에 대한 두려움을 고백하기도 한다. 실제로는 어떤 것이 보이는가? 지각에 착오가 끼어든다. 어떤 의혹이 눈의 야심을 좀먹는다. 시각이라는 아름다운 과일 속에는 벌레가 한 마리 있다.*

이 의심이 어떤 성찰을 야기하건 간에 (우리는 이 성찰들을 차후 만나게 될 것이다) 스펙터클은 이 의심으로부터 모호한 의미를 받는다. 바로크 예술의 수많은 기제와 마찬가지로 '호기심'은 양가적이다. 호기심에는 축제의 측면이 있지만 불안의 얼굴도 있는 것이다.

'놀라움'에서 '공포'에 이르기까지 이러한 관찰자의 불안은 보통 직접적으로 알려지지 않는다. 관찰자의 불안은 관찰 대상 속에 숨고 그 대상 속에서 폭로된다. 그래서 관찰 대상은 일종의 원인처럼 두려움이나 놀라움을 불러일으킨다고 간주된다. 실제로 의학박사 그롤로, 브리옹, 뒤클로가 1634년 4월 17일 작성한 보고서—이 보고서는 너무 길어 여기에 전재할 수 없다—에는 놀라움(17세기에 이 단어는 격렬한 공포나 아연실색이라는 뜻이다)과 공포가 마귀들린 여인에서 검진관으로, 검진관에서 관객으로 이동하는 식으로 돌아다니고 있어 특정인에게 고정시킬 수 없다. 이 이야기에는 두려움이 있다. 영역 설정을 피해나가는 두려움이, 있어야 하지만 결핍되어 있는 어떤 확실성을 상정하는 두려움이 있다.

의사들은 우르술라회 수녀원의 예배당에서 미사가 집전되는 동안 자기들이 관찰한 바를 다음과 같이 기술한다.

---

*'과일 속의 벌레'라는 관용어는 체계 속의 균열이나 불안요소를 뜻한다.

놀라움과 두려움

……얼마 후 우리는 엘리자베트 블랑샤르가 예전과 동일한 움직임에 전보다 훨씬 끔찍하고 두렵게 사로잡히는 것을 공히 목격하고 놀라워했다. 엘리자베트는 물론이고 프랑수아즈 {필라스트로} 역시 그 움직임과 요동이 미사의 영성체가 끝난 뒤에도 멈추지 않았다. 이러한 움직임과 요동은 엘리자베트에게 불가사의할 만큼 엄청나게 나타나서 처녀는 배를 위로 한 채 두 발과 정수리만으로 몸을 지탱하더니 완전히 새롭고 기이할 만치 불균형한 방식으로 뒤통수를 써서 순식간에 두 계단씩 올라, 머리를 앞으로 한 채 뒷걸음질쳐서 본래 있던 자리에서 제단 꼭대기까지 뱀처럼 구불구불 올라가 사제의 발치에 이르렀고, 영성체를 못하게 하려고 사제의 알바 끝을 갑자기 거칠게 잡아당겼다. 구마사 신부님의 친구였던 락탕스 신부님께서 여인이 더이상 그와 같이 추잡한 짓을 하지 못하게 막으려고 그녀를 끌어내려 하자 블랑샤르는 신부님을 매몰차게 넘어뜨렸고 신부님은 그녀의 손에서 벗어나는 데 애를 먹었다.

이윽고 성스러운 미사가 끝날 무렵 상기 여인의 여동생인 '막내' 레온이 다른 두 명과 같이 행동하기 시작하더니 욕설과 지독히 불경스러운 언사와 협박을 내뱉었다. 때로는 두 사람의 입에서 서로 죽여버리겠다는 협박이 나오기도 했으며 때로는 이 소녀의 입에서 "신 앞에 맹세컨대 저년을 죽여버리고 말겠어!"라는 말이 격렬히 튀어나왔다.

우리는 이 모든 일이 자연의 힘과 수단을 결단코 넘어서며, 우리가 놀라움과 두려움을 가지고 이 도시의 우르술라회 수녀들에게서 매일같이 직접 목격하는 일과 유사한 상황에 있다고 판단하는 바이다.[139]

판단하기

이 보고서들이 공표하고 확인하는 '진실'에는 종종 어떤 이질적인 요소가, 성공적 탐사의 그림 속에 함께 들어 있으면서도 다른 것들과는 이질적인 요소가 담겨 있다. 그것은 자연을 넘어서는 것이다. 텍스트의 그물망에 잡힌 이 월척은 텍스트 속에서 다른 것들과 마찬가지로 (의학박사 코니에가 쓰는 것처럼) 관찰한 것 혹은 (역시 그가 쓴 것처럼) 판단하고 관찰한 것의 모습을 하고 있다. 이 데이터는 위험하다. 이 데이터는 보는 것의 영역에 속하는 동시에 생각하는 것의 영역에도 속한다. 1634년 4월 14일 의학박사 D. 로지에, A. 코니에, F. 카레, F. 뒤클로, F. 브리옹은 더욱 분명히 선언한다.

우리는 자연을 넘어서는 무엇인가가 있다고 판단했다.[140]

하지만 1632년 11월 30일 브리옹은 다음 사실을 확인한 바 있다.

나는 우르술라회 수녀원에 코즈 가문 출신의 잔 드 벨시에르라는 이름의 원장수녀와 소뮈르의 브레제 원수님의 보좌관인 빌뇌브 씨의 질녀 클레르 드 생장 드 사지이 수녀를 보러 갔다. 두 사람이 심하게 병들어 있을 때만큼이나 평온할 때도 이들을 관찰해본 결과, 우리는 (자연적인 것의 수준을 넘어서는 현상들을 고려할 때) 이들이 악령들에 빙의되었다고 판단한다. 이 점은 마귀에 들러붙었음을 우리가 알고 있는 다른 네 여인들의 경우와 마찬가지로 우리가 적법한 절차에 따라 추론한 다양한 징후들을 통해 드러났다. 이상 우리의 진술은 한 치의 오류도 없는 진실임을 선언하는 바이다.[141]

보기 위해서는 알아야 한다

이러한 의학적 추론에서(17세기에 '추론한다'는 것은 묘사하는 것이다) 관찰된 사실들은 수녀들이 가문의 작위와 성姓으로 환원되는 것만큼이나 확실하게 '자연적인 것을 넘어서는 것'으로 환원된다. 본 것은 '코즈 가문 출신의' 잔이나 브레제 원수님의 보좌관인 빌뇌브 씨의 질녀인 클레르이다. 사회적 인식에 따르면 '처녀'는 알려진 것(가족이라는 본질)의 가시적 현현이다. 마찬가지로 뒤틀림과 몸짓은 하나의 지식이 정초한 어떤 실재—자연적인 것을 넘어서는 것—를 즉각적으로 파악하게 해주는 듯하다. 어찌되었든 의학 전체도 마찬가지다. 의학은 환자에게서 자신이 규정한 질병 분류학의 본질들을 확인할 것을 요구하며, 환자는 이 본질들의 실제 구현물을 제공한다.('징후들'이 도표의 빈칸을 얼마나 채웠느냐에 따라 이 구현물의 성패가 결정된다.)

하지만 관찰이 그렇게까지 폄하되는 것은 아니다. 반대로 의사는 자기가 보는 것을 가지고 자기가 아는 것을 채우려 한다. 그는 자신의 질병 분류학적 개념들의 발현을 탐색한다. 그는 주의를 기울여 한 지식체계가 한 외양의 새롭고 가시적인 형태로 펼쳐지는 과정을 예의주시한다considérer. 결국 그는 발견은 하되 배우지 않는다. 이것은 까다로운 기획이다. 왜냐하면 시각이 훑고 있는 스펙터클들의 무한한 계열이 과학이 보유한 의학적 범주들의 유한한 계열과 어떻게 분절되는지, 어느 지점에서 분절되는지를 파악해야 하기 때문이다. 의학적 '고찰considération'은 이렇게 보기와 판단하기의 결합, 혹은 관찰과 사유의 결합이다. 하지만 이 결합은 '기이한' 사실들 앞에서 점점 흔들릴 것이다. 왜냐하면 의사들은 가시적인 것으로부터 기지旣知의 것만을 받아들이는 단순한 재인식再認識에 함몰되거나, 지식체계의 재편성을 요구하는 어떤 미지의 것 앞에서 이의 경험적 기록에 만족할 수밖에 없기 때문이다. 첫번째 경우

'판단'은 '관찰'을 제한하고 억압한다. 두번째 경우 관찰은 판단을 위협한다.

"경험적이 되지 않도록 조심하라"

모든 것은 경험을 중심으로 전개된다. 기이한 현상 앞에서 지각의 지위와 자연의 정의를 뒤흔드는 논쟁이 벌어지는데 경험은 이 논쟁의 핵심 개념이다. 어떤 이들은 기 파탱(그가 극단적인 경우인 것은 사실이다)처럼 이렇게 말할 것이다.

경험적이 되지 않도록 조심하라. 언제나 추론을 하고 경험은 이성과 네가 습득한 과학의 시녀로만 이용하라. '방법성'과 '경험성'의 분파들은 '이론성'에 종속되지 않는다면 주의 깊게 피해야 할 사악한 극단에 불과하다. 히포크라테스가 한 '경험은 기만적Experimentum fallax'이라는 말보다 옳은 말도 없다. 추론을 하지 않는 의사는 의사가 아니라 약장수에 불과하다. 환자에게 사혈을 하든, 하제를 쓰든, 흡각을 붙이든, 술을 먹이거나 금하든 항상 이성에 따라 처치해야 한다.[142]

이처럼 '습득한[기성의]' 과학에 대해 뚜렷한 확신을 갖고 있음에도 불구하고 기 파탱은 루됭에 대해 이렇게 말할 것이다.

내 눈으로 직접 보지 않는 한 남자이든 여자이든 마귀들린 자가 있다는 말을 믿지 않을 것이다. 하지만 마귀들린 사람은 거의 없을 것이라고 생각한다.[143]

파탱은 믿기 위해 보아야 한단 말인가? 자기가 아는 것만으로는 충분치 않다는 말인가? 하지만 실제로는 그의 지식들은 그로 하여금 그것을 볼 수 없다고 생각하게 만든다. 그는 아는 것보다는 보는 것을 믿을 것인가? 아니면 자신의 '이성'과 '이론'에서 그러한 가설적 광경에 결부된 위협적 질문을 해소할 수단을 발견할 것인가?

기이한 것에 자리를 내주다: 가능한 것

루됭의 신체현상 주위에—송장 주위에 모여든 렘브란트의 의사들처럼—눈에 불을 켜고 몰려든 수많은 의사들은 관찰 결과 때문에 자기네 학문의 한계를 경험한다. '자연의 공통된 법칙들을 넘어서는 현상을 하나도 보거나 관찰하지 못했다'고 단언하거나 그 반대를 말하기 위해 이 의사들은 어떤 규준을 이용할 수 있는가? 근본적인 질문들이 제기된다. 한편으로 그들은 자연에서 무엇이 가능하며 무엇이 가능하지 않은지를 결정해야 한다. 하지만 자기네 지식의 이름을 걸고 하는 것 외에 달리 무슨 방법이 있겠는가? 이런 관점에서 보면 관건은 이해할 수 없는 기이한 현상을 질병 분류학의 범주들 속에 집어넣을 수 있는가 아니면 그 범주들 밖에 놓아야 하는가이다. 상황이 어떻기에 기이한 것에 자리를 내주는 것이 가장 이성적인 해결책이 될 수 있단 말인가? 이론적으로 소화할 수 있는 상황? '다른 것'이나 '초자연적인 것'이라고 인정할 수밖에 없는 상황? 미지의 것은 원칙적으로 이해 가능하다고 정의된 것의 안쪽으로 분류될 것인가 바깥으로 분류될 것인가?

가장 총괄적인 선택(모든 것은 의학적 용어로 설명될 수 있다는 식의)이 가장 과학적인지는 자명하지 않다. 이는 자신의 한계를 정하지 않으려 하는 태도인데, 한계라는 영도零度는 과학적 엄격성의 전제인 것이다. 모든 것이 '자연적'이라고 말한다면 결과는 어떤 신학의 우주론적·포괄적 모델의 복원뿐이다. 이러한 어려움은 의학적 영역의 수립과 자연적 질서의 획정이라는 두 가지 문제가 차단되다는 점에 기인한다. 이런 태도에는 사회-문화적 이유들이 있다. 각 시대는 고유한 대안의 유형을 부과하는 법이다.

의사는 종교적 과학의 뒤를 잇는 세속적 지식체계의 증인으로서 신학자를 대체하게 된다. 의학박사 이블랭은 얼마 후 루비에르의 마귀들림 사건을 기회 삼아 이 점을 분명히 말할 것이다.

이 경우 의사들은 성직자들에 비하면 중대한 특권을 갖고 있다. 왜냐하면 의사들은 이러한 우울한 기질이 늑골 하부에 머무를 경우 상당히 유독한 성질을 가진 기체와 가스가 분출되어 굉장히 기이하고 불가사의해 보이는 효과를 산출한다는 사실을 알고 있기 때문이다…….144

그렇지 않으면 의사는 그에게 국가의 관료 역할과 같이 분명히 규정된 역할을 제공하는(자기가 취할 수도 있었을) 자리를 단념하고 초자연성을 의학의 영역에 이웃한 현상들의 영토라고 인정하게 된다. 이는 신학의 영토를 인정하는 것이고, 신학의 영토를 기준 삼아 의학의 영토를 제한하는 것이며, 다시금 신의 이름에 대한 충성을 서약하는 것이다.

시각의 착오

다른 한편, 경험 자체도 이제 자명하지 않아 의혹의 대상이 된다. 보이는 것과 존재하는 것은 어떤 관계인가? 이것은 당대의 후기-유명론 철학자들에게는 익히 알려진 오래된 질문이다. 의사들이 보는 것에서 본다고 생각하는 것으로 슬며시 미끄러지면서 이 문제가 드러난다. 생각이라는 불충한 매개자는 착오의 상시적 위험을 끌어들인다. 의사들은 관찰된 사실이 자연적인가 초자연적인가를 질문하는 순간 '자기들이 실제로 무엇을 보는가'라는 질문을 던져야 한다. 참된, 진정한, 진실 등의 말이 보고서의 서두나 말미에서 강박적으로 되풀이되는데, 이는 논리의 취약한 지점과 결핍된 곳을 정확히 드러내고 있다. 지각 자체 말이다.

그러므로 관찰된 사실의 비정상성과 그에 대한 해석의 불일치는 '보다'라는 행위 속에 의혹의 균열을 만든다. 이를 통해 의사들은 마귀들림 사건을 통해 표출되고 있는 사회적 불안에 나름의 방식으로 동참한다. 의사들은 자기들 주변의 회의주의에서 인식론적 불확실성을 감지한다. 속임수가 있다. 하지만 어느 곳이 속임수란 말인가? 이는 미지의 것에 어딘가 자리를 내주는 문제와 밀접히 연결되어 있다. 혹자는 잘못된 것은 지식체계이므로 신앙 절대주의로 돌아가 다른 곳에서 얻은 진리를 맹목적으로 믿어야 한다고 말할 것이요, 혹자는 파탱이 '경험은 기만적'이라고 말한 것처럼 잘못된 것은 경험이라고 말할 것이다. 지각은 우리를 오류로 이끄는 것이다. 혹은 의사 던컨이 루됭 사건을 두고 말한 것처럼 인간 정신은 착오를 범한다. 정신은 거짓이다. 정신은 상처를 입었으며 감각을 현혹한다고 해야 할 것이다.[145] 오류를 [수녀·구마사 등] 사건 당사자들의 탓으로 돌리고, 기이한 관찰 결과가 사실은 관련자들의 술책·연기演技의 결과라고 치부하면서 오류를 억압하는 식으로 문제를 떨쳐버리지 않는다면 말이다. 이런 사기극의 가설은 말할 것도 없이 가장 유혹적이지만 정작 받아들이기는 쉽지 않다. 비록 의사들이 사기극의 가능성을 무시할 수 없는 요인이라고 인정하고는 있지만 이런 가설은 기적에 의한 '설명'만큼이나 불만족스러운 것이다.

차근차근 검토해보면……

이 문제들이 아직 정식으로 다뤄지지 않은 시점에서 한 예외적 사례에 대한 일상적 검토가 이 문제들을 건드린다. 이 사례는 직업적 실무에 연결되어 있을 뿐 아니라 양심의 문제와도 관련이 있다. '투르의 개업의사 스갱 씨'가 불확실한 사항들을 차근차근 검토하면서 개인적 입장을 정리하고 설명하려 하는 다음의 보고서를 보자.

선생,
선생께서 원하시는 것을 제가 거절한다면 선생께 맹세한 우정을 저버리는 것이 되겠지요. 사실 선생께서 고집하지 않으셨다면 악마들이 연루되어 있는 사건에 저의 미욱한 판단을 개입시키는 일은 없었을 겁니다. 제가 루됭에 체류한 것은 사실이지만 그렇다고 해서 이미 여기저기—특히 퐁뇌프 다리의 서적상들에게서—돌고 있는 각종 출판물들보다 특별히 도움이 될 만한 사항을 목격한 것은 아니니까요. 또한 바르댕 씨가 이 문제에 관해 친구들—선생이 그중 한 명이라고 알고 있습니다만—에게 쓴 편지를 선생이 보지 못한 것도 아니고요. 따라서 저로서는 제가 선생의 청에 응했다는 것 이외의 만족을 드릴 자신이 없습니다.
 이 사건이 사기극일 리가 없다는 바르댕 씨의 완벽한 추론을 반복할 생각은 없으니 그저 한 가지만 덧붙이도록 하겠습니다. 저는 고통에 빠진 이 불쌍한 여인들이 푹 쉬고 있을 때 그들 대부분과 이야기를 나눠보았는데, 제 질문에 대한 여인들의 답변은 언제나 너무나 꾸밈없이 솔직한 것이었으므로 저는 그들이 마귀에 들리지 않았다면 그토록 끔찍하고 사악한 일을 그토록 오랫동안 되풀이할 수 없었을 것이라 생각합니다. 그래서 초반부에 한 구마사가 보여준 경솔한 열정이 저를 다소 불편하게 만들기는 했지만 저는 이 점에 대해 전적으로 확신하고 있습니다.

정신병?

정신병이라는 가설의 경우, 많은 이들은 그럴 리 없다고 결론짓고 있지만 저는 그것이 절대 불가능하다고는 확신할 수 없으므로 더욱 망설일 수밖에 없습니다. 먼저 수녀들의 마귀들림에 관한 의사들 보고서의 기초가 되었던 의사들의 테스트에 대해 이야기하도록 하지요. 저는 수녀들에게 하제를 정량의 두 배만큼 복용시켰으나 효과가 없었다는 사실을 왜 의사들이 꼭 초자연적 현상에 결부시켜야 했는지 모르겠습니다. 테오프라스토스는 원산초 몇 움큼을 통째로 먹고도 아무 이상이 없었던 사람들의 이야기를 기술하고 있습니다.(『식물지植物誌』9권, 18장) 특히 에우데무스라는 사람은 어느 날 시장에서 원산초를 정량의 스물두 배나 먹고도 오전 내내 장터를 떠나지 않았으며 귀가한 후 평소처럼 목욕을 하고 식사를 하면서도 전혀 구역질을 하지 않았다고 합니다. 테오프라스토스는 이를 기본적으로 내성 때문이라고 설명합니다. 내성의 힘은 엄청나서 아무리 강한 독성 물질이라도 익숙해지면 효과가 나타나지 않는다는 것입니다.

그러므로 매우 허약한 상태임을 우리가 확인했던 이 착한 수녀들이 하제에 대해 내성이 강해 아무 변화도 느끼지 않았을 수도 있습니다. 더구나 체액을 미리 제대로 조절해놓지 않았으므로 체액은 약물에 굴복하지 않고 극단적인 내성으로 그 작용을 완전히 중단시킨 것입니다. 따라서 이 첫번째 증거만으로는 하제가 듣지 않은 것이 악마 때문이라고 단언할 수 없다고 사료됩니다.

둘째로, 수녀들이 엄청나게 요동을 치는 현상의 경우, 이 발작이 정해진 주기 없이 지극히 격렬하게 일어나는 것 자체는 전혀 이상한 일이 아닙니다. 하지만 구마사가 명령하자마자 때마침 발작이 시작되거나 발작이 중단되는 것은 매우 기이한 일입니다. 그런데 사실 저는 발작에 관한 구마사의 명령이 그대로 실행되는 것을 자주 보았지만 명령에 따라 발작이 일어나지 않는 것도 몇 차례 보았습니다. 어찌되었든 그런 일이 우연히 발생할 수 없다는 것은 확실합니다. 이 때문에 사람들은 발작이 질병이 아닌 다른 이유에서 기인한다고 결론을 내렸습니다. 하지만 저는 이런 추론이 그들이 생각하는 것만큼 완벽하다고는 생각지 않습니다. 수녀들은 정신에 상처를 입고 이성이 혼미해져 자기가 마귀들렸다고 확신했을 수도 있습니다. 그런 경우라면 죄악에 빠졌다는 생각에 시달리다 보니 그러한 망상이 유발하는 상황에 손쉽게 말려들어 발광할 수 있겠지요. 이는 거의 모든 정신병에서 관찰되는 일로, 환자가 집착하는 각종 상황이 반복될 때마다 기묘한 발작이 일어나거나 병세가 악화되곤 합니다. 따라서 여기까지 볼 때 이 불쌍한 여인들이 비정상적인 정신상태에 빠져 있다가 구마사들 때문에 짜증이 나 미친 듯이 발광했다고 결론짓는 것도 가능합니다.

마찬가지로 그들에게 일어난 그 모든 급격한 변화는 이러한 타락한 상상력의 결과라고 주장할 수도 있습니다. 여자들의 상상이 어떤 힘을 발휘할 수 있는지를 우리가 매일같이 목도하고 있는 마당에 이러한 도착적 상상력을 보고 놀랄 필요는 없습니다. 또한 이런 도착적 상상이 여성들에게서 훨씬 자주 나타나느니만큼 그것이 이 광기의 원인이라고 말할 이유는 없겠지요. 하지만 어쨌든 저 자신은 그렇게 믿고 있지 않으니 이런 주장을 더 길게 논할 필요는 없을 겁니다.

여기에 악마가 개입한 것이 틀림없다

요컨대 사악한 음모가 있지 않고서야 그토록 기이한 광기가 기질이 각기 다른 그토록 많은 사람들에게서 똑같은 형태로 나타날 수는 없으므로 저는 여기에 악마가 개입했다고 믿기로 했습니다. 그토록 나쁜 평판을 받을 일을 한번도 하지 않았던 수많은 사람의 정직성을 의심하느니 악마를 의심해야 하니까요.

이러한 믿음에 타격을 가하며 저를 종종 당황케 했던 증거들이 있는 것은 사실입니다. 하지만 이런 증거들이 악마들의 음모로부터 나왔거나 베엘제붑보다 사악한 인간들에게서 나왔다는 점을 생각해보면 이 증거들은 제 믿음을 확인해주고 있습니다. 더구나 이 증거들은 진실을 파괴하는 것처럼 보이는데 저는 악마가 진실의 적이라는 것을 잘 알고 있습니다.

그렇다면 제가 마귀들림을 믿지 않는 사람들을 왜 그토록 격렬히, 심지어 마법사라고까지 비난하느냐고 묻는 사람도 있겠지요. 고백컨대 저는 그토록 지독하게 교활한 자들의 동기를 설명할 수 있을 정도로 똑똑하지 못합니다. 이러한 태도는 직접 드러나는 것 이상의 영향을 끼치고 있으므로 너무나 위험하여 이를 치유할 수 있는 것은 오직 하느님뿐일 겁니다. 물론 어느 쪽을 믿건 그것은 자유입니다. 하지만 다시 한번 말하건대 이 사건은 악마에 홀린 악랄한 음모이든지 악마의 소행이든지 둘 중 하나일 수밖에 없습니다. 그렇지 않다면 이 처녀들이 어찌 배우지도 않은 언어를 이해할 수 있었겠으며, 어찌 (제가 직접 본 바와 같이) 고차원적인 신학적 질문을 비롯한 별의별 질문에 즉시 대답할 수 있었겠습니까? 악마가 개입하지 않았다면 어찌 이 처녀들이 그토록 다양하고 그토록 어려운 동작을 미리 연구하지도 않고 펼칠 수 있었겠습니까? 제가 직접 목격하지는 못했으므로 여타 초자연적인 현상들에 관해서는 이야기하지 않겠습니다. 하지만 이런 일을 적절히 판단할 능력을 갖춘 유능한 사람들이 그러한 초자연적 현상을 확인한 바 있습니다. 또한 이 처녀들이 판사 대부분 앞에서 보여준 예지력이나 여타 기이한 징조에 대해서도 말하지 않겠습니다. 그중에는 코트로 재판장도 계셨는데 이분은 이런 기이한 현상이 실제로 일어났다고 굳게 믿고 계십니다. 수녀들은 또한 로네 라지이 씨께서 토피남부어語[한 브라질 부족의 언어)로 말을 건네자 그 언어로 대답하기도 했습니다. 그런데 라지이 씨로 말할 것 같으면 제가 저 자신보다 더 믿는 분으로서, 여기서 이분의 이름을 거명하는 것은 이분이 믿을 만한 사람이라는 것을 선생께서 알고 있기 때문입니다.

제가 본 가장 이상한 일은 여인들이 때로 혼수상태에라도 빠진 것처럼 깊은 마비상태에 잠기는 것이었습니다. 그럴 때면 뾰족한 물건으로 찔러도 아무 느낌도 없는 것처럼 보였지요. 또한 여인들이 맥박이나 호흡의 변화를 보이지 않은 채 전신이나 신체의 한 부분(특히 머리)을 중심으로 두 시간 동안 쉬지 않고 매우 격렬하게 요동을 칠 때도 있었습니다. 그러므로 악마가 이 모든 격렬한 동작의 정신적 원인일 뿐 아니라 진정한 작용인(作用因)이라고 결론을 내려야 합니다. 이상이 이 사건에 대해 제가 알고 생각하는 바이며, 여기에 진실 이외에는 아무것도 덧붙이지 않았음을 말씀드립니다.¹⁴⁶

9 진리의 기형학畸形學

I

철학의 상상력

진실,* 의사 스갱은 그것을 한 마귀들린 여인이 어느 날 자기 패거리를 만나기로 했던 마녀 집회의 커다란 숲 속에서 발견해야 한다.147 의사들, 구마사들, 신학자들이 그와 함께 그곳을 배회한다. 3년 후 데카르트 역시 인상과 지식의 숲 속에 들어서게 된다. 하지만 그가 『방법서설』(1637)에서 말하기를

> 나그네는 숲에서 길을 잃었을 때 이쪽으로 갔다 저쪽으로 갔다 하면서 빙빙 돌아서는 안 되고 한자리에 머물러서는 더욱 안 된다. 나그네는 가능한 한 방향으로 똑바로 걸어야 하며 비록 처음에 그 방향을 선택한 이유가 순전히 우연에 불과하다 해도 어떤 이유로든 길을 바꾸지 말아야 한다. 왜냐하면 그런 방식을 따를 경우 설사 원하는 목적지에 이르지는 못한다 해도 최소한 숲에서는 빠져나올 수 있기 때문이다. 숲에서 나와 도착한 장소가 어디이든 간에 숲 속에서 헤매는 것보다는 낫지 않겠는가?148

---

*이 장에서 vérité라는 단어는 경우에 따라 '진리'와 '진실'로 다르게 옮기지만 '사건의 진상'이라는 의미와 '초월적인 종교적·우주론적 진리'라는 뜻이 혼재되어 있는 경우가 많다.

네발짐승

루됭의 식자識者들은 이와는 다른 행보를 보인다. 그들은 상상력과 거짓말의 세계 안에 기거한다. 비록 보이는 것이 세상에서 가장 괴물 같고 기이하기는 하지만[149] 그들은 상상적인 것의 배후에 깔린 이성을 간파하고자 하는 야심 때문에, 혹은 '거짓말쟁이'(악마)가 꾸며낸 일들 속에서 도착적이고 기형적인 기호들을 통해 누설되고 있는 진실을 알아내고자 하는 야심 때문에 이곳에 체류한다. 그들의 전술은 마법의 장소에서 빠져나오는 것이 아니다. 오히려 그들은 그 장소를 자진해서 찾아온다. 그들은 기이한 사건에 매료되어 이곳에 체류한다. 당시가 매너리즘, 바로크, 공고리즘gongorisme*의 시대였다는 점을 감안하면 이는 특별한 일이 아니다. 그리고 이를 통해 그들은 진리의 기형학畸形學을 추구한다.

당대에 의학이 철학적 장場이었다면 이는 질병이 진리와 본질적 관계를 맺고 있기 때문이다. 식자들은 마귀들림의 여부에 대해 판결을 내리면서 자연적인 것을 악으로부터 떼어내려 하고 진실한 것을 속임수로부터 끄집어내려 하기보다는 자연(혹은 초자연)을 기형적 상태에서, 혹은 진실을 괴물의 상태나 오류의 상태에서 파악하려 한다. 물론 이러한 기도는 위험천만한 것이다. 자연이 근본적으로 병적인 것은 아닐까? 진리가 스스로는 깨닫고 있지 못하지만 실은 착오가 아닐까? 하는 질문을 던지게 되다 보니 자칫하면 반대의 결론에 빠질 수도 있는 것이다. 이제 회의주의로부터 안전한 곳은 어디에도 없다…….

따라서 우선 정상성正常性의 병리적 언어, 신의 악마적 언어 그리고 인간의 동물적 언어를 인정하게 된다. 의사들은 검진 대상이 고결한 수녀들이자 숫처녀이자 순교자라고 확신하면서도 이들을

* 시인 공고라의 시풍에서 유래한 말. 16~17세기 에스파냐 바로크 문학에서 이미지와 은유를 남용하며 문체의 장식성을 강조하는 흐름.

네발짐승 취급한다. 조서들이 만들어내는 거대한 교화의 담론은 짐승들의 울음소리와 동작으로 이루어져 있다. 이 담론은 동물에 관한 지식을 총동원한다. 이는 당대 상상계의 노아의 방주이다. 괴물 같은 생명이나 괴물 같은 진실에 경탄하는 데 바빠 인간성은 보지 못하기라도 하는 것처럼 말이다. 따라서 천상의 존재들과 짐승 사이에, 우주론과 '생기'가 결합된 요소들 사이에 인간이 빠져 있다는 사실을 확인할 수 있다.

하지만 이런 태도야말로 인간성이 무엇인지를 정의하고 있지 않은가? 시라노 드 베르주락*이 「마법사들에 반대하여」라는 편지에서 우리는 한 사람에 대해 인간적인 것, 즉 가능한 것만을 믿어야 한다150고 자신 있게 말할 수 있던 사회의 기준에서 보면 루됭은 완전히 딴 세상이다.

현장에서, 광란하는 기호들의 숲 속에서 제정신을 유지하려면 이 기호들의 해석에 전력을 기울일 수밖에 없다. 이 병리적·악마적·동물적 언어를 해독해야 한다. 진리의 외국어를 해독한다는 목표를 위해 지적 노동의 도구들이 총동원된다. 기준과 규범이 절박하게 필요하다 보니 모든 기술技術은 정의定義와 식별을 목표로 삼는다. 병명의 진단이 너무나 중요하다 보니, 판결을 내려달라는 요구가 워낙 강하다 보니 의사들은 환자의 치료라는 본업을 망각하는 것처럼 보인다. 구마사들은 마귀를 쫓아내는 일은 뒷전으로 미루고 마귀들린 여인들을 이용해 자기 기술을 시연하는 일에만 열을 올린다. 식자층은 악을 제거하는 일보다는 무엇이 진실인지를 밝히는 일에 열중한다. 치료 작업은 식별 작업에 밀린다. 치료의 수단은 앎의 수단이 된다.

*프랑스의 극작가(1619~1655). 풍자와 과학적 상상력의 작품으로 후대 작가들에게 많은 영감을 주었다.

진실의 회복

의학에 관한 것이든 종교예식에 관한 것이든 어떤 직업적 전문지식이 사회적 진리와 긴밀히 연관되어 있으며, 그 진리를 전제하고 옹호하고 있다는 것을—다른 시대, 다른 장소에 비해 더욱 분명하게—보여주려면 아마 달리 방법이 없었을 것이다. 의거하던 질서가 약화되고 그 질서에 균열이 생기다 보니 치료 활동은 그 질서의 숨은 목적성을 드러낸다. 사회적 확실성을 정초하고 어떤 지식체계를 보장한다는, 본디 자신의 몫은 아니었지만 정상적으로 작동하기 위해 상정하고 있던 목적을 치료 활동이 이어받는 것이다. 하제요법이든 훈증요법이든 구마의식이든 축성祝聖의식이든 이러한 전문지식은 이제 '이론적' 조작으로, 조사 기법으로 변화한다. 진리가 반론을 받아 변질된 바로 그 지점에서 이런 기술이 진리를 되찾기 위해 사용된다.

이는 루됭의 마귀들림 사건이 식자층에게는 박탈을 의미하기 때문이다. 당대의 인간학이 질병에서 환자의 몸에 자리잡은 불청객을 보려 하고, 악마에게서 기독교인의 영혼을 정복하려는 불법적 식민침략자를 보려 하는 것처럼 '기이한 것'이 그들의 지식을 점유한다. 기괴한 현상 자체는 식자들에게 익숙한 것이지만 그들은 이제 빼앗긴 땅 위에 서 있으므로 자기 재산을 되찾는 것을 목표로 삼게 된다. 그들은 그것이 본디 자기 것이었음을 알고 있지만 남들은 이 사실을 몰라준다. 따라서 식자들은 자기들의 권리가 부당점유자에 의해 은폐된 바로 그 지점에서 자기들의 지식을 다시 인정받고 자기들의 자격을 부각시켜야 한다.

어쩌면 이는 자신의 변질된 진리를 찾아 나선 이 식자들 모두—의사, 구마사, 신학자—가 라틴어를 구사한다는 사실과 무관치 않을지도 모른다. 나중에 라메나르디에르는 소小플리니우스의 『트라야누스 찬가』를 번역 출간(1638)할 것이며, 키예는 라틴어

시집 『헨리키아도스』를 펴내고 유베날리스의 풍자시들을 번역할 것이다. 식자들은 지식에 있어서든 취미에 있어서든 이 언어를 편하게 느낀다. 루됭에서 이들이 자기 재산을 되찾으려 할 때 부딪히는 외국어―기형학적·병리학적·악마학적·동물적 언어―는 오히려 불어와 사실관계의 언어이다. 이들은 자기들의 권리와 소유권이 유지되는 장소(라틴어)를 고수하며, 현재의 경험에 거리를 둔다. 의료 기록 대부분과 신학 감정서 전부가 여전히 이 정통성의 언어로 작성된다. 구마사들은 마귀들린 여인들에게 보통 라틴어로만 말하는데, 이는 그들이 광란에 빠진 계시의 합법적 보유자인 교회의 대리인임을 표시한다. 그래서 이들은 '거짓말의 아버지'[악마]가 진실을 드러내도록 강요할 때 라틴어를 사용한다. 하지만 이후 식자들이 하나둘씩 이를 단념하면서 어떤 정통성의 보장이 사라지게 될 것이다.

투약과 구마

하지만 같은 언어를 사용한다고 해서 의사들과 전통적 신학자들이 사이가 좋은 것은 아니다. 이들은 공동의 이해관계가 있지만 서로 경쟁하는 처지다. 이들은 나날의 전투에서 자신의 권리를 증명하겠다며 대립한다. 그래서 1634년 5월 20일 세 악마가 심장의 자리에 있는 상처 세 곳을 통해 잔 데장주로부터 '퇴장'했을 때 구마를 받는 여인은 관객들에게 의학적 지식의 한계를 경고한다.

그녀의 몸에서 나간 마귀 중 하나는 원장수녀의 성聖 천사의 강요를 받아 다음과 같이 자백했다. 이 세 군데 상처를 덧나게 해서 원장수녀를 죽게 만들 계획이었다는 것이다. 또한 이 상처들을 치료하거나 환자가 거의 3주째 겪고 있는 극심한 고통을 완화시킬 요량으로 약을 쓴다면 그것이야말로 자기들의 계획을 완수할 기회가 될 것이라고 실토했다. 하지만 반대로 약을 쓰지 않는다면 그녀는 하루하루 몸이 나아져 3주 후면 완치될 것이라 했다. 실제로 이는 차후 한 치의 오류도 없는 사실임이 입증되었으며, 심지어 흉터 하나 남지 않았다. 상처가 2주 동안 극심한 고통을 야기하고 있었으므로 원장수녀는 인간의 약으로 고통을 경감시켜주기를 간절히 바랐을 것이나 우리는 사탄이 진정 자신의 악랄한 계략을 자백했는지 시험하고 싶었다.151

구마사는 물약이나 사혈을 처방하는 지적 권위에 맞서 신체에 대한 자신의 천상적 권능을 다시 한번 입증한다. 모세가 바다에게 명령을 내리듯 구마사가 피에게 명령을 내리는 장면을 기록한 이는 적어도 그렇게 이해하고 있다.

그녀{잔 데장주}에게 안티몬을 가장 건강한 체질의 사람에게 주는 것보다 훨씬 강하게 배합하여 먹인 뒤 약물의 작용을 확인하기 위해 24시간 동안 관찰과 감시를 붙였으나 어떤 반응도 나타나지 않았다. 이튿날에는 정량의 두 배를, 사흘째에는 세 배를 투약했으나 환자는 아무것도 배출하지 않았다. 그녀는 약의 작용을 전혀 느끼지 못했으며 사흘 내내 바른 정신을 유지했고 평소와 똑같았다. 그러자 모든 신사분들이 배석한 가운데 팔에 사혈을 실시했고, 구마신부는 피가 콸콸 흐르는 순간 그녀의 몸 안에 있는 마귀에게 피를 멈추라고 명령했다. 명이 내려지자마자 피가 멈추었고 핏줄기는 팔 위의 허공에 한참 동안 떠 있었다. 이윽고 구마사가 피를 흐르게 하라고 명하자 전처럼 피가 나왔다. 다양한 명령이 여러 차례 되풀이되었으며, 원장수녀는 아무리 튼튼한 사람이라도 완전히 기운을 잃을 정도로 많은 피를 잃었다. 하지만 원장수녀는 예민한 체질임에도 불구하고 전혀 기운을 잃지 않았다. 의사들은 안티몬이 아무 효과가 없는 것에 놀라고 사혈 과정에서 일어난 이 모든 일에 경악하더니 이것은 전혀 자연스러운 일이 아니라고 고백했다.¹⁵²

비록 양자가 동일한 해석체계에 속하는 일이 많기는 하지만 이제 의사들의 실무·이론과 구마 신학자들의 실무·이론은 별개의 것으로 구별되어야 한다.

관찰자 한 명

의사들 중에는 파리에서 온 사람이 한 명 있었다. 저명한 인문주의자이자 파리 대학 의학박사인 레옹 르투르뇌르 경은 1634년 7월 7일 루됭에서 유려하고 정확한 라틴어로 다음과 같은 편지를 띄운다.

파리에서는 사람들이 늘 너무나 심각한 걱정에 사로잡혀 그 무게에 짓눌리다 보니 누구나 피로에 대한 유일한 안식처인 어떤 이타카에서 쉬는 것을 꿈꾸고 있지만…….

르투르뇌르 씨는 자기만의 오뒷세우스의 섬으로, 자기 가족의 이타카로 휴가를 떠나는 참이었다.

나는 친구들의 압력에 못 이겨, 특히 상부에서 받은 명령 때문에 이미 두 해 전부터 전국적으로 유명했던 이 악마 빙의 사건의 진상을 검토하기 위해 발길을 돌려 루됭에 들러야 했다. 이처럼 기이한 스펙터클에 대한 호기심이 너무나 컸으므로 나는 이 명소에서 8일을 보냈다.

그는 이 기념비적 장소를 '방문'하는데, 여기서 방문이라는 말은 의학적 의미('왕진')로 이해해야 한다. 관광객으로 왔다기보다는 '관찰자'로서 온 것이다. 그는 동료의사들과 마찬가지로 admirari, considerare, contemplari, examinare, explorare, inspectare, investigare, miari, notare, observare, reperire, stupere (in 혹은 ad), videre* 등의 동사를 한없이 되풀이한다. 시선의 작동은 거의 강박적인 형용사들(accurate, sagacissime† 등)을 동반하고 있음에도 불구하고 보이는 것의 '속임수'에 걸려 넘어진다. 그중에도 특히 얼굴이 보여주는 것은 속임수가 아닐까? 의학 과학의 분과인 관상진단법은 신체 기관들과 얼굴의 부위들 사이의 연관성에 근거해 진단을 내리려 하지만 이 방법론은 당시 많은 비판을 받고 있었다. 1634년 6월 라플레슈에서 온 의사 라포르주 경은 얼굴조사의 달인으로 이 방법론을 신뢰한다. 반면 르투르뇌르는 얼굴의 각 부분이 신체적 '거주지'‡를 가리키는 것이 아니라 악덕이나 미덕을 가리킨다고 보는 독법을 선호하는 듯하다. (하지만 이 독법은 관상진단법보다 더욱 불확실하지 않은가?)

이마, 눈, 얼굴표정 및 얼굴생김새는 늘 거짓말을 일삼는다. 하지만 {루됭의} 이 처녀들의 경우 이마는 품위만을 말하고, 눈은 겸손만을, 뺨은 정숙만을, 입은 진중하고 진지한 이야기만을 말한다. 요컨대 얼굴 표정 모두가 협잡과는 거리가 멀다는 것을 말하고 있다.[153]

한편 낭트 의과대학 의학박사 필레 드 라메나르디에르는 자신의 감각이 마법에 걸렸거나 책들이 사기詐欺라고는[154] 볼 수 없거나 보지 않으려 한다.

* 이 라틴어 동사들은 '보다, 검토하다, 조사하다, 협박하다, 놀라다' 등의 뜻이다.
† 두 단어는 '정확하게'와 '능숙하게'라는 뜻이다.
‡ 7장에서 언급되었듯 '거주지'란 마귀들린 여인의 몸 안에서 여러 악마들이 각기 깃들어 있는 신체 부위를 가리킨다.

신체가 말하게 만들기

그래도 이를 증명은 해야 한다. 의사들은 시각이라는 싸움터에서 한 지식체계를 수호할 임무를 받아, 치료기술을 증거로 이용한다. 그래서 전문지식은 신체를 '말하게 하는' 용도로, 보여진 것에게 알려진 것을 고백케 하는 용도로 사용된다. 이 점에서 볼 때 혼수상태만큼, 혹은 필레, 뒤 셴을 비롯한 여러 의사들이 지적하는 바와 같이 수녀들이 종종 빠지는 각성 수면만큼 해로운 것도 없다. 훈증요법은 잠들어 닫힌 신체를 깨울 것이다. 그런데 의사들이 사용하던(이번에도 역시 냄새들의 '미덕'에 근거하고 있는) 이 후각적 기술을 구마사들이 다른 목적으로 전용한다.

{아네스} 수녀는 갑자기 마비상태에 빠졌다가 다시금 경련에 사로잡혔다. 얼마 후 마비상태가 돌아오자 {락탕스} 신부는 훈증요법으로 이를 그치게 했고 그러자 격렬한 경련이 뒤따랐다.[155]

이 기법은 트랑킬 신부의 손을 거치면서 고문의 형태를 띠게 된다. 트랑킬 신부는 악마와의 전투의 노병老兵으로 이 싸움에 대해 난폭하기 그지없는 시각을 갖고 있다.

그의 좌우명은 빙의된 마귀들이 자주 말을 하고 대답하도록 강요해야 한다는 것이었다. ……악마가 원장수녀를 괴롭히는 일이 하루이틀 없을 때도 있었다. 이럴 때 구마사가 비위를 맞추고 싶어하는 저명인사 몇 명이 마귀들림의 흔적을 보고 싶다고 토로하면, 그는 악마가 모습을 드러내 말을 하게 하려면 다른 방도가 없다며 수단과 방법을 가리지 않고 마귀들린 여인의 기분을 건드리고 여인의 감정을 자극했다. 예컨대 원장수녀가 자연적 범위를 넘어서는 정도로 요동을 치게 만들고 싶으면 분노를 자극했다. 사탄이 말을 하게 하고 싶으면 재미와 즐거움을 자극했다. 마귀들린 여인에게 분노와

짜증을 일으키고 싶으면 수지樹脂 양초, 딱총나무 유황 양초 등등의 것에 불을 붙였을 때 나오는 연기를 이용했다. 그는 여인의 머리를 붙잡고 한참 동안 코앞에서 연기를 들이마시도록 했고 그러면 악마는 지독한 고통을 견디다 못해 인내심을 상실하고는 여인 속에서 모습을 드러냈다. 다른 감정을 일으키고 싶을 때면 그에 못지않게 몰지각한 방법을 사용했는데, 비명과 눈물 말고는 달리 자신을 보호할 수단이 없었던 불쌍한 수녀가 있는 힘을 다해 이 수단을 동원하는 바람에 이 일이 알려졌다. 그 수녀의 비명을 듣고 도와주러 달려간 이들은 그와 같은 일을 목격하고 충격에 빠졌으나 신부는 이들을 너무나 거칠고 무례하게 쫓아냈으므로 사람들은 감히 거기로 돌아갈 엄두를 내지 못했다.[156]

약제

호교론으로 무장한 이 몰상식한 사례는 한 치료체계에 변동이 생기면서 일어난 극단적 결과이다. 이 사례는 훈증요법의 새로운 용법을 보여준다. 로지에, 코니에, 그롤로, 카레, 브리옹, 자케, 뒤클로 등의 의사들이 사용했던 약제藥劑 역시 마찬가지다.

투약을 위해 우리는 정해진 절차에 따라 우선 가장 약한 것부터 시도해보았고 기력, 나이, 기질, 불량체액 등을 고려했다. 그래서 우울증 환자, 긴장병 환자, 두통 환자, 히스테리 환자* 등에게 처방하는 센나, 대황, 느타리버섯, 스타르페트, 잇꽃 및 여타 약제가 사용되었다. 그다음에는 더 강한 약제가 사용되었다. 스카모니아(다크리디움dacrydium), 콜로신트(알한두알alhandual) 및 약방에서 파

* 원문은 hyplérique인데 이 단어는 당시의 사전에도 나오지 않는다. 아마 hystérique의 오식誤植인 듯하다.

는 이들의 혼합물을 썼고 원산초와 금속에서 얻은 사프란 가루도 잊지 않았다. 앞에서 언급한 바와 같이 이 모든 약제는 아무 효과도 없었다.[157]

이 약제들은 기본적으로 하제이다. 센나는 흑담즙과 뇌 점액을 배출시키며(광기는 뇌에 기형이 있거나 냉(冷)체질 또는 점액질 체질이 뇌를 짓누를 때 생긴다는 것은 익히 알려진 사실이었다), 대황은 순도를 높이면 무겁고 뜨겁고 건조해져서 (스카모니아처럼) 담즙을 배출시키고, 느타리버섯은 림프액을 배출시키는 식이다. 다른 의사들은 발한(發汗)용 안티몬, 로셀염, 콜로신트를 처방한다. 이와 함께 침투성의 예비 완화성 관장약이나 훌륭한 세척성 관장약도 조제한다.

약물 외의 기법도 있다. 일부 의사들은 사혈을 확대 실시한다. 특히 맥박과 땀의 분석을 중시하며 그만큼은 아니더라도 삼킴, 대변, 소변 역시 빈번히 분석한다. 이상이 기초 검사이다.

이 다양한 치료법은 논증 전술이 된다는 점에서 의미가 있다. 이 치료법들은 신체가 이 기법들의 상위 체계인 과학의 증인으로서 진술하도록 강요해야 한다. 이 치료법들은 신체가 한 지식체계의 이미지를 거울처럼 반사하게 만드는 것을 목표로 한다. 설사, 예컨대 이 치료법들이 효과가 없다 해도 이는 현상의 초현실적 성격을 확인해주며, 그와 동시에, 멜랑콜리에서는 그런 현상이 생길 수 없다는 이론을 확인해준다.

무엇이 증거가 될 수 있는지를 규정하기

학자들은 무엇이 원인이며 무엇이 그 결과인지를 정의하는 일을 업으로 삼고 있으므로 무엇이 증거가 될 수 있는지를 규정하는 것은 학자들의 몫이 된다. 필레 드 라메나르디에르는 『멜랑콜리론論』에서 멜랑콜리는 자신이 루됭에서 확인한 현상들의 원인이 될 수 없다고 본다. 따라서 멜랑콜리는 그런 현상들을 설명하는 것이 아니라 자연을 넘어서는 어떤 것을 설명한다. 스코틀랜드 출신으로 소뮈르에 정착한 철학자이자 의사였던 마크 던컨은 『루됭의 수녀들의 마귀들림에 관한 논고』[158]에서 루됭에서 벌어진 일들 중 명백한 사기극을 제외한 여타의 모든 기이한 현상을 여인들의 상상력을 통해 설명하려 한다. 당시 시농의 개업의였던 클로드 키예가 프랑스 사제단에 바친 라틴어 『풍자시집』과 그가 쓴 『마귀들린 여인들을 방문했던 아흐레 동안 루됭에서 내가 본 모든 것의 보고報告』(1634)는 던컨과 동일한 논거를 들어 동일한 입장을 드러낸다.[159] 의사 뒤 셴은 더욱 확신이 없지만 전반적 생각이 흔들리다 보니 '빙의 신봉자들'[160] 쪽으로 기운다. 한편 푸아티에 의과대학의 학장인 프랑수아 피두는 확신에 가득차 던컨의 주장을 공박하는 『루됭의 처녀들의 재판에 관하여』(같은 해에 두 개의 판본이 나온다)와 뒤발 경을 비판하는 『의사 프랑수아 피두의 옹호』를 연달아 출간한다.(뒤발 경은 '달변가'를 뜻하는 에울라리우스라는 가명으로 출간한 저작에서 피두를 무식쟁이 취급한 바 있다.)[161]

멜랑콜리의 자연학

진정한 논쟁은 이론적 영역에서 이루어진다. 이 의사들은 많은 경우 철학자였으며, 혹 그렇지 않을지라도 루됭에서 관찰된 사실들로부터 제기된 문제에 종지부를 찍어줄 어떤 철학(어떤 우주론)을 원용한다. 그래서 필레 드 라메나르디에르는 1634년 9월 파리에 있는 친구 뒤 부아도팽 경에게 다음과 같이 편지를 쓴다.

[아리스토텔레스의] 『자연학』에 비추어볼 때 {루됭에서 일어난} 사건들이 {자연적} 원인으로부터 흘러나올 수 있는지를 자연철학에 정통하신 선생께서 검토해주시기 바랍니다.

라메나르디에르는 또한 『멜랑콜리론』에서 오직 민간의 그릇된 생각이나 폼포나치 학파의 철학자들의 착각에만 기반을 두고 있는 (마귀들린 여인들의 행동을 우울증 탓으로 돌리는) 우스꽝스러운 견해[162]를 비난한다.

여기서 라메나르디에르의 타깃이 되는 것은 1556년 바젤에서 출간되었으며 1567년 재간된 만토바 출신 철학자 피에트로 폼포나치의 『자연 속에서 나타나는 초자연적 현상들의 원인에 관하여 또는 마법에 관하여』이다. 사실 근대 철학의 막을 여는 저작들 중 이만큼 대담한 책도 많지 않다.[163] 이 책은 자연계의 여러 원인을 규정하고 있으며, 이에 따라 삼라만상을 그 원인들의 결과로 분류한다. 정신작용에 대한, 나아가 자연적 결정론에 대한 이러한 관점 때문에 폼포나치는 지각된 소여들이 아무리 이상해 보이더라도 이 소여들을 이러한 원인 밑에 놓게 된다. 1616년 파리에서 바니니는 폼포나치의 사상을 이어받으며, 『필멸의 존재들의 여왕이자 여신인 자연의 경이로운 신비에 대하여』에서는 그의 텍스트를 표절하기까지 한다. 이 테제가 야기한 논쟁은 관찰의 영역이 아닌 우주론적 이론의 영역에 위치한다. 논쟁은 너무나 기이한 증후들에서 어떤 '진실'을 인식해야 할지를 정의한다. 앙제 출신의 피에르 르루아예는 『유령이나 망령에 관하여. 혹은 정령, 천사, 마귀 등을 보는 것에 관하여』(앙제, 1586; 파리, 1605, 1608)의 4권에서 (폼포나치가 식자들 사이에서 유행하고 있으므로) 폼포나치를 비난하지만 그 역시 이런 틀을 벗어나지 않는다. 필레 드 라메나르디에르는 언급은 잘 안 해도 실제로는 이 책에서 지대한 영향을 받았다.

동시대의 '철학자들'이 공히 논한 주제이든 기질(다혈질의 기질, 침울한 기질, 차분한 기질), 4원소(불/따뜻함, 물/습함, 공기/차가움, 흙/건조함), 체액(담즙, 흑담즙, 점액, 피), 정기(생기, 식물정기, 동물정기) 등을 다양한 방식으로 결합하는 체계이든 여기서 핵심적인 것은 마귀들린 여인들을 관찰할 때 의거할 수밖에 없는 인식론적 결정, 전통의 폐기라는 명목으로든 새로운 이론적 옵션이라는 명목으로든 '식자'로 하여금 어떤 것이 가능한지에 관해 입장을 정하도록 강요하는 인식론적 결정이다.

상상력은 죄가 없다

필레 드 라메나르디에르의 목표는 눈에 보이는 사실들을 그 '산출원인'으로 돌려보내는 것이다. 수녀들이 마귀에 들렸다고 확신하다 보니 라메나르디에르는 루됭의 여러 '기적'이 구마의식을 맡은 자들의 도구와 언사를 보고 상상력이 변덕스러운 기질을 자극해 생긴 결과에 불과하다는 주장을 거부한다.

그는 "아니, 상상력에는 그런 힘이 없다"고 답변하며 자기는 다음의 사실을 알고 있다고 말한다.

상상력을 두고 사람들은 별의별 소리를 하고 있다. 그래서 본 사건에서 교활한 술책이 바닥났음에도 불의를 멈추지 않는 자들에게 상상력은 최후의 도피처가 되고 있다. 하지만 상상력에는 사람들이 생각하는 것처럼 큰 힘이 없다. 멜랑콜리 환자가 자기가 마귀에 들렸다고 생각하는 것만으로 마귀에 들리려면 상상력에는 하느님 자신의 관념들만큼이나 강력한 힘이 있어야 할 것이다.

⋯⋯인간의 생각이 비록 영적이고, 존재를 부여하는 형상과 유사한 점이 없지 않으나 여기에는 이성의 존재들을 실제로 존재하게 만드는 힘이 없다. 만약 생각에 그런 힘이 있다면 나는 내가 사블레

성城이라고 상상하는 즉시 사블레 성이 되어야 할 것이다. 마찬가지로 우리는 자신이 건강하다고 믿기만 하면, 이 생각이 기분을 조절하고 다른 원인들을 쫓아내서 우리를 완벽히 건강한 상태로 만들어 줄 터이니, 전혀 아프지 않아야 할 것이다.

상상력과 판단력

애초에 상상력이 갖고 있지 않은 가상의 힘을 두고 그것이 상상력에 없다고 말하는 것은 전혀 부당한 일이 아니다……
 상상력에 정통한 이들은 헛것(오늘날 '환상fantasme'이라고 일컫는 것)을 만들어내거나 사물 자체를 나타내는 이미지를 품는 것이 상상력의 기본 업무라는 사실을 잘 알고 있다. ……거울의 유리가 거울 앞에 놓인 사물을 있는 그대로 재현할 때 유리에 비친 이미지가 지극히 기괴하고 이상하다고 해서 거울이 사물의 모습을 왜곡한다고 비난할 수는 없다. 또한 색안경을 끼고 있는데 세상만물이 렌즈의 색깔로 보인다고 해서 눈을 비난해서는 안 될 것이다. 눈의 자연적 기능은 대상을 보이는 대로 지각하는 것이지 보이는 것이 진짜인지 거짓인지를 따지는 것이 아니기 때문이다.
 따라서 우리가 내장內臟에서 올라오는 가스 때문에 졸음에 빠지거나 멜랑콜리와 같이 그 가스를 뇌로 올려보내는 불편한 상태에 빠져 황당무계한 망상을 품거나 여타 존재하지 않는 것들을 상상하게 되었을 때, 그리고 이런 혼탁한 연기(이 연기들은 우리가 갖게 되는 거짓된 관념들의 물리적 원인이다) 때문에 우리의 판단력이 자신의 오류를 깨달을 수 있는 자유를 잃어 우리가 이러한 망상을 진실로 여기게 되었을 때, 비난을 받아야 할 것은 상상력, 즉 영혼의 능력이 아니다. 왜냐하면 상상력은 그래도 제 할 일을 하고 있기 때문이다…….

비난을 받아야 하는 것은 그보다는 오히려 모든 오류의 근원인 판단력이다. 만약 우리의 판단력이 사물들을 검토하면서 그에 관한 판관이자 감찰관이 되지 못하고 개별 사물의 특징에 대해 잘못된 추론을 한다면, 판단력이 그릇된 망상—그릇된 망상이 우리를 속이는 것은 정확히 말하면 이성이 그것을 교정해주지 않았기 때문이다. 이성이 외양으로부터 참된 존재를, 거짓말로부터 진실을 분별하지 못했기 때문이다—을 부적절하게 승인한다면, 설사 판단력이 죄가 없다 해도, 판단력이 잘못을 저지른 것이 오직 [내장에서 올라오는] 가스의 어둠[미혹]으로 인해 빛이 꺼지거나 흐려졌기 때문이라 해도, 모든 잘못은 판단력의 책임으로 돌려야 한다.

자연의 한계

우리는 경험164으로부터 나온 질문들이 어떤 이론적 결정에 도움을 청하는 것을 본 바 있다. 그것은 시각이 제공하는 모든 것을 일련의 가능태로 분류하는 결정이었다. 이와 유사하게 여기서는 진실과 거짓이 상상력과 시각으로부터 분리되어 판단력의 소관이 된다. 이때 판단의 가치는 오직 자유와 추론에만 의존한다. 진실은 판단하고 말하는 행위의 전유물이 됨으로써 관찰이 제기하는 어려움을 벗어난다. 그 대신 진실은 사유하는 자의 고독한 판정 행위에 결부되거나 추론의 수정(이 수정의 전제는 주어지는 것이지 찾는 것이 아니다. 그런데 이 전제는 어디에서 주어진단 말인가?)에 결부된다.

그야말로 데카르트적인 아니 전前데카르트적인 상황이 아닌가! 더구나 라메나르디에르는 루됭에서 벌어진 일들을 그곳에서 '진실'이라고 인정받고 있는 어떤 초자연적 원인의 탓으로 돌리면서 자신의 지식이 유효할 수 있는 (자연적) 영역의 한계를 설정한다.

나는 자연이 산출한 것이 확실한 사물들로 {자연을} 국한한다. 나는 자연으로부터 그에 속한 어느 것도 제거하지 않으려고 세심한 주의를 기울일 것이며, 그에 못지않게 공정을 기하기 위해 초자연적 원인들을 무시하면서까지 자연의 영역을 확장시키지 않으려고 애쓸 것이다.[165]

정직한 사람들에게

그에게 '빙의 신봉자'가 된다는 것은 결국 거꾸로 초자연성의 범위를 한정할 필요성에 입각하여 추론의 가능성을 설정하겠다는 것이다. 그는 판단력이 판관이자 감찰관으로 군림하는 장소를 이성의 장소로 배정함으로써 어떤 이성을 정초한다. 정직한 사람들에게 바치는 헌사獻辭에서 그는 이 출판물이 오래전에 완성된 한 저작에서 떼어온 편린이라고 선언한다. 지금 여러분께 이렇게 몇 마디를 드릴 수밖에 없는 이유들만큼이나 급박한 이유들이 저를 강요하게 된다면 여러분은 그 저작을 보게 될 겁니다. ······제가 부당하게도 여러분께 제 연구를 살펴보라고 권유하는 일은 절대 없을 겁니다. 어린아이와 책은 공공의 것이라고들 하지만 저는 책에 관한 한 그 의견에 동의하지 않습니다. 저는 제 글들이 타인의 것이라기보다는 제 것이라고 생각합니다. 왜냐하면 이 글들은 제 정신으로부터, 자연적으로 자유로우며 지위상 인간 세상을 통치하는 법률의 제약을 받지 않는 제 정신으로부터 나온 것이니까요.[166]

책은 익명으로 출간되었으며, 라메나르디에르는 이렇게 덧붙인다.

이 책이 훌륭해 보인다면 독자께서는 궁금해서라도 제가 누구인지 탐문해보시겠지요. 반면 이 책이 취향에 맞지 않는다면 책의 저자를 알 필요는 전혀 없을 겁니다. 그럼 안녕히.[167]

그는 자신의 저서들을 자신의 은신처에서, 그 "글들이 나온" 곳에서, 독자들과는 다른 시선으로 바라보고 싶기라도 한 것인지 책에서 자기 모습을 지운다. 지각 가능한 사물들의 원인과 결과 사이의 관계도 어찌 보면 이와 동일하다. 이 결과들 역시 그 고유명사를 말하지 않으며 그것이 누구의 소행인지를 알고 있는 식자에게만 "말을 거는" 것이다.*

라메나르디에르는 1638년 오를레앙 공 가스통의 자문위원이자 시의侍醫가 되어 『정령들의 본성에 관한 추론』을 출간할 것이다. 이후 그는 국왕의 낭독관으로 임명되고 아카데미프랑세즈 회원으로 선출되면서 시詩에 더 많은 관심을 쏟게 되어 1640년에는 『시학』을 발표한다. 1634년의 기준으로 본다면 '빙의 신봉자'라고 해서 반드시 반동적인 것은 아니었다. 하지만 그는 극단적 사례를 앞에 두고 이론적 입장을 정해야 한다.

초자연적 인과성을 지지하는 사람들 중에는 라메나르디에르의 입장과 무관하다 못해 상반되기까지 한 입장을 보여주는 이들도 있다. 하지만 '빙의 불신자'들과 마찬가지로 이 입장들은 모두가 원인과 결과의 분리에 근거하고 있다. 따라서 어떤 양자택일이 강요된다. 경험을 이성에 의해 규정된 어떤 참된 존재가 튀어나온 것으로 간주하든지, 아니면 정반대의 입장을 취해 경험적인 것을 어떤 다른 이성의 출발점으로 삼아야 하는 것이다. 첫번째 입장을 통해 데카르트적 합리주의가 모습을 드러낸다. 두번째 입장은 어떤 실증주의를 보여주는데, 루됭에서 이 실증주의는 이미 '과학적인' 모습을 취하기도 하고 '신비주의적인' 모습을 취하기도 할 것이다. 기

---

*라메나르디에르는 책을 익명으로 발표한 후 저자를 알아볼 사람들만을 자기 독자로 지명한다. 그런데 곧 언급되겠지만 이와 유사하게 수녀들은 구마사들이 자신들을 마귀들린 자로 취급하면서 말을 걸 때에만(악마의 소행이라는 것을 알고 있는 식자) 여러 기이한 현상(지각 가능한 것들)을 보여준다.

실 이런 입장들은 문제에서 벗어날 수 없다 보니, 달리 말하면, 그들을 지휘하는 체계로부터 벗어날 수 없다 보니 서로가 서로를 규정한다.

빙의 불신자들

빙의 불신자들 역시 마귀들림 사건에 대해 '판결을 언도할' 때 멜랑콜리와 상상력의 이론, 결국 자연, 즉 가능태의 이론에 의존한다. 하지만 그들의 입장은 라메나르디에르와는 정반대이다. 이들은 이성에 한계를 설정해 자연적 인식이 작용하는 영역을 구축하는 것이 아니라 인식 가능한 모든 것을 처음부터 자연적 인과성의 틀 안에 집어넣는다. 이는 관찰의 결과이기 이전에 어떤 도전이요 대담한 지적 선택이다. 이 선택은 사회의 종교적 동질성에 균열이 생기면서 가능해진 것으로, 관례에 따라 사실관계를 있는 그대로 기록하는 과정에서 극명히 드러난다.

'빙의 불신자들'의 관점에 따르면 미지의 것이나 기이한 것은 초자연적 원인(하지만 다른 곳에서는 알려진 원인)에, 즉 자연의 바깥에 배속되는 것이 아니라 자연적 인식 속에, 하지만 자연적 인식의 미래로 분류된다. 달리 말하면 미지의 것은 어떤 다른 인식(계시받은 인식)에 속하는 것이 아니다. 미지의 것은 동일한 인식의 미래에 속한다. 미지의 것은 이미 규정되어 있는 이성의 힘이 아직 도달하지 못한 곳을 나타낸다. 실제로 이론은 보고된 사실들이 초자연적일 수 없다고 단언하면서 새로운 기술적 절차와 새로운 '관찰'들을 가능케 할 것이다.

그러므로 두 진영은 루됭의 여러 기적에 상반된 의미를 부여하면서도 이를 설명하기 위해 동일한 사실들을 이용할 수 있다. 예컨대 몇몇 빙의 신봉자들과 몇몇 빙의 불신자들은 특정 수녀가 공중

부양을 하는 것을 인정할(목격할) 것이다. 하지만 빙의 신봉자들은 이것이 악마의 소행이라고 선언할 것이고 빙의 불신자들은 이것이 멜랑콜리의 결과라고 선언할 것이다. 라메나르디에르는 구마사들이 수녀들을 마귀들린 사람 취급하면서 말을 걸 때만 이들이 기이한 행동을 보이는 것에 주목한다. 따라서 하늘 끝까지 치닫는 이 폭풍을 진정시키고 누그러뜨리려면 이 정령들과 이야기할 때 이들을 지상의 주인[인간]으로 취급해야 하고 그 초라한 육신들에 악마가 깃들어 있다고는 생각하지 않음을 행동으로 보여주어야 한다.[168]

따라서 그는 지옥의 권능은 교회가 그것을 부를 때에만 출현하며, 구마사들이 악마에게 말을 걸 때마다 꼬박꼬박 경련이 일어난다는 점을 감안하면 여러 기이한 현상을 마귀들린 여인들의 멜랑콜리 체질로 설명하는 것은 원천적으로 불가능하다고 결론짓는다. 반면 다른 이들은 동일한 사실에서 출발하여 멜랑콜리 환자들이 라틴어와 제의祭衣와 성스러운 명령으로 무장한 구마사들 때문에 심적인 동요를 일으키면서 남들이 자신에게 기대하는 모습에 부합하려 한 것이라고 추론한다.

성욕과다증

클로드 키예가 볼 때 진단은 간단하다. 이것은 색광증色狂症이다. 이 시농 출신의 의사는 스물일곱 살밖에 되지 않았다. 라블레적 성격*으로 교활한 책략가이며 시인이고 지식욕에 불타는 엄청난 석학이며 미식가이고 합리적 사고를 지향하는 인물이었던 키예는 1636년 에스트레 원수와 함께 로마로 떠나면서 리슐리외의 호의를 등에 업고 빛나는 경력을 시작하며, 자유분방한 천재성 덕에 많은 인맥을

---

* '라블레적rabelaisien'이라고 하면 주로 호방하고 향락주의적인 성격을 가리킨다.

쌓는다. 그는 붉은 얼굴에 땅딸막한 체구였지만 거침없는 언사와 박학한 지식 때문에 가브리엘 노데*에게 높은 평가를 받았다. 노데에 따르면 키예는 이렇게 말했다고 한다.

색광증, 혹은 성욕과다증이라고 하는 편이 나을 겁니다. ……이 망할 년의 수녀들은 수녀원에 갇히게 되자 정신이 나가 멜랑콜리적 광증에 빠져 강렬한 육욕肉慾에 시달린 것이니 이들을 완벽히 치료하기 위해 필요한 것은 성교性交 요법입니다.169

이렇게 의학도다운 독설을 퍼붓던 키예도 이후 『예쁜 아기를 낳는 방법』(파리, 1655~1656)에서는 별자리가 수태에 결정적 영향을 끼친다는 미신적 주장을 하게 된다. 하지만 그는 확인된 기적들이 구체적으로 어떤 자연적 원인에 의해 초래된 것인지는 분명히 규정하지 않으면서도 무엇보다 루뎅의 사건에 "자연적"이지 않은 현상은 하나도 없다고 주장하려 한다.

그의 이웃이자 친구인 루뎅 출신의 이스마엘 불리오† 역시 똑같은 주장을 펼친다. 개신교에서 가톨릭으로 개종하여 1630년 사제 서품을 받았던 불리오는 역사와 동양의 언어에 심취해 있었으며 1631년부터 피에르 가상디‡와 꾸준히 서신교환을 해왔는데, 이 혈기 넘치는 29세의 천문학자는 친구 그랑디에가 겪고 있는 재판의 부당성과 기적에 미친 광신도들의 미신을 비난하는 일에 열심인 만큼이나 자신의 신앙을 전파하는 것에 열심이었다.

---

* 프랑스의 의사, 정치사상가(1600~1653). 근대 도서관학의 선구자로 유명하다.
† 프랑스의 천문학자(1605~1694). 중력이 역제곱 법칙을 따른다는 것을 밝혔으며 그의 천체 관측은 뉴턴에 영향을 주었다.
‡ 프랑스의 유물론 철학자, 물리학자, 수학자(1592~1655). 근대 원자론의 창시자로 백과전서파에게 영향을 주었다.

한 회의주의자: 던컨

신념을 공유하며 잦은 만남을 통해 결속력을 다지고 있던 이 '석학들'의 형님 격 인물인 마크 던컨이 루됭에서 일어난 사건들에 대한 최고의 분석을 내놓는다. 그는 이미 논리학 개론서를 출간한 적이 있고 소뮈르에서 개업의로 활동하며 결혼을 했지만 의학 못지않게 수학, 철학, 신학에도 관심이 있었다. 얼마 후 그는 대영제국 제임스 1세의 시의侍醫직을 제의받지만 이를 거절하고 소뮈르에 남는다. 『루됭의 우르술라회 수녀들의 마귀들림에 관한 논고』(1634) 때문에 그는 고객이었던 브레제 원수 부인과 사이가 틀어진다. 부인은 로바르드몽을 비난하는 책들에 충격을 받았던 것이다. 이 책에서 던컨은 다음과 같이 쓴다.

하지만 본 사건에 속임수나 거짓말이 전무하다고 가정해보자. 그렇다고 해서 이 처녀들이 마귀에 들렸다는 결론이 도출되는가? 실은 전혀 마귀에 들리지 않았으면서도 광기나 상상력의 오류 때문에 그렇다고 믿는 것일 수는 없을까? 광기에 빠진 정신이 수녀원에 갇혀 지나치게 묵상에 몰두할 경우 이런 일은 쉽게 일어나며, 그 양상도 다양하다.
    첫째, 금식을 하고 철야를 하고 지옥의 형벌과 악마와 악마의 계략과 신의 심판 등에 대해 깊은 묵상을 했을 때 이런 일이 흔히 일어난다. 사실 그런 정신들은 고독한 종교적 생활에 몰두하지 않는 것이 바람직하다. 왜냐하면 사람들과 정상적으로 교류할 경우 그러한 질병을 예방할 수 있기 때문이다.
    둘째, 고해신부가 틀린 말을 하지 않았는데도 수녀가 그 말을 잘못 해석하여 그런 상황이 초래될 수 있다. 수녀원을 떠나고 싶은 마음이나 결혼을 하고 싶은 마음을 수녀들이 갖고 있거나 고백했을 때 고해신부가 그런 나쁜 욕망은 악마의 유혹이나 교사敎唆 때문에 생기는 것이라고 말할 경우 수녀들은 그런 욕망이 계속해서 다시 생기는 것을 느끼고는 자기가 마귀들렸다는 생각을 가질 수 있으며 지옥에 대한 두려움 때문에 악마가 자기를 따라다닌다고 상상할 수도 있다.

셋째, 이들이 이상한 언행을 하는 것을 보고 고해신부가 무지나 순진함 때문에 이들이 마귀에 들렸거나 마법에 걸렸다고 생각하고는 자신의 영향력을 이용해 이들에게 그런 생각을 믿게 만들 수도 있을 것이다.

실제로 아네스 수녀는 구마의식 도중 "자신은 마귀에 들리지 않았지만 사람들이 그런 생각을 자신에게 불어넣으려 했으며 구마를 받도록 강요했다"라는 말을 자주 했다. 또한 지난 {1634년} 6월 26일 구마사가 실수로 클레르 수녀의 입술에 이글거리는 유황을 떨어뜨리자 그녀는 "남들이 자기에게 마귀에 들렸다고 하니 그 말을 믿고 싶지만 그렇다고 해서 이런 취급을 받아야 하는 것은 아니"라면서 비통하게 울기 시작했다.

그런데 수녀들은 두세 명이 이런 생각에 사로잡히면 이를 순식간에 서로에게 전파하게 된다. 이 불쌍한 처녀들은 다른 수녀들이 하는 말을 곧이곧대로 믿는 버릇이 있으며 특히 원장수녀가 하는 말은 감히 의심하지 못하기 때문이다. 그리고 나면 이들은 겁에 질리게 되고 밤낮으로 그 생각을 하다 보니 꿈을 환시幻視로 여기고 근심을 악마의 방문으로 여긴다. 그래서 어둠속에서 쥐가 내는 소리가 들리면 악마라고 생각하고 고양이가 침대 위에 올라오면 마법사가 자기를 범하려고 굴뚝으로 들어온 것이라고 생각한다…….170

공상과 책

폼포나치는 이미 기적을 상상력의 힘으로 설명한 바 있다.[171] 인상에 쉽게 속아 넘어가는 자들은 수녀원에 갇혀 있고 각자의 병이 서로 전염되다 보니 상상력의 힘에 쉽사리 휘둘린다. 유폐와 전염이라는 두 위험은 당대의 치료술에서도 그렇지만 환기換氣와 격리를 요구한다. 특히 정기精氣는 유체流體와도 같아 곁에 있는 사람에게 쉽게 전염된다. 던컨이 볼 때 이 정기의 전염 혹은 감염이 어떤 심신의 병리적 증상의 기저에 있다. 이런 관점은 이후로도 오랫동안 유지된다. 그래서 1677년 장 드 상뢸은 다음과 같은 '의학적 사례'를 사블레 후작부인의 주치의인 발랑에게 위임한다.

다음의 사례에 대해 발랑 씨의 고견을 듣고 싶습니다. 두 사람이 자연스레 신체접촉이 일어날 정도로 가까이 붙어 있었습니다. 그중 한 명이 급성복통과 함께 설사를 일으켰고 다른 사람은 멀쩡했습니다. 30분에서 한 시간이 지나자 건강한 상태였던 사람이 배가 침이나 송곳으로 찌르는 것처럼 아프다고 호소했습니다…….

갑자기 이런 현상이 일어나는 것을 정기가 한 신체에서 다른 신체로 옮겨가 두 신체 모두를 같은 방식으로 뒤흔들기 때문이라고 생각해도 틀리지 않을까요? 저희는 선생을 판관으로 여기고 있으니 선생의 판단을 거리낌 없이 전적으로 따를 것입니다.[172]

증상들 밑에서 '정기'가 돌아다닌다. 의사는 그에 관한 지식을 보유하고 있으며 자신의 지식 덕에 그에 관한 판관이 된다. 의사는 '외양'이라는 울퉁불퉁하고 기이한 표면 위에서 그것을 탐지해야 한다. 따라서 상상, 공상, 강박관념 등—피에르 르루아예가 말하는 것과 같은 야음夜陰의 책들—이 식자들을 인쇄된 책으로, 공표된 글의 확고부동함으로, 식자들 사이에 확립된 이론으로 몰고 가는 것도 놀랍지 않다. 각종 '권위자들'이 무수히 언급되는 것도 이 때문이다. 이 권위자들의 책들, 특히 고대의 저작이나 전문 서적들은 의사들의 서재를 가득 메우고 있으며,173 의학박사들의 '판단'과 '추론'의 여백이나 본문에는 그 권위에 대한 참조가 빽빽이 들어차 있다. 그래서 「위르뱅 그랑디에 선생을 위한 반박문」에는 이런 말이 나온다.

가장 학식 높은 의사들의 말에 따르면 자궁질식,* 납중독, 고열, 간질병 등이 통상적으로 보아왔던 것보다 훨씬 기이한 경련, 뒤틀림, 찡그림의 증상을 야기할 수 있다고 한다. ……시몽 굴라르는 『우리 시대의 놀랍고 기억할 만한 이야기들의 보감寶鑑』의 1권 2부에서, 브라자볼은 『주석』 5권의 히포크라테스의 65번째 경구에 대한 주석에서, 위비에르는 『악마들의 속임수』 3권 15장에서, 박학한 외과의 피그레는 『외과의학의 이론과 실제』 7권 6장에서 이를 증언하고 있다…….174

학자들은 자기들이 빼앗길 수도 있는 어떤 지식이, 기형학적 형태로 파악하면서 그 독서를(혹은 전설을) 끊임없이 복원해야 할 지식이 낮의 책들에서 야음의 책들로, '권위 있는 저작'에서 공상으로, 동일자에서 타자로 이어지는 연속적 텍스트라고 상정하는 것이다.

* 히스테리를 뜻하는 예전의 용어.

II 신학이라는 거짓말쟁이

'거짓말쟁이'[악마]로부터 진실을 끌어내려 할 때 구마사는 손에 책을 들고 싸움에 임한다. 그것은 복음서일 수도 있고 어떤 신학자의 논고일 수도 있고 미카엘리스 신부의 『마귀들린 세 처녀의 구마의식 도중 벌어진 일에 관한 진실하고 기억할 만한 이야기』일 수도 있고 악마학에 관한 다른 권위 있는 저작일 수도 있다. 『그랑디에 씨가 국왕께 보내는 편지』(실제로는 그랑디에가 쓴 것이 아니다)라는 제목의 소책자에 따르면 구마의식 도중 나온 말들은 한 자도 빠짐없이 미카엘리스 신부의 책에 고스란히 들어 있다. 신부는 프로방스 지방의 마귀들린 여인들의 이야기를 썼는데, 이곳의 마귀들린 여인들은 그 책을 모델 삼아 판박이처럼 똑같이 만들어졌다…….[175]

박사님들의 확신

사건은 『그랑디에 씨가 국왕께 보내는 편지』의 저자가 생각하는 것 이상으로 이 책에 맞춰 만들어졌다. 사건의 본성, 즉 사건 자체가 정령들의 본성을 규정하는 한 학문에 의존한다. 사건 초기에 파리의 신학박사들에게 자문을 구한 것은 이 때문이다. 이들은 기적이 일어난 장소에서 멀리 떨어져 있지만 바로 그 때문에 자기들의 지식 체계에 의거해 루됭에서 벌어지는 일을 명명할 수 있는 위치에 있다. 1633년 푸아티에 주교의 자문에 대해 소르본의 신학박사 네 명이 보낸 (당연히 라틴어로 집필된) 답변서의 의미는 그런 것이다.

우리 유서 깊은 파리 대학의 신학박사들은 하느님과 교황청의 은총으로 푸아티에 주교가 되신 지극히 저명하고 존귀하신 앙리루이 드 샤스테니에르 라로슈포제 님의 요청에 따라 루됭의 우르술라회에 관한 의학박사들과 외과의들의 기록을 읽고 신중히 검토했으니, 이에 이 수녀들 중 원장수녀인 잔 드 벨시에르 수녀와 클레르 드 사지이 수녀는 실제로 마귀에 빙의되었으며 따라서 이들을 구금하여 마귀들린 자로 취급해야 한다고 판단했고 판단하는 바입니다.

악마 존재 증명

첫째, 의사들의 보고서에 따르면 이 두 수녀가 15분 동안 허공에 떠 있는 것을 의사들과 다른 많은 이들이 목격했으므로 그들의 육체가 본래의 중량에도 불구하고 공중으로 떠올라 그렇게 허공에 떠 있었다는 것이 확실할 것입니다. 이런 일은 당연히 자연적으로는 발생할 수 없으므로 자연을 초월하는 어떤 힘이 이들을 허공에 붙들고 있었던 것이 틀림없습니다. 다른 현상과 구마 혹은 퇴마 의식에서 명백히 밝혀진 것처럼 이 힘은 악마의 힘일 수밖에 없습니다. 몇몇 사람은 [이것이 정말 마귀의 소행이라면] 이러한 공중부양이 일어나는 것만으로는 부족하며 재채기 한 번에 마귀들린 여인(들)이 해방되어 육체가 땅으로 떨어져야 한다고 요구하고 있지만, 공중에 떠서 아무 데도 기대지 않고 한동안 머물렀다는 사실만으로도 이들이 마귀에 들렸다는 것은 충분히 입증됩니다.

둘째, 수녀들은 침대에 누워 있다가 몸이 구부러지거나 관절이 휘지도 않은 채 벌떡 일어섰는데, 이는 아리스토텔레스가 『역학』과 다른 책에서 선언하고 갈레노스가 『신체부위의 용도에 관하여』의 여러 곳에서 선언하는 바와 같이 자연적으로는 불가능한 일입니다. 무희舞姬나 곡예사가 관객을 놀라게 하거나 관객에게서 돈을 뜯어내려고 몸을 뻣뻣하게 유지한 채 갑자기 일어서는 일이 있으니 수녀들의 이런 기립을 마귀들림의 확고부동한 증거로 여길 수 없다는 사람도 있지만 저희는 이런 주장을 받아들일 수 없습니다. 이런 반론은 두 가지 사항에 의해 거짓되며 경험에 반하는 것으로 반박됩니다. 한편으로 나폴리의 트루카르도가 그림을 그려 보여준 바와 같이 무희들은 누워 있다가 꼿꼿이 서는 것이 아니라 허리를 굽히고 있다가 서는 것입니다. 다른 한편, 이러한 기립을 할 때는 몸통의 가운데 부분이 휘게 마련인데 수녀들에게서는 이를 관찰할 수 없습니다. 관찰자들과 의사들이 배석한 가운데 누운 자세에서 선 자세로 옮겨갈 때 수녀들은 완전히 누워 있었고 몸의 어떤 부분도 휘어지지 않았던 것입니다. 무엇보다 중요한 것은 몸통이나 관절이 전혀 구부러지지 않았다는 점입니다. 따라서 이런 기립은 수녀들 속에 자연보다 강하고 고차원적인 어떤 힘이 존재하거나 (같은 얘기지만) 이들이 마귀에 들렸다는 사실에 대한 확고부동한 증거가 됩니다. 셋째, 구마의식 도중 수녀들에게는 무시무시한 경련, 요동, 뒤틀림이 나타나는데, 의사들의 말에 따르면 만약 이들이 우울증, 색광증, 간질병이나 여타 유사한 질병에 걸린 것이었다면 이런 증상을 보이면서 얼굴, 입술, 눈, 뺨을 끔찍하게 움직였을 것이라고 합니다. 게다가 이렇게 격렬히 요동을 치는데도 동맥의 맥박은 평소보다 빨라지지 않고 정상적으로 뛰어 심장의 수축과 이완이라는 관점에서 보면 완벽히 건강하고 평온한 신체 상태였습니다. 이는 상기 수녀들의 요동과 고통이 자연(자연이 추동력으로 작용한 것이었다면 격렬한 요동이 아닌 미약한 쇼크만이 나타났을 것입니다)의 소산이 아니라 어떤 초월적 동인動因, 즉 악마의 소행이라는 증거가 됩니다. 이 격렬하고 기이한 증상은 구마와 퇴마의 힘 덕에 생긴 것이다 보니 구마와 퇴마가 중단되자 그런 증상은 사라졌고 수녀들은 이전의 평온한 상태로 돌아왔습니다.

외람된 말씀이오나

······따라서 우리는 이를 알 필요가 있거나 필요할 수도 있을 모든 이에게 다음의 사실을 확인하는 바입니다. 잔 드 벨시에르와 클레르 드 사지이 두 수녀는 실제로 마귀에 사로잡히고 마귀에 들렸으며, 이 증후들을 주의 깊고 신중하게 검토한 이들 모두가 악의를 품고 있었거나 오류를 저지른 것이 아닌 이상 이는 부인할 수 없는 사실입니다.

  반면 의학박사들에게 마귀에 들린possession 게 아니라 마귀가 들러붙었다obsession고 판정을 받은 같은 수녀원의 다른 수녀 네 명의 경우 각종 증상이 전술한 두 수녀에 비해 명확하지 않으므로 이에 대한 평가는 유보하는 바입니다. 하지만 우리가 수합한 정보에 대한 검토에 근거하여 의견을 표명하기를 원하신다면 의학박사들께는 외람된 말씀이오나 이 수녀들은 마귀가 들러붙었다기보다는 마귀에 들린 것처럼 보인다고 말하고 싶습니다. 들러붙음은 악마가 외적 동인으로 작용할 때 생깁니다. 하지만 구마술이나 다른 행동을 통해 이 네 명의 수녀로부터 이끌어낸 현상들은 내적 원리에서 생기는 것처럼 보입니다. 하지만 우리는 판단을 보류하고 이 일에 관한 한 의학박사들 및 여타 목격자들이 판정을 내리도록 할 것입니다.

  주님의 연호로 1633년 2월 11일 파리에서 평결함.[176]

끼워 맞추기

이 이상한 진단서에는 정직한 교수인 앙투안 마르탱과 자크 샤르통, 그리고 당시 파리 신학계의 유명인사였던 앙드레 뒤발과 니콜라 이장베르가 서명을 했다.

신학자들 역시, 아니 특히나 신학자들은 판단을 내릴 권력밖에 없다. 이들은 사실관계 수립에 하등의 영향력도 없어 다른 사람들이 관찰하고 이미 재단한 것을 전달받을 뿐이다. 그렇다 보니 신학자들로서는 다른 이들, 즉 의사들이 이미 결정한 것에 어떤 의미를 덧붙이고 그것을 예로부터 내려오는 지식의 이름으로 진실이라고 말하는 것밖에는 할 수 있는 일이 없다. 하지만 의사들은 사실관계를 제시하면서 이미 어떤 진실을 정립한 셈이므로 신학자들은 자기들이 생각하는 진실을 의사들이 내놓은 진실에 끼워 맞추어야 한다.

의학박사들은 직접 목격한 '광경'을 이론적 시각에 맞춰 조정할 수 있고, 특히 특사와 세속 판사들은 행동을 통해 직접 사실의 단위들을 규정할 수 있다. 반면 신학박사들은 자기들만의 논증절차가 있음에도 불구하고—설사 외람되게도 원칙에 따라 의사들이 내린 진단에 대해 이견異見을, 그것도 전적으로 가설적인 이견을 표출한다 해도—자기들과 무관하게 수립된 판단과 사실관계에 동조하지 않을 수 없다.

따라서 신학적 성찰이 의학적 시선으로부터 제공받은 증상 묘사에 매료되고 사로잡히는 것처럼 보이는 것도 놀랄 일은 아니다. 신학적 성찰은 신체 이미지에 딱 달라붙어 떨어지지 않는다. 신학적 성찰은 이러한 외양에 거리를 두어야 함에도 불구하고 '진정한' 존재들의 본성을 말해주는 책들로부터 가져온 이론과 대질시키기 위해 결과적으로 그 외양에 밀착한다.

구마에서 마법으로

사실들과 그 사실에 대한 의사들의 관찰 앞에서 신학이 처하는 이러한 양면적 상황으로부터 구마사들 역시 자유롭지 않음을 보여주는 특징이 두 가지 있다. 첫째, 구마의식은 뒤틀려 변질된다. 그래서 애초에 전례 행위였던 구마의식은 활극活劇combat théâtral의 무기가 된다. 구원과 계시의 역사役事였던 구마의식은 잃어버린 것을 회수하려 하다 보니 무언가를 잃어버렸다는 것을 고백하게 된다. 둘째, 전통적 입장들이 전복되었으므로 진실은 거짓말 쪽에서 찾아야 하며, 이제 진실을 말하는 것은 거짓말쟁이다.

이미 본 바와 같이 구마사는 의학적 지식에 손을 뻗친다. 악마의 영토에 들어서면서 의사의 전술 역시 받아들이기라도 한 것인지 구마사는 의학박사의 훈증요법과 약사의 약제를 취한다. 예를 들어 수녀가 마비상태에 빠져 움직이지 못하게 되자 신부는 훈증을 하고 전일前日과 마찬가지로 베에릭{악마}과 그의 동료들의 이름을 적고 모습을 그린 종이를 태우기 위해 유황·운향蕓香을 비롯한 여러 약제를 축성한다.[177]

조서들을 살펴보면 이처럼 마법의 기법과 질병 치료의 기법이 매번 병용되고 있음을 알 수 있다. 반면 예전에는 제식과 무관한 의료 기법은 거의 사용하지 않았었다. 구마사는 이제 자신의 테크닉을 믿지 못하게 된 것일까? 아니면 구마사의 테크닉은 이제 전문기술(행위)이 되지 못하고 연극, 효력 없는 공허한 말로 전락해버린 것일까?

하지만 구마사에게는 자기만의 도구와 수단이 있다. 물론 의사들은 관객의 위치에 있고 가브리엘 락탕스 신부와 같은 구마사는 연출가의 위치에 있는 게 사실이다. 그래서

의사들이 수녀들이 몸을 뒤트는 현상을 듣고 놀랐다며 이를 보여

달라고 청하자 구마사가 그 소망을 충족시켜드리고 싶다고 대답했다.[178]

구마사는 축성한 물건, 성유물, 성광聖光, 성체함, 면병을 불·물·연기처럼 신체에 대한 거리와 위치에 따라 효과가 달라지는, 물리학적 인과율을 따르는 물체처럼 사용한다. 오직 복음서만이 이런 전용轉用을 피하는 것처럼 보인다. 사실 복음서는 조서에서 속송續誦이 끝날 때나 겨우 언급될 뿐이다. 그래서 연극의 휴식시간이나 막간처럼 구마의식이 일시적 소강상태에 접어들면 구마사는 식전式典에 포함된 복음 말씀을 읊는다. 반면 [성유물, 성체함, 면병 등] 다른 물건들에는 연극의 사건을 일으키고 플롯을 예기치 못한 방향으로 이끌며 스토리를 극적으로 만드는 도구적 가치가 있다. 그래서 수녀가 한동안 조용히 있자 신부는 성체를 들어 그녀의 머리와 명치에 들이대고 악마에게 나오라고 명령했다. 그러자 수녀는 마비상태에 빠져 뒤로 넘어졌고 신부는 훈증요법을 실시했다. ……그러자 구마사는 성체를 들더니 수녀의 몸을 일으켜세우라고 악마에게 강요했다.[179]

축성한 손가락

성체, 훈증요법, 성체. 이렇듯 여러 수단이 번갈아 사용된다. 이러한 도구 세트 중에는 성체함, 면병, 성유물 외에도 걸핏하면 사용되는 도구가 하나 있으니 구마사(사제 혹은 주교)의 축성한 손가락이 그것이다.

주교님{라로슈포제}이 수녀를 잡더니 그녀의 입에 축성한 손가락을 집어넣었다. 그러자 수녀는 즉시 경련에 빠졌다.

......구마의식을 해도 수녀가 평온한 상태를 유지하는 일이 몇 차례 반복되자 구마사(수도사 한 명)는 수녀를 잡더니 그녀의 입에 축성한 손가락을 넣은 다음 베에리트에게 모습을 드러내 위쪽 부위로 올라오라고 명령했다. 그러자 수녀는 즉시 매우 격렬한 경련에 빠졌다.[180]

틀에 박힌 문구가 똑같이 되풀이되는 것은 이 손가락이 기계적 메커니즘에 따라 똑같은 결과를 낳기 때문이다. ......또한 이 틀에 박힌 문구에 손가락 대신 구마사의 성스러운 장비 세트에 있는 다른 물건을 넣어도 아무 문제가 없다.* 이 도구들은 어떤 효능이 담긴 물건으로 떠받들려 고이 보존될 것이다. 이 도구들은 인간적 행위, 제식 행위라는 전체적 틀에서 분리되어 그 자체가 (신체 부위들, 입·머리 및 악마의 모든 '거주지'라는) 다른 '대상들'에 대항하는 효능이 있는 것으로 간주된다.

    이 도구들은 각기 다른 행로를 걷게 될 것이다. 우리는 그중 하나를 르네 다르장송에게서 찾아볼 수 있다. 이 재사才士는 유언장(1652년)에서 소유재산을 나열하던 중 성유물함聖遺物函 하나를 언급하면서 그 '효력'을 본 적이 있노라고 이야기하는데, 아마 생통주와 푸아투의 지사로 재직하던 시절(1633~1634)에 루됭에 갔던 모양이다. 어쨌든 다르장송은 몰라도 그의 친척인 라트레무이유 집안사람들은 루됭에 온 적이 있다.

    ......내가 평소 몸에 지니고 다니는 성聖십자가 성유물함은 푸아티

---

* 각종 조서에 나오는 '수녀가 평온한 상태를 유지하는 일이 몇 차례 반복되자 구마사는 수녀를 잡더니 그녀의 입에 축성한 손가락을 넣었다. 그러자 수녀는 즉시 경련에 빠졌다', '수녀가 한동안 조용히 있자 신부는 성체를 들어 그녀의 머리와 명치에 뿌리고 악마에게 나오라고 명령했다. 그러자 수녀는 마비상태에 빠져 뒤로 넘어졌다', '수녀가 마비상태에 빠져 움직이지 못하게 되자 신부는 훈증을 한다' 등의 구절은 사용하는 도구·수단(손가락·성체·훈증 등)은 달라도 문구는 똑같다.

에 성십자가 수녀원의 원장수녀였던 고故 라트레무이유 수녀께서 주신 것으로 나는 이 성유물함이 마귀에 들린 사람에게 기적과도 같은 효력을 발휘하는 것을 본 적이 있다.[181]

언어의 치유

그렇다면 이 모든 물건의 효능은 어떤 결과를 얻어주는가? 이 물건들은 질문과 답변 사이에 끼어든다. 이 물건들은 자백을 '생산'하거나 강요하는 데 쓰인다. 여러 조서에 따르면, 즉 구마사들의 전문지식과 시각을 가장 잘 드러내는 보고서들에 따르면 성직자들의 라틴어가 기대에 부응하는 말을 얻어내지 못할 때 '도구'가 개입한다. 도구는 종교적 담론에서 이가 맞지 않는 부분들이, 서로 '들어맞게' 해준다. 도구는 언어의 차이들을 신앙개조信仰箇條의 부정(신앙개조의 역상逆像 또는 악마적 상)—즉 신성모독—으로 환원시키며, 일단 이 작업이 완수되면 이 차이들이 스스로 부인되어 정확히 출발점으로 돌아가도록 강요한다. 이 출발점이란 바로 악마의 '고해告解'이다.

그러므로 우선 악마의 말이 있어야 한다. 이는 수녀들의 침묵·'마비상태'·거부를 분쇄하기 위해 싸워야 한다는 뜻이다. 다음에는 이 악마의 말이 자가당착에 빠져 지옥의 고통, 구세주의 영광, 마리아의 순결한 힘을 증언해야 한다. 축성한 물건이나 각종 약제는 사고가 생기거나 운행이 중단될 때마다 시동을 걸고 코스를 유지·수정한다. 축성한 물건이나 각종 약제는 이 매일같이 계속되는 드라이브에서 생기는 모든 오류나 일시정지를 주먹질처럼 외부에서 물리적으로 '교정correction한다.'* 기술적 조작이 한 언어의 인위적 축조를 보장한다.

*불어의 correction이라는 단어에는 '교정·수정'의 뜻 외에도 '체벌'의 의미가 있다.

루됭의 구마의식이 전통에서 멀어지고 심지어 전통을 전도 顚倒시키는 것은 바로 이 때문이다. 과거에는 구마의식 도중 예식 '행위'가 간결했으며 신의 '말씀'에는—마귀들린 여인에게 축성을 해주고 복음서를 읽어줄 때—그 여인의 영혼은 물론이요 때로는 신체까지도 치유하는 효력이 있었다. 반면 이제 루됭에서 일차적 목표는 마귀들린 여인들의 치유가 아니라 언어의 치유이다. 따라서 방향전환 내지 노선변경이 이루어진다. 과거에는 공통의 믿음이 성직자의 말을 성화聖化와 진정鎭靜의 행위 쪽으로 이끌었다면 이제는 의심 때문에 흔들리는 말씀을 강화하는 것이 행위의 목적이 된다. 구마의식 속에서 행위와 말이 서로 자리를 바꾼 것이다.

행위의 소멸

이러한 전도를 준비하던 사전 단계들을 제쳐두고 보면 루됭에서 구마의식은 이제 아무것도 하지 않는다는 것을 확인할 수 있다. 하나의 체계가 자리를 잡아 모든 요소가 동일한 이야기를 하도록 조직한다. 따라서 행위자들은 존재가 지워져 단지 체계의 배역으로 전락한다. 구마사들과 마귀들린 여인들은 연극의 인물이고 진리의 전달수단이다. 거꾸로 말하면 이 진리들은 구마사와 마귀들린 여인을 부정함으로써만 다시 떠오를 수 있고, 침묵과 신성모독을 넘어 다시 출현해야 한다. 진리들이 상실된 것처럼 보임에도 불구하고 진리들은 과거의 모습을 그대로 유지해야 한다. 종교적 언어는 말을 해야 하고 되풀이되어야 한다. 종교적 언어는 각각의 행위나 각각의 개별 배우가 섬기는 주체-대상이다.

과거에 구마의식 전문가들이 행위를 중시했다면 이제는 언어적 표명이 중시된다. 예수 그리스도의 이름으로 악마를 쫓아내며 기독교인에게 유익한 '축복'을 제공하던 예식의 '동작'이 개인적이다 못해 은밀하기까지 했다면 이제 파편화된 언어의 비극이 이를 대체한다. 이 비극에서는 스펙터클의 축이 되는 각 진영(구마사들, 마귀들린 여인들, 관객들 등)이 동일한 진리를 따라 말함으로써 언어의 비극을 상쇄한다. 미장센의 각 파트너는 동일한 이미지를, 동일한 '그렇습니다, 아멘'을, 동일한 단어를 따라함으로써 특별한 장소(과거에 교회였던)에서 발화된 말이 참이 될 수 있게 해야 한다.

이러한 작업의 결정적 지점은 말할 것도 없이 거짓말과의 관계이다. 구마의식은 거짓말과의 싸움에 다름 아니다. 하지만 구마의식은 거짓말과 위험한 공모관계를 맺고 있기도 하다. 진실과 거짓말이, '참된 진실'의 증인들과 '거짓말쟁이'가 육탄전을 벌이느라 서로 몸이 밀착되어 누가 누구인지 알 수 없다 보니 마귀들린 여인들 앞에 선 구마사는 자기가 마주하고 있는 것이 '타자'인지 '동일자'인지 알 수가 없다. 어쩌면 자신의 입장을 확고히 하기 위해 적을 철저히 이해하려다 보니 자기 꾀에 넘어가 자기 확신의 수단을 잃게 되는 것인지도 모른다. 구마사는 '거짓말쟁이'에게 [자기가 원하는] 진리를 증언케 하려고 너무 많은 계략을 쓰고, 속임수 자체에 너무 몰입하다 보니 이제 자기가 자신의 계교에 속은 것인지 '적'의 계략에 당한 것인지, 자기가 미망迷妄에 빠져 자신의 진리가 변질된 것인지 아니면 반대로 자기가 사기꾼을 속여 거짓말을 강요하는 것인지 알 수가 없다. 이야말로 진리를 수호하겠다고 나섰으면서 진리가 어디에 있는지 모른다고 자백하는 꼴이 아닌가?

거짓말쟁이에게 강요하기

의사들에게 시각의 어휘가 중요했던 것과 마찬가지로 구마사들에게서 진리를 향한 싸움은 군대식 용어로 표출된다. 그런데 이 전투는 한 가지 핵심적 문제의 주위를 맴돌고 있다. '거짓말쟁이에게 진실을 말하게 할 수 있는가?'라는 문제 말이다. 이 문제에는 군대식 언어만큼 뚜렷하지는 않지만 그에 못지않게 근본적인 언어형식들이 있다. 마귀들린 여인들의 짐승 언어는(여인들은 할퀴고 물어뜯고 기어다니고 으르렁거리고 울부짖는다) 인간 존재의 신성한 진리를 언표하는 것일까? 악마들이 쓰는 외국어들은 교회의 라틴어로 전해진 계시들의 번역 내지는 음화陰畵인가? 하지만 구마의식의 작동방식에 의문을 제기하는 이런 질문들 때문에 결국 논의는 교회가, 우리의 신성한 어머니 교회가 과연 '거짓말의 아버지'[악마]에게 강제로 진실을 말하게 할 수 있는 힘을 갖고 있느냐 하는 문제로 귀착된다.

초기 단계에서 보면 악마가 폭로한 진실은 숨겨진 사건과 은밀한 생각에 관한 진실이다. 다른 여러 소책자에 뒤이어 『한 법관이 파리에 있는 라모트 르부아예 양에게 보내는 편지. 이 편지에서는 마귀들린 여인들이 1634년 8월 2일 그랑디에의 판사들에게 폭로한 여러 은밀한 일이 논해지고 있다』182라는 편지 형식의 소책자가 입증하려는 것이 바로 그것이다.

이 소책자에 따르면 라지이 양에게는 지극히 박식한 하느님의 신학자들조차 놀라움을 금치 못한 점이 있었다. 구마사가 자기 생각을 말로든 무엇으로든 전혀 드러내지 않았는데도 악마가 구마사의 생각을 간파하는 것이었다. 하지만 성 토마스[아퀴나스]와 가장 위대한 신학자들은 악마가 우리의 마음속 생각을 알 수 없다고 단언하고 있다.183

"매우 은밀한 사연"

마귀들린 여인이 구마사의 생각을 우려스러울 정도로 정확히 꿰뚫어보는 것, 1634년 말 루됭에 도착한 쉬랭에게는 이것이 루됭 사건

의 첫 경험이 된다. 루됭에 오기 전 쉬랭은 마렌 지역의 신부로 있었
다. 쉬랭은 마들렌 부아네Madeleine Boinet의 고해신부였는데, 그녀는
쉬랭을 매료시켰던 일자무식의 신비주의 광신도 중 하나였다.[184]
그런데 쉬랭은 루됭에서 자기 귀를 의심하게 된다.

그의 앞에 나타난 첫 악령이 그에게 왜 마렌에서 돌보던 선한 영혼
들을 버려두고 이곳에 와서 미친 여자들이나 구경하고 있느냐고 물
었다. 악령은 얼마 후 마렌에 있는 이 독실하고 선한 영혼들에 관
한 매우 은밀한 사연을 이야기했는데, 마귀들린 수녀{잔 데장주}는
이에 관해 아무것도 아는 것이 없었고 풍문으로 들은 적도 없었다.

과연 그럴까? 원장수녀는 영리했으며 쉬랭에 대해 이미 정보를 갖
고 있었다.

그는 자신에게 이 일{구마의식}을 하면서 많은 고통을 겪으리라고
말했던 여인의 편지를 꺼내 악령에게 보여주었다. 그러자 악령은
"너의 독실한 처녀가 보낸 편지잖아"라고 말했다.
    쉬랭은 말을 이었다. "Quaenam illa est?(그게 누구인가?)"
    악령은 대답했다. "너의 마들렌 말이야."
    쉬랭이 덧붙였다. "Dic proprium nomen.(그녀의 본명을 말
하라)"
    악령은 분노하며 말했다. "너의 부아네트Boinette 말이야."
    그 독실한 처녀의 이름은 마들렌 부아네라 했으며, 보르도로
유배된 상태였다. ······이렇게 원장수녀와 이야기를 나눈 신부는
얼마 후, 특히 무수한 빙의 불신자들에게, 그녀가 마귀에 들린 것은
의심의 여지가 없다고 확언했다. 원장수녀의 몸 안에 있던 같은 악
령들이 그가 마렌에 있었을 때 일어난 몇 가지 일을 이야기했는데
이는 그가 철저히 비밀에 부치고 있던 일들이었다. 악령들이 이 이

야기를 하자 쉬랭 역시 자신의 음침한 비밀로부터 나온, 자신의 적이 돌려주고 (기록에 따르면) '토해낸' 이 진실에 매료되어 여인들의 몸 안에 기거하는 악령들의 진실을 파악하기 위해 눈에 불을 켜고 덤벼들었다.[185]

무신론자와의 논쟁

하지만 악령들이 점유하고 있는 거주지들로부터 이처럼 여러 비밀이 떠오른다고 해서 이 (놀라운) 사실로부터 그에 대한 권리가 자동적으로 도출되는 것일까? 구마사들은 이 잃어버린 신체들 속에서 부당하게 변질되고 은폐되었을 진실을 요구할 권리가 있는가? 혹은 바꿔 질문하면, 강요에 의해 나온 말을 '진실'이라도 되는 것처럼 믿고 의존하는 것은 정당한가? '거짓말쟁이'에게 진실을 요구하고 그에게서 진실을 이끌어낼 권리라는 문제는 '기독교적 진실'이 타자, '무신론자' 혹은 불신자와 맺는 관계를 상징적으로 드러낸다. 신성모독자에게 기독교 신앙을 고백케 하고 이에 동의하도록 강요할 권리라는 개념은 비록 연극적이고 악마학적인 모습을 하고 있기는 하지만 동시대의 거대한 호교론 기획의 연장선상에 놓여 있다. 예컨대 같은 해인 1634년 장 드 실롱은 『영혼불멸론』이라는 논고에서 이렇게 선언한다.

신앙의 회복이 오늘날처럼 절박한 때도 없었다. 종교에 대한 죄악이 오늘날처럼 위험하게 저질러진 때도 없었다. 이자들은 지붕이나 담장을 두드리는 게 아니라 벽의 밑부분을 공격하고 토대를 파고들면서 건물 전체를 파괴하려 하는 것이다.[186]

그는 침략자에 결연히 대항할 것을 다짐한다. 나이와 국적을 불문하고 만인이 동의하는 것을 침략자도 인정하게 만들 것이며, 적들로부터 그들이 거부하는 믿음을 찾아낼 것이고, 갖은 부인에도 불구하고 적들이 버리지 못하고 있는 진실을 말해 이를 고백하게 만들겠다는 것이다. 루됭의 악마는 실롱의 호교론에 나오는 무신론자와 동급이다. 따라서 교회(구마사, 신학자)가 '거짓말쟁이'나 거짓말에게 진실을 강요할 권리를 갖고 있다는 것은 부차적인 문제가 아니다.

악마의 교리

이스마엘 불리오는 이 문제를 사법적 관점에서 검토하여, 그랑디에 재판이 오직 악마들의 진술에만 근거해 진행되는 것은 용납할 수 없는 일이라고 평가한다. 판사들은 성 토마스[아퀴나스]와 파리 대학 신학부의 단호한 학설을 무시하고 악마들의 진술을 곧이곧대로 믿고 있는 것이다.[187]

이는 정당한 이의제기다. 하지만 실제로는 판사들은 판결문에서 '악마들의 진술'을 판결 이유나 재판상의 증거로 사용하지 않는다. 문제는 오히려 신학적 관점에서 제기된다. 이런 관점에서 불리오는 악마로부터 이끌어낸 '진실들'에 대한 구마사들의 신뢰가 한 가지 위험하고 반종교적이고 그릇되고 끔찍하고 역겨운 이론에 근거하고 있다고 부언한다. 불리오에 따르면 이 이론은 기독교인들을 우상숭배자로 만들고, 기독교의 토대를 무너뜨리며, 중상모략에 길을 열어준다. 결국 만약 하느님이 그의 섭리로 이 악을 치유하지 않는다면 악마는 이제 몰로크의 이름으로 희생자를 낳는 것이 아니라 이 악마와도 같고 지옥과도 같은 교리 덕분에 사람들을 죽일 것이다.[188]

『루됭의 주임신부를 변호하는 데 도움이 될 고찰들과 성찰들』 (1634) 역시 같은 논리를 펼친다.

악마가 특히 주임신부를 고발하거나 정직한 사람들을 비방할 때 사람들은 놀랄 만큼 쉽사리 악마를 믿는다. 이는 기독교인의 지위를, 악마를 믿어 악마가 신이라고 여기는 이교도만도 못하게 실추시키는 짓이다. 사람들은 악마가 거짓말과 중상모략을 일삼는다고 하면서도 악마의 말이 주임신부에게 해를 끼칠 수 있거나 악마가 지극히 덕망 높은 인사들을 비방하면 악마의 말을 믿으라고 한다. 반대로 악마의 말이 그랑디에에게 유리할 경우 악마는 거짓말쟁이로 여겨진다······.

　이렇게 사람들은 진실밖에 말하지 못하는 하느님을 왕좌에서 끌어내리고 그 대신 할 줄 아는 말이라고는 거짓말과 허언虛言밖에 없는 악마를 그 자리에 앉히려 한다. 사람들은 이 허언을 진실이라고 믿는 게 틀림없다.[189]

이교와 기독교가 서로 교차하는 것과 마찬가지로 진실과 허언이 서로 교차한다. 이에 관해 그랑디에 자신이 최근의 저작을 인용하고 있다. 바르플뢰르 지방의 성 아우구스티누스 수도회의 수도사 상송 비레트가 1618년 루앙에서 출간한 『구마된 악령들의 답변에 관해 속인들이 저지르는 오류에 대한 반박』이 그것으로, 상송 수사는 성 요한네스 크리소스토무, 성 토마스 아퀴나스, 소르본의 소견서 등 수많은 자료에 근거하여 다음과 같이 결론을 내린다.

구마의식이 악마에게 언제나 진실을 말하도록 강요할 수 있다는 주장이 거짓인 만큼이나 구마된 악마가 거짓말을 할 수 있다는 주장 역시 사실이다.[190]

혼합

이 언제나라는 표현은 악마는 설사 진실을 말할 때에도 믿어선 안 된다[191]는 아퀴나스 신학의 원칙을 상당히 정확하게 옮기고 있다. 악마의 말에는 진실이 약간 있다. 하지만 어느 것이 진실이란 말인가? 그것을 어떻게 판별한단 말인가? 악마는 거짓 섞인 진실의 스핑크스이고, 이 점에서 파스칼이 말하는 상상력과 유사하다.

상상력은 오류와 허위의 주인이며, 늘 그렇지는 않다는 점에서 더욱 음흉하다. 상상력이 반드시 오류와 허위를 낳는다면 상상력은 진실의 확고부동한 잣대가 되었을 것이니 말이다.[192]

장조제프 쉬랭은 경험에 근거해 어떤 과학을 정초하려 하면서, 참과 거짓의 혼합 역시 이 경험의 본질적 소여로 간주한다. 그는 악마들이 언제나 거짓말을 하지는 않는다는 사실을 인정한다.

그런데 악마들이 언제 진실을 말하고 언제 진실을 말하지 않느냐는 문제에 대해 확고 불변한 규칙을 제시하기는 쉽지 않다.
단지 이에 관해 신께서 우리에게 주신 여러 경험에 비추어볼 때, 구마사가 자기 소임을 다하고 우리가 사심 없이 신중하게 행동한다면 주님께서는 악마들을 강요해서 교회가 원하는 바를 행하도록 만드시며, 종종 영혼들의 안녕을 위해 악마들이 전혀 원치 않는 순간에도 이들에게 매우 커다란 진실을 말하도록 강요하신다는 점은 말할 수 있다. 그리고 악마들이 하는 말이 신앙의 가르침에 부합할 때 우리는 크나큰 확신을 가질 수 있다…….[193]

여기서 결합되어 있는 세 가지 기준 중 첫번째 기준(구마사가 자기 소임을 다할 때)의 경우 이 조건이 완전히 충족되었다고 확신하는 것이 과연 가능할까? 두번째 기준(교회가 그것을 원하거나 명할 때)은 종종이라는 표현으로 완화되고 있다. 전반적 비율이 그렇다는 것이므로 개별 사례 하나하나는 미결 상태로 남아 있는 것이다. 세번째 기준(교회의 가르침에 부합할 때)이 가져다주는 크나큰 확신의 경우 이는 신앙의 가르침을 근거와 잣대로 삼는다는 안도감과 동일시된다. 개인의 사심 없고 신중한 행동, 교회의 임무와 서품, 교리에 대한 충실, 이 세 가지 모두 17세기의 관련 책자들에서 말하는 설교 규칙의 틀을 벗어나지 않는다. 어쩌면 이것이야말로 쉬랭이 뜻하는 바일지도 모른다. 쉬랭은 **청중**이 '불신자'가 된 사회를 향해 이제 숨어버린('신비주의적인') 진리를 설파한다. 담론들은 현재 일어나는 일과는 무관한 본질들의 정의에 매달린 채 제자리에서 맴돌고 있으므로, 이 진리는 흩어진 경험들 사이의 소통을 보장할 언어로 언표되어야 한다.

하지만 악마들은 자기들과 무관하게 규정되고, 믿고, 인정되는 진리에 대해 어떤 도움을 줄 수 있는가?

구마사들이 들고 있는 매뉴얼들—프란치스코회 수사인 베르가모의 칸디도 브로뇰리가 쓴 『신부를 위한 구마 매뉴얼』(베르가모, 1551년)에서 막시밀리앙 드 에나텐의 『구마 매뉴얼』(안트베르펜, 1635년)에 이르기까지—은 이 점에 대해 별로 많은 것을 알려주지 않는다. 모든 매뉴얼이 그렇듯 이 책들 역시 마귀들린 여인들의 입에서 나오는 진실을 쉽게 믿지 말라고 경고하고 있어 이제는 사용할 수 없는 낡아빠진 지식이 된다.

사실 루됭에서 구마사들의 요구는 특정 시기의 사회적 상황과 관계가 있다. 이 시기 동안(이 시기는 1650년경 끝나지만 그 같은 흐름은 17세기 말에 재부상할 것이다) 기독교의 진리는 별의별 사상思想, 대담한 학설, 입장 대립이 뒤섞인 대혼란에 빠져든다. 신자들의 경험에서 보면 기독교의 진리는 거짓말 속에서 길을 잃은 것처럼 보인다. 게다가 아무리 독실한 신도라 해도 무신론자의 면모가 없지 않다. 마귀들린 여인들의 말에 섞여 있는 진실들을 간파하는 작업은 거짓말에서 진실을 찾아야 하는 종교적 상황을 상징적으로 보여준다. 하지만 실제 구마의식은 두 가지 상반된 반응을 드러낸다.

인식의 장소

어떤 이들은 이렇게 거짓말과의 혼합이 진실의 새로운 장소를 만들어낸다는 사실을 중시한다. 그래서 이들은 공개 상연에서 내면의 진실 탐색으로 이행한다. 이는 마음의 이중성 속에 깃들어 있는 진실을 찾는 일로, 어떤 급진적 선택으로 표출되며, 영적 소통이 가져다주는 인식 덕에 표현될 수 있다. 이런 방향으로 첫걸음을 내딛은 사람이 바로 쉬랭이었다. 쉬랭은 공개적 스펙터클을 비난하면서 그보다는 심처深處에서 개인적으로 대화를 나누고 선택의 결정을 준비하는 편을 선호한다. 이렇게 그는 어떤 '실험 과학'*을 만들어낼 것이다.

권력의 수호

반면 어떤 이들에게는 이러한 상황은 하나의 권력, 교회 권력이 위협을 받는다는 사실로 요약된다. 영성 탐색과 진리 탐색의 내적 조건이 달라졌지만 이들은 이런 상황을 알지 못하다 보니 진리가 이

---

*쉬랭의 저서 『루됭의 우르술라회 수녀들의 마귀들림 사건을 통해 획득한 다른 삶의 사물들에 관한 실험 과학』을 말한다. '실험 과학science expérimentale'이란 프랜시스 베이컨이 제안하여 널리 통용된 개념으로 '사변 과학'과 달리 관찰과 실험에 의거하는 과학을 말한다.

런 상황 변화의 영향을 받지 않는다고 여긴다. 진리는 교회의 제도와 담론에 의해 정의·한정·지배되고 있으므로 새롭게 떠오른 질문들의 추궁을 받을 필요가 없다. 모든 문제의 근원은 외부에, 예기치 않게 부상하고 있는 역학관계에 있다. 진리의 문제가 아니라 권력의 문제인 것이다.

그러다 보니 권력과 강제라는 단어가 끊임없이 나온다. 교회는 악마를 강제할 권능이 있다는 말이 되풀이된다. 각자가 이 말을 어떤 의도에서 사용하건 간에 이 문장에는 나름의 논리가 있다. 어떤 '합법성'을 위협하는 적을 진압하는 것, 이것이 바로 구마의식이 온몸으로 표현하는 바이다. 구마의식은 성체를 왕홀王笏이나 무기처럼 사용한다. 트랑킬 신부는 『루됭의 우르술라회 수녀들의 마귀들림 사건에서 준수된 적법한 절차들에 관한 정확한 보고서』(1634)에서 이렇게 쓴다.

적법한 절차에 따라 교회가 악마들을 구마했을 때 이 악마들의 진술을 이용해도 되는가, 이때 악마들은 과연 진실을 말하는가라는 문제는 일절 논하지 않겠다. 이 문제가 궁금한 독자는 얼마 전 푸아티에서 출판된 『소르본 신학박사 3인의 의견과 구마된 악마들에 관한 비레트 신부의 책에 대한 간략한 설명』이라는 소책자를 참고하기 바란다.

이에 대해 다음과 같은 사실만을 전하도록 하겠다. 성체를 통해 구마를 받고 나면 악마들은 절대 거짓말을 하려 하지 않았으며…… 악마 중 하나가 구마사를 마법사라고 비난하자 구마사는 만약 성체를 앞에 두고 진실을 말할 것을 약속한 다음 다시금 그렇게 말한다면 그 말을 받아들이겠다고 대답했다. 그러자 악마는 더이상 우기지 못하고 자기가 한 말을 취소할 수밖에 없었다.[194]

앙드레 뒤발은 보다 원론적인 차원에서 세속 재판권이 교회에 끼치는 위험을 지적하면서 교회 재판권을 옹호한 바 있다. 1620년 2월 16일 뒤발은 이렇게 선언했다.

마귀에 홀린 자들에게 구마를 하지 못하게 하는 것은 이교도와 이단자로부터 구마의식이 흔히 보여주는 기적을 볼 기회를 박탈하는 것이다. 이러한 기적은 이들에게 교회의 신성함에 대한 명백한 증거가 되었을 것이다. 구마의식을 막는 것은 더구나 마귀에 홀린 자들이 세속 재판권에 속한다고 인정하는 것인데 이는 그릇된 생각이다.[195]

트랑킬은 루됭 사건을 훨씬 정확하게 바라보고 있다. 악령들에 대한 승리는 국왕의 업적이므로 하느님의 역사役事라고 말하는 것이다. 로바르드몽 씨는 정의와 신앙이라는 왕도王道에 따라 재판을 이끌었다. 이렇게 해서 정의[세속 사법체제]가 칼과 천칭이라는 본연의 무기를 들고 루됭에 도래하여 지옥에게 판결을 언도했다.[196] 권력의 실제 힘은 분명 저쪽, 정치 쪽에 있다.

따라서 진리에 대해 과거에 교회가 갖고 있던 권력을 수호하려는 활동은 스펙터클로 변할 수밖에 없다. 그리고 이는 점차 '행동'에서 멀어지며 '말' 쪽으로 끌려간다. 이제 남은 방법은 외부의 도움, 국왕의 도움에 기대는 것이다. 국왕의 힘을 허울 좋게 신의 섭리라는 말로 포장하기도 하지만 이는 알아서 왕권에 복종하는 것에 불과하다. 진리의 문제가 새로운 방식으로 제기되는 것을 인정하지 않으려고 발버둥치다 보니 구마의식의 연극화는 더욱 강해진다. 이 연극화는 어떤 중단의 산물이고 상실의 부인否認의 증후이다. 권력의 재현은 권력을 잃을지 모른다는 불안―혹은 이미 잃었다는 불안―을 드러내다 보니 더욱 극적이 된다.

10 마법사에 대한 판결
    (1634년 7월 8일~8월 18일)

7월 8일 국왕이 특명을 내려 그랑디에 사건을 맡을 특별 판사들을 임명하면서 재판이 시작된다.

루이라고 서명하고 그 밑에 국왕 전하의 이름으로 펠리포라는 서명과 국새가 찍힌 천육백삼십사년 칠월 팔일의 새로운 특명을 통해 전하께서는
    상기의 로바르드몽 경,
    푸아티에 중급 재판소의 판사인 로아탱 경, 리샤르 경, 슈발리에 경,
    오를레앙 중급 재판소의 형사 대리관 우멩,
    투르 중급 재판소장 코트로,
    대리관보 페키노,
    상기 재판소(투르)의 판사 드 뷔르주,
    생멕상 재판소의 민형사 대리관 텍시에르,
    시농 재판소의 민형사 대리관 드뢰,
    상기 재판소의 대리관보 라바르,
    샤텔로 재판소의 대리관보이자 형사 재판 배석판사인 라피슈리,
    보포르 재판소의 민형사 대리관 리브랭
을 임명하여 파견하시는 바이니

261

모두 힘을 합쳐…… 그랑디에와 그의 공범들에 대한 재판을 진행하고, 그 어떤 이의신청이나 상고가 있건 간에 재판이 지연되는 일이 없도록 하며, 오직 그랑디에에 대해서만 최종판결을 언도하고 형을 집행하여 재판을 마무리하라.[197]

판사라는 성직聖職

재판 지역에서 보면 이 특별 판사들은 모두 외지인으로, 보포르앙발레, 시농, 투르, 오를레앙, 샤텔로, 푸아티에, 생멕상레콜 등 이들의 출신 도시들은 루됭 동쪽으로 반원半圓을 그리면서 신교도 부상 지역에 대한 가톨릭 우세 지역들의 경계선을 나타낸다.(아래 지도 참고)

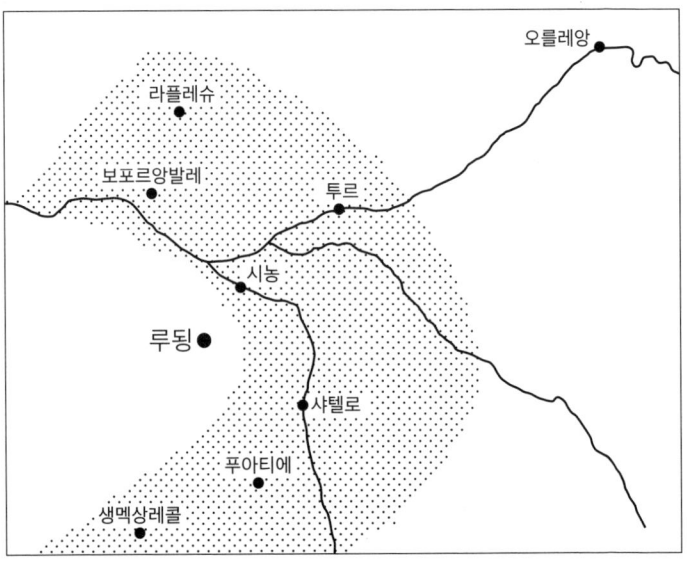

기이한 특별 재판의 판사들이 속한 중급 재판소들
신교의 전진기지인 루됭에 맞서는 가톨릭 저항군.

몇몇 비방문에 따르면 오귀스트 뒤 무스티에 드 부르뇌프(레젤뤼 재판소장)와 샤를 쇼베(배석판사) 등 몇몇 루됭 출신 인사도 후보로 거론되었지만 모두 거부되었다고 한다. 푸아티에의 판사였던 콩스탕 경 역시 거부되었다고 하며, 피에르 푸르니에 역시 처음에 특별 재판의 검사로 임명되었다가(사실 여부는 불확실함) 다시 거부된다. 그 대신 라플레슈 중급 재판소의 판사인 자크 드 니요가 그 자리에 임명된다.

이 특별 재판의 판사로 선출된 이들은 재판소장이든 대리관이든 판사이든 할 것 없이 모두 중급 재판소 le siège présidial 소속이다. 당시의 중급 재판소는 작은 사건만을 취급하는 지방법원으로 원칙적으로 9인의 재판관으로 이루어져 있었다. 이 판사직은 매매관직으로 보수도 적고 골치 아플 일도 없는 자리였다. 마렌에서는 이 직을 수행함으로써 얻을 수 있는 한가한 생활의 즐거움을 찬양하는 글이 나오기도 했다.[198]

왕정의 사법체제에 속한 이 판사 나부랭이들은 평민 딱지를 떼려고 자기 계급을 부인하는 프티부르주아 계급에 속하는가? 어쨌든 이들은 자기 '땅'이 있다. 슈발리에는 테섹의 지주地主이며, 라바르는 브리제의 지주이고, 로아탱은 조리니의 지주인 식이다.* 드뢰, 라바르, 우멩이 야심가이자 자유사상가라는 소문도 있었지만[199] 증거는 없다. 라플레슈 지방의 한 교회의 재산 관리위원회 회계책임자였던 니요는 성기聖器를 빼돌린 혐의로 기소되었다가 파리 고등법원에서 무죄를 선고받은 적이 있었다. 이는 그의 도덕성의 지표라기보다는 그가 누구의 지원을 받고 있으며 라플레슈에서 사회적·종교적으로 어떤 위치를 차지하는지를 알려주는 지표이다. 마찬가지로 텍시에르는 생멕상에서 성사회 회원으로 활동했고, 로아탱은 푸아티에 예수회와 긴밀한 관계를 유지하며 반종교개혁 운동에 참여했다.

* 여기서 '지주'로 번역한 sieur는 '땅'은 소유하고 있지만 귀족 출신의 '영주 seigneur'와는 달리 영지에 대해 통치권을 행사하지는 못하는 자들을 가리킨다.

무엇보다 이들은 피의자가 성직자인 특별 재판의 판사로 선출됨으로써 진정한 성직聖職을 얻게 된다. 마법사와 마귀들린 여인들을 상대하면서 이들은 신神의 법정, 영성 지도, 사제에 대한 '질책'에서 검찰 역할을 수행한다. 이들은 이것이 위협받는 종교와 위태로워진 질서와 악마의 수중에 넘어간 영혼들의 안녕을 수호하는 일이라고 확신한다. 이 속인俗人들은 어떤 성직에 임명된 것이다. 이들은 실제 성직자의 성직을 이어받아 불경한 사제에 대한 전투를 수행하며, 이 점에서 로바르드몽이 자기 임무를 새로운 성스러운 권력의 사제직으로 간주하는 것과 맥을 같이한다.200

비판의 억압

이 '외지인' 법정의 설치는 반발을 초래한다.(로바르드몽은 이 법정을 자신의 명예를 드높이는 수단이자 방패막이로 삼는 듯하다.) 시내 곳곳에서 각종 격문과 비방문이 무기명으로 부착되고 익명으로 인쇄되어 은밀히 유포된다. 이런 비방문 하나가 생트크루아 교회의 문에 붙은 것이 발견되자 특사는 대응책으로 다음과 같은 명령문을 시내 곳곳에 붙이고, 일요설교에서 읽게 하고, 거리에서 낭독케 한다. 이 명령문은 현재 한 부가 보존되어 있는데, 집달리가 풀로 붙인 자국과 행인들이 찢어버린 자국이 아직도 남아 있다.

국왕 전하와 국왕의 관할하에 루됭 시에서 이루어지고 있는 구마의식에 관한 특사로 임명되어 이를 주관하는 국정자문위원 로바르드몽 씨의 이름으로 명하노니, 악령의 고통을 받고 있는 우르술라회의 수녀들 및 다른 루됭 사람들, 그들의 구마사들, 장소와 방식을 불문하고 구마의식을 참관하는 이들에게 어떤 식으로든 해가 되는 일을 하거나 중상모략을 가하는 것은 절대 금하며 이를 어기는 자는 신분 고하를 막론하고 일만 리브르의 벌금과 필요한 경우 체형體刑에 처할 것이다.

또한 이러한 명령이 내려졌다는 것을 몰랐다고 핑계대는 자가 없게 하기 위해 당 명령문은 상기 시의 각 소교구 교회에서 일요설교 때 읽혀질 것이고 각 교회의 문과 여타 필요한 장소에 게시될 것이다.

열여섯번째 34년 7월의 두번째 일요일, 루됭에서 작성됨.201

이 명령문을 통해 비판이 나올 수 있는 구멍을 모조리 봉쇄한 다음, 7월 26일 가르멜회 교회에서 미사, 강론, 영성체, 예배행렬 등을 동반한 종교집회가 거행되면서 재판관들의 업무가 시작된다. 판결이 선고될 때까지 재판관들은 매 일요일과 축일에 루됭의 교회 중 한 곳에서 성체를 배령하고 성령 미사에 참석하고 구마사들의 강론을 들을 것이다.

큰 종이로 50권

종교 의식이 끝나자마자 판사들은 이 특별 재판을 명하는 국왕의 명령을 낭독하고, 우멩과 텍시에르를 기록관으로 임명하며, 증언 청취를 시작하고, 특히 로바르드몽이 준비한 방대한 소송자료의 검토에 착수한다.(로바르드몽은 신중을 기하느라 심의에 참여하지 않는다.) 이는 어마어마한 작업이다.

그랑디에가 죽을 때까지 작성된 소송서류는 매우 간략했는데도 큰 종이로 50권에 달했으며{한 권은 96쪽} 판사들이 하루 여섯 시간씩 매달렸음에도 재판 내용을 옮겨 적는 데만 꼬박 18일이 소요되었다.202

이 50권의 큰 종이는 이 사건에 관해 남아 있는 일차사료 대부분을 망라하고 있다.

7월 15일 뒤 퐁 신부는 이렇게 쓴다.

확실한 소식통에 따르면 마법의 범죄에 대해서만 세 차례의 대규모 예심이 행해졌다고 한다. 첫 예심 때는 75명의 증인에 대한 증언 청취가 이루어졌고, 두번째 예심 때는 22~23명의 증인을, 세번째는 10~11명의 증인에 대해 증언을 청취했다.203

신께서 이를 원하신다

구마의식을 지휘하던 라로슈포제는 7월 초 루됭을 떠난 상태였다.

보름 전 주교께서는 그랑디에에 대한 재판을 진행하기 위해 루됭에 도착한 특별 판사들에게 모든 자유와 권한을 넘기고 루됭을 떠나셨다. 주교께서는 이 판사들이 진상 파악을 위해 원하는 것은 무엇이든 들어주라고 구마사들에게 명하셨다. 그리하여 현재 상기의 특별 판사들이 {구마의식에 대한} 조서를 작성하고 있으며 로바르드몽 씨는 비방하는 무리의 입을 다물게 하려고 이제 이 일에서 손을 뗀 상태이다.

판사들은 악마들에게 무엇을 좋아하는지, 이를 어떤 방식으로 원하는지 묻게 했으며, 때로는 직접 악마를 취조하기도 했다. ······ 판사들이 참석한 이후 불가사의한 일들이 급증하여 신께서 무언가 위대한 일을 원하시는 것처럼 보였다. 판사들은 마귀들림에 대해 원하는 증거를 모두 얻었으며 악마들은 판사들이 도착한 이후 훨씬 고분고분해져 어김없이 명령에 복종했다.204

로바르드몽은 자리를 넘겨주고, 라로슈포제는 사라지며, 악마들은 훨씬 '고분고분'해진다. 인근 지역 중급 재판소 출신의 판사 나리들에게 갑자기 무슨 권위가 생겼기에 이러는 것일까? 하지만 특사는 비판세력의 입을 막고 판사들이 들어간 방의 문을 지키게 한다. 주교는 자신의 절대적 신념에 대한 중대한 유언을 남기고 떠난다. '악마들'은 영악하게도 승리와 해방을 예고하는 이 판사 나부랭이들의 비위를 맞춘다. 7월 26일에서 선고일인 8월 18일까지 판사들은 '빙의 신봉자들'이 작성한 조서들 속에, 악마들과의 가공의 대결에, '경험'을 한 이들의 의견에 감금된다. 루됭이라는 도시에서 반쯤 타지인이고 이 도시의 쑥덕공론으로부터 '보호'되고 격리된—이들이 그 쑥덕공론을 듣고 싶어한다 해도 그럴 시간이 있겠는가?—이 판사들은 처음부터 희생 의식을 집전하는 제사장으로 떠받들어진다. 이 희생은 유익한 것이고 이들로서는 당연히 잃을 게 없다. 성스러운 싸움에서 이 허구적 심판자들은 자기들이 이 사건의 판사로 임명되기도 전부터 정해져 있던 배역을 받는다. 이들은 신의 섭리를 대행하는 이 무시무시한 인물에 갇힌 것에 우쭐해하는가? 그 점을 의식은 하고 있을까? 그 때문에 겁에 질리지는 않았을까? 우리가 아는 것은 판결을 내린 후 이들이 '안도'했다는 것뿐이다.

언어의 상실

특별 판사들 이상으로 피고 그랑디에 역시 갇혀 있다. 그는 상황이 어떻게 돌아가는지 알지 못하며, 로바르드몽의 행동과 정보에 끌려다니는 것만큼이나 모친의 행동과 정보에 끌려다닌다. 7월 28일 혹은 29일에 그는 잔 에스티에브르에게 편지를 쓴다.

어머님,

국왕 전하께서 파견하신 검사께서 어머님의 편지를 전해주시더군요. 그들이 제 방에서 서류들을 발견했으며 저를 변호하는 데 도움이 될 수 있는 서류들을 제게 주겠다면서 가져갔다고요. 하지만 저는 아무 서류도 받지 못했습니다.

또한 그 서류들을 받는다 해도 저는 소송서류를 작성할 수 있는 상태가 아닙니다.

변호 취의서를 위해서는 제가 재판에서 이야기했던 두 항목 이외에는 달리 할말이 없습니다.

첫째, 그들은 첫번째 기소사유에 관한 사실관계를 제게 질문했습니다. 저는 질문에 대답했고 저에게 네 차례의 형 면제 선고가 내려진 것에서 알 수 있듯 그에 관해 무죄가 입증되었다고 주장했습니다. 푸아티에 중급 재판소가 내린 두 번의 형 면제 선고와 보르도 대주교께서 내리신 두 번의 형 면제 선고 말입니다. 또한 저는 만약 특별 판사 나리들께서 그 선고들의 공정성을 의심하신다면 나리들의 직권으로 파리 고등법원의 기록보관소에 있는 소송서류와 제 민사 소송서류를 가져올 수 있고, 그러면 당시 저를 향해 악의적 공작이 이루어지고 있었음을 알게 될 것이라고 말했습니다.

두번째 항목은 마법과 수녀들이 겪고 있는 불행에 관한 것입니다. 이에 관해 저는 제가 전적으로 결백하며 부당하게 기소되었다는 확고한 진실 말고는 달리 할 말이 없습니다. 이 점은 이미 재판부에 탄원했고요. 제가 국왕 전하의 판사들과 대주교께 제출했던 청원서들이 모두 들어 있는 대관 나리의 조서들을 이용해서 이를 보여주어야 합니다. 저는 언젠가 이 청원서들의 등본을 로바르드몽 씨께 드린 적이 있으며, 검사장 역시 이의 등본을 제출한 적이 있다고 말씀하셨습니다.

그러니 우리의 대소인에게 사용 요청서*를 제출하라고 하십시

*구체제의 사법절차에서 다른 소송문서나 증거 제시를 대신하여 각종 이유서나 경고장으로 쓰이는 문서.

오. 대소인은 그런 조언을 호의적으로 받아들일 겁니다. 제 답변에는 저의 변호와 해명이 담겨 있습니다. 저는 판사 나리들이 허락할 경우 서류와 증인을 통해 입증할 수 있지 않은 것은 하나도 주장하지 않았습니다.

이상의 사항을 제외하면 저는 하느님의 섭리와 제 양심의 증언과 판사들의 공정성만을 믿고 있습니다. 판사들이 진상을 분명히 파악할 수 있게 해달라고 하느님께 쉬지 않고 기도하고 있고요.

또한 제 착한 어머님을 잘 지켜달라는 기도도 잊지 않고 있습니다. 제가 하느님께 아들과 종으로서의 의무를 그 어느 때보다 잘할 수 있도록 잠시 저를 어머님께 돌려보내달라고도 기도하고 있고요.

그랑디에.

그는 다음과 같은 추신을 덧붙인다.

바깥세상에서 일이 어떻게 돌아가는지 여기서는 알 길이 없답니다. 그러니 도움이 될 수 있는 공증서류에 무슨 일이 생길 경우 변호인단의 판단을 따르도록 하세요.[205]

이유는 다르지만 적들도 똑같이 눈먼 상태이다. 그러니 설사 얼마 후인 8월에 대면이 이뤄진다 해도 이들이 어찌 서로 만날 수 있겠는가? 더구나 현재 남아 있는 그랑디에의 최후의 텍스트 중 하나인 이 편지에서 그는 나는…… 모른다라는 말과 나는 아무 할말이 없다라는 말을 되풀이하고 있다. 최후를 눈앞에 두고 달변가였던 이런 말밖에 못하는 것이다. 언어 속에서 그토록 편안했건만 이제 현실은 그와는 판이하게 나타난다. 현실은 그가 도전하며 멀리했던 소집단 속에 숨어 웅크리고 있어 보이지 않는다. 현실이 그가 볼 수 없는 폭력의 형태로 드러나게 되자 언어는 그를 떠난다. 그는 이 타자의 힘에 '굴복한다.' 그와 동시에 그는 어머니에게, 실제로는 언제나 그의 언어의 진정한 주인이었을 어머니에게 언어를 돌려준다.*

진리의 승리

그랑디에를 감금하고 있는 감옥과 구마의식의 영역을 설정하는 교회들을 중심으로 도시는 오락가락한다. 대립하는 정파들에 이리저리 끌려다니고, 밀물처럼 몰려드는 호사가들의 습격을 받고, 정반대의 소문·루머의 홍수에 표류한다. 이런저런 모임과 집회가 생겨난다. 비방문들은 더욱 격렬해진다. 8월 초 트랑킬 신부는 (당연히 익명으로) 『루됭의 우르술라회 수녀들의 마귀들림 사건에서 준수된 적법한 절차들에 관한 정확한 보고서』를 출간한다. 이 책은 푸아티에에서 처음 출간되었고 이후 라플레슈, 그다음에는 파리에서 재간되며 이후 『구마된 악마들에 관한 일반 테제들』(이 책은 처음에는 따로 출간되었다)이 보론補論 격으로 합본된다. 촘촘한 논증 속에서 군대식 용어들이 위험한 광채를 내뿜는다. 이 책의 서두는 벌써부터 전투가歌·승전가歌처럼 울려퍼진다.

루됭의 마귀들린 처녀들의 이야기는 지난 수세기 동안 발생한 유사한 사건들 중 가장 기억할 만하고 가장 유명한 것이다. 이단세력[신교]의 몰락으로 절망에 빠진 이 지역에 지옥[마귀들림 사건]이 모습을 드러냈지만 그럼에도 불구하고 가톨릭의 진리가 오류를 바로잡고 승리하는 것을 막을 수는 없었다. 지옥은 마법에 힘을 주려고 다시 한번 노력하여 더욱 제멋대로 날뛰며 하늘과 죄 없는 이들에게 분노를 토해냈다.

*그랑디에는 발언권이 차단된 상태이므로 자신의 진술을 어머니에게 적어 보낸다.

악령이 이단을 위한 표독한 계획을 구상한 장소가 되었다는 점에서 루됭은 유해하고 불길한 도시인 듯하다. 더구나 악마들[신교도]은 바로 이 도시에서 마법을 통해 하느님과 전쟁을 하려 하지 않았던가……?[206]

저자는 악마들과의 싸움이 공공의 평안을 위한 것이라고 주장하지만 우리는 점령군의 어휘에서 억압과 평화 구현이 동의어라는 사실을 익히 알고 있으며, 이 표현들에 어떤 의미가 담겨 있는지도 잘 알고 있다.

그랑디에의 주변

같은 8월 초 반대 진영에서도 비방문, 옹호문, 고발문을 퍼뜨린다.

『사제이자 루됭의 생피에르뒤마르셰 교회의 주임신부이고 상기 지역의 생트크루아 교회의 참사회원인 위르벵 그랑디에 선생을 위한 반박문』. 4절판 인쇄, 12쪽.[207]
『루됭의 주임신부를 변호하는 데 도움이 될 고찰들과 성찰들. 여기에는 '그랑디에를 위한 반박문'에 들어 있는 것과는 다른 내용이 담겨 있다』. 4절판 인쇄, 8쪽.[208]
『위르벵 그랑디에가 재판의 특별판사들 앞에 제출한, 사면 선고를 목표로 하는 서면진술』. 소송서류, 8쪽.[209]

이 별쇄본들은 도처에 배포되었고 인쇄 부수가 충분치 않아 필사하는 이도 많았다. 그런데 여기서 그랑디에는 대상이지 저자가 아니다. 사람들은 그랑디에에 대해 말한다. 그는 더이상 말하지 않는다. 이 격렬한—게다가 논리전개도 탄탄한—텍스트들은 법정에서 그의 상황을 악화시킨다. 이 책자들은 악마 섬멸을 위해 결집한 제 세력들만큼이나 그를 죽음으로 몰고 간다. 하지만 그랑디에는 이 책자들을 받아본다. 이에 관해 그랑디에는 자신의 변호사인 대소인장 모로에게 편지를 쓴다.

> 모로 씨.
> 보면 아시겠습니다만 저는 『서면진술』에 자필로 유의사항을 적은 뒤 서명을 했습니다. 서식을 모르는지라 이렇게 하면 되는 것인지 모르겠군요. 반면 그 누구의 감정도 상하게 하고 싶지 않아 『반박문』에는 서명하고 싶지 않았습니다. 그 책에 관해서는 『서면진술』의 여백에 적어둔 말을 보시고 이를 변호인단에게 보여주어 설혹 저에게 해가 될 점이 있는지 확인해주십시오. 서류를 제출해주시고 잊은 게 없는지 유의해주십시오.
> 그랑디에 배상.
> 8월 9일 수요일 오전 11시, 감옥에서.[210]

궁지에 몰려 고립되자 그랑디에는 이제 자신의 옹호자들을 알아보지 못한다. 그의 옹호자들은 하루 전 루됭 시청에서 집회를 가졌다. 이 집회는 스리제 대관이 소집했고 공보관 브리오가 시내에 공고한 것으로, 형사 대리관 에르베와 검사장 대리 므뉘오는 즉시 이 모임이 불법이라고 선언했지만 그럼에도 집회에 참석한다.

집회에는 어마어마한 인파가 운집한다. 대관이 개막을 알리고 집회는 도시 전체를 위협하는 재판절차, 트랑킬의 소책자 및 그의 모욕적인 강론, 왕권이 개입된 상황 등에 대해 항의하는 분위기로 시작하지만 금세 신교와 구교의 논쟁으로 뒤바뀐다. 에르베는 솜씨 좋게도 '소위 개혁된 종교'라는 것이 집회를 선동하여 국왕의 권위에 도전하고 가톨릭 성직자들을 근거 없이 비방하고 있다고 비난한다. 에르베와 므뉘오는 결국 (한 '빙의 신봉자'의 보고서에 따르면 대다수가 아이와 노동자와 판단능력이 없는 장색匠色들로 이루어졌다는)[211] 군중의 적대적 분위기를 못 이기고 그 자리를 떠난다. 곧 국왕에게 올리는 긴 청원서와 트랑킬 신부의 소책자에 대한 검열 신청이 제청·승인된다. 대관과 그의 배석판사 쇼베는 이 청원서를 파리로 가져갈 임무를 맡아 8월 9일 길을 떠난다.

"우리의 이익"

전하,
전하의 도시의 관리들과 주민들은 마침내 전하께 도움을 청하지 않을 수 없는 상황에 이르러, 이 도시에서 성 우르술라회의 수녀들과 몇몇 평신도 여인들에 대해 이루어지고 있는 구마의식 도중…… 구마의식의 청중과 전하의 충실한 신민들의 안녕에 매우 해로운 일이 저질러지고 있음을 매우 공손히 지적하려 합니다. 일부 구마사들은 구마의식 도중 자기들의 직분과 교회의 권위를 남용하여 이 도시의 최고명문가들을 음해할 수 있는 질문을 하고 있으며, 전하께서 파견하신 국정자문위원 로바르드몽 씨는 진술과 답변에 지나친 신뢰를 표명하다 보니 그릇된 단서에 입각해 가공의 마법서적들을 찾겠다며 굉장히 많은 사람들을 이끌고 한 처녀{마들렌 드 브루}의 자택에 대한 압수수색을 펼쳐 물의를 일으켰습니다. 또한 소위 마법 계약서라는 가공의 문서를 찾겠다고 다른 처녀들도 체포하여 교회의 밀실에 감금했습니다.
　이후 이러한 만행은 극한에 치달아 이제 사람들은 악마들의 입에서 나온 고발, 증언, 단서를 곧이곧대로 믿고 있으며, 구마의식을 정확히 행하면 악마들은 진실을 말한다는 믿음을 판사들의 머릿속에 집어넣으려는 소책자(트랑킬 신부의 『루됭의 우르술라회 수녀들의 마귀들림 사건에서 준수된 적법한 절차들에 관한 정확한 보고서』)가 인쇄되어 이 도시에 유포되었습니다……

이 악령들에게 답변과 신탁神託을 허용한다면 그들에게 극심한 미움을 받고 있는 선한 사람들과 가장 덕망 있는 무고한 사람들이 악령들의 간계에 희생될 것이므로,

이에 청원인들은 우리의 이익에 이끌려 매우 겸허하게 전하께 요구하고 청원하는 바이니,

루됭에서 성체를 옆에 둔 채 매일같이 벌어지고 있는 구마의식의 이러한 악습과 신성모독 행위를 국왕의 권위로써 중단시켜주십시오. 이를 통해 전하께서는 몇몇 성사聖事가 애초의 의도와 목적에서 벗어나 부정부패의 기회가 되자 이러한 악습을 금지하셨던 전하의 지엄한 전임자 샤를마뉴 대제의 종교적 헌신을 계승하실 수 있을 것입니다.

이런 이유에서 파리 대학 신학부에 검열부서와 함께 상기의 책자를 검토한 후 그 명제, 이론, 해법에 대해 명령과 판단을 충분히 제시하라고 명하실 것을 청합니다…….[212]

죽음이 유예된 자

자신들의 이익에 이끌린 이 시민들의 청원서에서 그랑디에는 한번도 언급되지 않는다. 하지만 청원인들은 루이 13세에게 도움을 청하려면 그를 종교의 개혁자이자 부흥자로 불러야 한다는 것을 알고 있다. 설사 대관이 청원서와 함께 「마법 혐의로 기소된 그랑디에 씨가 국왕 전하께 보내는 편지」[213] 역시 가져갔다 해도(정말 가져갔는지는 확실치 않다) 루됭에 즉시 유포된 이 편지는 그랑디에가 쓴 것이 아니다. 이 편지는 도시의 명사들과 명문가들, 특히 에르베, 므뉘

오, 메스맹 드 시이를 겨냥한 조직적 공격의 일환이다. 비난을 받은 이들은 즉시 로바르드몽에게 우리 청원인들뿐 아니라 다른 중요인물들에 대해서도 중상모략을 일삼고 있는 세 개의 소책자, 즉 『반박문』, 『놀라움』이라는 제목의 인쇄물{『루됭의 신부를 변호하는 데 도움이 될 고찰들과 성찰들』을 가리킴}, 손으로 쓴 청원서{「마법으로 기소된 그랑디에 씨가 국왕 전하께 보내는 편지」}를 신고한다. 이 세 책자는 모두 익명의 저자들이 민중의 폭동과 소요를 일으킬 목적에서 쓴 것으로 수많은 거짓과 억측을 담고 있으므로 이를 쓴 자들은 체형體刑을 받아 마땅하다.

  이들은 상기 소책자들의 저자들을 찾아낼 시에는 소송을 제기하겠다고 선언하면서 이 소책자들을 금지·파기·분서焚書할 것을²¹⁴ 요청한다.

각 진영이 무기명 비방문이라는 음지陰地에서 (수녀들이 마귀들린 여인의 가면을 쓰고 토해내는 것처럼) 자기 내면의 악마를 토해낼 수단을 발견하고 있는 이 전쟁에서 그랑디에는 이미 부재한다. 죽음이 유예되고, 그 자신이 원인이나 기회가 되었던 담론들로부터 지워진 그랑디에는 희생자 위에 미리 덮인 이 포대기*를 통해 어떤 역병疫病을, 그 냄새가 루됭의 가문들을 '사로잡고' 오염시키고 있는 역병을 허락하는 것처럼 보인다.

---

*그랑디에가 장막에 가려 있기라도 한 듯 죽은 사람 취급을 당하는 상황을 전염병으로 죽은 자의 시체를 포대기로 덮는 풍습에 비유한 것.

루됭의 마귀들림

특별 재판이 선고를 내려야 할 사건의 소송서류가 완성되려면 이제 한 조각만 있으면 된다. 푸아티에 주교의 공식 판결이 바로 그것이다. 주교는 자신의 시골 영지 디세에서 이를 보내온다.

신의 가호로 푸아티에의 주교가 된 우리, 앙리 루이는 관련 당사자들에게 다음과 같은 사실을 확인하는 바이다.

우리의 위임을 받아 루됭에 파견된 우리 교구 샹피니와 투아르의 존경하는 수석사제들은 신학박사 바레 씨가 우리의 명령에 따라 상기 도시에서 집전한 몇몇 우르술라회 수녀들에 대한 구마의식을 참관한 뒤 조서를 작성했으니, 우리는 이 조서들을 전문가들과 함께 살펴보고 신중하게 고려하여 성실히 검토한 뒤, 당 조서들에 의거해 이 수녀들이 진정 마귀에 들렸다고 판단하고 선언한 파리 소르본 대학의 신학박사들의 판정에 부합하는 결론을 내렸으며,

무엇보다 우리가 직접 루됭을 찾아 두 달 반을 체류하면서 우르술라회 수녀들 및 똑같이 마귀에 시달리던 몇몇 평신도 여인들에 대한 구마의식을 우리의 눈앞에서 재연토록 했고, 밤낮을 가리지 않고 계속해서 구마의식을 참관하고 상황이 허락할 때는 우리가 직접 구마를 주재하기도 했으므로, 우리는 우리 눈앞에서 일어난 수많은 기이한 동작, 초자연적 상황·사건을 통해 이 마귀들림에 대한 진실을 분명히 인식했다.

이러한 수많은 이유에서 우리는 이 수녀들이 실제로 마귀와 악령에 시달려 마귀에 들렸다는 사실을 선고하며 이 여인들을 마귀에서 해방시킬 수 있기 바란다······.

1634년 8월의 열번째 날, 디세에서 작성함······.[215]

직속 상관인 주교의 진술에도 그랑디에에 대한 말은 일언반구도 없

다. 하지만 마귀들림이 일어났다면 마법사를 벌해야 한다. 마법사에게 실명實名을 부여할 용기는 민간 법정의 몫으로 넘겨진다.

예외적 범죄

그랑디에를 심판할 특별 형사 재판은 통상적 사법권들(특히 파리 고등법원)을 박탈하고 국왕의 유지된 재판권*을 가동시킨다. 특별 재판이 이 유지된 재판권에 전적으로 의존하고 있음은 말할 것도 없다. 피고에게 통상적으로 보장되는 권리들을 박탈한다는 점에서 다소 '이례적'이기는 하지만 그래도 절차는 꽤 적법하게 준수되는 편이다. 이 특별 재판에는 선례들이 없지 않으며, 특히 마녀 사건이나 마귀들림 사건 때는 이런 재판이 종종 실시되곤 했다.²¹⁶ 특별 재판은 두 단계로 나뉘어 진행되던 사건에 사법적 종지부를 찍을 것이다. 사건의 첫 단계는 1632년 10월에서 1633년 3월에 이르기까지 관할권이 표류하던 시기로 1632년 12월 27일의 보르도 대주교 수르디의 명령이 기점이 된다. 두번째 단계는 1633년 11월 30일의 특사 파견†으로 시작하며 로바르드몽이 맡은 예심의 시기와 1634년 7월 8일 임명된 재판부가 맡은 판결의 시기로 나뉜다.

이 사건은 사법적 의미에서 예외적이고 초자연적인 범죄로서, 따라서 이례적인 취급이 요청되고 공범(물론 언제나 추정에 불과하지만) 색출 작업을 전제한다. 여기서 용의자는 성직자이다. 하지만 성직자라고 해서 세속 재판권을 피할 수 있는 것은 아니다. 16세기 이래로 세속 법정은 평신도 범죄에 대해서만 관할권을 인정받

* 절대왕정에서 재판권은 원래 왕의 것이지만 통상적으로 왕은 이를 관리나 사법관들에게 위임한다.('위임된 재판권justice déléguée') 그럼에도 왕이 (국정자문위원회나 특별 판사 파견을 통해) 재판권을 직접 행사하는 경우가 있는데 이를 '유지된 재판권justice retenue'이라 칭한다.
† 이 책 5장 124쪽 '1633년 11월 30일의 특허장' 단락 참조.

는 것이 아니라(프랑스의 모든 판례는 교회 법정과 종교재판의 관할권을 인정해달라는 교황의 항의를 기각한다) 피에르 드 랑크르 판사가 분명히 선언하는 것처럼 특별 범죄, 중대 범죄, 살인, 그리고 마녀 사건의 경우 관할권을 '심지어 성직자에게까지etiam in presbytero' 확대한다.

범죄가 명백히 잔혹하고 중대하여 소위 말하는 특별 범죄일 경우 (주술이 그러하다는 것을 앞에서 본 것처럼) 교회법 학자들조차 세속 판사가 재판권을 가져야 한다고 주장하고 있다……

나는 사제의 존엄성과 성직의 신성함과 구세주께서 성사聖事를 위해 당신의 교회를 통해 우리에게 주신 사제품이 속되고 피비린내 나는 세속 판사의 도움을 끔찍이 혐오한다는 것을 잘 알고 있다…….

하지만 가중 살인, 모살謀殺과 매복, 간통, 비역, 귀족 작위 위조, 주술 등이나…… 불경, 협잡, 추문, 비역, 간통, 이단, 배교背敎, 미성년자 추행 및 교회 판사가 지식도 경험도 없는 수많은 다른 범죄가 생긴다면 재판을 잠시 보류했다가 국왕의 판사들 앞에서 다루는 것이 합당하다.

게다가 이제 프랑스에서는 고위 성직자들 역시 자기 교구가 속한 나라의 법률과 풍습을 따라야 하고 국왕의 명령에 복종해야 하는 시대가 도래했으므로……

심지어 사제나 다른 성직자들도 교회 법정을 피하기 위해 세속 법정의 보호를 요청할 수 있는 커다란 특권을 잃지 않으려 하고 있다.[217]

장 보댕은 1580년 『마법사들의 악마 빙의』(IV, 5)에서 비슷한 이야기를 한다. 장 데루아 역시 1634년 리옹에서 번역 출간된 『종교재판의 거울』(108쪽 이하)에서 같은 입장을 표명한다. 반면 예수회원인

마르탱 델 리오는 『마법에 관한 논고 제6권』(리옹, 1608)에서 이중 재판권mixti fori을 추천한다. 하지만 사실 교회 판사들은 보통 마법을 처벌하는 데 별 열의를 보이지 않았다.[218]

증거 제시

특별 재판의 판사들은 어떤 '증거들'에 입각해 선고를 내릴 수 있을까? 특별 판사 중 한 명(아무래도 시농의 대리관 드뢰인 듯하다[219])이 『그랑디에 재판에 나온 증거들의 사본』에서 그 증거들을 제시한 바 있다.

로바르드몽 씨가 진행한 법절차는 전적으로 우르술라회 수녀들이 실제로 마귀들렸다는 가정에 입각해 있으며 그가 훌륭히 예심했던 루됭의 주임신부에 대한 소송의 주제도 바로 그 문제였으므로, 이런 사안에서 흔히 요청되는 것처럼 여러 증언을 통해 재판에서 진실을 밝힐 필요가 있었다.[220]

보고서는 위와 같이 시작한다. 이 보고서는 검증을 요구하고는 있지만 판사들이 어떤 문제를 다뤄야 했으며, 문제를 해결하기 위해 어떤 기준에 의거했는지를 상당히 분명하게 보여준다. 두 가지 문제가 명확히 구별된다. 1. 마귀들림의 진위 여부. 2. 그랑디에의 유죄 여부.

첫번째 문제는 이 판사들의 직접적 소관이 아니다. 따라서 이들은 관할 당국의 판단을 따른다. 그래서 특별 판사들은 푸아티에 주교가 법령의 형식으로 내린 판결문(1634년 8월 10일), 소르본 신학 박사들의 소견서(1633년 2월 11일), 공인 구마사들의 확인서(락탕스, 엘리제, 트랑킬과 가르멜회 수도사 한 명), 신학자 몇 명의 성명서(푸아티에 콜레주*의 교장인 질베르 루소 신부, 투르 도미니크회 원장, 소르본 신학박사 르볼), 사건이 자연을 넘어선다고 판단하는 수많은 의사들의 진단서 등을 인용한다.

두번째 항목이야말로 판사들이 판결을 내려야 할 문제인데 이 문제는 증인들의 공술서(통상적 증거)를 통해 밝힐 수도 있고, 용의자의 몸에서 발견된 낙인이나 흉터(이례적 증거)를 통해 밝힐 수도 있으며, 용의자의 자백을 통해 밝힐 수도 있다.

통상적 증거

계속되는 취조와 증인 심문이 먼저 통상적 증거들을 제공한다. 이를 통해 무엇보다 그랑디에의 엽색행각이 밝혀지며, 심지어 그랑디에가 자신의 교회를 그와 내연관계에 있는 여인들이 마음대로 이용할 수 있는 환락의 장소, 매음굴로 만들었다는 증언까지 나온다. 마법의 힘에서 비롯된 이 유혹 능력은 그의 방탕한 생활 이상으로 관심을 끈다.

한 여인은 다음과 같이 진술했다. 이 여인은 어느 날 피고에게 영성체를 받았는데, 그동안 피고는 여인을 뚫어지게 쳐다보았고, 그러자 여인은 즉시 온몸에 전율이 일면서 자기가 피고를 열렬히 사랑하고 있다는 것을 깨닫고 놀라움에 빠졌다.

다른 여인은 어느 날 피고가 길에서 자신을 불러세운 뒤 손을 잡자 그 즉시 그에 대해 열렬한 연정을 품게 되었다고 진술했다……[221]

*당시 프랑스의 콜레주 collège는 현재의 중·고등학교에 해당하며 주로 종교기관에서 운영했다.

또다른 증언을 보자. 한 변호사는 피고가 아그리파의 책들을 읽는 것을 보았다고 증언한다.

코르넬리우스 아그리파는 『오컬트 철학』(1531)의 위대한 이론가이다. 변호사는 자기가 한 말을 구체적으로 설명하면서 증언을 거의 철회하지만 이러한 증언 번복은 받아들여지지 않는다.

대질심문 때 이 변호사가 자기 진술을 약간 번복하며 자기가 공술서에서 말하려 했던 아그리파의 책들은 [위험한 서적인 『오컬트 철학』이 아니라 아그리파의 온건한 저서인] 『학문의 허영에 대하여』 연작이라고 말한 것은 사실이다. 하지만 이러한 설명은 매우 의심스럽다. 왜냐하면 이 변호사는 루됭을 떠났으며 오직 강요에 의해서만 대질심문을 받아들였기 때문이다.

마귀들린 여인들의 진실

마귀들린 수녀들과 평신도 여인들이 구마의식과 무관하게 내놓은 진술서들 역시 통상적 증거를 마련해준다. 그랑디에를 집착적으로 사랑하고, 밤중에 헛것을 보고, 보이지 않는 존재에게 구타를 당했다는 내용이 담긴 이 진술서들은 한 마디 한 마디가 주목을 요한다. 기록관은 이 여인들이 로바르드몽 앞에서 증언을 하던 중(1633년 12월~1634년 1월) 생긴 에피소드 하나를 강조한다.

착한 수녀들을 괴롭혔던 모든 사건은 차치하더라도 나는 원장수녀와 사지이 수녀에게 일어난 일보다 이상한 일을 본 적이 없다. 원장수녀는 진술을 마친 다음날 로바르드몽 경이 다른 수녀의 증언을 받고 있던 도중 슈미즈 차림에 탈모脫帽한 채 목에 밧줄을 감고 손에 양초를 쥐고는 폭우 속에서 두 시간 동안 마당에 서 있었다. 그리고 면회실 문이 열리자 뛰어들어와 로바르드몽 경 앞에 무릎을 꿇더니 무고한 그랑디에를 비난하는 죄를 저지른 것을 참회하기 위해 왔다고 선언했다. 그러더니 자리에서 물러나 정원에 있는 나무에 밧줄을 감았다. 다른 수녀들이 달려오지 않았다면 그녀는 목을 맸을 것이다.

이 사건의 기이함은 마법사가 영향력을 행사했다는 지표로 간주된다! 그리고 용의자의 신원을 암시하려 하는 바레의 증언이 뒤따른다. 하지만 구마의식 때 악마들이 한 진술은 채택되지 않는다. 거짓말의 아버지로부터 나온 말을 믿어도 되는지, 적법 절차에 따라 구마된 악마들은 진실만을 말할 수밖에 없는지, 구마의식을 완벽하게 만드는 데 요구되는 조건들이 필요한 만큼이나 가능한지 등의 문제는 똑똑하신 분들께 맡겨두기로 하는 것이다.

이례적 증거

어찌되었든 통상적 증거들은 피고의 유죄를 입증하는 증거의 가치가 있다기보다는 범죄가 있었다는 사실을 알려주는 데 그치는 듯하다. 따라서 이례적 증거들로 되돌아가야 한다. 그중 하나는 마법사가 악마와 피로 계약을 맺은 뒤 그의 몸에 남은 흉터이다. 4월 25일 악마 아스모데오는 계약서를 내놓으면서 계약서에 남은 핏자국이 그랑디에가 서명을 위해 오른손 엄지손가락을 베었을 때 생긴 것이라고 진술한 바 있다. 이에 로바르드몽, 의사들, 구마사들 등이 우루루 감옥으로 몰려갔고 과연 적시된 부위에서 해당 상처를 확인할 수 있었다. 주임신부는 당황해하며 핀에 찔린 상처인 것 같다고 설명하지만 의사들은 칼에 벤 상처가 분명하다고 선언한다. 그러자 그랑디에는 진술을 번복하여 아마 간수가 준 칼로 빵을 썰다가 벤 것 같다고 말한다. 어찌되었든 자크 도튕이 『마법사와 주술사들에 관한 식자들의 불신과 무지한 자들의 믿음』[222]에서 되풀이 하는 것처럼 이런 종류의 낙인은 단순한 흉터와 구별하기 어렵다.

반면 감각이 없고 피도 나지 않는 통증이 없는 낙인은 훨씬 믿음직한 증거이다. 피에르 드 랑크르 판사는 악마 사건을 다루면서 실제 현장에서 이보다 확실한 증거는 없다고 생각한다고 말한 바 있다.[223]

자크 퐁텐의 『마법사들의 낙인에 관한 논고』(이 책은 루됭에서 사용되었던 듯하다[224])를 비롯한 온갖 문헌의 주제가 되는 이 무통無痛 지대들은 정해진 규칙을 따른다.

통증이 없는 낙인

이 낙인들의 깊이는 약 3~4지指* 정도인데 송곳바늘의 쇠부분을 끝까지 넣어도 물이나 피가 나오지 않고 마법사가 아무런 고통을 느끼지 못하는 것으로 보아 이 부위는 살이 죽었거나 감각이 없어진 듯하다.[225]

잔 데장주에게 들려 있던 악마 아스모데오가 지난 4월 26일 구마의식 도중 알려준 정보에 따라 악마가 자연법칙으로부터 탈취한 이 영역에 대한 탐색이 주임신부를 상대로 이루어졌다. 외과의 모누리는 이 왕진의 책임자로서 의사들을 대동하고 그랑디에를 홀딱 벗긴 다음 눈을 안대로 가리고 전신의 털을 깎았으며 신체의 여러 부위의 상처를 검진하고 바늘이 뼈에 닿을 때까지 찔러보았다.[226]

모누리는 신체의 몇몇 부위에 대해 거짓으로 찌르는 척했다는 비난을 받는다. 희생자가 비명을 그쳐 그 부위가 감각이 없는 것처

*1지는 손가락 하나 굵기로 약 2센티미터에 해당한다.

럼 보이게 했다는 것이다. 8월 11일 그랑디에는 재검을 요청하지만 이는 받아들여지지 않는다. 4월의 검진은 적법한 것으로 여겨지며 그 검진 결과는 정식 증거가 되어 「그랑디에 재판에 나온 증거들의 사본」에 담기고 봉인된다.

피고를 검진한 여덟 명의 의사는 보고서를 제출하여 다음과 같은 사실을 선언했다. 피고의 몸에서 발견된 모든 자국 중 어깨와 음부陰部(남근)에 있는 것은 의심스럽다. 어깨의 자국에는 바늘을 엄지손가락 굵기만큼 쑤셔넣어도 감각이 무뎌 다른 부위를 찔렀을 때 피고가 보인 반응에 미치지 못했다. 또한 어깨와 음부 모두 바늘을 뽑아낸 뒤에도 피가 전혀 나오지 않았다.

마법사의 신체가 무감각한 것은 마귀들린 여인들이 의식이 없거나 졸음에 빠지는 것과 일맥상통한다. 이제 말言에는 인간적인 것이 전혀 남아 있지 않다. 표면을 뚫고 들어가 판단의 근거를 만들어주는 것은 바늘이다. 이성적 추론과 증언이 증거를 제시하는 데 실패하는 와중에 최종적으로 오직 바늘만이 신체로부터 어느 정도 확실한 증거들을 이끌어낸다. 외과의사의 도구는 비명과 침묵을 번갈아 일으키면서 신체가 말을 하게 만들고 악마를 강제한다. 구마사들이 전념하고 있던 이 두 가지 목표를 바늘이 이루어낸다. 하지만 자신의 법률을 강요하고 악마를 진압하는 이 무기는 눈먼 존재이다.*

「그랑디에 재판에 나온 증거들의 사본」은 8월 17일 선고의 근거가 된 증거들 중 가장 중요한 것이 바로 이것이라고 결론을 짓는다.
    온전한 증거가 없다 보니 인접 증거들을 최대한 확장시킬 수밖에 없었던 것이다. 첫째, 주임신부의 집에서 압수한 물품들은 너무 멀고 신뢰할 수 없는 지표로 보인다. 둘째, 계약서들은 마법 사건에

* 불어에서 '눈먼 바늘'이란 표현은 바늘귀가 없는 바늘을 뜻한다.

서 보통 핵심적 증거로 여겨지는데도 이 사건에서는 간접적으로만 언급된다. 마지막으로 무엇보다 자백이 결핍되어 있다.

판결

8월 15, 16, 17일 그랑디에는 판사들 앞에서 다시 한번 자신의 방탕한 행각과 천성적 나약함을 고백하면서도 기소된 범죄 사실은 재차 부인한다. 8월 15일 그는 고해를 하고 성체를 배령한다. 다음날 아르샹주 신부가 그를 방문해 형 선고가 임박했음을 통지한다. 그는 그랑디에의 답변을 옮겨 적는다.

제가 죽어야 한다면 그것이 제가 저지른 죄악과 범죄의 속죄를 위한 것이기를 하느님께 기도합니다.[227]

1634년 8월 18일 금요일 새벽 다섯 시에 판사들은 판결을 내리기 위해 가르멜회 수도원에 모인다. 그 전날 푸아티에에서는 마법 혐의로 기소된 드 퀴르세 씨가 르메스트르 변호사의 변론 덕에 무죄를 선고받은 참이었다. 르메스트르는 기독교인이 이와 같은 우상숭배를 저질렀다는 사실을 믿게 하려면 강력한 증거가 필요하다고 했다. 하지만 8월 8일 파리의 해군병기창 재판소*에서는 자기 집에서 리슐리외 추기경을 저주하는 기도와 주문과 마법을 행했다는 죄목으로 두 남성(그중 한 명은 사제였다)을 교수형시킨 후 시체는 화장하고 유해는 바람에 날려보낼 것을 선고했다.[228]

판사들은 악마학 서적을 잔뜩 읽은지라 주술의 범죄는 그 안에 배교背敎, 이단, 신성모독, 불경, 살인은 물론이고 적지 않은 경우 부

---

*Chambre de l'Arsenal. 부정기적으로 중요 사건을 취급하기 위해 해군병기창 부지에 세워진 재판소.

친살해, 자연에 어긋나는 육체관계, 신에 대한 증오 등의 모든 범죄와 정황이 들어 있으므로 더욱 끔찍하다[229]는 사실을 알게 되었다.

사건의 자료들이 계속해서 말하는 것처럼 특별 재판을 위해 소집된 이 시골 판사들은 반反사회적인 것의 화신化身에 직면하게 된다. 단 하나의 범죄 속에 모든 범죄가 결합된, 단수이면서 복수인 범죄와 대결하게 된다.

선고

그들은 꼭두새벽에 판결을 내린다. 판사들이 판결을 내린 후 이를 집행하는 것은 로바르드몽의 몫이다. 두 명의 간수의 요청에 따라 외과의 푸르노가 사형수의 전신 제모除毛를 위해 불려가고, 뒤이어 로바르드몽 역시 감옥으로 출발한다. 일곱 시경 특사의 사륜마차가 경관들의 호위를 받으며 로바르드몽, 시농의 치안관 라그랑주, 간수장 그리자르와 주임신부를 싣고 이미 인파로 가득한 시가지를 통과해 재판소로 향한다. 주임신부는 법정으로 인도된다. 판사들은 이미 도착해 있다. 제의祭衣를 차려입은 구마사들과 많은 방청객 역시 착석해 있다. 그랑디에는 무릎을 꿇고 모자를 벗은 채 재판소 서기 노제가 판결문을 낭독하는 것을 듣는다.

국왕 전하께서 1634년 7월 8일의 특허장을 통해 본 사건의 최고 판사로 파견한 우리 특별 판사들은 국왕의 검사장께서 원고이자 고발자로서 마법, 주술, 무종교, 불경, 신성모독 및 여타 가증스러운 사례와 범죄들 및 루됭의 생피에르 교회의 주임신부이자 본 지역의 생트크루아 교회의 참사회원이자 본 사건의 수인囚人이자 변호인이자 피고 등등인 위르뱅 그랑디에 씨에 대해 제기한 형사 소송을 검토했으니,

우리는 금월인 8월의 11일에 피고가 제기한 상기의 신청(낙인에 대한 검사를 다시 실시해달라는 신청)을 참작치 않기로 했으며, 이에 위르뱅 그랑디에에 대한 마법·주술 혐의와 루됭 시의 몇몇 우르술라회 수녀들과 본 재판에서 언급된 다른 평신도 여인들에게 그가 직접 마귀에 들리게 했다는 혐의가 정식으로 입증되었음을 선언했고 선언하는 바이다.

이러한 범죄에 대한 배상을 위해 우리는 피고에게 셔츠 차림에 모자를 벗은 뒤 목에는 밧줄을 감고 손에는 2리브르 무게의 횃불을 든 채 루됭 시의 생피에르뒤마르셰 교회와 성聖 우르술라회 교회의 정문 앞에서 무릎을 꿇고 하느님과 국왕 전하와 법원에 용서를 구하는 공개참회형을 선고한다. 위의 사항을 이행하고 나면 피고는 상기 도시의 생트크루아 광장으로 끌려가 미리 설치해둔 화형대 위의 기둥에 묶여 기록 보관소에 남아 있는 계약서들과 마법의 부호들 및 피고가 집필한 성직자의 독신에 반대하는 논고의 육필 원고와 함께 산 채로 태워질 것이며, 이후 유해는 바람에 날려보낼 것이다.

우리는 또한 그의 모든 재산은 압수되어 국왕 전하께 귀속될 것이며, 당 판결문의 발췌문이 새겨져 상기 우르술라회 교회의 높은 곳에 영원히 남아 있게 될 동판銅版을 구입하는 데 쓰일 150리브르(투르 화폐 기준)는 여기서 미리 제할 것임을 선언했고 다시 선언하는 바이다.

또한 이 판결문이 집행되기 전에 공범들의 실체를 자백케 하기 위해 그랑디에에게 통상적이고 이례적인 체형體刑을 집행할 것을 명하는 바이다.

일천육백삼십사년 팔월 십팔일. 루됭에서 선고함.[230]

11 처형: 전설과 역사
   (1634년 8월 18일)

이 죽음은 역사에 포착되지 않는다. 처형에 관해 남아 있는 것은 후대의 이야기들뿐이어서 사건 자체는 공란으로 남아 있다. 처형 시간 동안 그랑디에가 보여준 언행의 모호성은 그것이 망자^{亡者}의 것이고 타인의 증언들 속에 흩어져 있다 보니 더욱 가중된다.

그의 최후의 말은 그를 성인^{聖人}으로 떠받드는 담론이나 그의 처벌을 옹호하는 담론을 통해 우리에게 전해진다. 이 담론들은 제목부터 '진실'을 표방하고 있지만—『⋯⋯에서 '실제로' 어떤 일이 벌어졌는가에 관한 회고록』, 『⋯⋯에 대한 '진실한' 보고서』—제목을 빼면 내용은 제각각이며, 그랑디에가 하지도 않은 말을 지어가면서 원하는 이미지를 퍼뜨리려 한다.

죽음과 전설

선고가 내려지기 직전의 새벽녘 그가 생멕상 재판소의 대리관 텍시에르와 최후를 준비케 하려고 온 카푸친 작은형제회 수도사 아르샹주를 물리쳤으며, 뒤 퐁 신부의 말처럼 카푸친 작은형제회의 신부가 기독교 신자로서 죽어야 한다고 응수하자 신부의 코를 잡아당기며 "귀찮게 하지 말고 날 좀 내버려두시오"라고 말했다는 것은 사실인가?

하지만 같은 아르샹주는, 심지어 그랑디에가 회개하지 않고 악마의 마음으로 죽었다고 확신하면서도, 8월 18일 아침 아르샹주 신부의 권고에 따라 그{그랑디에}가 "오늘 저의 인내심이 하느님의 영광을 드높이기를 비나이다"라고 말했다[231]고 진술할 것이다.

선고가 낭독된 뒤 그랑디에가 판사들에게 했다는 답변은 사실인가?『위르뱅 그랑디에 씨의 체포에서 처형까지 벌어진 일에 대한 회고록』에 실린 다음과 같은 답변을 믿어야 하는가?

판사 여러분,
저는 단 한 번도 마법사였던 적이 없으며 신성모독을 저지른 적도 없고 제가 언제나 강론했던 성경의 마법을 제외하면 어떤 마법도 배운 적이 없음을 성부, 성자, 성령과 저의 유일한 변호사인 성모님 앞에서 맹세합니다. 저는 제가 구세주의 종임을 고백하며 구세주께 당신이 흘리신 수난의 피가 저를 구원해줄 것을 빕니다.[232]

로바르드몽의 목소리

처형일로부터 가장 가까운 날짜에 나온 보고서는 8월 19일 토요일의 것이다. 이 보고서를 작성한 것은 왕실 공증인 앙주뱅이지만 여기에 나오는 말과 생각은 로바르드몽의 것이다.

마법과 여타 죄목으로 전일前日 사형이 집행된 루됭의 생피에르뒤마르셰의 주임신부 그랑디에의 체형體刑과 죽음에 관한 조서. 국왕 전하의 국정자문위원이자 본 사건의 특사이신 로바르드몽 경과 사건의 판결을 위해 전하께서 임명하신 다른 특별 판사들의 지시에 따라 우리는 재판의 서기로 임명된 우리의 서기 F. 가예와 함께 소환되어 그랑디에의 사형집행에 관해 전일과 금일 발생한 일들 및 여타 제반사항에 대한 조서를 다음과 같이 작성했다.

즉 전술한 국정자문위원이자 특사인 우리는 어제 아침 7시에서 8시 사이 그랑디에에 대한 사형 판결문이 낭독되고, 그 낭독 후 {그랑디에가} 로바르드몽 경에게 절망 속에서 죽게 될까 두려우니 자신을 산 채로 불태우지 말아달라고 요청할 때 우리가 루됭의 대관 관할 법정에 출석하여 있었음을 선언한다.233

이 요청에는 사법적 전례가 있었다. 로렌 지방에서는 마법사 사건이나 마녀 사건 때 많은 경우 판사들이 사형수에게 죽음의 고통을 경감시켜주고 무엇보다 희망이라는 덕목을 잃지 않게 하기 위해 배려를 했다. 이런 관점에서, 그리고 마법사에게 영벌永罰을 초래할 '절망'을 피하기 위해, 판사들은 최후 순간의 고통을 단축시켰으며 죄인이 불의 열기만을 느낀 후 몸이 화염에 휩싸이기 전에 목졸라 죽일 것을 결정했다.234 이러한 배려는 종교적인 동기에서 비롯된 셈이다.

조서에 따르면 그랑디에는 판결이 부당하다는 말을 전혀 하지 않았다. {로바르드몽} 경께서는 그러한 은혜[교수형]를 얻고 싶다면 사형 판결이 내려진 마법의 범죄에 대해 유죄를 자백하라고 꾸짖었다.

그러자 {그랑디에는} 자기는 그러한 범죄를 저지른 적이 없다고 대답했다.

이에 우리는 그의 사건에 대해 판결을 내리기 위해 열세 명의 판사가 사건을 검토했고, 그가 마법·주술의 범죄를 저지르고, 재판 도중 언급된 여러 우르술라회 수녀들 및 다른 평신도 여인들을 마귀에 들게 했음이 틀림없다고 판사들이 이구동성으로 선언했으며, 그에게 여러 차례 주의시킨 것처럼 우리는 그가 마법사임을 확신하고 있다는 사실을 지적했다.

그러자 그는 우리가 그렇게 믿는 것을 자기가 어쩌겠느냐고 했다.235

체형

판결에 따라 통상적·이례적 사전事前 체형*이 준비되었다. 당시에는 체형이 법적으로 아무 문제가 없었다. 사형이 언도되었을 때뿐 아니라 밝혀지지 않은 공범이 더 있을 것 같을 때도 고문이 지시된다. 고문을 면하는 것은 아이, 귀머거리, 미성년자, 임산부뿐이다. 그랑디에는 이러한 면제조건에 해당되지 않고 그가 저지른 범죄는 공범이 있을 수밖에 없는 범죄이다. 공범 색출을 위해 그랑디에의 문서들과 주변 인사들을 조사했지만 별 소득이 없었다. 온갖 소문에 정통한 뒤퐁 신부는 나와 친한 판사 한 명의 말로는—비록 그가 애매한 표현을 쓰기는 했지만(착한 신부님께서는 완곡어법을 이해하여 친구가 말하지 않은 내용을 채워넣는다. 이 친구는 로아탱 경이 확실하다)—중대한 증거들과 증인들의 진술이 그랑디에뿐 아니라 지체 높은 여러 인사를 지목하고 있으나 이 재판을 주재하시는 전하의 구체적인 명령이 없이는 이들의 신병을 확보할 수 없다236고 한다.

따라서 '통상적' 체형(판결문은 여기에 '이례적' 체형을 추가한다)은 단순히 신체에 대해 형벌을 내리는 것만이 아니다. 통상적 체형은 추가로 몇 가지 진실을, 특히 루됭에서 '소문'이 돌고 있는 '마법학교'를 밝혀내야 한다. 참고로 형벌은 두 다리를 널빤지로 죈 다음 다리가 부러질 때까지 점점 큰 쐐기를 쑤셔넣는 것이었다.

* '사전 체형'이란 사형 집행 직전 사형수에게 가하는 고문을 말한다. 통상적 고문은 일단계의 고문을 의미하며, 이례적 고문은 그보다 강한 단계의 고문이다.

법의 테두리 밖에서

성직자가 형벌을 받을 때는 서품을 박탈하는 것이 전통이었다. 그런데 로바르드몽은 이것이 사문화死文化된 역겨운 절차이기 때문인지 아니면 이를 빌미로 피의자가 교회 재판권에 상소할 수 있기 때문인지 이 절차를 생략한다.237 게다가 어떤 종교 권력도 그랑디에를 도우려고 개입하지 않는다. 정치적 이유에서인지 보르도 대주교는 침묵한다. 그는 귀옌 지방총독인 에페르농 공작 장루이 드 노가레와 극심히 대립하고 있다 보니(1633~1634) 리슐리외의 지원이 절실하여 로바르드몽을 적대시할 수 없었다. 더구나 로바르드몽은 총독의 정적이기도 했다.

그랑디에는 혈혈단신으로 재판에 회부된다. 특사가 읽어주는 대로 앙주뱅이 받아 적은 조서를 계속 살펴보도록 하자.

우리는 그가 성벽에 붙어 있는 십자고상 그림을 절대 쳐다보지 않는 것을 깨달았다. 그가 체형에 처해지기 전에 수도사인 락탕스 신부가 수호천사의 기도{아베마리아}를 읊으라고 권했으나 그는 이 기도문을 몰랐고 그래서 신부는 한 자 한 자 읊으면서 따라할 수 있게 해주었다.

우리는 또한 그를 45분 동안 통상적·이례적 협곤夾棍刑*에 처했으나 그가 범죄를 자백하지 않는 것을 보았다. 그는 여러 차례 자신이 그보다 중대하고 부끄러운 범죄들을 저질렀다고 말했는데 그것이 무엇이냐고 묻자 "나약함의 죄입니다"라고 했고 심문 때 언급된 다른 범죄들을 자백했다.

또한 그는 예수와 마리아의 이름을 한번도 입 밖에 내지 않았으나 "하늘과 땅의 신이시여, 제게 힘을 주소서"라는 말은 매우 자주 했다. 또 체형 도중 그의 두 눈은 반짝였으며 끔찍하고 무시무시

*앞에서 언급된 다리를 조이는 고문.

했다. 그는 울먹이고 큰 비명을 질렀다. 하지만 한숨과 흐느끼는 소리를 자주 내뱉기에 편히 울라고 해도 눈물은 전혀 흘리지 않았다. 체형에 쓰이는 도구들을 구마하던 원시회칙파 수도사 락탕스 신부는 이를 위해 특별한 구마의식을 실행했다. 눈에서 눈물을 짜내기 위한 이 의식은 사실 Si es innoxius, infunde lacrymas(네가 결백하다면 눈물을 흘려라)라는 말을 하는 것뿐이었다.

그는 체형 도중 락탕스 신부에게 키스해달라고 청했으며, 이에 신부는 그에게 다가가서 세 차례 키스해주었다. 우리는 그에게서 회개의 표식을 전혀 찾아볼 수 없었고, 그는 체형 이전에도 이후에도 [종부성사를 위해] 사제를 요청하는 말이나 행동을 하지 않았다.

그는 또한 체형이 멈췄을 때 자기 다리를 쳐다보더니 "나리들, attendite et videte si est dolor sicut dolor meus"라고 말했다.

수난

나의 고통과 같은 고통이 또 있는지 잘 살펴보시오.* 이 성경 구절은 성聖주간의 전례에서 가져온 것으로 성금요일의 밤 동안 드리는 테니브리 예배의 첫번째 저녁기도에 속한다. 이때 신도들은 '고통의 남자'를 위해 「예레미야 애가」의 찬송가 길 가는 나그네들이여, 걸음을 멈추시오. ······세상의 사람들이여, 나의 고통과 같은 고통이 또 있는지 잘 살펴보시오를 불렀다. 그랑디에는 이 '고통받는 종'을 부르는 구절을 자기 처지에 적용하여 '체형'의 증인들에게 들려준다.

*직전의 문장인 attendite et videte si est dolor sicut dolor meus의 해석으로 원출전은 예수의 수난을 예언한 것으로 여겨지는 구약의 「예레미야애가」 1장 12절.

그랑디에는 체온이 떨어져서 즉시 법정 위쪽의 방으로 옮겨졌다. 오후 2시에 우리는 그를 보려고 방에 갔다가 그가 하느님에 대해 좋게 말하는 것을 본 뒤 그에게 다음과 같은 사실을 다시 지적해주었다. 그날 아침 우리는 그가 마법사라는 것을 분명히 확신하고 있었으며 이에 근거하여 그가 하느님을 좋게 말할 때면 실은 악마에 대해 이야기하는 것이고 그가 악마를 싫어할 때면 실은 하느님을 싫어하는 것이라는 사실을 잘 알고 있다. 또한 우리가 그에게 하는 말은 진실이다.
  이에 그는 하늘과 땅의 신에게 도와달라고 기도한 것을 제외하면 아무 대답도 하지 않았다.[238]

  언어는 의미를 상실했다. 어찌되었든 로바르드몽의 논리에는 악마에 관한 한 사형수가 하는 말이 '실제로는' 반대의 뜻임을 밝힐 수단이 있다.

처형

군중이 기다린다. 혹자는 육천 명이었다고 하고 혹자는 만이천 명이었다고 한다. 오후 서너 시경 그랑디에는 유황을 바른 셔츠 차림에 목에 밧줄을 걸고 재판소 마당으로 내려온다. 판결문은 노새 여섯 마리가 끄는 사형수 호송마차가 그를 싣고 재판소 마당을 출발해 생피에르뒤마르셰 교회와 우르술라회 수녀들의 예배당을 거쳐 마르셰생트크루아 광장으로 갈 것을 지시한다.
  그 자리에 있던 수천 명의 구경꾼들 눈앞에서 무슨 일이 일어나는가? 그들은 어떤 광경을 보는가? 군중의 시선은 오직 그만을 향하고 있지만 주임신부는 인파에 묻혀 사라진다.
  왕실 공증인 앙주뱅의 증언은 다음과 같다.

그랑디에가 사형장으로 끌려가던 도중 판결에 따라 공개참회를 하기 위해 자신이 주임신부로 있었던 생피에르뒤마르셰 성당의 문 앞에 이르렀을 때 신부{락탕스}는 그랑디에에게 Cor mundum crea in me, Deus(하느님, 제 마음을 깨끗하게 만드소서)라고 말하라고 청했다. 그러자 그랑디에는 그에게 등을 돌리더니 경멸적인 말투로 말했다. "알았어요, 신부님, Cor mundum crea in me Deus."

오후 5시경 뒤마르셰 광장에서는

화형을 위해 그랑디에를 기둥에 묶자 락탕스 신부는 화형에 쓸 장작을 구마했다. 카푸친 작은형제회 수도사이자 라로셸 카푸친 작은형제회 원장이며 푸아투의 포교 설교자인 트랑킬 신부는 체형에서 처형에 이르기까지 약 여섯 시간 동안 동료 파시앙스 신부와 함께 그랑디에의 곁을 지켰지만 그랑디에가 죄를 참회하는 것은 전혀 보지 못했다.

그래서 트랑킬 신부는 그랑디에에게 이제 영혼을 하느님께 맡기라고 권했다. 그는 나무로 된 십자고상을 보여주었으나 주임신부는 고개를 돌렸다. 그랑디에는 자기가 십자고상을 무시하여 트랑킬 신부가 언짢아하는 것을 보고 십자고상 쪽으로 몸을 돌렸다. 그러자 신부는 십자고상에 키스하라고 재촉했고 그는 마지못해 키스했다.

최후의 순간은 이렇다.

원시회칙파 수도사인 락탕스 신부는 어제 위르벵 그랑디에가 죽을 때 생긴 일을 우리에게 말해주었다. 그랑디에가 화형을 위해 기둥에 묶이자 락탕스 신부는 악마가 불의 열기와 작용을 막는 일이 없도록 그랑디에의 몸을 태우는 데 쓸 장작을 구마하고 있었는데 그때 호두알만 한 커다란 검은 파리 한 마리가 구마서書에 뚝 떨어졌다.

그러면서 그는 그랑디에에게 마음을 돌려 신에게 영혼을 의탁한다면 이제라도 천국에 갈 수 있다고 지적했다. 그러자 그랑디에는 이렇게 대답했다.
"지금 이 순간 나는 천국에 간다."[239]

신부들이 악질적으로 지분거리는 와중에 다시 한번 "내가 진실로 네게 이르노니 오늘 네가 나와 함께 낙원에 들어갈 것이니라"[240]라는 예수의 말을 인용하는 것에는 어떤 의미가 있는 것일까?

"눈앞에 하느님을"

『1634년 8월 18일 금요일 화형당한 루됭 주임신부의 죽음 도중 일어난 일에 대한 진실한 보고서』는 이러한 대조를 강조한다.

오후 서너 시경 그는 사형수 호송마차에서 내려 착한 프란치스코회 수도사(그리요)가 기다리고 있던 생피에르 성당의 정문 앞으로 인도되었다. 판결을 이행키 위해 그랑디에가 바닥에 엎드리자 이 착한 신부께서는 행복하게 죽지 않겠느냐고, 자신이 저지른 모든 죄에 관해 하느님께 용서를 구하지 않겠느냐고 물었다. 또한 이제 그 죄들을 고백해야 하며, 최후의 순간이 도래했으니 이제 양심을 깨끗이 비워야 하며, 회개하고 죽는다면 하느님이 구원해주실 것을 보장한다고 말했다.
그러자 그는 말했다. "저의 친절한 구세주 예수 그리스도여, 성모 마리아여, 제 마음을 보고 계시지요. 두 분께 용서를 구합니다." 그리고 다시 말했다. "신부님, 안녕히 계세요. 저를 위해 하느님께 기도해주시고 불쌍한 제 어머니를 위로해주세요."
다시 마차에 타 우르술라회 수녀들의 교회로 인도되어 죄를 인정하고 죽기 전에 회개하라는 말을 재차 듣게 되자 그는 말했다. "저의 창조주이시자 구세주이시며 속죄자이신 하느님께서 저를 용서해주시길 바랍니다. 오직 그분만이 저의 무죄를 알고 계시지요. 지금 한 말 이외에는 더 할말이 없습니다. 절 그만 괴롭히시죠. 하느님께서 제게 손을 내미시는 게 보이는군요."

고해를 듣기 위해 그의 곁에 있던 신부{다른 보고서들에서는 신부가 아니라 재판소 서기라고 한다}가 말했다. "뭐라고? 그 여인들에게 용서를 구하지 않겠단 말이오?" 그러자 그랑디에는 대답했다. "아! 신부님, 저는 그 여인들에게 한번도 죄를 지은 적이 없답니다."

그는 다시 호송마차로 옮겨져 하늘을 보고 누운 채 계속 하느님이라는 말을 되뇌었다. 마차가 그의 변호사의 집 앞을 지나자 창가에 나와 있던 변호사가 그에게 말했다. "신부님, 언제나 눈앞에 하느님을 두십시오. 하느님을 거스르는 말은 조금도 하지 마시고요. 그렇게 하면 하느님은 자식들을 긍휼히 여기십니다." 수형자는 그에게 대답했다. "나리, 저는 하느님에 대한 기대를 잃지 않고 있습니다. 하느님께서는 저를 버리지 않으실 겁니다." 그는 쉬지 않고 하느님께 기도했으며, 다시 호송마차로 옮겨지자 성모 신도송信徒頌을 읊기도 했다.

광장에 도착하여 화형대에 오르자 그는 그 어느 때보다 큰 확신을 갖고 계속해서 "나의 다정하신 예수님, 저를 버리지 마시고 불쌍히 여기소서"라고 말했다. 원시회칙파 수도사{락탕스}는 한참 동안 그의 몸을 구마했는데, 그랑디에는 이렇게 말했다. "신부님, 쓸데없는 일을 하시네요. 제 안에는 악마가 전혀 없어요. 저는 악마와는 인연을 끊었어요. 그 점을 하느님께서는 알고 계시지요. 지금 한 말 이외에는 더 할말이 없어요." 그는 계속해서 하느님께 기도하며 〈살베 레지나〉와 〈바다 위의 별 만세〉를 불렀다. 마침내 여러 차례의 심문 후에 그는 원시회칙파 수도사에게 평화의 입맞춤을 청했으나 수도사는 이를 서너 차례 거부했다. 수도사는 마침내 요청에 응하며 말했다. "이제 불을 붙일 것이오. 이제 당신에게 더이상 구원의 기회는 없소. 개심하시오."

과연 원시회칙파 수도사와 두 명의 카푸친 작은형제회 수도사가 각자 짚뭉치를 들고 화형대에 직접 불을 붙였다. 이를 보고 주임 신부는 "약속을 저버리는구나"라고 했는데, 이는 화형 전에 목을 졸라 죽여준다는 약속을 말하는 것이었다. 불길에 휩싸이면서 그는 다시 "주 예수 그리스도여, 제 영혼을 바치나이다. 하느님, 천사들을 보내시어 제 영혼을 하느님 앞으로 데려가주소서. 제 원수들을 용서하소서"라고 했다. 그것이 그의 마지막 말이었다.[241]

뒤 퐁 신부의 증언은 또 다르다.

그는 죽음도, 죽음 이후에 생길 일도 전혀 두려워하지 않음을 보여주었다. 하지만 그는 산 채로 화형당하는 것은 매우 두려워하여 자신을 목 졸라 죽여달라고 부탁했다. 로바르드몽 경은 그가 개종할 경우 그렇게 해주겠다고 약속한 바 있었다. 하지만 일은 정반대로 돌아갔다. 불 때문인지 악마의 소행인지 순식간에 밧줄이 끊어지는 바람에 그는 구마사들이 장작에 불을 붙이자마자 불속에 떨어져 창졸간에 산 채로 태워졌다. 오직 소수의 사람만이 그가 "아! 하느님 맙소사"라고 말하는 것을 들을 수 있었다.[242]

죽은 자의 가격

유해는 바람에 날려보낸다. 전염의 위험 때문에 마법사의 흔적은 지워진다. 광장은 청소된다. 하지만 기억은 청소할 수 없다. 바로 이 위험한 부재로 인해 수많은 논쟁이 벌어질 것이고, 엄청난 양의 문헌이 유통될 것이다. '사건'에 연결되어 있었으며 사건 이후에도 계속되는 루됭에서의 노동의 흔적들도 남는다. 예컨대 1634년 8월 24일자 영수증이 그러한 경우이다.

아래 서명한 본인은 위르벵 그랑디에 씨를 화형에 처하기 위해 사용된 목재, 즉 그를 묶은 기둥과 여타 장작 대금으로 19리브르 16솔을 영수했음을 확인합니다…….

들리아르[243]

아래 서명한 루됭 재판소 대소인이자 누이 피에르 모랭을 부양하고 있는 장 베르디에는…… 루됭의 생피에르뒤마르셰의 주임신부였던 위르벵 그랑디에 씨의 처형 날 시농 헌병대장 나리의 경관들이 이용했던 말 다섯 마리의 일일 대여비용과 그랑디에를 처형장으로 태우고 간 노새, 수레, 일꾼의 일일 비용으로 108수 6드니에를 영수했음을 확인합니다.

베르디에[244]

사건은 장부에 정확히 기입되어 있다. 죽은 자의 '객관적' 역사는 그 가격의 역사이다.

죽은 자의 의미

그와 동시에 별의별 편지, 팸플릿, 『……의 이야기』, 『……에 대한 보고서』가 전국적으로 유포된다. 그래서 9월 7일자 이스마엘 불리오의 편지는 그 즉시 퍼진다. 한 가정일기*에 따르면 같은 달에 위

* 한 집안의 가장이 결혼·출생 등 가족의 주요 사건과 수입·지출 내역을 기록하는 일지.

르벵 그랑디에의 처형 소식이 리옹에 도달한다. 이스마엘 불리오는 루됭으로부터 다음과 같은 말로…….²⁴⁵ 이 편지에서 젊은 석학은 루됭에 있는 위그노교도인 동생에게서 받은 정보들을 언급한다. 그는 피에르 가상디에게 이렇게 쓴다.

마침 인내심의 덕목을 이야기하고 있었으니 제 동생이 위르벵 그랑디에 씨의 죽음에 관해 제게 보낸 편지의 발췌문을 보여드리죠.

편지들의 발췌문인 편지들을 통해, 사본의 사본인 일지들을 통해 정보는 확산된다. 하지만 정보는 귀감이 되는 사례로서 유통되기 시작한다. 불리오는 이를 스토아적 덕목인 인내심의 장章에 넣는다.

고故 위르벵 그랑디에 씨에 대해 이야기하지 않을 수 없군요. 그는 천사처럼(천사가 죽을 수 있다면) 죽었거나 악마처럼(악마가 필멸의 존재라면) 죽었습니다. 왜냐하면 만약 이 남자가 무죄였다면 그는 모든 덕 중 가장 위대한 덕을 훌륭히 사용한 것이니까요. 그의 의연함은 생각해보면 놀라울 정도입니다.

상상할 수 있는 가장 잔혹한 처형을 언도받고, 처형 이전에 공범 색출을 위해 체형에 처해졌는데도 그는 엄청난 고문을 면제받지 않고 당당히 견디냈으며 그러한 고통에도 그릇된 말을 한 마디도 내뱉지 않았습니다. 그가 자신의 정신에 어울리는 기도와 묵상을 계속하면서 보여준 부단한 부동의 인내심을 생각하면 그에 비할 예는 지극히 드물다고 해야 할 것입니다. 왜냐하면 그는 자기가 죽으리라는 것을 분명히 알았을 것이며, 그런 고통을 겪으면서도 세상의 유혹에 조금도 굴하지 않았으니까요. 그러므로 그에게 그러한 굳은 의지를 강요할 수 있었던 것은 자기가 무고하다는 믿음을 남기고 싶은 욕망을 제하면 이 인내의 덕목뿐입니다.

저는 그가 화형대 위에서 대담하게 말하고, 장작에 불이 붙은 것을 보고도 두려운 기색을 보이기는커녕 "주 예수여, 제 영혼을 바칩니다"라고 소리 높여 말하는 것을 보았습니다. 한 증인이 자기와 다른 이들에게 용서를 구하라고 하자 그는 이렇게 대답했습니다. "친구여, 하느님께서 나를 용서하시고 오늘 천국에 받아들일 것을 확신하는 만큼 자네를 흔쾌히 용서하겠네."

따라서 그가 만약 무고하게 죽었다면 그는 선인善人으로서 죽었고 놀라운 덕을 보여주었다고 해야 할 겁니다. 또한 그가 만약 유죄였다면 자신의 사악함을 유지하는 데 있어 그토록 뛰어난 재능을 발휘했던 걸로 보아 그는 마귀에 홀린 채 죽었다고 해야 할 것입니다. 악마들은 그가 지금 지옥에서 큰 고통을 받고 있다고 말하고 있지만 많은 이들은 그가 기독교인처럼 말하는 것을 들었기에 이러한 악마들의 진술을 의심하고 있습니다. 더구나 그것은 자비에 어긋나는 일이지요. 어떤 이들은 그가 하느님을 부를 때 실은 악마의 신과 악마의 삼위일체를 부른 것이라고 합니다. 하지만 그의 말을 들었던 다른 이들은 이렇게 말합니다. 그가 하느님에 대해 말하는 것을 듣고는 한 재치 있는 사람이 예언자 엘리야를 불렀다는 이유로 유대인들이 우리의 주님을 비난했다는 것을 그랑디에게 상기시켰다고 합니다. 그러자 그는 이렇게 대답했다고 하죠. "내가 부르는 신은 지복의 동정녀의 아들이자 그분의 아들이신 나의 구세주 예수 그리스도를 통해 나를 창조하신 하느님, 오직 그 한 분뿐이며 나는 다른 신을 전혀 알지 못합니다." 그는 자기가 남자였고 여인들을 사랑했다는 사실을 자백했지만 푸아티에에서 선고가 내려진 이후 {1630년 1월 3일} 여인들을 멀리했고 어떤 추문도 일으키지 않았다고 말했습니다. 그는 또한 자기가 마법사도 주술사도 아니며 신성모독을 저지른 적도 없다고 말했습니다.[246]

12   죽음 이후 문학이

죽음은 언로言路를 해방하는 것처럼 보인다. 일단 처형이 완료되자 한 가지 문학*이 급증한다. 이 문학은 사건의 추이를 설명하고, 사건이 다른 방식으로 처리되었어야 한다고 주장하고, 죽은 자를 이용해 이익을 챙긴다. 이 문학은 사건들을 기술하며 이를 옹호하거나 단죄한다. 하지만 이 문학은 시종일관 과거시제로 집필되며, 오직 예전에 이루어진 한 가지 사건, 돌이킬 수 없는 최종적 사건 덕에만 존재할 수 있다. 위르뱅 그랑디에의 화형 말이다.

해방된 언론

이 소소언론의 확산은 일이 마무리되었다는 사실과 관계있다. 로바르드몽이 승리했으므로 이제 풍자시를 지어 그를 비난할 수 있다. 요컨대 이런 풍자시들은 8월 18일의 사건에서 유발되었을 뿐 아니라 이 사건 덕에 가능하기도 하다.

* 이 장에서 '문학'이라고 옮긴 littérature라는 단어에는 '문헌'의 의미도 있다. 여기서는 특히 그랑디에 사건에 대해 쏟아진 각종 비방문, 증언록, 옹호문, 보고서 등을 말한다.

오늘 화형에 처해진 이 육신의
참상을 바라보는 모든 이여,
그의 특사는 그 이상으로
죽음을 당해 마땅하다는 것을 알지어다.[247]

그랑디에는 실제로 죽었기 때문에 문학적 대상이 되어 그를 성인聖人으로 떠받드는 찬시讚詩를 낳을 수 있다. 아직 두 해석 사이에서 망설이는 것처럼 보이는 이 시는 그의 '수난'의 에피소드들(예컨대 화형대에 묶인 그랑디에에게 불에 달군 십자고상을 들이대자 침을 뱉으며 거절했다는 루됭의 소문)을 재활용하고 있다.

지옥은 내가 무서운 음모를 통해
'그'와 계약을 맺어 여인들을 타락시켰다는 사실을 폭로했다.
하지만 이 범죄*에 대해서는 아무도 불평하지 않는다.
그리고 나를 고발하는 악마는 이 범죄의 주범이자 공범인데도
나를 처형장으로 보내는 부당한 판결문에서
자기가 꾸며낸 범죄의 증인으로 받아들여진다.
영국인들이 복수를 위해 성처녀[잔다르크]를 화형시켰다면
유사한 분노가 나를 그녀처럼 불타게 했다.
우리는 똑같은 죄를 덮어썼다.
파리는 그녀를 성인품에 올리고 런던은 그녀를 증오한다.
루됭에서 어떤 이는 내가 명백히 마법사라고 믿으며,
어떤 이는 내가 무죄라고 믿는다. 또다른 이는 판단을 유보한다.

나는 헤라클레스처럼 여자에 미쳐 있었다.
나는 헤라클레스처럼 불길에 휩싸여 죽는다.
하지만 그의 죽음은 그를 신들의 반열에 올려놓은 반면

*수녀들의 마귀들림이 아니라 그랑디에의 과거 엽색행각.

나의 죽음은 불의를 덮는 수단이 되고 있으니
세인은 그것이 지옥에 보내려고 나를 검게 만든 유해한 불이었는지
천국에 보내려고 나를 정화시킨 유익한 불이었는지 알 수 없다.
고문을 받는 도중 내 의연함이 빛을 발했으나 아무 소용이 없었다.
사람들은 내 의연함이 마법의 힘을 빌린 것에 불과하며,
나는 회개하지 않고 죽는 것이고,
내 연설풍風은 강론에 전혀 어울리지 않으며,
내가 십자고상에 키스를 하면 예수님의 뺨에 침을 뱉는 것이고,
내가 하늘을 올려다보면 성인들에게 도전하는 것이며,
내가 하느님을 부르면 악마들을 부르는 것이라고 한다.

선입견이 적은 다른 이들은 내 인생을 인정하지 않더라도
내 죽음은 칭찬할 수 있다고 부러움을 무릅쓰고 말한다.
내가 완전히 체념한 것은 희망과 믿음을 표시하며,
두려워하지 않고 말없이 고통을 참으며 적들을 용서한 것은
완벽한 자비이고, 설사 잘못된 인생을 살았다 해도
나처럼 죽으면 영혼은 정화된다는 것이다.[248]

가제트의 시대

테오프라스트 르노도*의 고향으로, 소위 악취 나는 거리라는 파르슈미느리 거리[양피지 공장 거리]를 중심으로 양피지 산업이 번창하던 이 도시에서는 경악의 침묵을 깨고 온갖 종류의 출판물, 비방문, 논쟁이 나와 사실관계를 재론한다. 이로 인해 지방색이 키워진

---

* 루됭 출신의 의사로 1631년 리슐리외의 지원을 받아 프랑스 최초의 신문 (주간지, 4쪽)인 『라 가제트La Gazette』를 창간했다. 123쪽 각주 참조.

다. 푸아투 지방* 전체도 마찬가지다. 한 동시대인에 따르면 이 푸아투 사람들은 보통 굳세고 강건하며 오만하고 복수심이 강해 소송과 새로운 문물을 좋아한다. 이들은 섬세하고 예리한 정신을 갖고 있어 재치 있는 말을 잘하고 문학과 학문에 몰두하는 일이 많다. ……촌사람도 간교하고 상대하기 만만치 않아 재판소 서기과의 서기들을 다 합친 것보다 궤변에 능하다…….[249]

따라서 가브리엘 노데가 바보들의 가제트라고 부르게 될 문학은 이를 애호하는 광범위한 독자층을 발견한다. 그 파급력은 확대된다. 루됭·푸아티에·시농·소뮈르에서 도착한 글들이 전국 방방곡곡에서 인쇄된다. 의사 스갱은 1634년 10월 14일 이후 파리의 친구에게 여기저기서—특히 단언컨대 퐁뇌프 다리에서—돌고 있는 다양한 글들[250]을 언급하고 있다.

파리의 퐁뇌프 다리는 비방문, 통속적 작품, 중고책을 좌판에 깔아놓거나 다리 난간에 기대 세워놓고 매매하는 서적 암거래의 소굴이었다.[251]

스갱은 자기 편지를 받아볼 캉탱 경의 호기심을 자극한 뒤 이 편지를 오직 우리의 친구들에게만 보여주실 것을 부탁드립니다……[252]라고 덧붙인다.

하지만 이는 의례적 표현에 불과하다. 그는 자기 편지가 어떤 운명을 맞이하게 될지 잘 알고 있다. 실제로 이 편지는 1634년 『메르퀴르 프랑세』지紙에 실리게 된다. 뒤 퐁 신부도 8월 29일 푸아티에에서 파리에 있는 친구 위베르 씨에게 편지를 쓰면서 똑같이 행동한다. 신부는 센세이셔널한 사건을 이야기하겠다고 예고한 뒤 마음에도 없는 말을 한다. 그 많은 괴담怪談과 기담奇談이 돌아다니지 못하게 하겠다는 것이다.

*루됭을 포함하고 있는 지역의 명칭.

세 차례의 루됭 여행을 통해 제 두 눈으로 직접 보지 않았다면 저는 당시 일어난 일을 믿지 않았을 겁니다. 귀하께서 만약 제 편지들을 우리의 친구 몇 명에게 보여주시려면 사본은 절대 남기지 말아주시기 바랍니다. 저는 제 편지가 인쇄되기를 원치 않습니다.[253]

8월 25일, 익명의 인사(N.이라는 이니셜로 서명한)는 「친구들에게 보내는 편지」에서 심지어 이 기록을 읽을 독자층을 구체적으로 적시한다. 이 글은 십중팔구 『라 가제트』 다음 호에 실리겠지요.[254] 여기서 말하는 신문은 당연히 르노도가 1631년 세운 『라 가제트』지로 이 신문은 1634년부터 한 달에 한 번씩 「기담奇談」이라는 별책부록을 냈다. 요컨대 N.은 『메르퀴르 프랑세』보다 덜 공식적이고 덜 진지한 신문을 염두에 두고 있는 것이다.

루됭에서 온 '뉴스'를 전해받았을 때 이를 만천하에 공개하는 것은 관행이 된다. 루됭발 뉴스는 편지에 끼어들고 박학자들의 문서고에 들어가며, 특히 뒤퓌 형제, 메르센, 페레스크 등은 이를 따로 수집·보관한다. 이러한 공개의 관행은 이로 인해 고통을 받고 이런 관행으로부터 벗어나려 하는 이들마저 옭아맨다. 루됭 체류 초기부터 와병중이었던 쉬랭은 1635년 자기가 고해신부에게 하듯 속마음을 털어놓은 편지가 만천하에 공개된 것을 알았을 때 받은 정신적 충격[255]을 이야기한다.

막대한 문헌목록

루됭 사건에 관한 이야기와 옹호문이 너무나 많다 보니 이런 글들 속에서 사건이 겪는 무한한 회절回折의 양상과 유통망을 따라 이 글들이 운반되는 와중에 사건이 겪는 왜곡의 양상을 세세히 분석하는 것은 불가능하다. 더구나 이 글들이 새로운 판본으로 재출현하거나, 그 흔적 또는 사본이 발견되거나, 주변환경·관심사·시대변화로 원문原文이 변경될 때면 마치 가시적 요소가 불투명한 신체 내부를 돌아다니는 것처럼* 사회-종교적 통로들이 표면화되고 (특정 시기에는) 이 '개정판' 텍스트들의 소비자-대중을 다변화하는 사고방식의 분열이 드러난다.

　이 인쇄물들은 그 자체로 이미 한 시점의 특이성을 보여주는 사료이다. 마법사의 죽음에서 1634년 말에 이르기까지 다음과 같은 글들이 집필·편찬·출판된다. 아래의 목록은 각 인쇄물을 대략적 배포 시기 순으로 정리한 것인데 이는 당연히 이 문학의 일부에 지나지 않는다. 이 문학은 다른 어떤 문학보다도 정확한 파악이 어렵고 수명이 짧은 것이다.

— 『루됭의 생피에르뒤마르셰 성당의 주임신부인 사제 위르벵 그랑디에 선생의 심문조서 및 마귀들린 수녀들과 그랑디에의 대질신문 기록』, 파리, E. 에베르 & J. 풀라르 출판사, 1634.
— 『위르벵 그랑디에 선생을 위한 반박문』, 출판지·출판일은 표기되어 있지 않음. 하지만 실제로는 파리에서 출판됨.
— 『루됭의 주임신부 그랑디에가…… 국왕 전하께 드리는 탄원서』(이 글은 'U. 그랑디에의 편지'라는 제목으로도 유통되었다), 1634년 파리에서 출판된 것이 거의 확실함.
— 『루됭의 주임신부를 변호하는 데 도움이 될 고찰들과 성찰들. 여기에는 '그랑디에 선생을 위한 반박문'에 들어 있는 것과는 다른 내용이 담겨 있다』, 출판지·출판일은 표기되어 있지 않음. 하지만 1634년 파리에서 출판된 것이 거의 확실함.
— 『위르벵 그랑디에 씨와 그의 공범들에 대한 형사재판의 판결을 위해 국왕 전하께서 명하신 특별 재판의 특사일지의 발췌

*조영제를 투약한 후 방사선으로 혈관·장기 등을 투시하는 조영검사를 생각하면 될 것이다.

문』, 적어도 푸아티에(J. 토로 & 미망인 앙투안 므니에르 출판사)와 파리에서 인쇄된 것은 확실하다.²⁵⁶
- 『그랑디에 재판에 나온 증거들의 발췌문』, 아마 푸아티에에서 출간된 듯하다.²⁵⁷
- 『마법과 재판 도중 언급된 여타 범죄에 대해 유죄가 입증된 루됭의 사제이자 생피에르뒤마르셰 성당의 주임신부이자 참사회원인 위르벵 그랑디에 씨에 대한 사형판결문』, 파리, 에티엔 에베르 & 자크 풀라르 출판사. 그 외에도 여러 도시에서 인쇄됨.²⁵⁸
- 「그랑디에의 체형과 죽음에 대한 조서」, 왕실 공증인 앙주뱅 작성(1634년 8월 18일).²⁵⁹
- 『마법·신성모독·주술의 범죄에 대해 유죄가 입증된 루됭의 생피에르뒤마르셰 성당의 주임신부 위르벵 그랑디에의 사형판결과 처형의 초상肖像, 위 사람은 1634년 8월 18일 상기 도시에서 화형당했다』, 이 책은 파리의 모베르 광장 근처 트루아 포실 거리를 주소지로 하고 있는 삽화가 장 드 라누의 출판사에서 판매된다. 1634. 삽화 설명과 애가哀歌가 첨부된 2절판 삽화.²⁶⁰
- 『위르벵 그랑디에라는 인물에 대해 루됭에서 이루어진 처형 장면을 생생히 보여주는 초상』, 1634년 푸아티에의 르네 알랭 출판사에서 인쇄·판화제작.²⁶¹
- 『위르벵 그랑디에의 체형 도중 이루어진 마귀들린 여인들의 구마의식』, 이 책은 그랑디에가 기둥에 묶인 채 무쇠의자에 앉아 있는 동안 구마를 받던 마귀들린 여인들이 어떻게 악마들을 유쾌하게 만들었다 불안하게 만들었다 결국 그랑디에의 영벌을 (손뼉을 치면서) 기뻐하게 만들었는지를 보여준다. '그놈은 이제 우리 손에 들어왔어. 우리 손에 들어왔다고.'²⁶²
- 「잔 데장주와 아녜스 수녀의 구마의식 조서」, 오를레앙 대리관 우멩이 작성함, 이 텍스트에 따르면 악마들이 다들 그랑디에를

지옥으로 데려가려고 자리를 뜨는 바람에 마귀들린 여인들에게는 악마가 하나밖에 남지 않았다고 한다.²⁶³
— 『위르벵 그랑디에의 망령. 영계靈界에서 이루어진 고프리디*와의 만남 및 대담』, 1634년, 출판지는 표기되어 있지 않음.²⁶⁴
— 『루됭 시의 이자벨 블랑샤르라는 평신도 처녀가 제단의 성체를 받던 중 일어난 위대한 기적과 이 문제에 대해 로바르드몽 씨가 작성한 조서 및 마귀들린 여인에게 {1634년 8월 22일} 집전된 구마의식』, 푸아티에, R. 알랭 출판사, 1634. 두 판본이 연달아 출간된 게 거의 확실함.²⁶⁵ {로바르드몽의 }『1634년 8월 22일의…… 조서 사본』, 역시 푸아티에에서 별도로 출간됨.
— 「한 푸아티에 주민이 그랑디에의 처형에 대해 쓴 편지」.²⁶⁶
— 「투르에서 푀양회會 수도사인 루이 드 생베르나르 신부가 파리에 있는 같은 회의 수도사 드 생베르나르 신부님께 드리는 세 통의 편지」.²⁶⁷
— 「루됭에서 벌어진 일에 대해 N.이 친구들에게 보내는 편지」, 인쇄물, 출판지·출판일은 표기되어 있지 않음[1634].²⁶⁸
— 「루됭의 마귀들린 여인들에 관해 디종 수도원의 한 우르술라회 수녀에게 보내는 편지의 사본」, 인쇄물. 출판지는 표기되어 있지 않음, 1634.²⁶⁹
— 「카푸친 작은형제회 수도사인 아르샹주 신부가 그랑디에의 죽음에 대해 샤르트르 주교께 시농에서 1634년 9월의 열네번째 날에 드리는 말씀」.²⁷⁰
— 「샤르트르와 님과 레로슈의 신사들이 시농과 루됭을 여행하던 도중 일어난 일에 관한 보고」.(1634년 9월 7일)²⁷¹
— 「필레 드 라메나르디에르 씨가 마귀들린 여인들에 관해 뒤 부아도팽 씨에게 보내는 편지」.(1634년 9월 17일)²⁷²

*1611년 엑상프로방스 지방에서 마귀들림 사건으로 사형당한 인물.

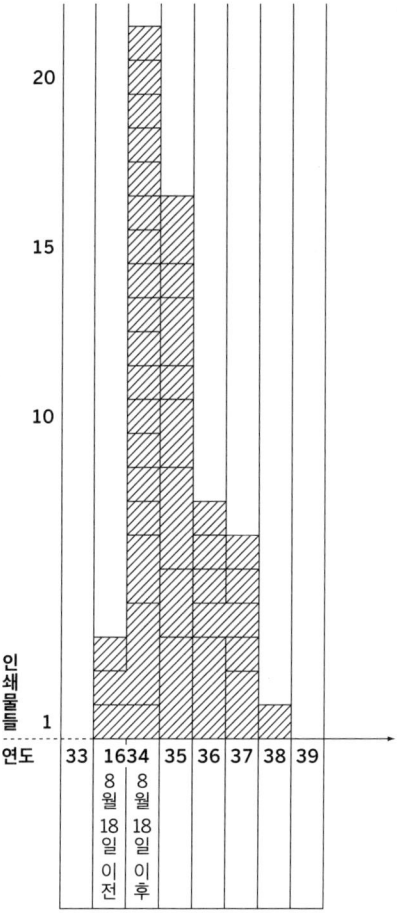

1633년에서 1639년까지 루됭에 대한
인쇄물들

정사각형 하나가 인쇄물 한 종을 나타낸다.

동일한 텍스트가 같은 해에 여러 장소에서, 혹은 여러 해에 걸쳐 여러 차례 출판되었을 때는(원본 그대로이든 수정 증보되었든) 정사각형 사이의 분리 표시가 없다.

1634년은 위르벵 그랑디에의 죽음(8월 18일) 이전과 이후로 나뉜다.

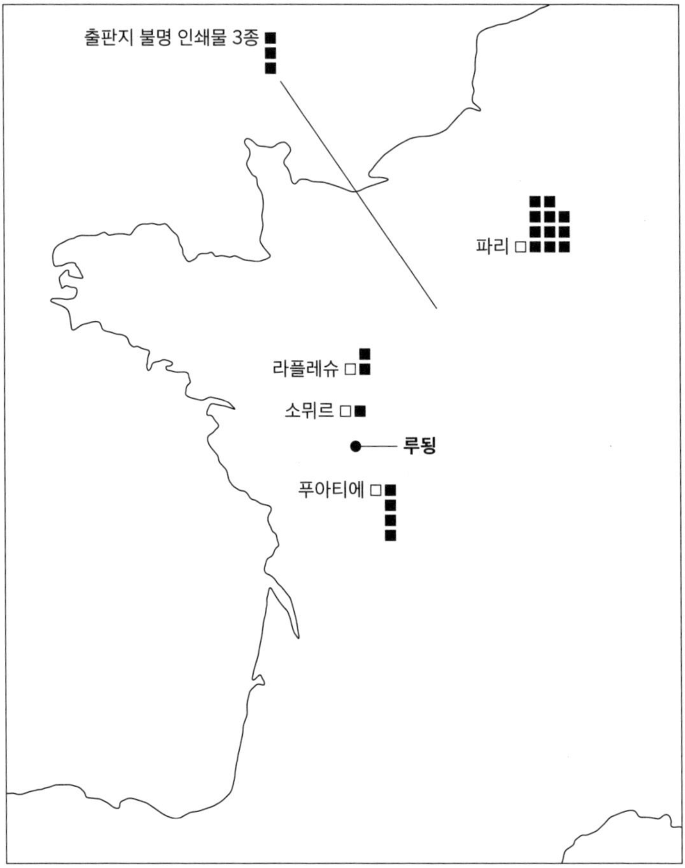

루됭에 대한 인쇄물, 1634년
□ 1634년 8월 18일 이전에 나온 인쇄물 = 3종
■ 1634년 8월 18일 이후에 나온 인쇄물 = 21종

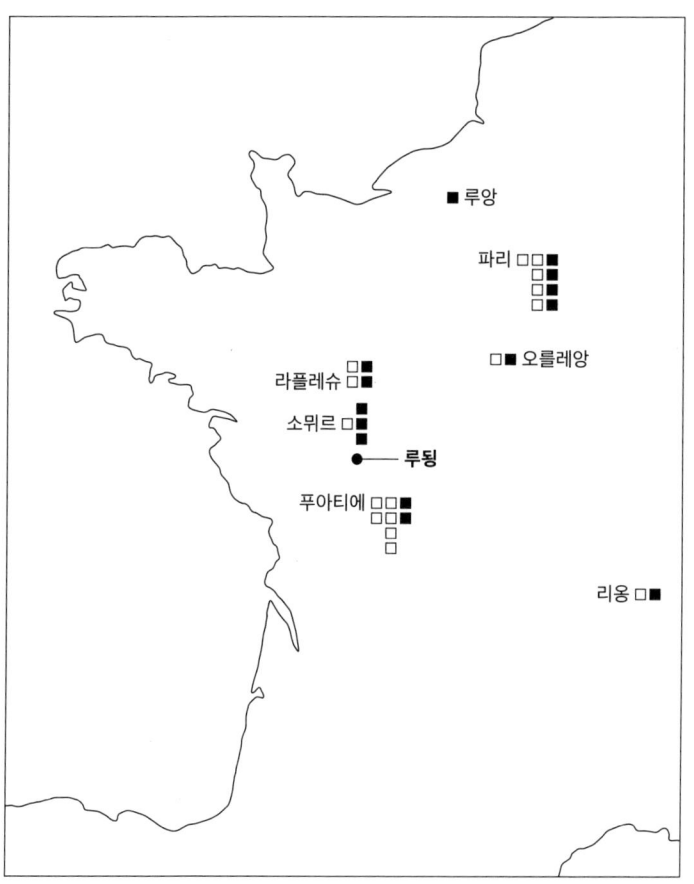

루됭에 대한 인쇄물, 1635~1639년
□ 1635년에 나온 인쇄물 = 16종
■ 1636~1638년에 나온 인쇄물 = 14종
1639년에는 인쇄물 전무 = 0종

주: 당연히 이 지도들은 현재까지 보존되고 있거나 존재가 확실히 입증된 판본들만을 대상으로 한다. 이렇게 확인 가능한 서적들에 비해 실제 '인쇄'된 종수는 훨씬 많았다.

— 「투르의 개업의 스갱 경이 파리의 캉탱 경에게 보내는 편지」 (1634년 10월 14일), 1634년 『메르퀴르 프랑세』에 수록.[273]
— 『루됭의 우르술라회 수녀들의 마귀들림 사건에 관한 논고』{의사 마크 던컨 지음}, 1634, 소뮈르, 출판사는 아마도 레스니에인 듯하다.[274]
— 『루됭의 생피에르 교회의 주임신부인 사제 위르뱅 그랑디에 씨에게 루됭에서 일어난 일에 관한 진실한 이야기』, 파리, 1634, 파리 교구 공식 인쇄업자인 피에르 타르가 출간.[275]
— 『루됭의 우르술라회 수녀들의 마귀들림 사건과 그랑디에의 재판에서 준수된 적법한 절차들에 관한 정확한 보고서』(2판 혹은 결정판. 초판은 '우르술라회 수녀들의 마귀들림 사건 초기부터 제시된 이론들의 요약'이라는 제목으로 그랑디에가 죽기 전에 푸아티에에서 나왔다), R.P. Tr. R.C.{카푸친 작은형제회 수도사 트랑킬} 지음, 1634, 파리의 J. 마르탱 출판사, 푸아티에의 J. 토로 & 미망인 앙투안 므니에르 출판사, 라플레슈의 G. 그리보 출판사.[276]
— 『루됭의 마귀들림 사건, 이 책은 우르술라회 수녀들과 다른 평신도 처녀들의 마귀들림 사건의 진상을 보여준다』, 여러 증거가 추가된 증보판.『이 여인들이 마귀에 들게 한 범인 그랑디에의 죽음』, 라플레슈, 조르주 그리보 출판사, 1634. 초판은 그랑디에가 죽기 전에 나왔던 것으로 보인다. 익명의 저자는 루됭의 보좌 구마사 중 하나임이 틀림없다.[277]
— 「1634년 8월 18일 금요일 산 채로 화형당한…… 루됭 주임신부의 죽음에 관해 일어난 일들에 관한 진실한 보고서」.[278]
— 「그랑디에의 재판과 죽음에 관한 보고서」.[279]
— 『그랑디에가 죽은 뒤 일어난 주목할 만한 사건들의 선집』.[280]
— 『루됭의 생피에르뒤마르셰 주임신부…… 위르뱅 그랑디에 씨의 죽음에 관해 일어난 일들에 대한 참된 회상록』.[281]

— 『사제이자…… 위르뱅 그랑디에 씨의 체포에서 처형에서 이르기까지 일어난 일들에 대한 회고록』.[282]
— 『루됭 악마 사건의 전말과 상기 도시의 주임신부 위르뱅 그랑디에 씨의 죽음에 대해 루됭 시의 대소인인 피에르 샹피옹이 자기 만족을 위해 작성한 논고』.[283]

이 문학 생산은 아직 푸아티에, 소뮈르, 라플레슈, 특히 파리 등 인쇄산업의 중심지로 국한되어 있지만 오래지 않아 보르도, 디종, 리옹, 엑상프로방스 등으로 확산된다. 1635년에서 1637년 사이에는 보르도, 투르, 오를레앙, 루앙, 리옹 등 출간장소만 봐도 처음의 도시들에 비해 훨씬 넓은 원이 그려진다. 하지만 중요한 것은 1634년 죽은 자의 자리를 중심으로 서적들이 봇물과 같이 쏟아져나온 1차 출판 홍수이다.

위르뱅 그랑디에의 '무덤'

급증하는 저작들이 그랑디에의 죽음이 남긴 빈자리를 메운다. 부재 자不在者를 말하는 언어의 기능 때문일까? 하지만 역사적 행위를 뒤따르는 문학적 사건에는 더 분명한 의미, '사건'의 미래를 스케치하는 의미가 있다. 정작 사건의 주역들은 이 점[사건의 미래]을 분명히 깨닫지 못하고 있는지도 모른다. 그래서 로바르드몽은 몇 주 동안 그랑디에의 식구들을 물고 늘어지며, 구마사들은 구마의식이 변질되는 줄도 모르고 의식을 계속하고 있고, 다르마냑은 시합에 져 놓고도 한 판 더 하겠다고 날뛰는 식이다. 하지만 루됭에서 플롯 시간은 그것을 과거시제로 서술하고 있는 이 모든 문헌에 의해 이미 종결된 것으로 설정된 상태였다.

반면 진짜 분쟁은 다른 영역으로 자리를 옮길 것이다. 저작들의 대상이 된(이로 인한 일차적 결과는 사건이 실제 역사로부터 떨어져나와 '소송 기록'이나 역사 담론에 들어간다는 것이다) 그랑디에 사건은 이후 내러티브로 변신하여 다른 전쟁들을 가리키는 데 이용될 것이다. 즉 다른 분야에서 리슐리외 반대파를 키워내는 데, 로바르드몽의 새로운 활동을 저지하는 데, 자유사상이나 막 결성중인 정치-종교 결사들에 반대하는 여론을 일으키는 데 사용될 것이다.

설전舌戰의 급증 및 영역 확장은 파벌의 분열 및 신념의 분화와 무관치 않다. 대립하던 진영들은 그랑디에가 죽으면서 적대敵對의 이유를 상실한다. 그랑디에의 부재 때문에 두 진영은 산산조각이 난다. 양극화된 대립의 공개토론장이 개별적 의견들로, 고립된 채 주변적 삶을 계속하는 그룹들로 쪼개진다. 찬반의 담론은 개인적 호기심에 따라 혹은 도덕적 목표를 위해 분산된다. 드라마는 개인적 관광, 대중 선교, 신비주의적 소통 등으로 분열된다.

불의 축제

죽은 자는 말을 유발한다. 하지만 말하는 목소리들은 불협화음을 낸다. 죽은 자는 살아생전에 자신에 대한 반대의 깃발 아래 각양각색의 상충하는 이해집단을 결집시키더니 죽고 난 뒤에는 이러한 불일치를 폭로하는 지표가 된다. 그의 현존은 그들에게 애매성에 기반한 단일한 목표를 제공했으며, 그의 부재는 그들의 해산을 야기한다. 왜? 이 사실은 루됭에서 문제가 된다. 그런데 이 두 시기의 관계 자체가 이를 해명해준다.

8월 18일 희생자가 화형당한 제단 위에서 교회 권력과 왕정 권력이 조인한 동맹을 언급하면서 트랑킬 신부는 감히 이렇게 말한다.

이 두 권력은 서로 악수하면서 뇌우雷雨를 잠재우는 세인트엘모의 불*을 만들어 우리에게 공공의 안정이라는 잔잔한 날씨를 돌려준다.284

비록 당시 교회가 시노드의 교서와 교구 차원의 교리문답을 통해 축화祝火 ignes jucunditatis†의 풍습과 뇌우나 악마를 쫓기 위한 분향燓香의 풍습을 규탄하기 시작했지만,285 폭풍이 끝날 때 돛대 끝에 나타난 세인트엘모의 불을 보고 뱃사람들이 잔잔한 날씨를 돌려주는286 힘이 있다고 여긴 것처럼 여기서 마법사의 화형에는 우주적 축제의 의미가 있다.

    분열과 불안에 시달리던 사회가 어떤 우주론적 질서의 일관성을 되찾기 위해 '탈선자'를 만들어 그를 제물로 바친 것이다. 이 사회는 '탈선자'를 배제함으로써 체제를 복구한다. 이 사회가 달변가를 타깃으로 한 것은 다름 아니라 그의 말 속에서 전통적 믿음과 규칙이 흔들리고 있는 것이 표시되기 때문이다. (꼭 그가 위반한 법이 아닐지라도) 법이 인정을 받으려면 그는 죽어야만 했다. 불확실성이 워낙 크다 보니 낡은 사회적 반사작용이 더욱 확실하게 작동하는 것이다. '마법사'의 죽음은(꼭 마법사가 아니더라도 제물 역할을 수행할 수 있다면 누구든) 사회집단—고대 신들의 자리를 차지하고 그들의 욕구와 쾌락을 취한 익명의 신—을 '만족시킨다.'

    트랑킬이 말하고 있는 전례典禮는 공동체가 안심할 수 있도록 희생자 하나가 화형당할 것을 요구한다. 트랑킬이 볼 때 이것은 축제이다. 한 사람의 죽음 덕에 사회집단은 이제 생존할 수 있다. 허수아비를 불태우는 것만으로 충분한 시대도 있다. 하지만 어떤 시기에는 재현의 불확실성이 너무나 심각하여 꼭두각시의 파괴가 속

---

*번개나 폭풍의 밤에 배의 돛대, 교회의 탑 등의 선단에 나타나는 청자색 불꽃 모양의 빛.
†민간의 축제에서 기쁨을 표시하기 위해 피우는 모닥불.

죄의 기능을 할 수 없다. 이런 시기에는 실제 범죄라는 행위가 필요하다. 신화에서 한 역사나 민족의 탄생을 범죄적 위반이나 살인을 통한 파문과 연결시켜주는 '태초의' 시작으로의 회귀가 필요하다.

질서가 존재한다는 증거

처형은 허구적 일관성의 계기가 아니었다. 그와는 정반대로 처형은 두려움의 대상이지만 결정적인 시험, 법과 같은 효력을 갖는 어떤 근거를 입증하는 시험이다. 그것은 고대하던 법이 아니다. 하지만 그 덕에 가장 핵심적인 것이 획득된다. 질서가, 왕권王權의 질서가 존재한다. 따라서 토론이 허용된다. 말은 언사와 신념을 사방에 퍼뜨릴 수 있는 자유를 획득한다. 동맹은 파기될 수 있다. 이 모든 것이 가능한 것은 대지大地와 기준틀이 복구되었기 때문이다. 이후 종교적 권위를 대신하여 도시의 체제와 언어의 무게를 지탱하게 되는 어떤 힘이 모습을 드러냈기 때문이다. 담론들은 국가이성이라는 터전을 받자마자 소문과 언쟁을 재개한다. 하지만 국가이성에 대한 비판조차 실은 국가이성에 토대를 두고 있다. 반대로 우려스러울 정도로 취약하던 '영적 권력'은 명백히 이 담론들 쪽으로 이행한다. 이제 영적 권력은 [현실적 권력이 아니라] 다른 수많은 '말' 중 하나일 뿐이고, 그 터전이 되는 질서는 이제 영적 권력의 지탱을 필요로 하지 않으며, 이 질서는 [종교적 언어 외에도] 수많은 다른 말을 허락하며 이 말들을 인가 혹은 통제할 권력을 갖는다.

따라서 8월 18일 익명으로 맺어졌던 모호한 공모관계는 파기된다. 이질적 집단들은 자기들을 잠시 결집시켰던 행위로부터 각자 이익을 취했다. 각자의 고유 언어에 대한 가능조건을 획득한 것이다. 그후로 하나의 문학이 산발적으로 자신의 대상이자 논거인 동시에 자신의 보증인인 죽은 자를 안전하게 운반할 수 있게 된다.

만장일치의 법칙

로바르드몽은 이러한 이익 착복의 최초 증인이다. 8월 20일 그는 리슐리외에게 특별 판사 중 하나였던 푸아티에 중급 재판소 판사 리샤르 경을 파견하여 만장일치로 유죄판결이 내려졌음을 알린다.

추기경 전하,
전하께서는 이 도시의 우르술라회 수녀들과 여타 악령의 피해를 입은 평신도 여인들이 겪고 있는 불행에 대해 지극히 독실하고 자비로운 감정을 표시하신 바 있습니다. 그래서 저는 이 주술의 홍수를 상대로 제가 진행하고 예심했던 재판의 판결에 관한 전말을 따로 아뢴다면 전하께서 기뻐하실 것이라 생각하여, 푸아티에의 판사이자 이 판결에 참여한 판사 중 하나인 리샤르 경을 보내 전하께 자초지종을 알려드리고, 전하의 도움을 얻어 국왕 전하께도 전하라 했습니다.
악에서도 선을 이끌어내는 추기경 전하만의 덕성을 감안할 때 전하께서는 이 불쌍한 여인들을 위로하는 것—전하께서는 저희에게 그 일에 이미 발 벗고 나선 교회의 사목들과 함께 이 여인들을 돕는 일에 전력을 다할 것을 명하신 바 있습니다—외에도 하느님께서 전하께 주신 재간과 현명하신 지도력을 이용해 가톨릭 종교의 보편적 행복을 위하여 이미 저희에게 내리신 바 있고 저희가 다시금 고대하고 있는 여러 기적을 준비하고 계시리라 확신합니다. 본 사건을 계기로 이미 계급과 성별이 다른 10인의 인물이 개종했습니다.
하느님께서 원하신다면 저희는 이것으로 만족하지 않을 것입니다. 왜냐하면 전하의 용기와 매우 관대한 행동을 통해 하느님께서는 위그노 분자들을 완전히 척결하셨고, 당신의 교회에 주신 기적과 권능의 권위로써 이들을 하느님 쪽으로 개종시킬 해법을 전하께 주실 것이기 때문입니다.

비천한 종복이 전하의 큰 뜻을 얼마나 알겠습니까만, 감히 말씀드리자면 저는 이 과업이 끝나는 대로 왕국의 모든 이단자들을 개종시키겠다고 결심했습니다. 이처럼 명백한 기적이 있었으니 군주의 명령만 있으면 이들은 언제든 그들을 맞이할 준비가 되어 있던 어미의 품으로 즉시 돌아갈 것입니다.

아니 이런, 전하, 제가 제 임무의 테두리를 넘어 너무 멀리 나간 것 같군요. 임무에 대한 저의 열의와 전하의 영광을 위해 봉사하고픈 저의 열렬한 욕망을 용서해주시기 바랍니다. 전하께서는 전하의 덕을 찬미할 거리를 매일같이 저희에게 주고 계십니다. 저는 전하의 통치에 행운이 깃들기를 매일매일 기원하는 것 이외에는 달리 할 수 있는 일이 없습니다.

전하의 사업에 대해 말하는 것을 허락하신다면 저희가 이곳에서 훌륭한 질서와 통치 속에서 지냈으며, 저희 모두가 하나의 정신에 따라 움직이는 것처럼 보일 정도로 너무나 큰 일체감 속에서 지냈다는 점을 전하께 알려드리고 싶습니다. 저희는 모든 사안에 대해, 특히 재판의 판결에 대해 의견이 일치했습니다. 판결문은 만장일치로 통과되었습니다. 비록 14인으로 구성된 판사들이 각자 그에 대한 이유를 말하기는 했지만 하나하나가 충분한 근거를 갖고 있어 감히 단언컨대 전하께서 들을 가치가 없는 말은 하나도 나오지 않았습니다······.[287]

전장戰場

이 얼마나 훈훈한 문학인가! 더구나 로바르드몽은 승전勝戰의 기세를 몰아 우르술라회 수녀들을 위한 새 가옥의 구입을 밀어붙인다. 9월 20일 그는 "국왕의 국정자문회의 위원이자 추기경님의 자택 총감"이며 퐁트브로 부근 레로슈의 원장인 미셸 르말에게 편지를 쓴다.

나리,

분부하신 대로 나리께서 이 도시에 오실 경우 들를 만한 장소의 지도를 작성했습니다. 이 편지를 배달하는 자가 그 지도를 보여 줄 겁니다. 그곳은 매우 넓어 훌륭한 수도원을 짓기에 충분할 겁니다······.[288]

그는 구마사 팀의 재편도 구상한다. 락탕스 신부는 이상한 광증에 사로잡혀 9월 18일 사망한다. 이미 기진맥진해 있던 트랑킬 신부 역시 로바르드몽의 표현처럼 마귀가 들러붙어[289] 오랫동안 고통을 받다가 1638년 5월 31일 미쳐 죽을 것이다. 루됭의 엘레아자르 신부는 트랑킬을 전장戰場에서 쓰러진 영웅이라고 칭송할 것이다.(『트랑킬 신부의 죽음에 대한 보고서』, 푸아티에, 1638) 외과의 모누리, 민사 대리관 루이 쇼베 등도 광기에 빠진다. 실제적 행위에 닻을 내리지 못하다 보니 마귀들림의 담론은 표류하고 어지러울 정도로 빙빙 돌다가 거기에 발을 딛고 있던 자들을 현기증으로 끌어들인다. 로바르드몽이 레로슈 원장에게 이야기하는 것처럼 정치가에게는 새로운 인력이 필요하다.

그들의 구마사 중 하나였던 원시회칙파 수도사 락탕스 신부가 죽은 직후 저는 모랑 씨를 푸아티에 원장께 급히 보내 예수회 신부들을 이 일에 참여케 해달라고 요청했습니다. 저는 심지어 푸아티에 콜레주의 교장인 루소 신부에게도 속달편지를 보내 제가 상상할 수 있는 가장 큰 보수를 제안했습니다. 저는 그로부터 답변을 기다리는 중이며 그가 제 요청을 수락하기를 간절히 바라고 있습니다. 그래야만 학문의 스승이라는 정당한 평판을 얻고 있는 이 훌륭한 신부님들을 통해 이 마귀들림 사건의 진상에 관한 증언을 이치에 닿는 모양새로 대중에게 전달할 수 있으니까요.

저로 말하자면······ 영광스럽게도 이 사건에 저를 투입해주신 국왕 전하와 추기경님의 명을 충실히 이행함으로써 얻는 정신적 보상을 제외하면 제 자신에게 어떤 물질적 보상도 책정하지 않아, 신앙심과 자비심이라는 선한 감정을 매일매일 하느님으로부터 받는 것으로 만족하고 있으니, 이 임무가 끝날 때 하느님의 영광을 구하겠다는 저의 결심이 세인의 입방아에 흔들리는 일은 절대 없을 것입니다……[290]

선한 감정

로바르드몽에게서 신앙심은 권력과 결합한다. 따라서 신앙심은 더욱 확고하다. 그는 그랑디에의 동생 르네와 그랑디에의 정부 마들렌 드 브루 역시 기소한다.

1634년 말 푸아티에에서 (추기경에 말에 따르면 수많은 악당을 교수형에 처했고 233인의 신사들과 유력인사들에 대해 구속영장과 압류영장을 발부했다는) '그랑 주르'*의 왕립 재판관들이 마들렌 드 브루 사건을 종결시키려 하자 특사는 항의한다. 그는 리슐리외에게 편지를 쓴다.

추기경 전하,
얼마 전부터 그랑 주르의 재판관들이 제 권한을 무시하고 본 사건을 가로채려 하고 있습니다. 전하께서 매우 훌륭하고 성실하게 집행하고 계신 최고 권력이 이를 중단시키지 않는다면 매우 나쁜 결과만이 빚어질 것이라는 점을 납득하셨으면 합니다.
제가 전하께 매우 공손히 간청하려는 것은 바로 이 점입니다. 또한 이 재판관 중 여러 명이 이곳을 방문해 심지어 공개 장소에서

*Grands Jours. 구체제하의 지방 법원에서 이미 판결을 내린 사안을 재심하기 위해 부정기적으로 구성되던 최종심 특별법원.

부적절하고 비난받아 마땅한 일들을 저질렀으며, 제가 이를 침묵과 다른 적법한 수단을 통해 덮으려 했다는 점을 정중히 아뢰는 것을 용납해주시기 바랍니다…….291

놀랄 만큼 세련된 수법 아닌가! 그는 자기에게 필요한 신앙심과 자비심이라는 선한 감정을 때마침 찾아낸다. 부유하고 있던 신앙심의 언어는 국왕에 대한 봉사에 의해 고정되며, 이 봉사는 국왕의 착한 종복들이 성공을 거둘 것을 요구한다. 위선인지 진심인지 몰라도(사료들을 검토해보면 아무래도 진심인 것 같다) 로바르드몽은 신앙심을 필요에 따라 사용한다. 그가 1653년까지 루됭의 원장수녀와 나눈 서한292을 보면 그는 자신의 종교로부터 내적인 저항에 부딪힌 적이 없는 것 같다. 그에게 모든 반대는, 심지어 나중에 생시랑이나 생 뱅상 드 폴이 제기한 반대조차도, 악마와 같이, 외부에서 오는 것처럼 보인다.

성공의 은총

반면 종교는 그에게 가능한 모든 정당화의 수단 내지는 분명한 위안을 제공한다. 1644년, 그는 심지어 마귀들림 사건에 대한 영성사靈性史를 집필할 것이다. 정치적 투쟁들을 씨실과 날실 삼아 하늘에서 받은 계시들을 엮어내고 있는 이 『일기』에 대해 로바르드몽은 자신의 보호를 받고 있던 잔 데장주에게 상세히 이야기할 것이다.293 그는 세인의 입방아에 흔들리지 않으면서 꿋꿋하게 버티는데 사실 그가 이처럼 흔들리지 않을 수 있는 근본적 동력은 모든 다른 행복의 교차점이자 기준인 성공하는 행복에 있다.

이렇게 자기 논리가 확실하다 보니 리슐리외의 말마따나 그는 신의가 있다. 그는 자신이 보호하는 이들을 결코 버리지 않는다. 그는 우르술라회 수녀들을 20년 동안 후원할 것이다. 마찬가지로 그는 한번 물면 결코 놓지 않는다. 위르벵 그랑디에의 처형 이후, 로바르드몽은 8월 19일 그랑디에의 정부를 체포한다. 그는 그랑디에의 어머니도 기소하며, 결국 그녀는 외국으로 망명하게 된다. 그는 그랑디에의 동생 르네를 처벌하려 하며, 르네는 1635년 2월 25일 탈옥한다. 이 집요한 추적은 추기경이 그만하면 됐다고 주의를 줄 때까지 계속될 것이다.

이러니 리슐리외 사후死後, 실각한 남작이 파리의 피유생토마 거리에 있는 자택에서의 준準칩거생활(1642~1653)을 어떻게 견딜 수 있었는지 신기할 지경이다.

그는 선인善人이 운명의 희생자가 될 수 있다는 사실에 충격을 받는다. 그는 추기경에게 보낸 편지에서 트랑킬 신부에 대해 이렇게 말한 바 있다.

트랑킬 신부는 현재 그 불쌍한 처녀들과 동일한 고통을 겪고 있습니다. 그의 몸은 아무런 고통도 느끼지 못하면서도 너무나 불가사의한 방식으로 요동을 칩니다. 전하, 저는 이 사건을 다루면서 이 착한 신부에게 닥친 사건만큼 놀라운 일을 본 적이 없습니다······.²⁹⁴

초자연적인 것에서 괴상한 것으로

정치적 재판이 종결되다 보니 마귀들림의 담론은 심각함을 상실한다. 사느냐 죽느냐의 문제로 루됭의 무대에 군중을 불러모았던 사법적 기구, 국왕의 기구가 사라지자 구마사들과 마귀들린 여인들은 '축제'가 끝났는데도 가면을 쓰고 있는 꼴이 된다. 어제만 해도 자연을 넘어서는 것으로 여겨지던 사실들이 이제는 페레스크가 1635년에 쓴 표현처럼 괴상한bizarre 것으로 전락하지 않는가? 루됭의 문학에 이끌려 점점 더 많은 사람이 루됭을 찾아오지만, 이제 이들을 자극하는 호기심은 과거와는 다른 종류의 것이다.

진리의 문제를 권력의 문제와 동일시했던 사건 당사자들이 볼 때 상황은 은밀히 몰상식한 방향으로 전개된다. 세속 권력이 악마극이 상연되던 간이무대에 대한 관심을 잃고 관람을 중단할 때, 자기들이 저지른 죽음에 여전히 슬퍼하고 있는 대중이 어제의 마법사를 순교자로 만들 때, 12월 시농에서 루됭 사건의 재연을 막으려고 악마에게 고통을 받고 있는 또다른 수녀들에게 채찍형刑만을 언도하고 서둘러 사건을 종결할 때, 그동안 독자적 권력을 지닌 것으로 여겨지던 담론은 어떤 신세가 되는가?

마법사는 마귀들림의 원인이 아닌 산물이었으므로 그의 죽음은 이 사건에 종지부를 찍을 수 없을 것이다. 마법사가 없는데도 사건은 계속된다. 하지만 관련 인사 개개인의 상황이 어떻든 사건은 성격이 달라진다. 8월 20일의 구마의식 이후 명확한 변화가 두 방향으로 그려진다.

기적들

이제는 설사 마법사의 공범이라 해도 고발 따위는 꿈도 꿀 수 없다. 반면 '평신도' 엘리자베트 블랑샤르에게 들린 마귀가 피 묻은 면병을 가져다주는 것을 시작으로 다양한 기적이 연달아 일어난다. 이 기적들은 3년에 걸쳐 계속될 것이다. 그래서 수녀들은 기적적으로 치유될 것이다. 혹은 악마들이 하나하나 퇴장하면서 마귀들린 여인들의 육신에 흉터를 남겨, 이들의 육신은 점차 지옥에 대한 승전을 기념하는 훈장들로 뒤덮일 것이다. 잔 데장주는 기적을 입어 치유된 이들 중 가장 유명한 사람으로, 사람들은 이 성스러운 전투의 인간 기념관을 그녀가 죽는 날까지 방문할 것이다.

기적은 이런 종류의 집단이 의심이나 불안을 가졌을 때 통상적으로 하늘이 내려주는 보너스를 나타낼 뿐 아니라 어떤 정당화—특정 시기에는 상황의 모호성 때문에 외부에서 정당화를 구할 수밖에 없었지만 이제는 그러한 외적인 정당화를 기대할 수 없으므로—, 내적인 정당화를 복원해준다. 따라서 마귀들림 사건은 주변부로 밀려남으로써 생존한다. 마귀들림은 고립을 받아들인다. 마귀들림은 세속 권력이나 이성적 논증에 대한 믿음을 상실한다. 이제 방점은 불신앙의 위험, '세인의 입방아'에 대한 저항, 우리의 눈으로 하여금 진실을 볼 수 있게 해주는 소박한 신앙 쪽에 찍힌다.

교화……

또다른 방향이 첫번째 방향을 보완하고 연장한다. 마귀들림 사건은 전투적 성격을 누그러뜨리고 교화教化의 기제로 변신한다. 엘리자베트의 악마는 성스러운 피가 묻은 면병을 돌려주면서 설교자가 된다.

악마들이 기독교인들에게 교훈을 주어야 하는가! 천국에서 천사들은 이 위대한 기적을 보고 기뻐한다. 당혹스럽게도 신의 전능함은 내게 그렇게 말하라고 한다.
    보고서에 따르면 악마는 눈물을 펑펑 쏟았고 '배석자들에게 말을 걸어' 이렇게 말한다.
    "당신은 성체에 대한 공경심이 없군요!"
    "Volo ut adores Jesum Christum et sanguinem ejus.(그대는 예수 그리스도와 그의 피를 숭배하시오)" 토마 신부가 말했다.
    "저는 예수 그리스도께서 불신자들에게 믿음을 주기 위해 흘리신 피를 숭배합니다. 그 누구든 이를 믿지 않는 자는 벌을 받을 것입니다."[295]

이 조서는 곧 『루됭 시에서 엘리자베트 블랑샤르라는 인물에게 일어난 위대한 기적』이라는 제목으로 푸아티에에서 출판된다. 이 16쪽짜리 소책자의 뒤를 이어 수많은 소책자가 쏟아져나올 것이다. 악마들의 협조 덕에 종교 문학 장르가 하나 탄생하는 것이다. 악마들의 '자백'은 점차 교리문답의 양상을 띠게 된다. 악마 로루의 『참회록』은 따분한 설교집이 되지만 여기서는 신앙개조信仰箇條가 모조리 언급되고 있다.296

변화는 아직 시작에 불과하다. 변화는 혼란 속에서 이루어지며 그 종착점은 아직 요원하다. 예수회 수사들의 도착은 이 변화의 첫 결정적 단계를 표시할 것이다. 로바르드몽이 생각하는 것처럼 예수회 인사들이 학문의 스승이어서가 아니다. 이제 관건은 권력이 아니라 지식인 것이고, 이는 설교자와 선교사의 지식이 될 것이다.

예수회 수사들 중 쉬랭 신부는 나름의 메모를 덧붙인다. 이 신비주의의 달타냥은 상처 입은 천재이기도 하다. 그는 루됭에서 마귀들린 여인들과 대면하면서 당시 자신을 옥죄고 있던 번민의 이름을 발견한다. 그는 평소 스타일대로 과감히 사건에 뛰어든다.

당신이 주신 사랑의 말씀을 전하기 위해 황금 나팔을 들고 광장 한복판으로 가겠나이다…….

쉬랭은 광장을 하나 발견한다. 그 광장이 비판이나 조롱으로 둘러싸여 있다는 사실은 그에게 장애가 되는 것이 아니라 오히려 확신을 준다. 그는 칼에 찔려 죽는 것보다 아름다운 것은 없다고 여기다 보니 '온몸을 던져' 몰두할 영적인 모험을 꿈꾼다.

그의 준엄한 선택은 처음에는 받아들여지지 않을 것이다. 하지만 그는 새로운 신도층을 창출한다. 그는 이 표류하는 언어에 잠정적 의미를 부여한다. 하지만 그것만으로는 이 언어를 붙잡을 수 없다. 마법사와의 싸움과 대중 선교 사이에서 그는 루됭의 이야기에 영성의 시간을 도입하는데, 이 시간 역시 단편적이고 일시적이다 보니 여러모로 모호하다. 하지만 이 신비주의적 사건은 나름의 방식으로 루됭의 정상화正常化를, 행동에서 말의 정규적 기능으로의 점진적 변화를, 마귀들림에서 선교로의 이행을 준비하며, 이를 통해 마귀들린 여인 잔 데장주를 교묘히 신의 기적의 증인으로, 계시를 받아 신탁을 전하는 무녀巫女로, 영성 지도자로 변신시킨다.

13 영성의 시간: 쉬랭 신부

별의별 사람이 몰려든 극장.²⁹⁷ 쉬랭의 말에 따르면 1634년 12월 그가 얼어붙은 평원 한가운데 성탑을 중심으로 밀집한 섬 같은 도시에 도착했을 때 루됭의 모습은 이러한 것이었다.

그는 병이 들고 과도한 긴장으로 녹초가 되어 1632년 이후 건강상의 이유로 고향 보르도를 떠나 있었던 자신이 루됭에 파견된 경위를 직접 기술한다. 그는 약간 우려스러운 면은 있어도 뛰어난 수도사로 인정받고 있었다.

부름

쉬랭은 이렇게 말한다.* 이에 사건의 경과를 알게 되신 국왕 전하와 리슐리외 추기경께서는 이 처녀들의 구마의식에 예수회 신부들을 쓸 생각을 하셨고, 국왕께서는 귀엔 지역 관구장에게 서한을 보내 수하 한 명을 파견하여 이 불쌍한 마귀들린 처녀들을 돕고 위로하

---

* 리슐리외가 앞에서 인용된 회고록에서 자신을 3인칭으로 칭한 것처럼 이 책(『실험 과학』)에서 쉬랭은 자신을 종종 3인칭으로 칭하고 있다. 카이사르의 『갈리아 전기』에서 비롯된 이런 관행은 객관성 확보나 겸양, 공손의 뜻을 담고 있다. 마찬가지로 여러 조서에서 로바르드몽은 자신을 '우리'라고 부르고 있다.

라고 지시하셨다. 추기경께서도 이에 관해 서한을 보내셨으며, 이에 관구장이었던 아르노 보이르 신부께서는 숙고 끝에 당시 마렌에 상주하며 그곳의 주민들에게 설교하고 있던 쉬랭 신부에게 생각이 미쳤다. 그는 사안의 중대성 때문에 관례대로 고문 신부들의 의견을 구했다. 하지만 고문 신부들은 이 신부가 고작 33세의 나이로 너무 젊기도 했고 이런 임무에 필요한 자질을 갖추고 있다고 여겨지지도 않았으므로 그를 파견하는 것에 모두 반대했다. 그럼에도 불구하고 관구장께서는 결정을 번복하지 않고 마렌의 원장에게 쉬랭 신부를 푸아티에로 보내 루됭의 마귀들린 수녀들을 구마케 해 달라고 요청했다.

원장이 쉬랭 신부에게 이 임무를 알리러 왔을 때 신부는 자신이 중병에 시달리고 몸이 불편하니 주님을 위해 봉사할 수 있는 곳으로 보내달라고 성체 앞에서 주님께 기도하는 중이었다. 원장이 소식을 전하자 그는 자신의 능력으로는 도저히 감당할 수 없는 임무라고 느꼈지만 거절할 말을 찾을 수 없었고, 결국 떠날 준비가 되어 있다고 말했다. 하지만 이미 날이 어두웠고 때는 대림절待臨節 기간이었으므로 그는 다음날 출발하기로 했다. 그래서 신부는 그날 라로셀에서 잤다. 그는 도보로 길을 떠났다. 원래 여정을 모두 도보로 할 작정이었으나 곧 잘못 생각했음을 깨달았다. 라로셀을 떠나 단 하루를 걸었는데도 완전히 녹초가 된 것이었다. 그래서 그는 말을 타고 푸아티에로 향해야 했다. 푸아티에에서는 연장자인 바슐르리 신부를 붙여주었다. 두 사람은 지체하지 않고 루됭을 향해 떠났다. 하지만 관구장께서는 이 일을 곰곰이 생각한 끝에 신부가 떠난 다음날 마렌의 원장에게 편지를 보내 생각이 바뀌었으니 쉬랭 신부가 아직 떠나지 않았다면 붙잡으라고 전했다. 하지만 쉬랭 신부는 이미 길을 떠난 후였고 따라서 애초의 지시가 이행되었다. 왜냐하면 관구장은 신부가 이미 출발했다면 그냥 내버려두라고 했던 것이다.

신부는 지시에 복종하기로 하자마자 이것이 모든 면에서 자기

능력을 넘어서는 일임을 깨닫고 주님의 발밑에 엎드려 도움을 청하는 데 전력을 다하기로 했으며, 자기에게 배정된 영혼과 이야기를 나누고 기도와 고해로 사랑을 설득하며 구마의식의 도구보다는 이러한 무기로 악마와 싸우겠다고 결심했다. 두통이 너무 심해 15분도 글을 읽을 수 없으니 구마의식은 자신의 역량 밖이라고 느꼈던 것이다……

하지만 원장수녀(잔 데장주)는 명석하고 천성적으로 눈치가 빨라 우선은 이 신부를 지극히 공손히 대하되 마음은 열지 않겠다고 결심했다. 그래서 주님께서 신부에게 이 마음속에 들어가 효력을 발휘할 열쇠를 주실 때까지 원장수녀는 이런 식으로 행동했다. 그는 성탄절 직전인 성 토마스 축일(1634년 12월 21일)에 구마의식을 시작했다.[298]

"경이롭게 끔찍하고 경이롭게 달콤한"

쉬랭은 극단적이다. 그에게 신을 섬기는 일은 언제나 전부 아니면 전무이다. 그에게 시간은 촉박하고 사건은 중대하다. 그는 몇 주 후 프랑수아즈 밀롱에게 보낸 편지에서 이 점을 분명히 말할 것이다.

천상과 지상의 승리자인 사랑이 그대의 영혼에 절대적 영향력을 행사하기를 기원합니다. 사랑에 복종하시고 그대에 대한 최대한의 권능을 사랑에 바치십시오. 그대의 모든 권리를 사랑에게 양도하십시오. 사랑의 매력에 저항하지 마십시오. 사랑이 그대의 모든 것을 가져가고 그대를 모든 것에서 떼어놓고 그대를 그대 자신으로부터 빼앗아가는 것을 견디십시오……

파괴하고, 약탈하고, 없앤 다음 재건하고, 복구하고, 부활시키는 것이 사랑이 행하는 방식입니다. 사랑은 경이롭게 끔찍하며 경이롭게 달콤합니다. 사랑은 끔찍하면 끔찍할수록 탐스럽고 매력적이 됩니다. 자신의 일을 처리함에 있어 사랑은 군대의 선두에서 걸으면서 모든 이를 무릎 꿇게 하는 군왕君王과도 같습니다. 사랑의 달콤함은 너무나 매력적이라 마음을 황홀하게 합니다. 사랑이 신민을 거두고자 한다면 이는 그들에게 자신의 왕국을 알리기 위함입니다. 사랑이 모든 것을 빼앗아간다면 이는 자신을 아무 제한 없이 전하기 위해서입니다. 사랑이 떼어놓는다면 이는 다른 모든 것에서 떼어놓은 것을 자신과 결합시키기 위해서입니다. 사랑은 인색하면서도 아낌없이 주고, 관대하면서도 자기 이익에 집착합니다. 사랑은 모든 것을 달라고 하고 모든 것을 줍니다. 어느 무엇도 사랑을 배부르게 할 수 없지만 사랑은 아무것도 필요치 않다 보니 아주 작은 것에도 만족합니다······.

저는 그대에게 사랑을 이야기하는 것만큼 즐거운 일이 없으니, 그대의 소식을 알려주신다면 그대에게 열과 성을 다해 사랑을 이야기하겠습니다. 단지 우리의 편지가 믿을 수 없는 이들의 손에 넘어가는 일이 없도록 주의하십시오. 제 편지에는 일부 인사들이 대경실색할 표현이 들어 있을 때도 있으니까요.[299]

그는 결국 떠들썩한 말보다는 내적인 수단을 통해 작업하고, 악마에게 시달리는 이 영혼들의 마음과 애정을 얻으며, 이들에게 기도와 신의 현존을 설득시킴으로써 지옥의 권능에 저항하겠다는 생각을 가지고 길을 떠난[300] 것이다.

마음을 얻는 것

공개적 구마의식의 수법과 비교할 때 이러한 생각—혹은 그가 말하는 것처럼 이러한 직관—은 새로운 것이다. 1634년 성탄절 직전 루됭에 도착하자마자 그가 가진 최초의 접촉은 이러한 생각을 확인해준다.

그가 구마의식에 처음 참석했을 때…… 하느님은 (마귀들린) 여인들이 처한 참혹한 상황에 대해 크나큰 측은지심을 불어넣으셨기에 그는 많은 눈물을 쏟지 않을 수 없었고 이들을 달래려고 지극히 다정하게 행동했다.
 이 주술을 저지른 흉수들을 처단하기 위해 국왕 전하께서 파견하신 특사 로바르드몽 씨가 그를 데리고 원장수녀를 만났다. 이때 원장수녀는 심적으로 매우 평온하고 정신이 맑은 상태였다. 그는 그녀를 보자마자 불가사의하게도 이 영혼을 도와 하느님의 내면적 왕국 속에 숨어 있는 행복을 경험케 하고 싶은 욕망에 사로잡혔다.[301]

자신이 맡은 마귀들린 여인을 만나 흥분하여, 애덕의 눈을 가진 (것처럼 보이는) 이 영혼을 바라보면서, 25년 전부터 계속된 개인적 경험에 비추어볼 때 이미 작업에 착수한 구마사들이 하는 식으로는 단 하루도 이 일을 할 수 없다고 확신한 쉬랭은 절대적 입장을 취하여 극단으로 치닫는다.

먼저 자신이 몸바치고자 했던 과업을 완수할 수 있도록 그는 자신에게 이 영혼(잔 데장주)을 달라고 주님께 쉬지 않고 기도할 것을 결심했다. 매우 짧았던 구마의식 시간을 제외하면 그는 이 기도를 한시도 쉬지 않았다. 그는 계속해서 하느님 앞에 무릎을 꿇어야 할 것 같은 기분이 들었고, 이 일에 너무나 전념하여 한시도 멈추지 않았다. 완벽한 수녀로 만들어보겠으니 이 여인을 자신에게 달라고 하느님께 눈물로 간청했고, 이 기도를 너무 열심히 하다 보니 하루는 이 불쌍한 여인이 겪고 있는 고통을 대신 짊어지고자 엄위하신 하느님께 자신을 바쳐 그녀의 모든 유혹과 불행을 함께 나누고 싶은 마음을 참을 수 없었다. 그래서 그녀의 내면에 자유로이 들어가 그녀의 영혼에 자신을 맡길 수 있도록 자신을 마귀에 들게 해달라고 청할 정도였다. 이후 신부의 마음속에는 이 고통받는 영혼에 대한 부성애가 생겨나, 그녀를 대신해 이상한 일을 겪고 싶은 욕망이 들었고, 사탄에게 사로잡힌 영혼들을 구출하기 위해 그들의 결함을 스스로 취한 뒤 죽음을 겪으셨던 예수 그리스도를 따를 수 있다면 그보다 행복한 일도 없을 것이라고 생각했다…….[302]

그는 무엇보다 영혼들을 인도하는 교회의 사목으로서 행동하겠다고 결심한 영성 지도자이다. 비록 성체를 들이대 '마귀들린 여인들'을 굴복시키는 기존의 구마 수법을 버리지 않고 있지만 쉬랭은 그보다는 다른 '수단'과 다른 '전투 방법'을 선호한다. 그는 성체를 앞에 둔 채 마귀들린 여인에게 귓속말로 내면생활에 대한 이야기, 신성한 결합에 깃든 행복 및 그와 유사한 이야기를 라틴어로 조용히 들려주었다.[303]

아무것도 명령하지 않기

무엇보다 그는 계획을 세웠고, 이 영혼의 교육에 있어 하느님의 방식에 완전히 부합하는 한 가지 방식을 지키겠다고 마음먹었다. 그것은 이 영혼에게 전적인 자유를 허락하면서 가능한 최대한 다정하게, 따뜻한 말로 이 영혼을 구원과 완성으로 이끄는 것이었다. 그는 자신이 변설辨說을 통해 뿌릴 씨앗으로부터 여물게 될 은총의 작용 방식을 알아내어 따르려 했다. 그의 첫번째 계획은 특별히 아무것도 제안하지 않고 신 안에 있을 때의 행복을 일반론적으로 이야기하여 이 영혼 속에 내면의 완성을 향한 굳건한 의지를 만드는 것이었다. 원장수녀는 악마들이 허락하는 한도에서 이 말에 귀를 기울였고, 그러다 보니 전적으로 하느님 안에 머물고 싶다는 욕망이 조금씩 생겼다. 신부는 초기 단계뿐 아니라 이후에도 그녀에게 아무것도 명령하지 않는다는 원칙을 유지했다.

그는 이렇게 해라라는 말을 절대 직접적으로 하지 않았다. 대신 그는 그녀 스스로 제안을 하도록 만들었다. 그는 이런 임무에는 사랑이 제격[304]이라고 생각했다.

마귀들림의 진영에서

쉬랭 신부는 얼떨결에 마귀들림의 진지陣地에 떨어졌으므로 싸움의 방식은 바꿀 수 있어도 싸움터는 바꿀 수 없다. 그는 여기에 어떤 영적인 의미를 부여하지만, 그럼에도 불구하고 특정 사건의 역사에 의해 점진적으로 범위가 설정된 이 '요새要塞 place'의 법칙을 적지 않게 따르고 있다. 그는 그 안에 있다. 그는 그에 상응하여 사고한다. 그는 마귀들림의 실재성을 한시도 의심하지 않는다. 수호할 임무를 받은 대의를 저버리지 않는 이상 어찌 이를 의심할 수 있겠는가? 그는 루됭의 관광객들을 만나면서 여러 현명한 인사들이, 심지어 이 스펙터클을 보름 동안 줄곧 참관했던 예수회의 신부들마저, 그에게 정신을 똑바로 차리고 이 모든 일이 날조극은 아닌지 잘 살펴보라고 간곡히 당부한 것을 이해할 수 없었다.[305]

더구나 쉬랭에게 이는 계시가 아닌가? 번민의 심연에서 신을 추구하고, 자신의 한계의 문을 두드리면서 몇 년 동안 자기 자신과 음침한 토론을 계속해온 쉬랭은 진정한 적敵이 누구인지 마침내 지각한다. 루됭에 아침이 밝아오면서, 야곱에게 그랬던 것처럼, 그에게 암흑의 적을 보여준다.

정착촌

하지만 그의 해석은 무엇보다 루됭에 머무는 구마사들의 경제적·사회적 상황을 드러낸다. 구마사들은 루됭에서 점점 더 고립되고, 호사가들은 점점 먼 곳으로부터 루됭을 찾아온다. 마귀들림 사건은 외지인들에게는 구경거리일지 몰라도 루됭 사람들에게는 (장사꾼들을 제외하면) 이제 관심의 대상이 아니다. 현지인들이 볼 때 이 사건은 외지인의 관심과 돈으로 유지되는 도시 내부의 자치령이다. 이제 사건을 지휘하는 것은 우스꽝스러운 현지 인사들이 아닌 근엄하고 박식한 수도사들이다. 필요한 경비는 파리에서 지원을 받거나, 미지의 자금원의 도움을 받거나, 루됭 시에 과세하여 충당한다. 사건은 시민·귀족·식자識者·모험가나 하루·5일·8일·15일 일정(이는 당시의 통상적 체류기간이었다)으로 이곳을 찾아오는 관광객을 위해 상연되는 쇼일 뿐이다.

사건은 심지어 지긋지긋해진다. 님의 주교가 리슐리외에게 보낸 보고서들(12월 26일, 1월 5일, 1월 18일)에 따라 예전의 구마사들과 쉬랭 신부, 바슐르리 신부 외에 다섯 명의 예수회 신부가 추가로 투입된다. 여기에 가르멜회 수도사 두 명이 더해진다. 조수들도 추가된다. 그런데 로바르드몽은 포고문을 발표해 이 존귀하신 인사들에게 숙소를 제공하라고 주민들에게 요청한다. 구마사 중 일부가 이미 도착했으나 다른 숙소가 없어 여인숙에 묵어야 하는 상황이므로 그는 루됭 시청에 12~15채의 가옥과 부지를 준비할 것을 지시하며, 그때까지 성직자들과 수행원과 여타 일행의 체재비를 루됭 시에서 지불할 것을 선포한다.[306]

구마사들은 특별대우를 받아 도시의 꼭대기에 있는 귀빈 전용 공간이자 고독한 장소인 성곽에 묵게 된다.

로바르드몽은 레로슈 원장으로부터 새로운 수녀원을 구입할 자금을 얻지 못하자 우르술라회 수녀들의 입주를 위해 신교도들이 운영하는 학교였던 콜레주의 건물 또한 압류하기로 결정한다. 위그노 여인들이 소요를 일으키자 로바르드몽은 푸아티에의 경관들을 동원할 것이다.

마지막으로 국왕 역시 재정 지원을 요청받는다. 님의 주교인 앙팀 코옹은 12월 말 루됭에 들러 잔 데장주를 통해 형편을 파악한 뒤 추기경에게 상황을 설명한다.

서원 수녀와 수련 수녀의 하숙비는 도합 900리브르에 이릅니다. 이 때문에 수녀들은 거주비만으로도 매년 250리브르의 이자를 내야 하는 형편이지요. 원장수녀의 말로는 연 2,000리브르면 그녀의 공동체를 그럭저럭 유지할 수 있다고 합니다. 따라서 불행이 지속되는 동안 이 공동체가 극도의 궁핍을 벗어나려면 약 500에퀴의 헌금이 필요할 것입니다…….

잔 데장주는 간이무대에 오르지 않을 때는 정신이 멀쩡한 것이다. 주교는 설명을 잇는다. 구마사들의 경우, 추기경께서 뷜리옹 씨(재정감독관 클로드 드 뷜리옹)를 통해 수녀들의 끼니를 보장할 수 있는 자금을 지급해주셨으면 합니다. 로바르드몽 씨는 여섯 명의 예수회 신부들과 뒤 팽 씨(투르의 오라토리오 수도회 소속)와 모랑 씨(푸아티에 교구 소속)를 위한 식량을 최저가 입찰과 가격할인을 통해 싸게 구입할 것입니다. 카푸친 작은형제회 수도사들과 가르멜회 수도사들의 경우 이들의 수도원에 배정된 자금에서 일부를 떼어 원하시는 만큼 숙식비조로 지급해주시고요.[307]

그 결과 루됭에 공동체를 만든 예수회 신부들의 생계를 위해 국왕 전하는 사재를 털어 봉급을 지불하실 것이며, 추기경께서는 수녀들에게 연 2,000프랑을 지급하셨다.[308]

도시 내부에 재정적·정신적으로 독립된 독자적 공간이 꾸려진다. 금전적 수익·신앙생활(순례를 할 때처럼)·여가활동(서커스에

갈 때처럼) 등의 명목을 제외하면 이 공간은 현지인들의 일상으로부터 점점 더 단절된다. 바로 이 닫힌 장場 안에서 쉬랭은 신비주의의 나무를 심을 것이다.

기묘한 대화

코옹 주교는 리슐리외에게 보낸 편지에서 쉬랭 신부가 원장수녀를 위로하려고 쉬지 않고 단식과 기도를 행하고 있다[309]고 적는다. 이 상처 입은 예수회 신부는 자신의 힘에 확신이 없으면서도 영혼의 '전투'에 뛰어든다. 쉬랭은 이 일이 얼마나 중대한지도 알고 있다. 주교는 잔 데장주를 거명하며 이 점을 설명한다.

모든 계약서는 그녀만을 대상으로 하고 있으며, 이를 감안할 때 그녀가 마귀에서 해방된다면 다른 수녀들의 계약서는 모두 효력을 잃을 것으로 사료됩니다.[310]

그녀는 이 점을 쉬랭 못지않게, 심지어 쉬랭 이상으로 잘 알고 있다. 그녀는 쉬랭에게 저항한다. 평소 습관대로 그녀는 그의 기질을 파악하려고 애쓰며, 수많은 간계를 부려 그를 따돌린다. 그녀는 그가 자신의 내면을 들여다보려 하는 것을 좋아하지 않는다. 그녀는 설사 그가 조금 전에 말을 걸었다 해도 가능한 그와 말을 나누지 않으려 한다. 쉬랭은 인내심을 가지고 계속 노력한다. 그녀는 고집스레 버티지만 결국 그녀 내부에 너무나 큰 절망이 태어나…… 죽겠다고 결심한다.[311] 항복한다는 말이다.

잔 데장주는 결국 저항을 포기하고 쉬랭에게 동의하는데, 사실 쉬랭에게는 저항보다 동의가 더 위험하다. 기묘한 대화가 자리를 잡아 몇 시간, 며칠, 몇 주 동안 계속된다. 그는 그녀 앞에서 기도

하기 시작한다. 대화에 참여하지 않는 제3자가 배석한 가운데 그는 그때까지 감히 입 밖에 낼 수 없었던 광신적 언사를 쏟아낸다. 교활한 소녀와도 같은 성격 때문에 이런 열정이 존재하리라고는 꿈도 꾸지 못했던 잔 데장주는 이 열정에 조금씩 사로잡힌다. 그뿐 아니라 쉬랭은 이 가짜 일대일 대화에 갇힌다. 그는 열광한다. 그는 기진맥진한다. 그는 단숨에 (환자를 치료하려면 의사 스스로가 병에 걸려야 한다는) 속죄 논리의 극한으로 치닫는다. 그는 이 히스테리 환자의 병에 공감하며 병에 저항할 수단을 포기한다. 반면 잔 데장주는 자기가 겪게 될 것으로 예감되는 경험을 앞당겨, 다시 한번 그의 기분을 맞춰주면서, 이제 겨우 조금씩 원하기 시작하는 것을 진심인 양 미리 연기演技한다. 결국 이 최초의 결실에는 가식적 태도가 섞여 있지만 눈이 빠져라 그것을 고대하던 고해신부는 성급히 열광한다. 자기가 한 말을 그녀가 그대로 되풀이하는 것을 눈치채지 못한 것일까? 따라서 쉬랭이 그녀를 자기 수준으로 끌어올리려 하면 할수록 그는 그녀를 더욱 기망欺罔하게 된다. 하지만 반쯤은 가식적인 행동을 진심으로 받아주고 있는데 자기도 그의 수준에 이르렀다는 것을 어찌 믿지 않을 수 있겠는가? 그것이 무엇인지 그녀는 알기나 하는 것일까?

마귀가 들러붙은 구마사

1635년 1월부터 쉬랭에게 마귀가 들러붙기 시작하여 그는 두통, 호흡곤란, 경련 발작, 갑작스러운 보행 장애, 환각 체감 등 기이한 현상을 겪는다. 그는 버티지 못하고 무너진다. 3월이 되자 병은 악화된다. 쉬랭은 이때의 일을 붕괴되는 육신을 바라보는 의사의 시선으로 돌아보면서 이야기한다.

대략 사순절 기간 때의 일인데 어느 날 저녁 평소처럼 잠자리에 누우니 악마의 존재가 느껴지기 시작했다. 악마는 먼저 짐승처럼 그의 몸을 밟고 돌아다녔고 고양이처럼 머리나 몸통의 여러 부위를 모포 위에서 눌러댔다. 그는 이에 그다지 놀라지 않았다. 하지만 얼마 후 살갗 위에 뱀 한 마리가 파고들어 휘감다가 그를 무는 것 같았고 깨물린 상처보다는 독성 때문에 상당한 고통을 느꼈다······.312

이윽고 병은 밤에서 낮으로, 사적 영역에서 공적 영역으로 이행한다.

그 외에도 원장수녀를 보려고 집에서 나와 걷기 시작하면 그{악마}가 발에 들러붙어 구두 밑창이 납으로 되기라도 한 것처럼 발이 무거워졌다.
    내가 구마의식에 참여하여{아직도 구마의식은 몇 차례 행해진다} 그에게 의식에 포함된 말을 읊게 하면 그는 잠시 마귀들린 원장수녀의 몸을 떠나 내 안으로 파고들었다. 그는 언제나 위장에서 활동을 시작했고 그곳에 극심한 고통을 남겨 나는 눕지 않으면 피곤해서 견딜 수 없었다. 하지만 일단 누우면 온몸이 경련에 사로잡혔다.313

쉬랭은 상태가 악화되고 원장수녀는 호전된다. 로바르드몽이 수녀원을 위해 아름다운 상제의 上祭依를 보내주자 그녀는 5월 8일 편지를 써 이 고된 작업에 참여할 다른 이들이 쉬랭의 불행 때문에 겁을 먹지는 않을까314 두렵다고 말한다. 5월 3일 쉬랭은 당시 아미엥에 살고 있던 오랜 친구 도니 다티시 신부에게 편지를 쓴다.

내 안에 두 개의 영혼이

석 달 반 전부터 악마가 제 안에서 활동하지 않는 때가 한시도 없었습니다. 아마 제가 저지른 죄들 때문이겠지만, 상황은 교회가 한번도 겪지 못한 일을 하느님께서 허락하실 정도로 심각해졌습니다. 제가 임무를 수행하는 도중 마귀가 마귀들린 여인의 몸을 빠져나와 제 몸에 들어와 저를 공격하고 넘어뜨리고 요동을 치게 하며 눈에 띄게 괴롭혀 저는 몇 시간 동안 마귀들린 사람처럼 마귀에 사로잡히는 것입니다.

그뒤로 제게 어떤 일이 일어나고 있는지, 이 악령이 어떻게 영혼과 결합해, 저의 지식과 제 영혼의 자유를 빼앗지 않으면서도, 또다른 저인 것처럼 구는 것인지를 저로서는 설명할 도리가 없습니다. 마치 제게 두 개의 영혼이 있고, 한쪽은 육신에서 분리되어 제 몸을 뜻대로 움직이지 못하면서, 육신 안에 들어온 다른 영혼이 활개치는 것을 멀리서 바라보기만 하는 것 같습니다. 이 두 영靈은 육신이라는 같은 장場에서 싸우고 있습니다. 또한 영혼 자체도 둘로 나눠진 것 같아 한 부분은 악마의 뜻대로 움직이고, 다른 부분은 제 능력이나 하느님께서 주신 능력에 따라 움직입니다. 저는 하느님의 뜻을 따를 때 크나큰 평안을 느끼기도 하지만 동시에 까닭 모르게 하느님에 대한 극도의 분노 및 반감을 느끼고, 하느님으로부터 벗어나려는 마음을 격렬히 표출하기도 하여 보는 이들을 놀라게 합니다. 매우 쾌활하고 다정하기도 하지만 동시에 슬픔에 빠져 영벌에 처해진 이들처럼 눈물을 흘리고 비명을 지르기도 합니다. 저는 영벌의 상태를 느끼고 염려하며, 제 영혼처럼 보이는 이 낯선 영혼에 절망해 창에 찔린 것처럼 고통스럽습니다. 반면 자신만만한 다른 영혼은 그런 감정을 비웃고 그런 감정을 야기하는 분[하느님]을 마음껏 저주합니다. 더구나 저는 제 입에서 나오는 비명이 이 두 영혼 모두에게서 나온다고 느끼며, 그 비명이 환희에서 비롯되는 것인지 아니면 극도의 분노가 저를 사로잡는 것인지 잘 구별할 수 없습니다……

제가 이런 상태에 있는 것을 보고 다른 마귀들린 여인들이 의기양양해 하며, 악마들이 "의사 양반, 자기 병이나 고치시지! 지금 당장 설교단에 올라가라고. 땅바닥에서 뒹굴다가 이러쿵저러쿵 설교해도 안 될 건 없잖아?"라고 비웃을 때 제 심정이 어떻겠습니까……

현재 저는 거의 매일같이 이런 상황에 처해 있습니다. 이 때문에 커다란 논쟁이 벌어지고 있습니다. "Et factus sum magna quaestio.(그리고 저는 큰 문제가 되었습니다)" 제가 정녕 마귀에 들린 것인지, 교회의 사목이 이와 같은 재난에 빠지는 것이 가능한지를 두고 의견이 엇갈리는 것입니다. 어떤 이들은 하느님께서 제게 벌을 내리시는 것이요, 어떤 망상을 징계하는 것이라고 합니다. 어떤 이들은 다른 말을 하고 있고요. 반면 저는 극한의 궁지에 빠지는 것보다 좋은 일은 없다고 굳게 확신하면서 이런 상태를 견디고 있습니다. 제 운명이 달라지기를 원하지 않고요. 상황이 워낙 지독하다 보니 저는 뜻대로 할 수 있는 일이 거의 없습니다. 말을 하려고 하면 혀가 굳어버리고, 식사 때는 입에 음식을 넣을 수 없으며, 고해를 할 때는 갑자기 저의 죄를 잊고 악마가 제 몸을 제집 드나들듯 하고 있음을 느낍니다. 묵상을 시작하면 악마가 이미 와 있습니다. 기도를 하면 악마는 자기 마음대로 생각을 뺏어갑니다. 마음속에 하느님이 들어오기 시작하면 그는 마음을 분노로 채웁니다. 악마는 자기가 원할 때마다 저를 재우고 원할 때마다 저를 깨웁니다. 악마는 마귀들린 여인의 입을 빌려 공개적으로 자기가 저의 주인이라고 자랑합니다. 저는 양심의 가책이 들고 죄인들에게 선고되는 판결이 떠오르다 보니 이런 주장을 전혀 반박할 수 없습니다. 저는 이런 판결을 받아야 하고, 모든 피조물이 복종해야 하는 신성한 섭리의 명령을 숭배해야 합니다.[315]

새로운 수수께끼

Factus sum magna quaestio. 이것이 루됭의 새로운 질문이다. 문단文壇에 인맥이 많았던 다티시 신부는 적당한 사람에게 이 편지를 건넨다. 이미 나돌고 있던 쉬랭의 다른 텍스트들처럼 이 편지도 유포된다. 당대에 만들어진 이 편지의 사본 중 상당수는 아직도 남아 있다. 이 텍스트는 그 즉시 푸아티에와 파리에서 출판된다. 편지는 신도 집단을 거쳐 호사가들과 식자들에게 도달한다. 엑상프로방스에 머물면서도 1634년 질 드 로슈 신부를 통해 이미 루됭의 상황을 파악하고 있던 페레스크*에게 메르센 신부†는 1635년 7월 1일 편지를 쓴다.

당사자가 여러 편지를 통해 밝히고 있는 것처럼 예수회 신부 한 명이 구마를 하려고 루됭에 갔다가 그 자신이 마귀에 들린 일 혹은 마귀가 들러붙은 일을…… 선생께서 아시는지 모르겠습니다.[316]

7월 17일 페레스크는 메르센에게 답장을 띄운다.

이런 일은 주로 연약한 아녀자들에게 생기는 만큼, 마귀에 들린 것이든 마귀가 들러붙은 것이든 이 착한 구마사 신부의 상태가 좋아진다면 다른 사례를 모두 합친 것보다 파급력이 클 겁니다.[317]

7월 24일 그는 자기처럼 석학이자 애서가인 파리의 친구 생소뵈르 뒤 퓌에게도 편지를 보낸다.

---

* 프랑스의 과학자, 천문학자(1580~1637). 망원경을 이용해 최초로 달 지도 작성을 시도했다.
† 프랑스의 철학자, 물리학자, 수학자(1588~1636). 메르센 소수 등의 연구를 통해 정수론整數論 분야에서 업적을 남겼다.

쉬랭 신부가 쓴 이 짧은 인쇄물은 정말 괴상합니다. 이곳에서는 그가 쓴 것으로 보이는 다른 보고서가 돌아다니고 있는데 이 글도 그럭저럭 잘 쓴 편입니다. 아마 이 보고서를 이미 알고 계시겠지만, 혹시 아직 못 보셨을지 모르니 한 부 동봉합니다. 다른 글과 연계해서 보신다면 읽을 만한 가치가 있을 겁니다.[318]

1635년 푸아티에, 파리, 리옹에서 출판된 또다른 글 『국왕 전하의 유일한 동생 전하께서 배석하신 가운데 루됭의 마귀들린 수녀들을 구마하던 도중 일어난 일에 관한 진실한 보고서』는 이날, 즉 5월 10일, 상처 입은 구마사가 다시 한번 나동그라지고 전하와 전하의 시종들 앞에서 또다시 포석鋪石으로 던져지는 꼴을 당하다 보니 이 예수회 신부의 사례에 많은 분량을 할애하고 있다.[319] 청중의 만족을 위해 쇼가 계속되는 동안 쉬랭은 추락한다. 조언을 아끼지 않는 다티시 신부와 계속해서 편지를 교환하고 있는 자는 굴욕을 당한 어린애인 것이다. 병자는 어떻게든 시간을 내서 다른 많은 이에게 하는 것처럼 다티시 신부에게 답장을 쓴다.

주님께 기도하노니 신부님의 영혼이 주님의 영혼에서 결코 떨어지지 않도록 두 영혼을 사랑의 황금사슬로 묶어주소서. 이를 위해 제가 조금이라도 도움이 될 수 있다면 그 어떤 일도 마다하지 않겠습니다. 저를 신부님의 노예로 여기시고 제 봉사를 받아주소서. ……이것이 바로 신부님의 미천한 형제로서 제가 수행해야 할 소임입니다.[320]

심지어 쉬랭은 9월에 로바르드몽에게 이렇게 말할 정도이다. 우리는 가장 중요한 일을 다루고 있으므로 구마의식의 관객들과는 완전히 다른 것을 알고 있습니다.[321]

'승전勝戰'의 문학

하지만 독실한 신앙심의 피난처가 된 싸움터에서 마귀들의 퇴장, 기적, 개종 등의 승전보가 잇따라 들려온다. 그리고 이런 사례를 찬양하기 위한 출판물이 우후죽순으로 쏟아진다.

— 『악마 발람이 루됭의 우르술라회 수녀원장의…… 육신에서 퇴장한 사건에 관한 보고서』, 1635년 파리와 푸아티에에서 출간.
— 『루됭에서 구마의식을 집전하던 예수회 신부 한 명이 푸아티에 주교님께 보낸 편지의 사본. 여기에는 50인의 악마의 우두머리인 레비아탄이 축출된 상황에 대한 간단한 이야기가 들어있다……』, 1635년 파리의 J. 마르탱 출판사와 푸아티에의 므니에르 출판사, 그리고 오를레앙에서 출간.
— 『멜랑콜리론論. 멜랑콜리가 과연 루됭의 마귀들린 여인들에게 나타나는 제 현상의 원인인가에 대한 고찰. 이 책은 M.D.{마크 던컨}의 논고에 대한 M.{필레 드 라메나르디에르}의 여러 성찰의 편린이다』, 라플레슈, M. 귀요 & G. 라보에 출판사, 1635년.
— 『루됭 시의 우르술라회 수녀들과 평신도 처녀들에게 빙의된 마귀들의 왕자들과 악마들의 기이하고 끔찍하고 무시무시한 수작에 대해 로마 교회가 보여준 기적적 효능들. 크루아제의 원장인 신학박사 라푸카르디에르 씨가 편찬함』, 파리, 클로드 모를로 출판사, 1635년.
— 『루됭의 우르술라회 수녀들의 구마사인 예수회원 쉬랭 신부님이 친구에게 보낸 편지. 이 편지에는 쉬랭 본인에게 일어난 여러 기이한 일이 소개된다. 이 편지는 신의 심판에 대한 믿음과 두려움을 강력히 고조시킨다』, 1635년 푸아티에와 파리에서 출간.
— 『국왕 전하의 유일한 동생 전하께서 배석하신 가운데 루됭의

마귀들린 수녀들을 구마하던 도중 일어난 일에 관한 진실한 보고서와 구마사들의 확인서』, 1635년 파리의 J. 마르탱 출판사 (푸아티에본을 대본 삼아 인쇄함), 리옹의 J. 자크므통 출판사 및 푸아티에에서 출간.

— 『In Actiones Juliodunesium Virginum, Francisi Pidoux, Doctoris Medici Pictaviensis, Exercitatio Medica[루됭의 처녀들의 재판에 관하여, 푸아티에의 의학박사이자 개업의인 프랑수아 피두 지음]』, 푸아티에의 J. 토로 출판사에서 출간. 1635년에 재판이 나온 듯하다.

— 『악마 발람이 루됭의 우르술라회 수녀원장의 육신에서 퇴장한 사건과 구마의식 도중 그녀가 보여준 끔찍한 동작과 경련에 관한 보고서, ……의 조서가 합본됨』, 파리의 J. 마르탱 출판사와 푸아티에에서 1635년 출간.

— 기욤 리베(타이유부르 개혁교회 목사)는 1635년 『라로셸 카푸친 작은형제회 원장 트랑킬 씨의 간계와 술책에 맞서 하나님의 권리를 옹호함』이라는 글을 소뮈르의 레스니에 & 데보르드 출판사에서 출간한다.

— 『루됭의 마귀들린 수녀들을 구마하던 도중 세동이라는 이름의 악마가 다시금 이끌어낸 {푸아티에} 법원의 젊은 변호사의 놀라운 변화. 같은 악마의 담화 두 편도 첨부』, 1636년 라플레슈의 G. 그리보 출판사와 1637년 파리의 J. 브뤼네 출판사에서 출간.

— 『성 요셉의 영광. 루됭의 우르술라회 수녀들의 수녀원장의 육신에 들려 있던 마귀 이사카론이 퇴장할 때 벌어진 일들에 관한…… 진실하고 참된 보고서』, 국왕의 유일한 동생인 오를레앙 공에게 헌정된 이 책은 1636년 소뮈르의 루이 마세 출판사와 파리의 J. 마르탱 출판사, 리옹의 클로드 켄 출판사 등에서 출간된다.

- 『마귀들린 처녀들의 구마의식 도중 루됭에서 일어난 일들과 모든 배석자가 참관한 가운데 일어난 기적에 대한 참된 이야기』, J.D.P.C. 지음(푸아티에의 한 가르멜회 수도사가 같은 회의 수도사에게 보낸 편지), 1636년, 오를레앙, 르네 프레몽 출판사.
- 『Germana Deffensio Exercitationum Francisci Pidoux in Actiones Juliodunensium Virginum adversus Ulalium[에울라리우스(푸아티에의 변호사 뒤발)에 맞서『루됭의 처녀들의 재판에 관하여』를 옹호하는 개업의 프랑수아 피두의 진실한 옹호문]』, 이 책의 앞에는 Speculum mentis Eulalii Pictaviensis[푸아티에의 에울라리우스의 거울]{쪽수가 매겨 있지 않음}이 합본되어 있다. 푸아티에, J. 토로 출판사, 1636년.
- 『라메나르디에르 경의『멜랑콜리론』에 반대하여 의학박사 M. 던컨을 옹호하는 변론문』, 출판지·출판일은 표기되어 있지 않음, 하지만 1636년 소뮈르에서 출간되었을 공산이 큼.
- 『성 요셉의 도유塗油에 의한…… 잔 데장주 수녀의 기적적 치유』, 소뮈르, 마세 출판사, 1637.
- 『한 악마에게 최근에 집행한 심문과 구마의식……과 악마가 카푸친 작은형제회 수도사 마티외 드 뤼셰 신부에게 내놓아 사람들을 깜짝 놀라게 한 대답』, 파리의 J. 브뤼네 출판사와 라플레슈에서 1637년 출간.
- 『우르술라회 수녀들을 구원하고 해방해주신 성모 마리아와 성 요셉과 성 프란치스코의 기적과도 같은 사역事役……』, 파리, 1637.
- 『루됭의 우르술라회 수녀들의 원장수녀의 육신을 사로잡고 있던 일곱 악마가 퇴장하면서 하느님과 그의 교회의 영광을 위해 남긴 기적적 표식들의 묘사와 개요』, 루앙, D. 페랑 출판사 {1637}.[322]

— 『루됭의 구마사 중 하나였던 트랑킬 신부의 죽음에 관한 보고서……』, 푸아티에, 1638. 루됭의 브누아 신부가 루됭의 엘레아자르 신부에게 보낸 이야기.

이 소책자들의 홍보문구에는 원장수녀의 이름이 기적이라는 단어만큼이나 빛나고 있다. 끝에서 두번째 책에는 그녀의 초상화가 실린다. 정직停職, 병과 치유, 해방과 퇴장 등이 이어지면서 그녀는 새로운 인물을 내놓는다. 아마도 그 의미를 의심하는 것 같기는 하지만 그녀는 쉬랭으로부터 신비주의의 용어를 완전히 습득한다. 그녀는 조언을 한다. 그녀는 손님들의 방문을 받는다.『에기용 공작부인의 초청에 따라 루됭의 마귀들린 여인들을 찾아가 8일 동안 만났던 D.의 방문 기록과 공작부인 본인, 랑부이예 양, 브레제 후작, 사블레 후작, 드 부아튀르 씨 등이 같은 여인들을 찾아간 방문 기록』[323] 이 증언하는 것처럼 신분 높은 신자·관광객들은 기회를 놓치지 않고 찾아온다.

의심받는 영성

쉬랭에게 고난의 행로는 아직 끝나지 않았다. 하지만 그는 몸이 아프건 말건 임무를 포기하지 않는다. 그는 사람들을 더 많이 만난다. 그는 글을 쓴다. 그것도 많이. 하지만 그가 일생일대의 걸작을 쓰는 것은 나중의 일이다.* 20년 뒤에야 욥이, 우물의 바닥에서 태양을 찾아내고, 주님 품에 안겨 여덟 살짜리 아이만큼 근심 없이 살 수 있는 비결을 만년에야 겨우 발견한 욥이, 육신은 쇠약해도 시련을 통해 안정을 찾은 욥이 다시 일어설 것이다.

* 쉬랭은 1654년에야 우울증에서 벗어나 자신의 주저인 『영적 교리문답 Le catéchisme spirituel』(1655)을 완성한다.

그를 중심으로 일종의 영성 학교가, '신비주의' 그룹이 결성된다. 이 그룹을 거쳐간 많은 이들은 그 경험을 결코 잊지 못할 것이다. 하지만 그 때문에 쉬랭에 대한 의심은 더욱 고조된다. 예수회 수도사들의 루됭 활동에 종지부를 찍고 싶어 골머리를 앓던 로마의 예수회 총장 비텔레스치 신부에게 병자病者에 대한 비난과 고발이 빗발치듯 들어온다. 비텔레스치는 1636년 8월 28일 쉬랭의 관구장에게 편지를 쓴다.

관구장께서 칭찬을 아끼지 않고 있는 쉬랭 신부에 대해 저희 회會의 신부들에게서 많은 증언을 받았습니다. 얼마 전부터 그는 자신이 악마에 홀린 만큼이나 강생하신 거룩한 말씀*에도 홀렸다고 믿어, 급기야는 마귀가 들러붙은 동작이 마귀로부터 비롯된 것처럼 자신의 언행이 거룩한 말씀에서 비롯된 것이라고 여긴다고 합니다. ……또한 그는 상급자들의 지시를 잘 따르지 않으며 별로 순종적이지 않다고 합니다. 이에 관해 관구장님의 고견을 듣고 싶습니다…….324

1636년 10월 쉬랭은 상부의 명에 따라 루됭을 떠난다. 그는 1637년 6월에서 11월까지 다시 루됭에 머물 것이다. 현장에서는 영적 수법에 지나치게 몰두하고 있고 업무에 무지하다며 쉬랭을 격렬히 비난했던 다른 구마사들이 그의 방법론을 취한다.325 사라지면서 그는 흔적을 남긴다.

---

* '강생하신 거룩한 말씀le Verbe incarné'이라는 표현은 하느님(말씀)이 인간의 육신을 빌려 모습을 드러냈다는 뜻으로 보통 예수 그리스도를 가리킨다.

14 잔 데장주의 승리

앞서 일어났던 여러 경이로운 일에 뒤이어 1637년 2월 7일 다시금 경이로운 일이 일어난다. 혈기가 지나친 레세스 신부가 몰지각하게 구마의식을 밀어붙이는 바람에 잔 데장주는 병이 든다. 의사들은 가망이 없다며 손을 떼고, 폐울혈이 생겨 단말마의 상태에 이른 잔 데장주는 수녀원에서 죽음을 기다린다.

잘생긴 천사

그녀는 이야기한다. 그때 커다란 구름이 내가 누워 있던 침대를 휘감는 것이 보였다. 보기 드물게 잘생긴 착한 천사가 18세가량의 청년 모습을 하고 내 오른쪽에 서 있었다. 천사는 반짝이는 긴 금발로, 그 머리칼은 내 고해신부{레세스 신부}의 어깨 오른쪽을 덮고 있었다……

잔은 한 가지 디테일을 빠트리는데, 쉬랭은 순진하게도 이를 기록한다. 그녀는 성 요셉의 얼굴 모습을 기억해두었다가 이를 나중에 그림으로 옮겼으며, 며칠 뒤 보포르 공작께서 구마의식을 보러오시자 내게 공작의 가발이 그 천사의 가발과 비슷하다고 말했다.[326] 가브리엘 데스트레의 손자로 제2대 보포르 공작이었던 젊은 프랑수아 드 방돔은 당시 18세였다. 나중에 파리 중앙시장의 왕*이라는 별명을 얻게 될 이 금발의 미남자는 수많은 결투 못지않게 여성 편력으로도 유명했다. 따라서 공작이 혹시 2월 7일 이전에 루됭을 방문한 것은 아닌지 의심해볼 수 있다. 먼 훗날 잔은 쉬랭에게 이 사건을 이야기하는데 그녀는 뛰어난 기억력을 보여준다.

저는 또한 성 요셉이 태양보다 휘황찬란한 얼굴과 근사한 머리칼을 한 남자의 모습으로 나타나는 것을 보았습니다. 수염은 밤색이었고요. 성 요셉께서는 인간이 따를 수 없는 위엄 있는 모습으로 제 앞에 나타나시더니 극심한 통증이 지속되던 오른쪽 옆구리에 손을 대셨습니다. 성 요셉께서는 그 부위에 도유塗油를 하신 듯하며, 그러자 저는 외부 감각이 돌아오는 것을 느꼈고 병이 완치되었습니다. 저는 제 방에 있던 신부님과 수녀들에게 "이제 아프지 않아요. 신의 은총으로 치료되었어요"라고 말했습니다. 저는 옷을 달라고 했고 즉시 자리에서 일어났습니다. ……이틀 후 저를 낫게 해준 성유聖油를 슈미즈로 닦은 것이 떠올랐습니다. 저는 부원장수녀를 불러 도유가 행해진 제 방의 장소에 와보라고 했습니다. 그녀가 그곳으로 오자 저희는 둘 다 감미로운 냄새를 맡았습니다. 저는 그 슈미즈를 벗었습니다. 사람들은 슈미즈의 허리 부분을 잘라냈습니다.† 우리는 근사한 냄새가 나는 이 신성한 향유香油 다섯 방울을 찾았습니다. ……이 경이로운 사건이 알려지자 백성들이 이 성스러운 기름을 얼마나 숭배했는지, 하느님께서 이 기름을 통해 얼마나 많은 기적을 행하셨는지 믿을 수 없을 정도입니다.327

* '프롱드의 난' 도중 파리 시민들의 지지를 등에 업고 귀족파의 일원으로 왕권에 대항해 싸운 일 때문에 붙은 별명.
† 슈미즈chemise는 오늘날 셔츠, 블라우스 등의 상의를 뜻하지만 당시에는 오늘날의 여성용 슬립처럼 무릎 아래까지 내려오는 속옷이었다.

이것을 위해 '사람들'은 어떤 일도 마다치 않는다. 『잔 데장주 수녀의…… 기적적 치유』가 곧 소뮈르에서 출간되며, 푸아티에 주교로부터 열렬한 찬사를 받는다. 이야기는 차후 살이 붙는다. 여기저기 불려다니며 같은 이야기를 수없이 되풀이하던 원장수녀는 7년 뒤 생쥐르 신부에게 공식적 수정본을 보내 이 기적의 '최종 보고서'를 내놓는다.[328]

기적을 입어 치유된 수녀

불가사의한 다섯 방울의 기름, 신성한 슈미즈, 연고를 먹은 종이와 솜에게는 이제 화려한 경력이 시작된다. 하지만 이것들은 기적극의 무대장식에 불과하다. 악마들이 마지막으로 퇴장한 뒤 그녀의 손에 요셉과 마리아라는 이름이 남아 그녀의 육신 자체를 주해註解한다. 이제 남은 악마는 베헤모스 하나뿐이다. 1637년 3월 19일 베헤모스는 쉬랭 신부의 손으로 쫓겨나는 영광을 누리게 해달라고 요구한다.

그는 많은 저항과 폭력을 저지른 뒤, 자기가 나가고 싶다고 해서 나갈 수 있는 게 아니며, 신께서는 쉬랭 신부가 그의 퇴장을 돕기를 바라신다고 대답했다.[329]

원장수녀도 로바르드몽에게 편지를 써 이를 고한다. 해방된 여인의 꽃가마 옆에 사건의 주역들이 모두 모여야 한다. 그녀의 악마는 또한 프랑수아 드 살의 무덤을 순례하겠다며 안시Annecy로의 여행을 요구한다. 계획은 확대되고 신앙심은 홍보되며, 로바르드몽이 불러온 학문의 스승 예수회 구마사들은 이 기획에 전적으로 참여하는 것처럼 보인다. 반대편의 불신앙에 맞서 온갖 맹신盲信이 결집한다.

1637년 7월 9일 예수회 총장은 이런 계획을 우려하면서도, 지나치게 장기화되고 있는 사건을 쉬랭이 마무리해줄 것을 기대하는 여론에 밀려, 병자病者의 잠정적 복귀를 승인한다. 총장은 로마에서 푸아티에 원장에게 편지를 띄운다.

정말 내키지 않는 일이기는 하지만 그럴 만한 이유가 없는 것도 아니므로 우리는 앙기노 신부와 쉬랭 신부를 다시 루됭에 보내기로 결정했습니다. 우리는 우리 회의 신부들이 하루빨리 이 사건에서 손을 뗄 수 있기를 간절히 소망하며, 이를 위해 필요한 도움을 아끼지 않을 생각입니다…….

　루됭의 신부들은 원장수녀의 손에 악마들이 새겨놓았다는 복된 이름 때문에 그 손에 입을 맞추려는 이들에게 이를 허락하고 있으며, 성 요셉께서 바르셨다는 연고를 솜·종이 등의 물건으로 찍어 전문가들의 반대 의견에도 불구하고 진짜 성물聖物처럼 유포하고 있고, 이 성물들 덕에 이루어진 기적들을 자기들 직권으로 대중에게 알린다고 합니다. 하지만 우리가 알게 된 바에 따르면 이 성물들은 여러 악惡의 원천이며…….

쉽게 믿는 자들에게 알림

저희 회의 신부들을 구마의식에서 철수시킬 수밖에 없는 일이 없도록 원장님께서 이러한 비정상적 사태들을 확실히 바로잡아주셨으면 합니다. 제가 얼마 전에 말씀드린 것처럼 저희 회의 신부들이 공개 장소가 아닌 실내 공간에서 임무를 수행할 수 있게 해주시고, 악마들에게 그들을 쫓아내는 데 필요한 사항만을 질문토록 하며, 안 그래도 장기화되고 있는 이 사건에 끝없이 연루되지 않게 해주십시오. 저희의 일꾼들은 다른 곳에서 더 유용하게 쓰일 수 있을 겁니다.

사람들은 처음에 어떤 폭로를 믿어 악마가 안시로 쫓겨났다고 하더니 이제는 같은 여인의 새로운 폭로에 따라 쉬랭 신부가 루됭으로 돌아가지 않으면 악마가 쫓겨나지 않을 거라고 합니다. 앞뒤가 맞지 않는 말을 하는 것이지요. 또한 저희 신부들은 그동안 요청을 거의 다 들어주었는데도 이제 와서 다시금 새로운 계획이 있다고 합니다. 저희 회 소속 구마사들의 경솔한 행동에 대한 탄원이 매일같이 쏟아지고 있는데 말입니다. 그러니 원장님께서 직접 하시든, 푸아티에 원장*의 손을 빌리시든, 너무 순진하지 않고 이상한 일을 쉽게 믿지 않는 신부를 시키시든 이 구마사들에게 엄격한 규칙을 부과해야 할 겁니다.³³⁰

루됭으로 돌아온 쉬랭은 건강이 굉장히 안 좋다. 잔 데장주는 이냐시오 데 로욜라의 『영성수련』의 가르침에 따라 쉬랭의 지도하에 침거에 들어가지만 나중에 보 지방의 신부이자 앙제 주교의 보좌신부인 기 라니에르에게 이렇게 말할 것이다.

착하신 신부님께서는 저에게 마지막 수련을 시키면서 아무 주제도 주지 않으셨습니다. 신부님께서는 제가 소박하게 하느님 앞에 나아가 하느님이 원하시는 것을 받거나 겪기를 원하셨던 것이지요. ······저는 이와 같은 수련 방식에서 커다란 정신적 자유를 찾을 수 있었습니다.³³¹

---

*세르토는 이 편지의 수신인이 푸아티에 원장이라고 밝혔는데 편지는 도중에 푸아티에 원장을 제3자로 언급하고 있다. 편지의 수신인은 아마 쉬랭의 다른 상급자인 듯하다.

해방

마지막 악마 베헤모스가 축출되면서 원장수녀가 완전히 해방되는 것은 이 칩거생활 도중의 일이다. 데레사 성녀 축일인 10월 15일 쉬랭은 매우 침체된 상태임에도 불구하고 미사를 집전한다. 그가 면병을 손에 들고 철창의 작은 창문을 통해 원장수녀에게 성체를 주는데 그가 'Corpus Domini nostri Jesu Christi(우리 주 예수 그리스도의 몸은)'라고 하자, 악마에게 아무 명령도 내리지 않았음에도, 원장수녀는…… 극심한 경련을 일으키며 몸이 뒤로 젖혀졌고 악마가 썬 무시무시한 얼굴로 왼손을 들어 허공에서 뒤집었다. 신부는 새빨간 핏빛의 예쁜 글자체로 된 마리아와 요셉의 이름 위로 예수의 이름이 평생 본 그 무엇보다 뚜렷하게 나타나는 것을 보았다. 하지만 그녀의 손이 완전히 뒤집혀 엄지는 수녀들이 있던 철창 안을 향해 있고 손바닥은 신부가 있던 철창 밖을 향하고 있었으므로, 신부는 프랑수아 드 살이라는 이름이 나타나는 것은 전혀 볼 수 없었다. 갑자기 악마가 원장수녀의 몸을 떠나면서 그녀는 경련을 그쳤다. 그리고 그녀는 정신이 완전히 돌아와 다시금 무릎 꿇은 자세를 취하더니 주님의 육신을 받았고, 성체는 악마를 대신하여 그녀의 몸을 차지했다. 그 뒤로 그녀는 평생 마귀들의 작용을 다시는 느끼지 않았다……. [332]

잔의 악마가 원하는 것을 이루었으므로 순례가 결정된다. 쉬랭은 여행에 가져갈 짐가방의 일부이다.

제 영혼은, 그는 나중에 이 시기에 대해 다음과 같이 이야기할 것이다, 수위실만 빼고 문이란 문은 모조리 자물쇠로 잠가놓은 궁전과 같았습니다. [333]

사람들은 그를 미치광이 취급한다. 쉬랭조차 그는 실제로 이런 불편한 상태에 빠졌으므로, 그에게 일어난 기이한 일들을 감안할 때 미쳤다는 말을 부인하는 것은 상식에 어긋나는 일이 될 것이다……라고 쓸 정도이다.

그는 이를 위해, 원하는 사람이 거의 없는 이 아름다운 꽃다발을 모자에 꽂기 위해 매우 오래전부터 하느님께 자신을 바쳐왔으므로 이런 칭호를 그다지 두려워하지 않는다는 것을 고백할 수 있다.[334]

일시적 실어증에 걸린 쉬랭은 토마 신부와 함께 출발한다. 하지만 상급자들의 명에 따라 잔과는 다른 길을 택한다. 그는 중앙산맥을 거쳐 리옹에서 잔과 합류할 것이다. 원장수녀는 순례의 여정에 파리도 넣어두었다.

개선행진

아마 쉬랭이 말하는 것만큼 심하지도 지속적이지도 않았을 이 위기의 기간 동안 유명한 사부아 여행이 계획되었다. 4월 26일 루됭을 떠난 잔 데장주에게 투르, 파리, 물랭, 느베르, 리옹, 그르노블, 안시 등을 도는 이 여행은 5개월에 걸친 개선행진이었다. 원장수녀가 들르는 지방시청이나 저택에 군중이 몰려드는 것처럼 악마가 글자를 새겨놓은 손과 성 요셉의 연고가 묻은 슈미즈에 경의를 표하려고 고등법원 판사들, 지체 높은 가문의 귀족들, 주교들, 콩데 가문 사람들, 리슐리외, 왕비 안 도트리슈, 국왕 루이 13세가 차례로 그녀를 찾아온다. 한때 버림받은 소녀였던 자신이 기적의 주인공이 되어 순회공연을 하게 된 사연을 이야기하고 있는 이 자서전을 보면 잔 데장주는 계속된 성공에도 만족하지도 마음을 놓지도 못하여, 왕족들, 대주교들, 궁전들, 화려한 사륜마차들에 대해 한없이 늘어놓는다. 이 휘황찬란한 여정을 기록하는 흐뭇한 문장에는 이런 명예에 대한 매혹이 뻔히 드러난다.

원장수녀가 모랑 씨와 부원장수녀 가브리엘 드 콜롱비에르를 동반한 채 투르에 도착하자 투르의 대주교 베르트랑 드 쇼 예하께서는 당일 저녁 수하를 보내 자신을 찾아줄 것을 권유하셨다. 다음 날 예하께서는 우리에게 부속 사제 한 명과 함께 호화로운 사륜마차를 보내 대주교 관저로 나를 데려가셨다. ……예하께서는 우리를 지극히 친절하게 맞이하셨다. ……홀에는 지체 높은 신분의 인사 여러 명이 이미 와 있었는데 그중에는 대주교님의 조카이신 불로뉴 주교도 계셨다. 그랑디에게 유죄판결을 내린 판사 중 하나였던 재판소장 코트로 씨도 와계셨다. 모두가 내 손에 새겨진 글자들을 보고 감탄했으며…….

내 손에 새겨진 이름에 관한 소문이 온 도시에 퍼져 있었으므로 그것을 보겠다고 찾아오는 사람이 매일 사오천에 달했다.

4월 30일 화요일, 우르술라회 수녀원의 접견실에서는 세 명의 의사가 내 손의 피부에 분명히 새겨진 글자들의 형체와 아름다움을 주의 깊게 바라보았다…….

5월 5일에는 국왕의 동생인 오를레앙 공 가스통이 찾아와 잔 데장주를 우쭐하게 만든다.

5월 6일 목요일, 우리는 투르를 떠났다. 고등법원 판사의 부인인 뒤 트롱셰라는 지체 높은 부인이 함께 사륜마차에 동석해, 가는 내내 대화를 이끌었다.[335]

앙부아즈에서는 군중을 만족시키고 그들에게 내 손을 보여주기 위해 시청을 밤 11시까지 개방해야 했다. 블루아, 로바르드몽이 합류하는 오를레앙, 마지막으로 5월 11일 그들이 함께 도착하는 파리에서도 사정은 마찬가지다.

파리 정복

파리에서 그녀는 로바르드몽 남작 집에 머문다. 국정자문 위원들, 청원請願 심사관들, 소르본의 박사들, 각 수도회의 수도사들…… 슈브뢰즈 공작, 게메네 공 및 수많은 지체 높은 신분의 인사들이 걸핏하면 나를 찾아왔다.

사람들이 나를 보겠다고 몰려들고, 사람들이 내 손을 찬미하고, 사람들이 내 몸에 생긴 일을 악마의 소행으로 간주한다. 『자서전』의 이 지칠 줄 모르는 나열은 기적을 입은 육신의 성체행렬과 짝을 이룬다. 인파 속 성광聖光의 한가운데에는 성스러운 손이 있다.

파리 대주교를 예방한 뒤(역시 잔의 말에 따르면 대주교는 하느님의 영광을 드높이는 물건을 감추면 안 된다고 소리 높여 외쳤다고 한다) 성체는 대중에게 공개된다.

날 보겠다고 사람들이 다시 몰려들자 나는 횃불을 켠 채 새벽 4시에서 밤 10시까지 군중을 만날 수밖에 없었다.

나는 반지하실에 머물렀는데 이 방에는 사람 키 높이에 창문이 하나 있어 건물 마당으로 통하고 있었다. 나는 의자에 앉아 베개 위에 팔을 얹고 사람들이 볼 수 있도록 손을 창문 밖으로 뻗었다. 인파가 통로를 막고 있어 아무리 지체 높은 인사라 해도 내 방에 올 수 없었다. 나는 미사에 참석할 시간도 없었고 식사를 할 시간도 없었다.

그다음에는 뤼에유에서 리슐리외를 만난다.

로바르드몽 씨가 우리를 그곳으로 데려갔다. ……추기경께서는 그날 사혈을 하신지라 뤼에유 성은 성문이 모두 닫혀 있었고 심지어 주교나 원수元帥들도 들어올 수 없었다. 하지만 우리는 추기경께서 누워계심에도 불구하고 대기실로 인도되었다. 추기경은 한 신사와 의사를 보내 우리를 맞이하셨으며 우리에게 안부를 전하셨다.

정말 놀라운 일이군……

추기경 전하의 명에 따라 우리는 저녁식사가 준비되어 있는 홀로 인도되었다. 식사는 진수성찬이었고 전하의 시동들이 시중을 들었다. 식사가 끝나자 전하께서는 로바르드몽 씨를 불러 우리의 기분이 상할까 두렵다며 침대에 누운 채 우리를 맞이해도 실례는 아닐지 물었다. 로바르드몽은 괜찮다고 단언했다. 그는 우리를 데리러 왔다.

우리는 전하의 침대로 다가갔다. 우리는 전하의 축복을 받기 위해 무릎을 꿇었다. 나는 그 자세를 유지하고 전하와 이야기를 나누려 했다. 전하는 용납할 수 없다며 몸을 일으키라고 했다. 전하의 교양과 우리의 겸손 때문에 한동안 실랑이가 벌어졌지만 나는 결국 전하의 뜻을 따르지 않을 수 없었다. 전하는 안락의자를 가져와 나를 앉게 하셨다.

추기경 전하는 이 불행한 시대에 하느님의 영광과 교회의 명예와 많은 영혼의 개종과 악인들의 수치를 위해 나를 선택해주신 것에 대해 하느님께 감사하라는 말로 대화를 시작하셨다. 또한 이 문제 때문에 여러 해 동안 치욕, 불명예, 비판, 비난, 중상 및 온갖 악마의 소행을 겪은 것은 내게 큰 행운이라고 하셨다…….

추기경께서는 내 손을 자세히 보시려고 나를 가까이 다가오게 하셨다. 전하께서는 내 손을 주의 깊게 바라보신 다음 "정말 놀라운 일이군……"이라고 하셨다.

그다음 나는 전하께 하늘의 가호가 있게 해달라고 기도할 것을 약속하며 매우 겸손하게 우리 공동체를 지원하고 있는 전하의 보호와 선행을 계속해주시기를 청했다.

전하께서는 쉬랭 신부를 보았다면 좋았을 것이라고 말씀하셨다.

로바르드몽 씨가 입을 열어 성 요셉의 도유 덕에 내가 치유된 일을 설명했다. 그리고 그 기름이 묻은 슈미즈 조각을 전하께 보여 드렸다. 그것을 보시더니 전하께서는 경의를 표하며 감동하셨고 독실한 신심을 보이셨다. 와병중임에도 그것을 손에 잡기 전에 모자를 벗으시더니 향을 맡은 다음 두 차례 입을 맞추고 "냄새가 정말 좋군"이라고 말씀하신 것이다. 전하께서는 베개맡에 보관하시던 성물 하나를 그 슈미즈 조각에 갖다 대셨다. 전하께서 경의와 탄복을 표하시며 슈미즈를 쥐고 계신 동안 나는 내가 어떻게 치유되었는지 그 사연을 말씀드렸다…….

뤼에유에서 리슐리외가 이들을 접견한 뒤 생제르맹앙레에서 왕비를 예방한 것도 잔 데장주를 적지 않게 우쭐하게 만든다. 원장수녀가 루됭 공동체의 비참한 상황을 길게 설명한 다음 왕비께서는 성스러운 이름들이 새겨진 내 이름을 보고자 하셨다. 나는 손을 보여 드렸다. 왕비께서는 내 손을 잡으시더니 한 시간 넘게 붙들고 계시면서 교회 탄생 이래 초유의 기적에 경탄하셨다.
    그 자리에 배석하고 있던 콩데 공부인은 감탄하여 넋을 잃는다. 국왕이 오더니 희색이 만면하여 내 신앙이 더욱 굳건해졌소라고 낭랑히 외친다. 국왕은 불신자들을 거명하며 그들의 잘못을 논박한다. 하지만 원장수녀는 자비의 원칙 때문에 국왕이 언급한 불신자들의 이름은 밝히지 않는다.

성광聖光

파리, 블롱, 몽타르지, 느베르, 리옹, 그르노블, 샹베리, 안시에서도 동일한 신의 현현顯現이 반복되고 있으니[336] 자세한 이야기는 이쯤에서 접기로 하자. 성스러운 손은 성물—고귀한 연고와 향기 나는 슈미즈 역시 성물 중 하나이다—에 의해 운반되는 것처럼 이 천편일률적 이야기를 통해 운반된다. 이제 이야기도, 여행도, 역사도 없다. 이것은 거울에 불과하다. 어느 곳에서든 그랑디에는 이제 태양*에 박힌 보석 중 하나에 불과하다. 수많은 사람이 이 성광聖光에 담긴 아름다운 봉헌물, 즉 잔의 손—이 손은 더이상 잔의 것이 아니다—을 눈에 불을 켜고 주시한다. 성체함이 축성한 손가락—이 손가락은 더이상 구마사의 것이 아니었다†—을 대신한다. 여러 텍스트가 말하는 것처럼 신의 손가락‡이 그곳에 있다. 아니, 정확히 말하면 그것이 바로 신의 손가락이다. 이후 루됭은 면병을 중심으로 세워진 바로크풍의 거대한 제단 장식화의 캐리커처로 탈바꿈한다.

중앙에 성광이, 원장수녀가 있다. 하지만 점차 원장수녀는 자신의 천사 덕에 피안彼岸에 대한 지식의 꽃받침이, 영혼들의 미래에 대한 예언자가, 저 높은 곳에서 주신 충고의 담지자가, 어떤 순례 여행과 자선단체의 기획자가, 신도 단체 조직망의 수좌가 되기도 할 것이다. 그녀가 마치 가게라도 운영하듯 결혼, 재판 및 유사한 일들에 관한 행동지침을 알려주는 사무실을 운영하게 되었다는 소식에 보르도에 있던 쉬랭은 걱정에 빠진다.

이 그림의 한구석에서, 한때 괴물로 취급되었던 그랑디에와 악마들은 이제 기둥 조각상과 아틀라스 신이 되어 더이상 사회에 대한 위협이 되지 못하고 배경 장식에 필요한 들러리가 된다.§ 이 점에서 그랑디에와 악마들은 어떤 이미지의 수사학에, 신자들의 교류에 참여한다.

* 성체 현시에 사용되는 전례 용구인 성광聖光은 당시에는 태양이라고 불리기도 했으며, 그 중심인 성체함을 따로 떼어 사용하기도 했다.
† 9장의 '축성한 손가락' 부분에서 구마사들이 자기 손가락을 축성한 뒤 마귀들린 여인의 입에 집어넣는 것이 언급되었다.
‡ '신의 손가락doigt de Dieu'이라는 표현에는 '신의 섭리', '신의 뜻'이라는 의미가 있다.
§ 기둥 조각상이란 고대 건축에서 사람 모습의 조각상을 건물의 기둥으로 사용하는 것이다. 아틀라스는 주지하듯 하늘을 떠받치는 신이다.

이후 마귀들림 사건은 잔의 손에 새겨진 흔적을 닮아간다. 1645년 어느 날 발타자르 드 몽코니 씨는 루됭에 들렀다가 이 성스러운 단어들의 한 글자를 부숴버린다.

나는 손톱 끝으로 살짝 건드려 {Maria라는 단어의} M자의 다리 부분을 뜯어냈다. 그러자 그녀는 소스라치게 놀랐고…… 나는 이에 만족하여 그녀에게 작별을 고했다.[337]

어제의 드라마 역시 몰락하며, 역사의 표면에는 피부껍질과 흉터만 남는다. 하지만 원장수녀가 누구인지 따져보지 않고 그녀와 작별하는 것은 불가능하다.

동화

잔 데장주 원장수녀님은 1605년 2월의 둘째날 태어났다. 그녀의 부모님은 명문가 출신이었다. 아버지는 코즈 남작 루이 드 벨시에르라 했고 어머니는 저명한 쉴 집안의 상속녀 샤를로트 드 구르마르로, 두 사람 모두 가스코뉴 지방에서 가장 존경받는 가문 출신이거나 그런 가문들과 인척관계였다. 코즈 씨는 배다른 남동생과 누이가 있었다. 남동생은 노주레의 영주 루이 드 바르베지외였고, 여동생 카트린 드 벨시에르는 앙리 4세의 근위대 장교였던 뒤 부데 씨와 결혼했다. 모친 역시 배다른 형제가 둘 있었는데 한 명은 생도낙생마르탱{?}이라고 했고 다른 한 명은 상스의 대주교 옥타브 드 벨가르드였다.

코즈 남작 부부는 열아홉 명의 자식을 두었는데 그중 열다섯이 부모님과 함께 살았다. 이들은 하나같이 좋은 집안에 재기발랄하며 남들이 부러워할 만한 많은 재능을 갖고 있었다. 그들의 집안은 혈통으로 보나 재산으로 보나 생통주에서 손꼽히는 가문이었다. 이 집 사람들은 워낙 화려하게 살았으므로 2만~3만 리브르에 달하는 연금수입도 생활을 꾸려나가는 데 충분하지는 않았다.[338]

17세기 말 렌의 성모 마리아 방문 수녀회 수녀들이 들려주는 경애하는 잔 데장주 원장수녀의 길고 슬프고 이상한 이야기*는 이렇게 동화처럼 시작한다. 이 전기에는 꼼꼼히 베껴 적은 자료들이 가득하다. 하지만 이 독실한 필경사들이 혈통, 재산, 재능 등 무엇 하나 모자라는 것이 없다며 이 아이들을 목가적 그림으로 미화하고는 있어도, 장래에 생길 불가사의한 일들에 대한 그들의 해석은 별로 믿음직하지 못한다.

신체적 결함이 있는 소녀

부드럽고 강렬한 눈빛, 밝은 갈색의 피부, 옅은 금발에 나이는 아직 매우 어렸지만 조숙했던 잔은 사고를 당해 그녀에게 지울 수 없는 상처를 남긴 신체적 결함을 갖게 된다.

그녀는 넘어져서 크게 다칠 뻔한 적이 있었다. 그런데 넘어지지 않으려고 너무 힘을 주는 바람에 어깨가 탈골되고 허리가 뒤틀려, 그 뒤로 평생 몸통이 약간 비스듬하게 휘어 있고 한쪽 어깨가 돌출한 채로 살게 되었다. 하느님은 그녀의 부모가 딸을 성스러운 종교에 바칠 결심을 할 수 있도록 이러한 신체적 결함을 이용하셨다.[339]

이 표현은 아마 선의의 완곡어법이라고 해야 할 것이다. 기실 잔의 모친은 면사포로 딸을 감추기로 한 것이다.

*원제는 『경애하는 잔 데장주 원장수녀님의 생애 La Vie de la vénérable Mère Jeanne des Anges』.

네다섯 살 때 아이는 숙모가 있는 생트의 왕립 수도원으로 보내진다. 그녀는 그곳에서 라틴어를 정식으로 배웠고,* 수도원에 있을 때는 언제나 많은 사랑을 받았다. 나긋나긋하고 활기차고 유쾌한 성품과 주변 사람 누구나 좋아할 상냥한 천성 덕에 그녀는 나이 어린 수녀들은 물론이요 최고 연장자들에게도 좋은 평판과 호의를 얻었다. 하지만 1611년 숙모가 죽자 역시 생트의 베네딕트회 수녀였던 다른 친척은 "아무리 비밀스러운 것이라도 알고 싶어했으며" 수녀원에서 보기 드물게 상냥한 성격뿐 아니라, 벌써부터 졸도와 환각으로 유명했던 이 호기심 많은 아이를 훨씬 엄하게 대했다. 이런 엄격한 교육 때문에 소녀는 베네딕트회의 생활을 견디지 못하고 결국 코즈로 돌아가도 좋다는 허락을 받는다.

아비의 굴욕

이 예쁜 딸을 특별히 편애했던 부친은 그녀를 다시 보게 되어 기뻐한다. 부친은 또한 좋은 생각을 하면서 잠이 들고 싶다며, 특히 저녁 때, 딸에게 성스러운 책들을 읽어달라고 하곤 했다. 반면 남작부인은 딸을 그만큼 반갑게 맞이하지 않는다. 모친은 매우 고압적인 성격이었다. 모친은 외모상의 결함 때문에…… 딸이 남들 눈에 띄게 하지 않으려고 굉장히 애썼다. ……다른 여자형제들은 사교계에 보내면서도 잔은 옷을 언제나 매우 수수하게 입혀 남들 앞에 나설 수단을 빼앗았다. 잔은 큰 상처를 입을 수밖에 없었다. 그래서 잔은 아버지에게 자기도 사람들을 만나고 싶다고, 적어도 자기 집을 찾아오는 사람들만이라도 만나고 싶다고 토로했다. 이 아가씨에게 구혼자가 나타나자 코즈 씨는 즉시 만남을 허락했지만 코즈 부인은 딸의 장래에 대한 계획을 분명히 밝히며 이를 거절했다. 잔은 이번

---

*잔 데장주는 구마의식 동안 자기가 한번도 라틴어를 배운 적이 없다고 맹세한 바 있다.(이 책 76쪽 참조)

만큼은 아버지가 가장으로서 자신의 뜻을 관철시키길 바랐다. 하지만 부친은 아무 말도 못한다. 잘생긴 기사는 떠나가고 곧 예수회에 들어간다. 잔은 이에 감명을 받아 새 혼처가 생겼음에도 불구하고 (이번에는 모친도 수락했다) 수녀가 되기로 결심하고, 갑자기 결정을 내려 다른 어떤 수도회보다도 성 아우구스티누스의 계율을 따르는 수도회에 들어가겠다고 선언한다. 그녀는 아버지에게 이 성인의 『고백록』을 자주 읽어준 적이 있었다.

남들 앞에 나설 수단

그래서 1622년 그녀는 푸아티에의 우르술라회 수녀원에 들어간다. 충분히 이해할 만하지만 이미 과시적인 면이 강했던 광신적 신앙으로 점철된 수련기간을 보낸 뒤(그녀는 극도의 혐오감을 일으키는 병자들에게 헌신을 다하는데, 이는 그녀가 자진해서 요청한 일로, 동료 수녀들은 이에 큰 감명을 받는다. 혹은 반대로 하루는 수녀들이 모두 모여 있는 앞에서 세속의 의복을 다시 입고 싶고 수녀원을 떠나고 싶다고 선언한다) 잔은 1623년 9월 7일 수녀 서원을 한다. 똑똑하면서도 융통성 있고, 약삭빠르면서도 열정적이다 보니 그녀는 없어서는 안 될 인물이 된다. 하지만 자의든 타의든 수많은 임무를 받다 보니 더이상 신앙에 집중할 수가 없다. 그녀는 이 점을 나중에 『자서전』에서 말하게 될 것이다. 이 자서전은 그녀가 즐겨 읽던 두 작품, 아빌라의 테레사의 『자서전』과 아우구스티누스의 『고백록』을 모델로 하여 집필될 것이다.

나는 이 3년{푸아티에에서 1623년 9월에서 1627년 7월까지}을 매우 방탕하게 보내느라 하느님의 현존에 대한 열정이 전혀 없었다. 규정상 강요되는 기도 시간만큼 더디게 가는 시간도 없었고, 그러다 보니 기도를 안 해도 될 핑계를 찾으면 기뻐하며 이용했고 굳이 다시 기도로 돌아갈 생각을 하지 않았다. 별의별 책의 독서에 몰두했지만 그것은 나 자신의 발전을 위한 것이 아니라 단지 똑똑한 사람, 즐겁게 대화를 나눌 수 있는 사람처럼 보이고 동석한 사람이 누구이든 다른 수녀들보다 뛰어나 보이기 위해서였다.[340]

그녀는 재미를 구하지도 않는다. 어느 무엇도 자기 자신 이외의 것으로 관심을 돌리게 하지 못한다. 독서와 대화도 그녀를 사로잡지 못한다. 사교계에 나가는 것을 꿈꾸는 소녀의 감정과 똑똑하고 ~한 사람처럼 보이고 동석한 사람이 누구이든 ~하고 싶은 수녀의 감정을 제외하면 어떤 감정도 그녀를 사로잡지 못한다. 나중에 그녀가 '마귀들림'의 결과인 척하면서 여러 차례 상상할 수 없을 만큼 냉혹한 마음을 고백하는 것도 놀랄 일은 아니다. 그것은 자기애의 이면이다.

"작은 술수들"

1625년 8월 31일 푸아티에 주교 라로슈포제는 루됭에 새로운 우르술라회 수녀원을 설립하는 것을 허락한다. 이 수녀원의 창립자들은 1627년 7월 22일에야 루됭에 정착할 것이다. 그사이에 잔은 이 그룹에 속하게 해달라고 매우 간곡히 요청한다.

몇 차례 반대가 있었다. 하지만 나는 전혀 굴복하지 않았다. 반대로 나는 목표를 달성하기 위해 별의별 계략을 동원했다. 나는 결국 목적을 이루었고 다른 이들과 함께 수녀원 설립을 위해 루됭에 도착했다. 나는 큰 집보다는 작은 집에서 소수의 인원과 생활할 때 평안을 얻는 편이었으므로 주거지를 바꾸면 나 자신이 훨씬 쉽게 바뀔 것이라고 확신했다. 하지만 안타깝게도 그것은 오산이었다. 나는 정념의 고행과 규칙의 실천에 애쓰는 것이 아니라 그 고장 인사들의 기질을 파악하고 많은 사람과 교류하는 데 몰두한 것이다. ……
나는 상급자들에게 필요한 사람이 될 수 있도록 노력했으며, 수녀의 수가 많지 않았으므로 원장수녀님은 나에게 우리 공동체의 모든 업무를 맡길 수밖에 없었다. 원장수녀님이 꼭 나를 써야 하는 것은 아니었다. 나보다 능력 있고 뛰어난 수녀들도 있었던 것이다. 사실 이는 내가 수많은 작은 술수로 원장수녀님을 속였기 때문이었다. ……나는 그녀의 기분을 맞춰주며 환심을 사는 데 워낙 능했으므로 그녀는 내가 일을 가장 잘한다고 생각했고 심지어 내가 선하고 고결하다고 믿었다. 그러다 보니 나는 우쭐해져서 존경받아 마땅한 여러 행동을 주저치 않고 실행했다. 나는 본색을 숨길 줄 알았다. 나는 상급자가 나에 대해 갖고 있는 좋은 감정을 잃지 않고, 나의 성향과 의사에 호의적일 수 있도록 위선을 이용했다…….[341]

그 자체로는 진부하기 짝이 없는 과오들을 고백하면서 잔 데장주는 자신의 모습을 빠짐없이 그려낸다. 그녀는 상대를 농락하려고 거미줄을 치지만, 스스로가 이 거미줄에 걸려든다. 이 작은 술수들 이후에도 그녀는 가장하고, 고해신부를 피하기 위해 교묘히 책략을 부리고, 본색을 숨기는 등의 일을 계속하면서, 그녀를 보호하고 그녀가 자신의 의식의 상태를 발견하지 않게 해주는 변화무쌍한 가면을 보여줄 것이다. 그녀는 작은 술수들이라고 말하고 있는데 실제로 『자서전』 전체가 이 형용사로 점철되어 있다. 이 형용사는 고해하는 잔 데장주를 절반쯤 무죄로 만들어주고 있지만, 이 형용사가 그려내는 겸손의 몸짓은 이 키 작은 여인이 품고 있는 위대함의 꿈과 감정들의 실체를 드러낸다. 작은 즐거움, 작은 절망, 작은 이해, 작은 변화, 작은 계략 등 말이다. 표현의 단정적 성격을 완화시키는 이 단어는 한번도 진심인 적이 없었던 자의 윙크인 동시에 그 자체가 이미 도주逃走이다. 그래서 그 고장 인사들의 기질을 파악하는 것에 대한 열의는 이후에도 계속되어 다른 대상에도 적용될 것이다. 당시의 우르술라회 원장수녀와 과거 생트의 원장수녀 다음에는 구마사 쉬랭 신부의 차례일 것이다. 나는 나를 맡게 된 구마사의 기질을 연구하기로 결심했다. 상대의 환심을 사려 하며 그들의 기대를 앞질러 충족시키는 이 온순한 시선이 이런 식으로 얼마나 많은 방문객을, 그리고 더 무시무시하게도, 얼마나 많은 여인들을 연구할 것인가!

가면 바꿔쓰기

그녀는 부정직한 것인가 이중적인 것인가? 문제는 그렇게 간단하지 않다. 다른 욕망보다 진솔하고 거의 비장하기까지 한 주거지를 바꾸어 자신을 변화시키려는 욕망은 잔을 평생 따라다닌다. 나중에 그녀는 주거지를 바꾸는 대신 인물을 바꿀 것이다. 그녀는 한때 마들렌 드 드망돌크스*였다가 아빌라의 테레사가 될 것이다. '마귀들린 여인'이었다가 '신비주의자'가 될 것이다. 가면을 벗고 다른 가면을 쓸 것이다. 이처럼 잔 데장주는 그때그때 상황에서 어울리는 배역을 만든 뒤 그 배역에 완전히 매몰되지 않은 채 약삭빠르게 이익을 취한다. 연약한 존재로서 궁지에 몰려 작은 수단들과 그 작은 술수들을 통해 자신을 보호할 수밖에 없지만, 설사 자신이 취한 인물의 모습이 힘센 주변 인사들에 대한 복수나 승리를 보장한다 해도 그녀는 결코 이 인물들과 동일하지 않다. 그녀는 진실해질 것을 열망한다. 하지만 그녀가 생각하는 개심改心은 이전의 장소나 에피소드를 다른 장소나 다른 에피소드로 대체하는 것에 불과하다. 이

*루됭 사건에 앞서 엑상프로방스에서 있었던 마그들림 사건(1609~1611) 당시 수도사 고프리디에 의해 마귀가 들렸다고 주장한 우르술라회 수녀.

역시 그녀 자신과는 무관한 얼굴, 타인들을 위해 타인들에 의해 만들어진 얼굴일 것이다.

1635년 6월의 개심 이후 계속되는 환시와 아키텐 관구장 자키노 신부의 승인을 받은 가장 완벽한 자나 신의 최대의 영광에 대한 맹세(1636년) 덕에 그녀는 새로운 아빌라의 테레사가 된다. 그녀는 표식이 있고, 성공을 거두었으며, 기적을 행한다는 평판을 얻는다. 그녀의 왼손에는 신비롭게도 예수, 마리아, 요셉, 프랑수아 드 살의 이름이 새겨져 있다. (1635~1637) 1637년 2월과 1639년 12월 성 요셉이 나타나 그녀를 기적적으로 치료해준다. 1638년 그녀는 전국을 순회하며 개선행진을 벌인다. 그녀는 원장수녀직을 거의 평생 유지한다. 루됭에서는 (1657~1660년의 3년 임기를 제외하고) 한없이 연임되며 다른 수녀원에서도 원장직을 맡아달라는 요청이 쇄도한다. 그녀는 자기가 천사와 대화한다고 주장하며, 브르타뉴, 파리, 귀엔, 앙주 등에서는 그녀에게 영성 지도와 성천사의 신탁을 요청한다. 그녀의 계시들은 베껴 적히고 유포되며 금세 인쇄된다.

그토록 많은 술책

쉬랭이 그녀를 흉금을 털어놓을 수 있는 유일한 이로 여길 때, 늙고 노쇠한 쉬랭이 하느님께서 주시는 빵조각을 나눌 수단이 아직 있음을 기뻐하며 그녀와 있을 때는 자신의 감정과 생각과 은총의 작용이나 선한 조처를 기탄없이 이야기할 수 있다고 말할 때, 우연히 돌보게 된 불쌍한 여인의 구원을 위해 자신의 건강과 명예를 희생한 사도가 이런 믿음을 갖고 있는 것은 이해가 된다. 게다가 쉬랭의 착각은 그녀에 대한 애정과 분리 불가능하다. 하지만 그녀와 이렇게 말이 통한다고 해서 타협을 모르며 시시비비가 분명한 성격이 무뎌지는 것은 아니다. 그래서 쉬랭은 어느 날 이 절친한 친구에게 편지를 쓴다.

부탁이니 진정한 영적 생활의 토대를 진실한 마음에 두십시오. 그대에 대한 이야기를 많이 듣고 있습니다만 그대의 행동에는 계교와 술책이 너무 많아 그대에게서 진실의 영靈을 찾아보기가 쉽지 않고, 초자연적 계시와 전달에는 모순이 너무 많아 그에 입각하여 바른 판단을 내리기가 힘들며 선한 결과를 얻기 어렵다고 합니다.³⁴²

타자의 형상들

누가, 누구에게 마귀들렸는지를 아는 것이 불가능하므로 마귀들림에는 '진실한' 역사적 설명이 없다. 이는 마귀들림이, 요즘 말로는 '정신이상'이, 부분관사의 형태로 존재하며,* 마귀들림에서 해방되려는 노력은 그것을 옮기고, 억누르고, 다른 곳으로 이동시키는 것이라는 사실에서 비롯된다. 마귀들림은 집단에서 개인으로, 악마에서 국가이성으로, 악마학에서 독실한 신앙으로 이동한다. 이 필수적 작업의 과정은 끝이 없다.

역사가歷史家 역시 역사에 내재한 이 기이함을 역사가의 밖에 있고 우리와 멀리 떨어진 어딘가에, 닫힌 과거에 처넣고 옛날의 '미친 짓'이라는 말로 마무리를 짓는다고 해서, '마귀들림'이 루됭의 마귀들림과 더불어 종결되기라도 한 것처럼 이 기이함으로부터 벗어났다고 생각한다면 큰 착각일 것이다.

물론 역사가는, 역사가 역시, 사회로부터 구마사의 임무를 받았다. 역사가는 타자라는 위험을 제거할 것을 요청받는다. 역사가는 레비스트로스가 인간을 먹는(식인食人) 사회와 대립되는 의미에서 인간을 토해내는 경향으로 규정했던 사회(우리의 사회)에 속한다.

* 불어에는 정관사, 부정관사 외에 부분관사가 있어 셀 수 없는 양을 표시하는데, 여기서는 마귀들림이 정관사와 같이 분명히 존재하는 것이 아니라 구체화할 수 없이 막연하게 존재한다는 뜻이다.

383

레비스트로스에 따르면 인간을 먹는 사회는 무시무시한 힘을 지닌 개인들을 흡입·섭취하는 것이 이 힘을 무력화하고, 나아가 이 힘을 유리한 방향으로 이용할 수 있는 유일한 수단이라고 본다. 그와는 반대로 우리의 사회는 정반대의 해법을 택했다. 무시무시한 사람들을 일시적으로든 최종적으로든…… 특별히 준비된 시설에 격리시킴으로써 사회체 밖으로 축출하는 것이다.[343] 루됭에 나타났던 이 위협적 타자성이 전설이나 과거, 제거된 현실에 불과하다는 것을 입증하라고 요청받는다는 점에서 역사 서술은 이러한 '시설' 중 하나로 간주될 수도 있다.

역사의 형태로 보면 이는 사실이다. 마귀들림의 시대는 죽은 것이다. 이런 관점에서 보면 역사 서술의 구마의식은 효과가 있다. 하지만 인식론적·사회적 규준들의 불확실성과 그러한 규준들을 확립할 필요성 때문에 루됭에서 가동된 메커니즘은 오늘날에도 다른 '마법사들'을 상대로 찾아볼 수 있다. 여전히 어떤 그룹은 마법사들을 축출함으로써 자신을 규정하고 확인할 수 있는 것이다. 17세기에 이 현상은 루됭의 '무대'만큼 가시적이지는 않더라도 가시적이지 않기에 그만큼 더욱 효과적인 수천 가지 형태로 확인된다. 타자라는 독毒이 종교 언어에 직접 나타나지 않을 때 사회적 치료술과 사회적 억압은 모습만 달리한다.

특정 시기에 결부된, 즉 종교적 규준에서 정치적 규준으로, 우주론적·천상적 인간관에서 인간의 시선에 의해 분류되는 자연물들의 과학적 체제로 이행하는 시기에 결부된 루됭의 마귀들림 사건은 또한 역사의 기이함을 향해, 그것의 변질로 인해 발동이 걸린 반사작용을 향해, 옛날의 악마 사건과는 달라도 그에 못지않게 우려스러운 타자의 새로운 사회적 형상들이 떠오르자마자 제기되는 문제를 향해 길을 열어준다.

사료와 참고문헌

루됭 사건에 할애된 문학은 불균질한 만큼이나 방대하다. 1차사료의 경우 사정은 더욱 심각하다. 이 책에서 많은 주요 자료 중 상당수가 축약되거나 언급만 되거나 아예 누락되었던 만큼 여기서 이것들을 제시할 수는 없을 것이다. 아카이브로의 지옥의 여행 도중 수합한 정보 더미나 참고문헌을 통한 마귀들림의 변신 양태의 분석을 독자들에게 강요할 수는 없었다.

따라서 주요 사료나 참고문헌을 파악할 수 있게 해주는 연구들을 언급하는 한편 이 주제에 대한 기본적 저작 몇 권을 소개하는 것으로 만족하고자 한다. 이 책의 주들은 이미 빠진 것을 어느 정도 보충하고 있다.

사료와 참고문헌

CHARLES BARBIER, «Inventaire des pièces manuscrites relatives au procès d'U. Grandier, conservées à la Bibliothèque de Poitiers», in *Bulletin de la Société des Antiquaires de l'Ouest*, Poitiers, 3ᵉ trim. 1877, 153~154쪽.

L. MICHEL, «Les possédées de Loudun», ms., Archives S.J. de

Toulouse (22, rue des Fleurs). 호교론적 경향이 강하지만 철저한 연구의 결과물임.

E. JOUIN et V. DESCREUX, *Bibliographie occultiste et maçonnique. Répertoire d'ouvrage imprimés et mss relatifs à la Franc-maçonnerie, la Magie (...) jusqu'en 1717*, Paris, 1930.

J. TEXIER, *Le procès d'Urbain Grandier*, thèse dactyl., Faculté de droit de Poitiers, 1953.

R. H. ROBBINS, *Encyclopedia of Witchcraft and Demonology*, New York, 1959, 558~571쪽.

H. C. ERIK MIDELFORT, «Recent Witch-Hunting Research», in *Papers of the Bibliographical Society of America*, t.62, 1968.

MICHEL DE CERTEAU, in JEAN-JOSEPH SURIN, *Correspondance*, Paris, Desclée de Brouwer, 1966, 91~99쪽, etc.

ROBERT MANDROU, *Magistrats et sorciers en France au XVIIe siècle*, Paris, Plon, 1968, 18~59쪽; 또한 MICHEL DE CERTEAU, *L'Absent de l'histoire*, s.l., 1973, «La magistrature devant la sorcellerie au XVIIe siècle», 13~39쪽을 볼 것.

마지막으로 이 주제의 문학적 운명에 관한 «Bibliographie succinte de l'affaire U. Grandier», présentée par J. PRÉ et un anonyme, in *La Gazette du Loudunais*, Loudun, N°s 48, 49 et 50, oct.-déc. 1969를 언급해야 할 것이다.

몇몇 저작들

Francis Bavoux, Christian Pfister, P. Villette 및 특히 Etienne Delcambre 등의 마녀 사건에 관한 핵심적 연구들을 제하더라도 적어도 다음의 저작들은 언급할 필요가 있다.

JULES MICHELET, *La Sorcière*, Paris, 1862, 269~291쪽; rééd. Paris, Garnier-Flammarion, 1966, 195~207쪽. 여전히 읽어야 할 탁월한 책.

GABRIEL LEGUÉ(비록 매우 논쟁적인 관점을 보이고는 있지만 그와 더불어 비로소 루됭 사건은 진정 역사에 들어간다), *Urbain Grandier et les possédées de Loudun. Documents inédits de M. Charles Barbier*, Paris, 1880 ; 2e éd. augm., 1884. 그의 『루됭의 마귀들린 여인들의 의학사史에 쓰이기 위한 자료 *Documents pour servir à l'histoire médicale des possédées de Loudun*』(Paris, 1874)는 희귀한 텍스트들을 상당수 제공하지만 이 텍스트들의 편집 여부는 확실치 않다.

GABRIEL LEGUÉ et GILLES DE LA TOURETTE, *Sœur Jeanne des Anges (...) Autobiographie d'une hystérique possédée*, Paris, 1886.

ALDOUS HUXLEY, *The Devils of Loudun*, London, 1952; trad. *Les Diables de Loudun*, Paris, 1953: 사료는 매우 빈약하지만 매우 통찰력 있는 시각을 보여준다.

J. TEXIER, *op. cit.*, 1953.

MICHEL FOUCAULT, *Folie et Déraison. Histoire de la folie à l'âge Classique*, Paris, Plon, 1961. 루됭 사건의 중심에 있는 인식론적 문제를 이해하기 위한 핵심적인 저서.

J. VIARD, «Le procès d'Urbain Grandier. Note critique sur la procédure et sur la culpabilité», in J. IMBERT, *Quelques procès criminels des XVIIe et XVIIIe siècles*, Paris, 1964, 45~75쪽.

JEAN-JOSEPH SURIN, *Correspondance*, éd. cit., 1966, 241~430쪽.

ROBERT MANDROU, *op. cit.*, 1968, 197~368쪽. 이 주제 전체에 대해 기본이 되는 책이다.

E. W. MONTER, *European Witchcraft*, New York, 1969. 중요한 텍스트들을 훌륭히 소개하고 있다.

정신분석학적 해석에 관해서는 SIGMUND FREUD, «Une névrose démoniaque au XVIIe siècle», in *Essais de psychanalyse appliquée*, Paris, Gallimard, 1952, 213~214쪽과 MICHEL DE CERTEAU, *L'Ecriture de l'histoire*, Paris, Gallimard, Folio Histoire, 2002, «Ce que Freud fait de l'histoire», 339~364쪽을 볼 것. 발화행위의 문제에 대해서는 MICHEL DE CERTEAU, *ibid.*, «Le langage altéré. La parole de la possédée», 284~315쪽을 볼 것.

주

1 Wilhelm E. Mühlmann, *Messianismes révolutionnaires du tiers-monde*, Paris, Gallimard, 1968, 183쪽.
2 Lucien Febvre, in *Annales ESC*, t. 13, 1958, 639쪽.
3 Alfred Jarry, *L'Amour absolu*, Paris, Mercure de France, 1964, 81쪽.
4 Detlef Heikamp, «L'architecture de la métamorphose», in *L'Oeil*, n° 114, juin 1964, 2~9쪽을 볼 것.
5 Henri Lefebvre, *Introduction à la modernité*, Paris, Minuit, 1962, 63~71쪽.
6 이는 토마 방사가 쓴 위르벵 그랑디에에 관한 책의 제목이다. Thomas Bensa, *Précurseur de la libre pensée*, Paris, Société d'éditions littéraires, 1899.
7 이 1차사료 목록은 내가 편찬한 장조제프 쉬랭의 『서한집』(Jean-Joseph Surin, *Correspondance*, éd. Michel de Certeau, Paris, Desclée de Brouwer, Bibliothèque européenne, 1966, 92~99쪽)에 실려 있다. 로베르 망드루는 『17세기 프랑스의 법관과 마법사들』(Robert Mandrou, *Magistrats et sorciers en France au XVIIᵉ siècle*, Paris, Plon, 1968, 18~70쪽)의 서론에서 이 목록을 보완한 바 있다.
8 Michel de Certeau, «Une mutation culturelle et religieuse. Les magistrats devant les sorciers du XVIIᵉ siècle», in *Revue d'histoire de l'Eglise de France*, t. 55, 1969, 300~319쪽을 볼 것.
9 Henri-Jean Martin, *Livre, pouvoirs et société à Paris au XVIIᵉ siècle*, Genève, Droz, 1969, 164~189, 253~279쪽.
10 *Mercure françois*, t. 20 (1634년), Paris, E. Richer, 1637, 746~780쪽.
11 Dr Pierre Delaroche, *Une épidémie de peste à Loudun en 1632*, Bordeaux, Delmas, 1936, 40쪽을 볼 것.
12 Ph. Tamizey de Larroque, «Instructions sur la peste par le cardinal d'Armagnac», extrait des *Annales du Midi*, Toulouse, 1892, 6쪽.

13 *Advis et remedes souverains pour se garder de peste...* par le cardinal d'Armagnac, Toulouse, 1558; rééd. Ph. Tamizey de Larroque, *op. cit.*, 10~12쪽.

14 Robert Favreau, «Epidémies à Poitiers et dans le Centre Ouest à la fin du Moyen Age», in *Bibliothèque de l'Ecole des Chartes*, t.125, 1967, 349~398쪽.

15 P. Delaroche, *op. cit.*, 70~73쪽.

16 Pierre Deyon, «Mentalités populaires. Un sondage au XVIIe siècle», in *Annales ESC*, t.17, 1962, 455쪽.

17 10월 7일과 10월 11일의 조서; BN, Fds fr. 7619, f.6~9.

18 BN, Fds fr. 7619, f.6~7.

19 Commision d'intendant de la justice pour le sieur d'Argenson pour servir près M. le Prince, édité dans Gabriel Hanotaux, *Origines de l'institution des intendants des provinces*, Paris, 1884, 316쪽 이하.

20 BN, Fds fr. 7619, f.9.

21 Dumontier de la Fond, *Essai sur l'histoire de Loudin, Poitiers*, 1778, 1re Partie, 132쪽; 2e Partie, 113, 120, 123, 129쪽 등에는 이 위그노교도 의사에 관한 설명이 나온다. 하지만 이 정보들은 조서에 주어진 지표와는 잘 들어맞지 않는다.

22 10월 13일과 그 이후의 조서. BN, Fds fr. 7619, f.12v. et sv.

23 BN, Fds fr. 7619, f.35.

24 François Domptius, *Histoire admirable de la possession...*, Paris, Chastellain, 1613, 1re Partie, 3쪽.

25 BN, Fds fr. 7619, f.9.

26 Louis Trincant, *Abrégé des Antiquités de Loudun*, ms. (Gabriel Legué, *Urbain Grandier et les possédées de Loudun*, Paris, 1880, 3쪽 각주에서 재인용)

27 Elie Benoit, *Histoire de l'Edit de Nantes*, t.2, Delft, 1693, *Preuves*, 90~91쪽에 수록.

28 Alfred Barbier, *Jean II d'Armagnac, gouverneur de Loudun, et Urbain Grandier (1617~1635)* in *Mémoires de la Société des Antiquaires de l'Ouest*, 2e série, t.8, 1885, 183~380쪽을 볼 것.

29 G. Hanotaux et duc de La Force, *Histoire du cardinal de Richelieu*, 1935, t.4, 243쪽에서 재인용.

30 *Véritable relation des justes procédures observées au fait de la possession des Ursulines de Loudun et au procès de Grandier*, par le R.P.Tr.R.C., Paris, J. Martin, 1634, f.31v.-32r.

31 Claude Menestrier, *Des Ballets anciens et modernes*, Paris, 1682, Préface.

32 Sœur Jeanne des Anges, *Autobiographie*, éd. Gabriel Legué et Gilles de la Tourette, Paris, 1886, 76~79쪽. 투르의 다음 수사본手寫本을 대조하여 확인했다. Tours, Bibl. municipale, ms.1197.

33 Bibl. Arsenal, ms. 4824, f.39v.

34 Relation de l'abbé D.; Bibl. Arsenal, ms.5554, f.109; 또한 BN, Fds fr.12801, f.3을 볼 것.
35 D'Aubignac, *Pratique du théâtre*, 1657; 또한 Jean Rousset, *L'intérieur et l'extérieur. Essais sur la poésie et sur le théâtre au XVIIe siècle*, Paris, José Corti, 1968, 169~176쪽을 볼 것.
36 Montaigne, *Essais*, I, 55, in *Œuvres complètes*, éd. A. Thibaudet et M. Rat, Paris, Gallimard, La Pléiade, 1962, 301~302쪽.
37 Paul Zacchias, *Quaestiones medico-legales*, 5e éd. Avignon, J. Piot, 1557, Lib.II, 61쪽.
38 Nicolas Aubin, *Histoire des diables de Loudun*, Amsterdam, 1694, 91~93쪽에 수록.
39 Toulouse, Archives S. J., Fonds Carrère, «Vie de Jeanne des Anges».
40 J. Le Breton, *La deffense de la vérité touchant la possession des Religieuses de Louviers*, Evreux, 1643, in-4°, 27쪽, 또한 Robert-Léon Wagner, «*Sorcier*» *et* «*Magicien*», Genève, Droz, 1939, 196쪽을 볼 것.
41 BN, Fds fr. 7619, f.10 v.
42 1632년 11월 24일의 구마의식; BN, Fds fr. 7619, f.30~34.
43 *Ibid.*, f.31~32.
44 1632년 11월 25일의 구마의식; BN, Fds fr. 7619, f.39.
45 *Ibid.*
46 1634년 5월 10일의 구마의식; BN, Fds fr.7618, f.9.
47 Jan Baptist Van Helmont, *Confessio authoris*, 2, in *Ortus medicinae*, Amsterdam, 1652. (M. de Certeau, «Cultures et spiritualités» in *Concilium*, n° 19, novembre 1966, 11~16쪽을 참조할 것.)
48 1632년 10월 13일의 구마의식; BN, Fds fr.7619, f.11.
49 1632년 11월 24일의 구마의식; BN, Fds fr.7619, f.32.
50 BN, Fds fr.7618, f.10.
51 1632년 11월 24일의 구마의식; BN, Fds fr.7619, f.33.
52 1632년 11월 25일의 구마의식; BN, Fds fr.7619, f.36.
53 *Ibid.*, f.35.
54 BN, Fds fr.12047, f.2.
55 BN, Fds fr.7619, f.28.
56 Edité dans Gabriel Legué, *Documents pour servir à l'histoire médicale des possédées de Loudun*, Paris, 1874, 61~62쪽; 필사본에 따라 수정.
57 Jules Michelet, *La Sorcière*, Paris, Garnier-Flammarion, 1966, 198쪽.
58 Nicolas Aubin, *Histoire des diables de Loudun*, Amsterdam, 1694, 7~8쪽.
59 Carpentras, Bibl. Inguimbertine, ms.1810, 50; éd. Tamizey de Larroque, in *Le Cabinet historique*, 2e série, vol.3, 1879, 4쪽.

60 부에르 소교구에서는 1604년부터 교구 기록부를 작성하기 시작했다. 따라서 위르뱅 그랑디에의 생년월일은 정확히 알 수 없다.
61 위르뱅 그랑디에의 서명은 1617년 8월 4일의 세례증명서에서 처음 발견되며 마지막은 1633년 7월 5일의 것이다.
62 BN, Fds fr.23064, f.79.
63 *Oraison funèbre de Scevole de Sainte-Marthe…*, Paris, 1629, Péroraison; 또한 G. Legué, *Urbain Grandier et les possédées de Loudun*, Paris, 1880, 27쪽을 볼 것.
64 그랑디에가 총독에게 보낸 서른여덟 통의 친필 편지와 총독의 아내에게 보낸 두 통의 친필 편지가 현재 남아 있다. 이에 관해서는 다음을 참조할 것. Alfred Barbier, *Jean II d'Armagnac, gouverneur de Loudun, et Urbain Grandier (1617~1635)*, in *Mémoires de la Société des Antiquaires de l'Ouest*, 2ᵉ série, t.8, 1885, 183~380쪽.
65 G. Legué, *op. cit.*, 73쪽에 수록.
66 BN, collection Dupuy, vol.645, pièce 151, f.175.
67 *Extrait des registres de la commission ordonnée par le Roi pour le judgement du procès criminel fait à l'encontre du Maitre Urbain Grandier et ses complices*, Poitiers, J. Thoreau, 1634; BN, Lb 36.3018; Mazarine, Rés. 37297.
68 *Ibid.*
69 A. Barbier, *op. cit.*에 실려 있음.
70 *Extrait des registres de la commission ordonnée par le Roi….*
71 그랑디에의 『논고』는 옛날의 사본이 여러 부 남아 있다. BN, collection Dupuy, vol.571, f.66 이하; Paris, collection particulière de M. Lambert; etc. 해당 구절은 이 중 가장 확실한 것으로 간주되는 이 마지막 사본에서 인용했다. 1634년 이후 여러 판본이 있었는데(BN, Lb 36.3029, 42~51을 볼 것) '호사가들의 작은 도서관' 총서로 나온 로베르 뤼자르슈(Paris, Pincebourde, 1866)의 판본은 1774년의 사본을 대본으로 출간된 것이다. 이 판본에는 추가 구절과 설명이 다수 있는데 이는 19세기 '호사가들'의 역사뿐 아니라 그랑디에의 이야기를 이해하는 데도 유용하다.
72 *Mercure françois*, t.20, «Continuation de l'an 1634», Paris, 1637, 779~780쪽.
73 BN, Fds fr.7618.
74 Gabriel Legué, *Urbain Grandier et les possédées de Loudun*, Paris, 1880, 170쪽에 수록. 펠리포는 국무경이었다.
75 Louis Charbonneau-Lassay, *Le château de Loudun sous Louis XIII*, in *Mémoires de la Société des Antiquaires de l'Ouest*, 1915, 409쪽 이하.
76 Mathieu de Morgues, *Charitable remontrance de Caton chrétien*, 1631, 4쪽. 궁중사제이자 왕비의 보호자였고 매섭고 정력적이고 박학한 비평가였던 마티외 드 모르그에 대해서는 Maxime Deloche, *La maison du cardinal de Richelieu*, 1912, 32~50쪽을 볼 것.

77 Alfred Barbier, *Jean II d'Armagnac, gouverneur de Loudun, et Urbain Grandier (1617~1635)* in *Mémoires de la Société des Antiquaires de l'Ouest*, 2ᵉ série, t.8, 1885.
78 에드몽 메냉은 메스맹을 '복권'한 바 있다. 이에 관해서는 Edmond Ménin, *René Mesmin de Silly, adversaire d'Urbain Grandier*, Saumur, Godet, 1916을 볼 것.
79 Barbier, *op. cit.*에 수록. 이 편지는 총독이 그랑디에에게 보낸 편지들의 바르비에 사본 중 날짜상 최후의 것으로, 실제로 총독이 신부에게 보낸 마지막 편지이기도 한 듯하다.
80 Gabriel Legué, *op. cit.*, 174쪽에 수록.
81 Paris, Archives des Affaires étrangères, ms. France 1627, f.119~136.
82 Gabriel Legué, *op. cit.*, 182쪽에 수록.
83 *Extrait des registres de la commission ordonnée par le Roi pour le judgement du procès criminel fait à l'encontre du Maître Urbain Grandier et ses complices*, Poitiers, J. Thoreau, 1634; BN, Fds fr. 7618, f.25.
84 Richelieu, *Mémoires*, livre XXIV, in Michaud et Poujoulat, *Nouvelle collection des Mémoires relatifs à l'histoire de France*, 1881, t.22, 568~569쪽.
85 G. Hanotaux et duc de La Force, *Histoire du cardinal de Richelieu*, 1935, t.3, 278쪽.
86 BN, Fds fr. 24163; *Bulletin du Bibliophile*, 1907, 502쪽에 수록.
87 로바르드몽은 현재 역사에서 지워져 전설의 포로가 된 듯하다. 그에 관해서는 파리의 BN, Pièces originales, 1873 (les Martin); BN, Fds fr. 17368 et 17370~17373 (lettres); Archives Saint-Sulpice, ms. R. 438.3 et R.438.4 (lettres) 등과 보르도의 Archives dép. 1 B 21~23, 1 B 25, 8 J 583 (famille), 그랑 푸주레의 Archives de la Visitation, ms. F I, 1~142 (lettres) 등을 볼 것. 또한 다음의 문헌들에는 그에 관한 몇 가지 소개가 나온다. *Archives historiques du département de la Gironde*, t.30, 1895, 155쪽; t.44, 1909, 287쪽; Louis Lesourd, *Notice historique sur Martin de Laubardemont*, Paris, René, 1847; Roland Mousnier, *Lettres et mémoires adressés au chancelier Séguier*, Paris, PUF, 1964(특히 1207쪽); Pinthereau, *Le progrès du jansénisme...*, Avignon, 1655(특히 «Information de la doctrine de Saint-Cyran»); J.-J. Surin, *Correspondance*, éd. M. de Certeau, Paris, Desclée de Brouwer, 1966, 277~280쪽, et Index; etc.
88 Lettre du 21 mai 1636 à Séguier, éditée dans R. Mousnier, *op. cit.*, 291쪽.
89 Marc Duncan, *Discours sur la possession des Religieuses de Loudun*, Saumur, 1634.(BN 16 Lb 36.3961)
90 Lettre du 15 mai 1636, éditée dans R. Mousnier, *op. cit.*, 290쪽.
91 로바르드몽이 뱅상 드 폴에게 선언한 말. Jean Orcibal, *Les origines du jansénisme*, t.2, Paris, Vrin, 1947, 580쪽을 볼 것.
92 BN, Fds fr. 7619, f.125.
93 *Extrait des registres de la commission ordonnée par le roi...*; BN, Fds fr. 7618, f.25.

94 *Ibid.*; et Bibl. Mazarine, Rés. 37297.
95 잔 에스티에브르는 팬티caleçon를 민간 발음대로 'caneçon'이라고 적고 있다
96 종이에 구멍이 나 있어 해독이 불가능함.
97 G. Legué, *Urbain Grandier et les possédées de Loudun*, Paris, 1880, 194쪽에 수록. 수사본을 대조하여 확인했음.
98 *Ibid.*, 195~197쪽. 수사본을 대조하여 확인했다.
99 *Extrait des registres de la commission ordonnée par le roi...*
100 G. Legué, *op. cit.* 200쪽에 수록.
101 *Ibid.*, 198~199쪽.
102 *Extrait des registres de la commission ordonnée par le roi...*
103 *Ibid.*
104 뒤 퐁 신부가 위베르 씨에게 보낸 편지; Bibl. Arsenal, ms. 4824, f. 23.
105 G. Legué, *op. cit.* 203쪽에 수록된 수사본(Poitiers, Bibl. municipale)을 보라.
106 BN, Fds fr. n.a. 6761, f. 9.
107 영국의 문인 킬리그루의 편지; Oxford, Bodleian Library, Ashmole, N.S. 800, 21; *The European Magazine*, t. 43, février 1801, 102쪽에 재수록. 토머스 킬리그루 (1612~1683)에 관해 R. 플렉노는 1667년 『방랑자 토마스의 생애*The Life of Tomaso the Wanderer*』(런던에서 1925년 재출간)를 출간했다.
108 *Ibid.*
109 Pierre de Lancre, *L'Incrédulité et Mescréance du Sortilège plainement convaincue...*, Paris, 1622, 41쪽.
110 한 예수회 신부가 쓴 『성 우르술라의 영광』.(발랑시엔, 1656, 쪽수를 매기지 않은 헌정본)
111 Marie de Chantal Gueudré, *Histoire de l'Ordre des Ursulines en France*, Paris, Editions Saint-Paul, 1957, t. 1, 201~216쪽을 볼 것.
112 BN, collection Dupuy, vol. 776, f. 254; BN, Fds fr. 6764, f. 7; Archives des Affaires étrangères, ms. France, vol. 1696, f. 109; Archives nationales K 114, pièce 22. Dijon, Bibl. municpale, Fonds Baudot, ms. fr. 144, 1~7쪽. 여기에 『루됭의 악마 빙의. 이 책은 우르슐라회 수녀들과 다른 세속의 여성들이 실제로 마귀에 들렸음을 보여주며 마귀에 걸린 수녀들과 평신도 여인들의 명단을 포함하고 있다』(*La Démonomanie de Loudun, qui montre la véritable possession des religieuses ursulines et autres séculières, avec la liste des religieuses et séculières possédées...*, La Flèche, Griveau, 1634)』(BN, in-8 Lb 36.3024.)라는 책의 말미에 실린 '명단'도 추가해야 할 것이다.
113 Dijon, Bibl. municipale, Fonds Baudot, ms. fr. 144, 1쪽.
114 Lettre du 26 juillet 1634; Bibl. Arsenal, ms. 4824, f. 17.
115 Poitiers, Bibl. municipale, ms. 303, pièce 26.

116 BN, Fds fr.7618, f.45. 로바르드몽의 친필 문서.
117 라틴어 계약서의 수사본은 푸아티에 문서보관서에 있다가 사라졌다. J.A.S. Collin de Plancy, *Dictionnaire infernal*, 2ᵉ éd. Paris, Mongie, 1826에는 이 글의 복사본이 실려 있고, Jules Garinet, *Histoire de la magie en France...*, Paris, Foulon, 1818, 327쪽에는 불어 번역본이 실려 있다.
118 BN, Fds fr.7619, f.83; G. Legué, *Documents pour servir à l'histoire médicale des possédées de Loudun*, Paris, 1874, 23쪽에 다소 부정확하게 재수록.
119 René Pintard, *Le libertinage érudit dans la première moitié du XVIIᵉ siècle*, Paris, Boivin, 1943, 28~29쪽에서 재인용.
120 *Ibid.*, 29~30쪽.
121 *La Science expérimentale...*, II, ch. 1; BN, Fds fr.14596, f.39.
122 Sœur Jeanne des Anges, *Autobiographie*, éd. Gabriel Legué et Gilles de la Tourette, Paris, 1886, 71~72쪽.
123 *Ibid.*
124 Yves de Paris, *Théologie naturelle*, 3ᵉ éd., Paris, 1641, t, 4, 393쪽 이하.
125 예컨대 Wilhelm E. Mühlmann, *Messianismes révolutionnaires du tiers-monde*, Paris, Gallimard, 1968, 251쪽이나 Joost Merlo, in *Journal of the American Psychiatric Association*, juillet 1963을 볼 것.
126 BN, Fds fr. n.a. 24.383.
127 Sœur Jeanne des Anges, *Autobiographie*, 67~68쪽.
128 BN, Fds fr.7618, f.2.
129 Geza Roheim, «Die wilde Jagd», in *Imago*, t.12, 1926, 467쪽 이하를 볼 것.
130 BN, Fds fr.7618, f.8.
131 Michel de Certeau, *L'Ecriture de l'histoire*, Paris, Gallimard, Folio Histoire, 2002, «Ce que Freud fait de l'histoire. Une névrose démoniaque au XVIIᵉ siècle», 339~364쪽.
132 시편 90장 13절. 불가타 성경.
133 BN, Fds fr.7618, f.50~51.
134 Joachim du Bellay, *Regrets*, sonnet 97. Auguste Viatte, «Du Bellay et les démoniaques», in *Revue d'histoire littéraire de la France*, t.51, 1951, 456~460쪽을 볼 것.
135 이 보고서들을 처음으로 규합하여 소개한 것은 알프레드 바르비에였다. Alfred Barbier, «Rapports des médecins et chirurgiens appelés au cours du procès d'Urbain Grandier», in *Gazette médicale de Nantes*, 9 août~9 novembre 1887.
136 *Factum pour Maitre Urbain Grandier, prêtre, curé de l'église de Saint-Pierre du Marché de Loudun...* [1634], in-4º, 12 p. (BN, Lb 36.3016). BN, collection Dupuy, vol,

f.220~224; 500 Colbert, vol.619, f.138; recueil Thoisy, vol.92, f.337; Bibl. Arsenal, 5554 et 4824 등을 볼 것.
137 *Préceptes particuliers d'un médecin à son fils*; René Pintard, *La mothe le Vayer, Gassendi, Guy Patin*, Paris, Boivin, s.d., 67쪽에 수록.
138 BN, Fds fr. n.a. 24.380. f.145.
139 *Ibid.*, f.156.
140 *Ibid.*, f.147.
141 BN, Fds fr.12047, f.2.
142 *Préceptes particuliers d'un médecin à son fils*; René Pintard, *La mothe le Vayer, Gassendi, Guy Patin*, Paris, Boivin, s.d., 69쪽.
143 Gui Patin, *Lettres*, éd. J.-H. Reveillé-Pärise, Paris, 1846, t.1, 302쪽.
144 P. Yvelin, *Apologie pour l'autheur de l'examen de la possession des Religieuses de Louviers...*, Paris, 1643, 17쪽. 또한 Robert Mandrou, *Magistrats et sorciers en France au XVIIe siècle*, Paris, Plon, 1968, 288~289쪽을 볼 것.
145 필레 드 라메나르디에르는 인간 정신의 이러한 결함을 비난한 바 있다. Pilet de la Mesnardière, *Traité de la mélancholie*, La Flèche, 1635, 48~49쪽.
146 이 편지는 1634년 10월 14일 파리의 캉탱 씨에게 보낸 것으로 편지 말미에서 의사 스갱이 (편지 장르의 관습상 당연하게도) "이 편지는 우리의 친구들에게만 보여주실 것을 부탁드립니다"라고 청했음에도 불구하고 차후『메르퀴르 프랑세』지에 실린다. (*Mercure François*, t.20 (l'an 1634), Paris, E. Richer, 1637, 772~780쪽)
147 BN, Fds fr.7618, f.8.
148 *Discours de la méthode*, 3 in *Œuvres de Descartes*, éd. Ch. Adam et P. Tannery, Paris, t.6, 24~25쪽.
149 Pilet de la Mesnardière, *Traité de la mélancholie*, La Flèche, 1635, 51쪽.
150 *Les Œuvres libertines de Cyrano de Bergerac*, éd. Frédéric Lachèvre. Paris, Champion, 1922, t.2, 213쪽.
151 Manuscrit de la Bibliothèque de M. Lambert, «Dialogue spirituel», 2e partie, 4~5쪽.
152 Le Grand Fougeray, Archives de la Visitation, «Extraits de la Vie de Jeanne des Anges», 59쪽.
153 BN, Fds fr. n.a.24.380, f.180~181.
154 *Traité de la mélancholie*, 23쪽.
155 BN, Fds fr.7618, f.30 (23 mai 1634)
156 Le Grand Fougeray, Archives de la Visitation, «Vie de la Mère Jeanne des Anges», 71~72쪽.
157 BN, Fds fr. n.a.24.380. 이 약제들에 대해서는 다음을 참조할 것. Nicolas Lémery, *Pharmacopée universelle contenant toutes les compositions de la pharmacie...*, Paris, L. d'Houry, 1697.

158 *Discours de la possession des Religieuses de Lodun* (sic), Saumur, 1634, 64쪽.
국립도서관에는 이 책의 예전 사본이 한 부 있다. BN: Lb 36.3029, Rès., 2~20쪽.
159 키예의 『풍자시집』에 대해서는 René Pintard, *Le libertinage érudit dans la première moitié du XVIIe siècle*, Paris, Boivin, 1943, 221~223쪽 참조. 키예의 『루됭에서 내가 본 모든 것의 보고』는 국립도서관에 보관되어 있다.(BN, Fds fr.12801, f.1~10) 키예가 참관한 1634년 5월 20일의 구마의식의 조서 역시 국립도서관에 보관되어 있다.(BN, Fds fr.7618, f.25~26)
160 *Attestatio Chesnati Medici Coenomanensis* (1635), BN, Lb 36.3029, Rés., 148~154쪽.
161 *In actiones Juliodunensium Virginum, Francisci Pidoux Doctoris Medici Pictaviensis Exercitatio Medica, ad D. Duncan, Doct. Médic.*, Poitiers, J. Thoreau, 1635, in-8°. 이 책은 77쪽짜리 판본(BN, in-8° Td 86.15)과 160쪽짜리 판본(BN, in-8° Td 86.15 A)이 있다. 또한 *Deffensio Excercitationum Francisci Pidoux*, Poitiers, Thoreau, 1636, in-8°도 참조.
162 *Traité de la mélancholie*, 3쪽.
163 Pietro Pomponazzi, *Les causes des merveilles de la nature...*, trad. et introd. Henri Busson, Paris, Rieder, 1930을 볼 것.
164 *Traité de la mélancholie*, 44~55쪽.
165 *Ibid.*, 57~58쪽.
166 *Ibid.* 쪽수를 매기지 않은 헌사 부분.
167 *Ibid.*
168 *Ibid.* 119~120쪽.
169 René Pintard, *Le libertinage érudit dans la première moitié du XVIIe siècle*, Paris, Boivin, 1943, 222쪽을 볼 것. 여기에는 노데가 나중에 기 파탱에게 보낸 편지가 인용되고 있다.
170 *Discours sur la possession des religieuses ursulines de Loudun*, 1634, in-12°, 64p.(BN, Recueil Thoisy, vol.92, f.292~330; BN, Lb 36.3023)
171 Pietro Pomponazzi, *Les causes des merveilles de la nature...*, 62~86쪽.
172 «Portefeuille» de Vallant, édité dans P.-E. Le Maguet, *Le Monde médical parisien sous le grand roi*, Paris, Maloine, 1899, 540쪽.
173 Henri-Jean Martin, *Livre, pouvoirs et société à Paris au XVIIe siècle*, Genève, Droz, 1969, 527~529쪽.
174 *Factum pour Maitre Urbain Grandier...* (이 책 8장 주 136을 볼 것)
175 *Lettre au Roy du sieur Grandier accusé de magie* (1634); BN, Fds fr.7619, f.84~89, et Fds fr. n.a.6764, f.115~117; Bibl. Arsenal, ms.5423, 1209~1218쪽; etc.
176 BN, Fds fr. n.a.6763, f.81~82.
177 BN, Fds fr.7618, f.30.

178 *Ibid.*, f.25.
179 *Ibid.*, f.32.
180 *Ibid.*, f.30.
181 Archives nationales, Minutier central, Etude 64, liasse 92, Testament, f.7.
182 BN, Fds fr. n.a.6764, f.145.
183 BN, Fds fr.20973, f.241.
184 Michel de Certeau, «L'illettré éclairé. L'histoire de la lettre de Surin sur le jeune homme du coche(1630)», in *Revue d'ascétique et de mystique*, t.44., 1968, 369~412쪽 참조.
185 *La science expérimentale...*, I, 1 (première version); BN, Fds fr.14596, f.8.
186 Jean de Silhon, *De l'immortalité de l'âme*, Paris, Bilaine, 1634, in-4º, 1056쪽: 3쪽도 볼 것.
187 Lettre à Gassendi (7 septembre 1634); Carpentras, Bibl. Inguimbertine, ms.1810, f.48; *Le cabinet historique*, t.25, 1879, 6~12쪽에 수록.
188 *Ibid.*
189 *Remarques et considérations servant à la justification du curé de Loudun, autres que celles contenues en son Factum*, 1634, impr. in-4º, 8쪽. 이에 관해서는 BN, Lb 36.3017; collection Dupuy, vol.641, f.214; Fds fr.24163, 1~8쪽; Fds fr.12047, f.3; 500 Colbert, vol.219, f.144; Bibl. Arsenal, ms.4824, f.8~11 등을 볼 것.
190 Sanson Birette, *Réfutation de l'erreur du Vulgaire touchant les responses des diables exorcisez*, Rouen, J. Besongne, 1618, in-12º, 219쪽: 212쪽을 볼 것.
191 Saint Thomas d'Aquin, *Summa Theologica*, IIa IIae, quaestio 9, art.2.
192 Blaise Pascal, *Pensées*, fragm.44 (Brunschvig 82), in *Œuvres complètes*, éd. Louis Lafuma, Paris, Seuil, 1963, 504쪽.
193 *La science expérimentale...*, I, 5; BN, Fds fr.14596, f.22.
194 *Véritable relation des justes procédures observées au fait de la possession des Ursulines de Loudun*, La Flèche, Griveau, 1634; Poitiers, 1634; Paris, J. Martin, 1634 (BN, in-8º Lb 36.3019); un manuscrit (BN, Fds fr. n.a.13192, f.27 이하) 초판은 1634년 8월 초에 출간되었다.
195 G. Hanotaux et duc de La Force, *Histoire du cardinal de Richelieu*, 1935, t.4, 246쪽에서 재인용.
196 *Véritable relation des justes procédures.*
197 *Extrait des registres de la commission ordonnée par le Roi...*, 22~23쪽.
198 Marcel Marion, *Dictionnaire des institutions de la France aux XVIIe et XVIIIe siècles*, Paris, 1923, 449~451쪽과 Babinet, «Le présidial de Poitiers», in *Mémoires de la Société des Antiquaires de l'Ouest*, 1885을 볼 것.
199 G. Legué, *Urbain Grandier et les possédées de Loudun*, Paris, 1880, 232쪽.

200 Etienne Delcambre, «Les procès de sorcellerie en Lorraine. Psychologie des juges», in *Revue d'histoire du droit*, t.21, 1953, 408쪽.
201 BN, Fds fr.7619, f.103
202 Tours, Bibl. municipale, ms.1197, 1re Partie, 61쪽.
203 Lettre du P. Du Pont à M. Hubert; Bibl. Arsenal, ms.4824, f.25.
204 *Ibid.*, f.19.
205 G. Legué, *op. cit.*, 233~244쪽에 수록.
206 *Véritable relation des justes procédures observées au fait de la possession des Ursulines de Loudun*의 서두; BN, Fds fr.7619, f.104~105.
207 *Factum pour Maitre Urbain Grandier*: 8장 주 136을 볼 것.
208 *Remarques et considérations servant à la justification du curé de Loudun*; 9장 주 189를 볼 것.
209 *Conclusions à fins absolutoires, mise par-devant les commissaires du procès par Urbain Grandier*. BN, Fds fr.6764, f.116~123; Fds fr. n.a.24380, f.203~210; etc.
210 BN, Fds fr.7619, f.108.
211 *Ibid.*, f.104~106.
212 *Ibid.*, f.82 이하. Et BN, Fds fr.6764, f.80.
213 *Lettre au Roi du sieur Grandier accusé de magie*; 이 책의 9장 2절 주 175 참조.
214 BN, Fds fr.7619, f.129.
215 *Ibid.*, f.109
216 특히 J. Texier, *Le procès d'Urbain Grandier*, thèse dactyl., Faculté de droit de Poitiers, 1953, 140쪽과 M. Foucault, *Les procès de sorcellerie dans l'ancienne France devant les juridictions séculières*, Paris, Bonvalot-Jouve, 1907을 볼 것.
217 Pierre de Lancre, *Tableau de l'inconstance des mauvais anges...*, Paris, N. Buon, 1612, liv. VI, 487~489쪽.
218 J.Texier, *op. cit.*, 107쪽.
219 BN, Fds fr.24163, pièce 11.
220 *Ibid.*, f.29~34 et f.129~137: 두 텍스트는 동일함. BN, Fds fr.6764, f.103~109; BN, Fds n.a.24382, f.92~99. [Aubin], *Histoire des diables de Loudun*, Amsterdam, 1752, 171~197쪽에 논평과 함께 수록됨.(일부 오류가 있음)
221 특별한 표시가 없으면 인용한 텍스트들은 *Extrait des preuves qui sont au procès de Grandier*에서 가져온 것이다.
222 Jacques d'Autun, *L'incrédulité savante et la crédulité ignorante au sujet des magiciens et sorciers*, Lyon, 1671, 541쪽 이하.
223 Pierre de Lancre, *Tableau de l'inconstance des mauvais anges...*, 189쪽.
224 J. Fontaine, *Discours des marques des sorciers*, Lyon, Larjot, 1611: Lyon, Bibl. municipale, 363842/363868.

225 Jacques d'Autun, *L'incrédulité savante et la crédulité ignorante au sujet des magiciens et sorciers*, 541쪽.
226 G. Legué, *Urbain Grandier et les possédées de Loudun*, 212쪽을 볼 것.
227 BN, Fds fr.24163, f.113.
228 Oscar de Vallée, *De l'éloquence judiciaire au XVIIᵉ siècle*, Paris, 1856, 277~279쪽.
229 Martin Del Rio, *Les Controverses...*, in J.Texier, *Le procès d'Urbain Grandier*, 91쪽.
230 이 「유죄 판결문 *L'Arrest de condamnation*」은 즉시 파리에서 인쇄되었으며 (Estienne Habert et Jacques Poullard, 1634, in-8º) 수사본의 형태나 인쇄물의 형태로 여러 선집에 수록되어 있다. BN, collection Thoisy. vol.92, f.385; Fds fr.24163, f.113; Archives nationales K 114; etc.
231 Bibl. Arsenal, ms.4824, f.25 (le P. Du Pont); et BN, Fds fr.24163, f.113 (le P. Archange)
232 «Mersmoire de ce qui s'est passé à l'exécution de l'arreste contre Mᵉ Urbain Grandier, prestre,... exécuté le vendredy 18 aoust 1634», BN, Fds fr. n.a.24383.
233 BN, Fds fr.7619, f.111.
234 Etienne Delcambre, «Les procès de sorcellerie en Lorraine. Psychologie des juges», in *Revue d'histoire du droit*, t.21, 1953, 414~415쪽을 볼 것.
235 BN, Fds fr.7619, f.111.
236 Bibl. Arsenal, ms.4824, 28쪽.
237 J. Texier, *Le procès d'Urbain Grandier*, thèse dactyl., Faculté de droit de Poitiers, 1953, 204~205쪽을 볼 것.
238 BN, Fds fr.7619, f.112.
239 *Ibid.*
240 「누가복음」 23장 43절.
241 «Relation véritable de ce qui s'est passé en la mort du curé de Loudun...», BN, Fds fr.6764, f.124~130; *Archives curieuses de l'histoire de France*, éd. F. Danjou, 2ᵉ série, t.5, Paris, 1838, 278~279쪽에 수록.
242 Bibl. Arsenal, ms.4824, f.27.
243 G. Legué, *Urbain Grandier et les possédées de Loudun*, 266쪽에 수록된 수사본의 복사물을 보라.
244 *Ibid.*, 264쪽.
245 A. Pericaud, *Notes et documents pour servir à l'histoire de la ville de Lyon*, 2ᵉ Partie (1594~1643), 270~272쪽.
246 이스마엘 불리오가 가상디에게 보낸 편지: 이 책 9장 주 187을 볼 것.
247 [Aubin], *Histoire des diables de Loudun*, Amsterdam, 1694, 380쪽에 수록.
248 [Aubin], *op. cit.*, 379쪽에 수록.
249 *Géographie Blaviane*, Amsterdam, vol.7, 1667, 403쪽.

250 *Mercure françois*, t.20 (année 1634), 1637, 772쪽.
251 Henri-Jean Martin, *Livre, pouvoirs et société à Paris au XVIIe siècle*, Genève, Droz, 1969, 356~357쪽.
252 *Mercure françois*, t.20 (année 1634), 1637, 780쪽.
253 Bibl. Arsenal, ms. 4824, f.13.
254 BN, Lb 36.3023; etc.
255 Lettre à Laubardemont, dans Jean-Joseph Surin, *Correspondance*, éd. Michel de Certeau, Paris, Desclée De Brewer, 1966, 280쪽.
256 BN, Lb 36.3018. 이 책 4장 주 68을 볼 것.
257 BN, Fds fr.24163, 129~137쪽; Fds fr.6764 f.103~109; etc.
258 BN, collection Thoisy, vol.92, f.385, etc.
259 BN, Fds fr.7619, f.112; Fds fr.6764, f.124; etc.
260 BN, Cabinet des Estampes, Qb1 1634.
261 Poitiers, Bibl. municipale, ms.303. G. Legué, *Urbain Grandier et les possédées de Loudun*, Paris, 1880, 259쪽에 수록.
262 BN, Fds fr.6764, f.127; Carpentras, Bibl. Inguimbertine, Papiers Peiresc, Reg. X, f.517; etc.
263 Bibl. Arsenal, ms.4824, f.27.
264 BN, Lb 36.3021.
265 BN, Lb 36.3022. 또한 BN, Fds fr.7619, f.114~116; Fds fr.6764, f.149를 볼 것.
266 *Le Cabinet historique*, t.2, 1856, 1re Partie, 61~63쪽과 Ph. Tamizey de Larroque, *Documents relatifs à Urbain Grandier*, Paris, 1879에 수록.
267 BN, Fds fr.6764, f.138, 147 et 149.
268 BN, Lb 36.3023; Carpentras, Bibl. Inguimbertine, Papiers Peiresc, Reg. X, f.524.
269 BN, Lb 36.3590.
270 BN, Fds fr.24163, f.113~115.
271 *Ibid.*, f.117~128.
272 나중에 그의 책 말미에 수록됨: Pilet de la Mesnardière, *Traité de la mélancholie*, La Flèche, 1635.
273 *Mercure françois*, t.20 (année 1634), 1637, 772~783쪽.
274 BN, Lb 36.3961. 이 편집자에 대해서는 Pasquier, *Imprimeurs et libraires de l'Anjou*, Angers, 1932, 270쪽을 볼 것.
275 BN, Lb 36.3020; BN, Fds fr.23064, f.79~82.
276 BN, Lb 36.3019; BN, Fds fr.7619, f.104~106; etc. 또한 Pasquier, *op. cit.*, 317쪽을 볼 것.
277 BN, Lb 36.3024.
278 BN, Fds fr.6764, f.124~130.

279 시작 부분과 끝 부분이 없는 불완전한 자료임. BN, Fds fr. n.a.24380, f.246~257.
280 Poitiers, collection Barbier, cart. III, n° 71.
281 Poitiers, Bibl. municipale, ms.303, n° 21.
282 *Ibid.*, ms.303, n° 20.
283 *Ibid.*, ms.303, n° 26.
284 *Véritable relation des justes procédures observées au fait de la possession des Ursulines de Loudun*, La Flèche, Griveau, 1634.
285 Martin d'Arles, *Tractatus de Superstitionibus*, Lyon, 1544를 볼 것. 또한 Arnold Van Gennep, *Manuel de Folklore français*, I, IV, 1817~1828쪽에서는 이러한 불의 사용을 비난하는 18세기 자료들을 인용하고 있다.
286 이 불은 카스토르와 폴룩스 신화에 결부되어 있다.
287 Autographe de la collection Feuillet de Conches; Michaud, *Biographie universelle*, t.23, 334쪽에 수록.
288 *Bulletin du Bibliophilie*, 1907, 495쪽에 E. Griselle이 전재全載.
289 그가 1637년 리슐리외에게 보낸 편지를 볼 것; *Revue des documents historiques*, t.4, 1877, 91쪽에 E. Chavaray이 전재全載.
290 Lettre du 20 septembre 1634 à des Roches, in *Bulletin du Bibliophile*, 1907, 496쪽.
291 Lettre du 28 septembre 1634, manuscrit de la collection Morrisson, *Ibid.*, 498쪽.
292 Le Grand Fougeray, Archives de la Visitation, «Lettres spirituelles de Loudun», t. I, 1~143쪽.
293 *Ibid.*, t. I, 73~88쪽. 라메나르다에 씨(*Examen et discussion critique des diables de Loudun*, 1747, Préface, XIV쪽) 역시 그 존재를 확인한 바 있는 이 『일기』는 유실되었다.
294 *Revue des documents historiques*, t.4, 1877, 91쪽에 E. Chavaray이 전재.
295 *Le grand miracle arrivé en la ville de Loudun en la personne d'Isabelle Blanchard...*, Poitiers, 1634, BN, Lb 36.3022.
296 Poitiers, Archives départementales, ms.7.
297 *La Science expérimentale...*, I, 1; BN, Fds fr.14596, f.5.
298 *Ibid.*, f.5~6. J.-J. Surin, *Correspondance*, éd. Michel de Certeau, Paris, Desclée De Brouwer, 1966, 246~247쪽을 볼 것.
299 Lettre 85, in J.-J. Surin, *Correspondance*, 339~340쪽.
300 *La Science expérimentale...*, I, 1; BN, Fds fr.14596, f.6.
301 *Ibid.*, f.7~8.
302 J.-J. Surin, *Triomphe de l'amour divin*, chap.2; Chantilly, Archives S.J., ms.231 bis, f.20~22.
303 *Ibid.*, f.24.
304 *Ibid.*, f.39~42.

305 *La Science expérimentale…*, I, 1; BN, Fds fr.14596, f.7.
306 Manuscrit de la collection Barbier; G. Legué, *Urbain Grandier et les possédées de Loudun*, Paris, 1880, 280쪽에 수록.
307 Paris, Archives des Affaires étrangères, ms. France, vol.1696, f.105~114.
308 *La Science expérimentale…*, I, 1; BN, Fds fr.14596, f.7.
309 Paris, Archives des Affaires étrangères, ms. France, vol.1696, f.113.
310 *Ibid.*
311 Sœur Jeanne des Anges, *Autobiographie*, éd. Gabriel Legué et Gilles de la Tourette, Paris, 1886, 58, 87, 88쪽.
312 *La Science expérimentale…*; BN, Fds fr.14596, f.9 et 18~19.
313 *Ibid.*
314 Le Grand Fougeray, Archives de la Visitation, «Lettres sprituelles», t. I, 1쪽.
315 J.-J. Surin, *Correspondance*, 263~265쪽.
316 P. Marin Mersenne, *Correspondance*, éd. Mme Paul Tannery et C. De Waard, t.5, 271쪽.
317 *Ibid.* 320쪽.
318 Nicolas-Claude Fabri de Peiresc, *Correspondance*, éd. Ph. Tamizey de Larroque, t.3, 347쪽; et J.-J. Surin, *Correspondance*, 267~268쪽.
319 *Relation véritable de ce qui s'est passé aux exorcismes des religieuses ursulines possédées de Loudun…*, Paris, J.Martin, 1635, 27쪽.
320 Lettre du 23 octobre 1635, dans J.-J. Surin, *Correspondance*, 286쪽.
321 Lettre du 22 juillet 1635, *Ibid.*, 279~280쪽.
322 이 다양한 판본에 대해서는 J.-J. Surin, *Correspondance*, 290 이하, 294, 301 이하, 359, 385 이하, 417쪽 등을 볼 것.
323 Bibl. Arsenal, ms.555, 108~147쪽; BN, Fds fr.12801, f.1~10.
324 Rome, ARSI, *Aquit.*, vol.2, f.458.
325 *La Science expérimentale…*, IV, 8; BN, Fds fr.14596, f.58~59를 볼 것.
326 *La Science expérimentale…*, I, 11; BN, Fds fr.14596, f.38.
327 Sœur Jeanne des Anges, *Autobiographie*, éd. Gabriel Legué et Gilles de la Tourette, Paris, 1886, 196~199쪽.
328 Lettre du 6 février 1644; Le Grand Fougeray, Archives de la Visitation, «Lettres spirituelles», t. I, 220~224쪽.
329 *Ibid.*, t. I, 10쪽.
330 Rome, ARSI, *Aquit.*, vol.2, f.477~478.
331 Lettre du 6 juillet 1639; Bibl. Mazarine, ms.1209, 쪽수가 매겨져 있지 않음.
332 J.-J. Surin, *Triomphe de l'amour divin*, f.258~259; 이 책의 13장 주 302를 볼 것.
333 Lettre du 25 août 1660; Jean-Joseph Surin, *Correspondance*, éd. Michel de Certeau, 983쪽을 볼 것.

334 *La Science expérimentale...*, II, 4.
335 잔 데장주는 이 여행담을 자서전에서 이야기한다.(Jeanne des Anges, *Autobiographie*, 208~254쪽)
336 *Ibid.*
337 *Journal des voyages de Monsieur Monconys, conseiller du Roy en ses conseils d'Estat et privé et lieutenant criminel au siège présidal de Lyon*, t. I, 8~9쪽.
338 Le Grand Fougeray, Archives de la Visitation, «Vie de Jeanne des Anges», 1쪽; Sœur Jeanne des Anges, *Autobiographie*, éd. Gabriel Legué et Gilles de la Tourette, 200쪽을 볼 것.
339 «Vie de Jeanne des Anges», 3쪽.
340 Sœur Jeanne des Anges, *Autobiographie*, éd. Gabriel Legué et Gilles de la Tourette, 55~56쪽.
341 *Ibid.*, 57~59쪽.
342 J.-J. Surin, *Correspondance*, 1205쪽.
343 Claude Lévi-Strauss, *Tristes Tropiques*, Paris, Plon, 1955, 418쪽.

미셸 드 세르토 연보

1925	5월 17일. 프랑스 사부아 지방의 샹베리에서 태어난다.
1936~40	현지 성직자들이 운영하던 노트르담 드 라빌레트 콜레주에서 수학. 이 시기 성직자의 길을 걷기로 마음먹는다.
1942~	바르 지방 성모 마리아 수도회의 생트마리 드 라센쉬르메르 콜레주에서 기숙사 생활을 하고, 그르노블 대학 등에서 철학을 공부한 뒤, 사부아 지방으로 돌아온다. 이차대전 중에는 레지스탕스 연락책으로 항독 지하활동에 참여한다.
1948	삭발례를 받는다.
1950	예수회에 들어간다.
1956	리옹에서 사제 서품을 받는다. 잡지 『크리스투스 *Christus*』 창간에 참여.
1957~	고등실천연구원에서 장 오르시발이 주관한 근대 기독교 역사에 관한 세미나 수강.
1960	소르본 대학에서 장 오르시발의 지도로 이냐시오 데 로욜라와 함께 예수회를 창립한 피에르 파브르의 신비주의 사상에 대한 논문을 제출, 종교학

박사학위를 받는다. 근대 초기 종교사와 신비주의에
관한 전문가로 자리매김한다. 예수회 계열의 잡지
『에튀드*Etudes*』의 편집인이 된다. 이후 17세기 예수회
사제이자 저명한 신비주의자로서 루됭의 악마 사건
때 구마사로 파견된 장조제프 쉬랭의 일생과 문헌에
대한 연구에 매진한다.

1963 장조제프 쉬랭의 『완성을 위한 영성 편람*Guide spirituel pour la perfection*』 편찬·출간.

1964 자크 라캉의 파리프로이트학교EFP 창설에 참여했고, 1980년 라캉의 뜻에 따라 이 학교가 문을 닫을 때까지 회원으로 남아 라캉주의자들과 교류한다. '타자'에 대한 세르토의 관심은 이런 정신분석학의 영향을 적지 않게 받은 것이다.

1966 장조제프 쉬랭의 『서한집*La Correspondance*』 편찬·출간.

1967 그레마스의 기호학 세미나 참석. 종교사에 아날학파의 방법론을 도입한 뷔시에르 그룹에 참여.

1968 『에튀드』에 「새로운 문화를 위하여: 발언권 획득」, 「새로운 문화를 위하여: 말의 권력」을 발표하여 68혁명을 옹호한다. 68혁명은 세르토에게 '창설적 단절'의 계기가 된다. 당시 사건들의 소용돌이를 현장에서 지켜보며 탁월한 통찰력으로 분석한 그는 무질서와 저항과 균열 속에서 미래의 가능성을 본다. 세르토는 단번에 역사학계를 넘어 주목받는 진보적 지식인으로 발돋움하며, 이후 현대사회의 문제에 깊은 관심을 기울이면서 역사와 종교, 정신분석, 인류학, 문화연구를 넘나드는 지적 행보를 본격화한다.

1968~71 프랑수아 샤틀레, 질 들뢰즈, 장프랑수아 리오타르,

	다리오 포, 미셸 푸코, 알랭 바디우, 자크 라캉 등과 함께 파리8대학(뱅센 대학)에서 강의.
1969	『이방인 혹은 차이 속의 결합L'Etranger ou l'union dans la différence』 출간.
1970	『루됭의 마귀들림La Possession de Loudun』 출간. 『아날』지에 논문을 발표하기 시작한다.
1971	뱅센 대학을 떠나 파리7대학 민속학과로 자리를 옮긴다.
1973	『역사의 부재자L'Absent de l'histoire』 출간.
1974	『기독교의 파열Le Christianisme éclaté』, 『복수형의 문화La culture au pluriel』 출간.
1975	『역사의 글쓰기L'Ecriture de l'histoire』 출간.
1978	미국 샌디에이고의 캘리포니아 대학에 전임교수로 부임한다.
1980	주저 『일상의 발명 1—실행의 기술L'Invention du quotidien, 1: arts de faire』과 이 '실행의 기술'을 제자인 뤼스 지아르와 피에르 마욜이 함께 발전시키고 구체화한 『일상의 발명 2—주거하기, 요리하기L'Invention du quotidien, 2: habiter, cuisiner』 출간. 여기서 세르토가 제시한 전술tactique 개념은 일상의 층위에서 지배 권력에 맞선 미시 저항의 실천을 성찰한 것으로서 20세기 후반 지성계에 큰 영향을 미친다.
1982	『신비주의의 우화 1La Fable mystique 1』 출간. 이 책은 종교사 연구에 정신분석적 사유를 끌어들여 근대 기독교의 변화과정에 대해 광범위하게 고찰한 저서이다.
1984	미국 체류를 끝내고 돌아와 사회과학고등연구원 EHESS의 '16~18세기 신앙의 역사인류학' 분과

	책임자로 일한다. 『일상의 발명 1』의 영역본이 출간되면서 국제적인 명성을 얻는다.
1985	『천사의 화법 Le Parler angélique』 출간.
1986	1월 9일. 파리에서 암으로 세상을 떠난다. 세르토는 자신의 사후에 유고를 정리하고 책으로 펴내는 일을 프랑스 국립과학연구소CNRS 소속 학자이자 샌디에이고의 캘리포니아 대학 객원교수인 제자 뤼스 지아르에게 맡긴다.
1987	『신앙의 약점 La Faiblesse de croire』, 『과학과 픽션 사이의 역사와 정신분석학 Histoire et psychanalyse entre science et fiction』 출간.
2005	『타자의 자리 Le Lieu de l'autre』 출간.
2013	『신비주의의 우화 2』 출간.

해설

미셸 드 세르토의
'미시 전복의 놀이'를 위한 역사

이성재
충북대 역사교육과 교수

20세기 프랑스 지성사에서 미셸 드 세르토(1925~1986)는 독특한 위치를 차지한다. 예수회 사제이자 근대 초기 종교사 분야를 연구한 세르토는 역사와 종교의 범주를 넘어 정신분석학, 인류학, 기호학을 섭렵하는 지적 행보를 보였고, 68혁명의 영향을 받으면서는 현대성과 일상의 문화 연구에도 천착했다. 특히 세르토가 제시한 전술tactique/전략stratégie 개념은 일상생활의 실천이라는 층위에서 권력과 저항의 문제를 성찰하게 함으로써 사회학과 정치학 분야에도 큰 영향을 미쳤다.

우리가 이 책 『루됭의 마귀들림』을 제대로 이해하기 위해서는 세르토의 다음 세 가지 측면에 주목해야 한다. 첫째, 세르토는 1950년 예수회에 들어가 1956년에 사제 서품을 받았고, 이후 1960년에 소르본 대학에서 신학 박사학위를 받은 신학자라는 점이다. 둘째, 자크 라캉이 1964년에 세운 파리프로이트학교의 세미나에 꾸준히 참석함으로써 역사서술의 이론적 근거를 '프로이트로의 귀환', '피억압자의 귀환'에서 찾으려 한 정신분석학자였다는 점이다. 셋째, "역사는 결코 확실하지 않다", "역사학의 본질적 성격은 '타자'에 대한 탐구에 있다"고 주장하는 역사가라는 점이다.

1 루됭 사건의 개요

루됭의 마녀 이야기는 올더스 헉슬리Aldous Huxley의 소설 『루됭의 악마들』(1952)과 이를 각색한 켄 러셀Ken Russell의 영화 〈악마들〉(1971)로 잘 알려져 있다. 또한 예르지 카발레로비치Jerzy Kawalerowicz의 영화 〈잔 데장주 수녀〉(1961), 크시슈토프 펜데레츠키Krzysztof Penderecki의 오페라 〈루됭의 악마들〉(1968~1969)도 이 사건을 소재로 한 것이다.

루됭에서 실제로 일어난 사건을 간략히 정리해보자. 1632년 프랑스 푸아투 지방의 루됭은 흑사병으로 심각한 타격을 입는다. 5월에서 9월까지 약 1만 4,000명의 주민 중 3,700명이 사망한 것이다. 수녀원에서 유령이 처음 출현한 것이 1632년 9월 말, 즉 루됭에서 흑사병의 마지막 사례가 보고된 시점의 일이라는 사실은 의미심장하다. 이즈음부터 우르술라회 수녀들은 비명을 지르고 몸을 뒤트는 등 악마에 사로잡히는 증상을 보인다. 당대 권력자 리슐리외의 명령으로 내려온 로바르드몽 남작은 이 사건의 원인을 밝히려고 노력하며, 그 결과 이 지역의 가톨릭 사제 위르뱅 그랑디에가 마귀들림의 용의자로 기소당한다. 그랑디에는 무죄를 주장했지만 결국 1634년 8월 18일에 산 채로 화형을 당한다. 예수회에서도 악마를 구마하기 위해 장조제프 쉬랭 신부를 이곳에 파견한다. 1634년 말 루됭에 도착한 쉬랭은 마귀들린 여인들이 구마사의 생각을 정확히 꿰뚫어보는 것을 경험하고 놀란다. 사실 원장수녀 잔 데장주는 이미 쉬랭에 대한 정보를 갖고 있었다. 쉬랭의 끊임없는 기도와 노력으로 잔 데장주는 치료되지만 이제는 쉬랭 스스로가 악마에 사로잡혔다고 고백한다. 잔 데장주는 몇 년 동안 프랑스 전역을 돌아다니며 구마와 치료의 증거를 보여주면서 '기적을 입은 성체聖體'로 추앙받는다.

2 세르토의 독창적 역사 서술

세르토의 『루됭의 마귀들림』은 당시 사건에 대한 연대기적 방식의 서술 형태를 띠지만 이와 병행하여 인물에 대한 집중적 분석, 권력들 간의 관계에 대한 묘사가 혼재되어 있다. 단순히 이야기로서의 서술 방식을 채택하지 않고 있기에 그 구성은 매우 산만해 보이기도 한다. 하지만 이것은 세르토가 역사적 사건에 대해 명쾌한 해설을 하는 것이 역사가의 임무가 아니라고 보고 있으므로 용인된다. 이러한 그의 생각은 이 책의 서론 격인「역사는 결코 확실한 법이 없다」에서부터 잘 드러난다.

> 악마의 발현이라는 위기 상황에는 이중의 의미가 있다. 이 위기는 한 문화의 균형이 깨졌음을 폭로하는 한편 그 변화 과정을 가속화하기도 한다. 이것은 단지 역사적 호기심의 대상이 아니다. 여기서 무엇보다 확연히 드러나는 것은 한 사회가 기존의 확실성을 잃어가고 새로운 확실성을 만들려 하는 와중에 이 확실성들과 대면하는 과정이다. 모든 안정성은 불안정한 균형에 기초하고 있으며, 이 균형을 더 안정적으로 만들려는 모든 노력은 이 균형을 교란한다. 특정한 사회 체제에서 마녀 사건과 마귀들림 사건은 어떤 균열이 갑자기 난폭하고 극적인 형태로 커지고 있음을 보여 준다.(11쪽)

세르토에게 루됭의 마귀들림 사건은 매우 이상하고 기괴한 것이었다. 이러한 사건을 제대로 이해하려면 가장 먼저 어떤 확신을 갖는 태도나 마음가짐을 버려야 한다. 이 이상한 것들은 항상 사회의 심층에 뿌리박고 있으며 복잡하게 얽혀 있다. 그렇기에 세르토는 이 책에서 어떤 새로운 것이 나올 때마다 살피고 또 살피면서 글을 이어간다. 세르토가 2장에서 '냄새의 마법'을 17세기 심성의 중요한 측면으로 분석하는 것도 바로 이런 이유에서다. "냄새는 우리가 눈으로 보는 2차원의 물체들을 우리가 들어가 있는 3차원의 공간으로 바꿔놓는다. ……냄새를 맡는다는 것은 이미 그 안에 들어가 있는 것이며, 정확히 말하면 그 일부가 되는 것이다."(61쪽) 알랭 코르뱅 같은 사회사가들이 후각사olfactory history를 도입하기 오래 전부터 이미 세르토는 이 점에 주목하고 있었던 것이다.

언어와 담론에 대한 세르토의 분석 역시 선구적이다. 그는 "마귀들림의 담론이 가능하려면, 첫째, 수녀가 마귀들림을 기억하지 못해야 하며, 둘째, 악마 문법의 자율적 작동을 위협하는 수녀의 개인적 개입은 철저히 차단되어야 한다. 마귀들림의 담론은 오직 그럴 때만 허락된다"(73쪽)라고 말한다. 3장의 소제목들이 '말과 사물', '코드', '악마의 언어', '신체의 어휘' 등인 것은 이를 잘 보여준다. 더 나아가 세르토는 정신분석의 무의식에 대한 이해가 역사학에 어떻게 적용될 수 있는지를 제시한다.

> 그래서 구마사는 마법의 원을 벗어난 수녀가 얼마 전 탈진할 정도로 몸을 뒤틀던 것을 기억하지 못하며, 자기가 한 말들을 이해하지 못한다는 것을 끊임없이 확인해야 한다. ……결국 언어가 문제인 것이다. 하지만 이는 닫힌 언어이다. 이 언어에 접근하려면 꿈을 꿀 때처럼 무의식 상태를 통해야 한다. 악마의 언어는 다른 언어이며, 학습을 통해서는 이 언어에 진입할 수 없다. 악마의 언어에 진입하려면 그 말을 이해하지 못한 채 그 말에 사로잡혀야 한다. (73~74쪽)

3장 마지막에 세르토는 이러한 언어의 문제를 공간의 문제로 전환시킨다.

'실제로 무슨 일이 일어났는가'와 '그것을 어떻게 말할 것인가'라는 두 질문은 사실은 하나이며 어떤 공통의 장소의 존재를 가리킨다. 이 이야기의 수수께끼는 마귀들림에 대한 단일한 담화가 가능하냐는 것이다. 처음에 마귀들림은 구마사들이 마련한 성스러운 담장 안에서 확실한 것으로 간주되면서 스스로 어떤 초자연적 언어를 제공했다. 하지만 일단 유통되기 시작하면 이 피안의 말들은 인간의 말로 전락한다. 피안의 말들은 이제 어떤 지옥의 장소를 설정하지 않는다. 사람들이 이 말들을 갖겠다고 서로 다투고 상이한 지적 체계들이 차례로 이 말들을 접수하면서 이 피안의 말들은 어떤 장소―토론의 대상일 뿐 아니라 차후 이 말들을 해결할 원칙인 장소―를 가리킨다. 그 장소는 바로 광장이다."(89쪽)

이와 관련해 8장에서 세르토는 의사들의 시선을 분석하면서 공간의 문제를 또다시 권위나 권력의 문제로 이전시킨다. 이를테면 지역별로 의사의 권력에 차이가 발생하는 것이다. "'마을'에서 왔느냐 '좋은 도시'에서 왔느냐에 따라 '무식한 자'와 '똑똑한 자'로 분류된다. 하지만 루됭에서 얼마나 떨어진 곳이냐 하는 것 역시 지적 권위의 측정 기준이 된다."(193쪽) 세르토의 분석은 이처럼 다양한 층위에서 동시다발적으로 전개된다. 이는 17세기 루됭의 상황이 그 모든 층위에서 복잡하게 엮여 있었다는 점을 감안할 때 더없이 효과적인 서술 방법일 수 있다.

이 책의 4장과 5장, 13장과 14장은 사건의 중심인물들인 위르뱅 그랑디에와 로바르드몽, 쉬랭과 잔 데장주에 대한 다각도의 심층적 분석을 보여준다. 우선 그랑디에에 대해서는 그의 경력과 달변가의 모습, 난봉꾼의 면모를 살피며 이와 관련하여 당대 독신·자연·결혼·욕망 등에 대한 통념들을 제시한다. 로바르드몽 남작을 다루는 장에서는 편지와 고문서에 대한 직접 인용을 통해 그의 정치적 입지, 리슐리외 및 루이 13세와의 관계 등을 당시의 권력 관계 속에서 살핀다. 13장은 쉬랭 신부가 루됭으로 파견되는 과정과 그곳에서의 활동, 그리고 1635년 1월부터 마귀가 들러붙기 시작하면서 그가 무너져가는 과정을 기술한다. 마지막으로 잔 데장주의 경우에는 그녀의 어린 시절에 주목한다. 그녀를 볼품없는 여자아이로 만들어버린 사고, 세상의 눈으로부터 그녀를 숨기고 싶어했던 어머니, 아버지에 대한 그녀의 애정, 어려서부터 졸도와 환각으로 유명했던 호기심 많은 아이 등에 대한 정신분석학적 설명은 매우 설득력 있다.

　　이처럼 세르토는 주요 인물에 대한 일대기와 마귀들림 사건과의 관련성을 치밀하게 조사한다. 그런 점에서 이 책은 미시사적 분석이 어떻게 전체사의 모습을 띨 수 있는지, 정신분석학적 연구가 역사에 얼마나 유용한지를 직접적 실례를 통해 잘 보여준다고 할 수 있다.

　　6장부터 세르토는 연대기적 방식으로 사건을 분석한다. 6장에서는 예심의 초반부(1633년 12월~1634년 4월)에 발생한 사건에 관한 것이다. 그랑디에가 체포되고 그의 어머니 잔 에스티에브르의 청원서를 인용함으로써 사건 전개의 긴장감을 잘 묘사하고 있다. 7장에서는 1634년 봄에 진행된 '수녀들의 연극'을 다루고 있다. 그리고 그 내부에 마귀들림의 원인을 다음과 같이 설명한다. "'마귀들린 여인'이 되는 것은 남는 장사이다. 이 인물이 되면 고백한 죄상은 무효화된다. 마귀들린 여인들은 피해자이다. ……따라서 수녀들은 교회에서 쇼 도중에 죄를 공개적으로 고백하는 순간 죄에서 해방된다."(174~175쪽) 10장은 1634년 7월 8일~8월 18일의 판결을 다루며, 11장과 12장에서는 1634년 8월 18일 그랑디에의 화형과 죽음 이후 그가 문학적 대상이 되어, 그를 성인으로 받드는 찬시讚詩를 낳을 수 있었던 원인을 설명한다.

인물 분석과 달리 이러한 사건의 전개 과정을 통해 세르토는 수녀들이 어떻게 구마사들을 설득할 수 있었는지, 그랑디에가 왜 처형을 당할 수밖에 없었는지를 잘 보여준다. 표면상으로는 종교적 차원에서 마귀를 몰아내려는 단순한 행동인 것처럼 보이지만 그 내부에는 리슐리외를 중심으로 한 권력자들의 지방 통제 시도와 종교개혁 이후 가톨릭의 재정립을 추구하려 했던 교회 세력의 노력이 공존하고 있었던 것이다. 따라서 희생양을 필요로 했던 당시의 정치 지형 속에서 그랑디에의 죽음은 이미 재판 이전부터 예정되어 있었다고 볼 수 있다. 권력자들이 추구했던 것은 억압되어 있던 타자들을 바깥으로 끄집어냄으로써 자신들의 정당성을 재확인하려는 것이었다. 잔 데장주가 전국을 돌며 그녀가 신에게서 받은 신체적 표지를 보여주었던 것도 이와 관련지어 이해할 수 있다. 하지만 그랑디에가 성인으로 받들어졌다는 점과 쉬랭이 마귀에 들렸다는 점은 종국에는 타자들이 권력자들의 입맛대로 요리되지는 않았다는 것을 보여준다.

3 미시 전복의 놀이

이상하게도 역사가들은 루됭의 마귀들림 사건에 큰 관심을 보이지 않았다. 루됭의 사건은 17세기의 수많은 마녀 사건 중 하나로 단순하게 여겨져왔다. 그렇다면 왜 세르토는 루됭의 이 사건에 주목했으며, 이 사건을 이토록 파고들었던 것일까? 그가 말하고자 하는 것은 무엇인가?

이에 대한 대답은 세르토가 사건의 진정한 승자로 잔 데장주를 꼽았다는 점에서 찾아야 한다. 9장에서 그가 본격적으로 지식과 권력 관계에 대해 다룬 것도 이 때문이다. 세르토는 수녀들이 기존 전문 지식의 체계를 흔들어놓았다는 점에 의의를 두면서 다음과 같이 말한다.

> 진실과 거짓말이, '참된 진실'의 증인들과 '거짓말쟁이'가 육탄전을 벌이느라 서로 몸이 밀착되어 누가 누구인지 알 수 없다 보니 마귀들린 여인들 앞에 선 구마사는 자기가 마주하고 있는 것이 '타자'인지 '동일자'인지 알 수가 없다. 어쩌면 자신의 입장을 확고히 하기 위해 적을 철저히 이해하려다 보니 자기 꾀에 넘어가 자기 확신의 수단을 잃게 되는 것인지도 모른다. 구마사는 '거짓말쟁이'에게 진리를 증언케 하려고 너무나 많은 계략을 쓰고, 속임수 자체에 너무 몰입하다 보니 이제 자기가 자신의 계교에 속은 것인지 '적'의 계략에 당한 것인지, 자기가 미망에 빠져 자신의 진리가 변질된 것인지 아니면 반대로 자기가 사기꾼을 속여 거짓말을 강요하는 것인지 알 수가 없다. 이야말로 진리를 수호하겠다고 나섰으면서 진리가 어디에 있는지 모른다고 자백하는 꼴이 아닌가? (248쪽)

세르토는 잔 데장주가 대표하는 타자의 목소리를 듣고자 노력했다. 더 나아가 타자의 목소리가 기존의 전통적 입장을 전복시키는 모습을 보고자 소망했다. 구마의식에서 수녀들이 보인 경련 등의 퍼포먼스는 바로 이러한 권위적 지식을 파괴했다. 미셸 푸코의 말을 인용한다면 경련은 가톨릭 쇄신운동에 맞선 개인이 육체적 차원에서 시도한 저항인 것이다. 즉 한 사건에 대한 왜곡과 강요된 해석을 거부하고 '투명한 진실'은 없음을 드러내는 것이 세르토의 의도이다. 이는 이 책 서두부터 그가 역사의 불확실성을 강조하는 데서 잘 나타난다. 세르토는 마지막 장 「타자의 형상들」에서 이를 다시 한번 직접적으로 언급한다. "누가, 누구에게 마귀들렸는지

를 아는 것이 불가능하므로 마귀들림에는 '진실한' 역사적 설명이 없다."(383쪽)

이를 효과적으로 드러내기 위해 세르토가 사용한 것은 정신분석학적 방법이었다. 정상과 비정상에 대한 비판, 전통적 글쓰기를 거부하면서 타자성을 드러내기 위한 글쓰기 등이 모두 이에 해당한다. 그의 글쓰기가 매우 문학적으로 보이는 것도 이와 관련이 있다. 조서나 중심인물들이 남긴 기록 외에도 리슐리외의 회고록, 그랑디에의 어머니 잔 에스티에브르의 규탄장, 마귀들림에 대한 뒤퐁 신부의 묘사, 왕진의사들의 확인서와 증언 등을 통해 세르토는 드러난 것보다는 숨겨진 것, 기존 지식이 정상이라고 규정한 것을 전복하려고 노력한다. 쉬랭은 잔 데장주와의 면담을 통해 "진정한 영적 생활의 토대를 진실한 마음에 두십시오. 그대에 대한 이야기를 많이 듣고 있습니다만…… 그대에게서 진실의 영靈을 찾아보기가 쉽지 않"(379쪽)다고 말했지만 결국 쉬랭 스스로가 마귀에 사로잡히고 만다. 이는 수녀들의 담론, 타자의 담론이 승리했음을 나타내는 것이다. 잔 데장주를 통해 우리는 이제 타자의 목소리를 들을 수 있게 되었다. 이와 관련하여 언급할 것은 세르토가 자신의 저작 『일상의 발명』(1980)에서 전략과 전술을 구별하면서 설명한 내용이다. 그가 말하는 전략은 기존 질서 아래서 권력자가 행사하는 계산된 권력 관계의 발현이며, 전술은 약자가 강자를 이기기 위해 기존 질서의 부재를 드러내는 계산된 행동이다. 잔 데장주의 퍼포먼스는 바로 이런 점에서 타자가 주체에게 행하는 효과적인 '전술'이라고 할 수 있다.

하지만 이것으로 세르토의 주장이 끝나는 것인가? 이 지점에서 놓치지 말아야 할 인물이 쉬랭이다. 쉬랭이 마귀에 들렸다는 사실은 다른 말로 하면 쉬랭이 자아를 상실하고 타자를 자각했다는 것을 의미한다. 쉬랭이 기존의 지식과 권력 체계를 버리는 순간 그는 새로운 신비적 경험을 통해 지금까지 억눌려왔던 것들의 존재를 확인한다. 그런 점에서 쉬랭과 잔 데장주의 만남은 새로운 세계의 확장을 의미한다. 세르토가 추구했던 역사가의 역할이 바로 이와 닮았다. 세르토는 억압되었던 것들이 드러나고, 결핍과 부재의 상태에 처해 있는 것들을 바깥으로 끄집어내려는 노력을 새로운 역사학으로 규정한 바 있다. 이 책을 여는 첫 대목 역시 이를 나타내는 것이다.

> 이상한 것들은 보통 우리 발밑에서 은밀히 돌아다니게 마련이다. 하지만 위기가 닥치기만 하면 이들은 홍수라도 난 것처럼 곳곳에서 지상으로 올라와, 하수구 뚜껑을 들어올리고 지하실에 스며들며 급기야는 시가지를 침범한다. 야음夜陰의 존재가 난폭하게 백주대낮으로 밀려오는 것은 낮의 주민들에게 언제나 놀라운 일이다. 하지만 이로 인해 지하의 삶이, 뿌리 뽑을 수 없는 내부 저항이 드러난다. 사회를 위협하는 어떤 힘이 덮칠 기회를 노리며 웅크리고 있다가 사회의 긴장 상황을 틈타 잠입하는 것이다. 별안간 이 힘이 긴장을 가중시킨다. 그 힘은 사회의 장치와 통로를 이용하는데, 이때 이 장치와 통로는 어떤 '불안'을 위해 사용된다. 그리고 그것은 멀리서 오는 예기치 못한 불안이다. 그 힘은 울타리를 부수고 사회의 배수로를 범람하고 길을 뚫는다. 나중에 물이 빠지면 그 길 끝에는 다른 풍경, 다른 질서가 나타날 것이다. (9쪽)

여기서 마지막에 말하는 '다른 풍경과 다른 질서'는 이제 쉬랭에게서 확인할 수 있다. 사실 잔 데장주는 재판이 진행되는 과정에서 이 역할을 충실하게 담당했지만 그랑디에의 죽음 이후 그녀는 타자의 목소리를 더이상 우리에게 들려주지 못했다. 그녀의 '개선행진'은 그런 점에서 더이상 '이상한 것'이 되지 못했다. 그 역할은 쉬랭에게로 이전되었다. 이제 예상치 않은 곳에서 기존 질서와 고유 영토에 균열을 낼 수 있는 자는 쉬랭인 것이다. "내 안에 두 개의 영혼이"(347쪽) 있다는 쉬랭의 말은 그런 점에서 새로운 생성의 씨앗으로 이해할 수 있다.

주체가 타자를 배제하는 과정, 즉 정상과 비정상, 이성과 광기의 분리에 초점을 맞춘 푸코의 시각에서 벗어나 세르토는 이 책을 통해 타자가 주체에 도전하면서 만들어내는 '놀이'에 주목하고 있다. 그는 민중을 지배 권력에 저항하는 혁명적 투사로 보지 않는다. 다만 일상 속에서 기존 질서와 지배 문화를 비웃고, 흠집을 내고, 조롱하는 배우들로 민중을 상정한다. 20세기 후반기에 세르토가 다시금 주목을 받은 것도 바로 이러한 새로운 시선 때문이다. 잔 데장주, 그리고 이후 쉬랭에게서 나타나는 미시 전복의 놀이는 그런 점에서 우리에게 기존에 맛보지 못한 해방감을 선사한다.

옮긴이의 말

책의 종류를 불문하고 모든 번역에는 나름의 고충이 있게 마련이다. 그럼에도 이 책은 나에게 각별히 고생스러웠던 기억으로 남을 듯하다. 당대의 역사적 맥락 파악과 분야별 용어 확정은 장시간의 학습과 노동을 요구했다. 번역의 정확성을 위해 저자가 인용하면서 절단·삭제·왜곡한 본래 문맥을 확인하고 복원하는 작업은 간단한 일이 아니었다. 재간행을 위해 판본을 정립하면서 명백한 철자법 오류도 수정하지 않았다는 원서 편집자의 말은 작업 내내 부담으로 남았다. 평소 익숙지 않았던 17세기 불어는 도전이라기보다는 시련이었고, 인용된 문서 대부분의 난삽하고 졸렬한 문장은 지성에 대한 모욕이었다. 그리고 저자 세르토의 문체가 있었다. 불어상으로 명확할 때조차 한국어로 옮겨놓으면 괴상망측한 언어가 되는 유별난 비유법과 사고체계가 있었다. 루됭의 식자들이 탐색하던 진리의 기형학畸形學에, 그것을 제시하기 위해 세르토가 취한 언어의 기형학이 대응된다.

발화의 상황과 맥락 속으로 들어가면 원칙적으로 어떤 문장이든 모국어로 옮기는 것이 가능하다는 믿음, 그 상상적 믿음 위에 작업실을 꾸린 우리 번역자들에게 이런 문체는 무시무시한 실재계의 경험이다. 기존의 도구와 연장을 박탈당한 역자에게 남은 방법은 원문의 의미와 직접 대결하는 것뿐이었다. 문맥 속 문장의 의미와 정확성을 포기하지 않으면서도 과감할 정도로 한국어 통사구조의 관점에서 불어 구문을 소화하는 것, 원문을 살리기 위해 원문을 버리는 것, 그것이 이 번역의 일차적 목표였다. 직역과 의역 사이에서 줄타기를 하거나 윤문을 통해 가독성을 높이는 것은 부차적 문제였다. 방법론적으로 어떤 극한의 경험이었다.

이번 번역 작업을 도와주신 분들이 있다. 한양대학교 프랑스언어·문화학과의 이충훈 교수님은 17세기 프랑스의 역사적 맥락과 당시 불어의 특이성을 설명하고 여러 용어 확정에 도움을 주셨으며, 17세기 불문학 전공자 에밀리 뒤뢰소 님은 수십여 고유명사의 발음을 확인해주셨다. 복잡한 불어 가톨릭 용어들을 명료하게 설명해주신 예수회원 박종인 신부님께도 감사를 드린다. 특히 번역 원고를 불어 원서와 대조하여 여러 역사 용어를 바로잡아주시고 소중한 조언을 해주신 충북대학교 역사교육과의 이성재 교수님께는 큰 빚을 졌다. 마지막으로 기약 없이 늘어지는 작업을 선선히 기다려주신 문학동네의 고원효 부장님께도 고마움을 전한다.

한정된 조건과 역량 안에서 최선을 다했지만 부족한 부분이 적지 않을 것이다. 독자 여러분의 질정을 바란다.

2013년 10월
이충민

찾아보기

악마들

간음姦淫 162
네팔티 161
네프탈롱 71
다리아 161
레비아탄 159, 169~171, 351
로트 163
뤼시앙 163
뤼테르 163
르제아르 164
마롱 163
바루크 161~162
발람 160, 351~352
베리트 160, 162
베에릭(또는 베에리트) 243, 245
베엘제붑 163, 208
베헤모스 160, 162, 164, 169, 361, 364
뷔페티종 163
상스팽 160
샴 71
성처녀의 적 161
세동 161, 164, 352
셀스 161
수비용 163
수음手淫 160
아가르 162
아갈 161
아만 159
아샤프 160
아스모데오 160, 169, 171, 186, 282~283
아스타로트 30, 37, 70, 163, 186
아카스 71
아카오스 160
알릭스 71
에스롱 163
에아자스(또는 에아자르) 160
엘리미 160, 162
외설의 성냥 161
외설의 숯불 163
위리엘 71
이사카론 159, 162, 352
자벨 163
자뷜롱 30, 36, 70, 161
지옥의 사자獅子 163
카론 160
카스토랭 161
카프 161
칼레프 161~162
케르베로스 160, 162

코다카니스(혹은 개꼬리) 163
프노 161
프루 163

사람들
이름 앞에 • 표시한 사람은 루됭의
마귀들린 인물들

• 가브리엘 드 랭카르나시옹(가브리엘 드
  푸르제르 드 콜롱비에르, 부원장수녀)
  28, 32, 162, 360, 365
가상디, 피에르 233, 303, 402
가스통(오를레앙 공, 국왕의 동생) 230,
  350~352, 366
고프리디, 루이(신부) 13, 41~42, 314, 377
구르마르(또는 구마르), 샤를로트 드(잔
  데장주의 어머니) 159, 371
그랑디에, 르네(위르벵의 남동생) 96, 102,
  326, 328
그랑디에, 위르벵(생피에르뒤마르셰의
  주임신부) 12, 18, 21, 27, 29, 37~38,
  41~42, 58, 65~66, 86, 94~104,
  110~111, 118~121, 123~130,
  137~140, 145~148, 151, 172, 182,
  185~187, 191~193, 233, 237~238,
  249, 252~253, 261~262, 265~287,
  291~304, 307~308, 312~315,
  318~320, 326, 328, 366, 370, 391,
  394~395
그랑디에, 장(위르벵의 남동생) 96
그랑디에, 클로드(위르벵의 삼촌) 96
그랑디에, 프랑수아(위르벵의 남동생) 96,
  139, 142
그랑디에, 프랑수아즈(위르벵의 여동생)
  96
그랑디에, 피에르(위르벵의 아버지) 96

그롤로, 장프랑수아(의사) 185, 191~192,
  197, 222
그리요, 프랑수아(프란치스코회 신부)
  19, 29, 299

노가레, 장루이 드(에페르농 공작, 귀옌
  지방총독) 295
노데, 가브리엘 233, 310, 399
노제, 자크(재판소 서기) 145, 286
니요, 자크 드(라플레슈 중급 재판소
  판사) 263

다르마냐, 장(공작, 루됭 지방총독) 48~50,
  98, 102, 117~120, 319
다르장송, 르네(리무쟁 지방장관) 245
• 당피에르 → 마리 드 생가브리엘
던컨, 마크(의사) 131, 204, 224, 234, 236,
  318, 351, 353
데루아, 장 278
데카르트, 르네 12, 213, 228, 230
델 리오, 마르탱(예수회원) 279
도비냐, 프랑수아 에들랭(신부) 59
도텡, 자크 175, 283
둘생, 레미(사제이며 의사) 187~188
• 뒤 마누, 마르트 → 마르트 드 생트모니크
뒤 부아도팽 경(필레 드
  라메나르디에르의 서신상대) 224,
  314
뒤 셴(의사) 221, 224
뒤 퐁(여성) 57
뒤 퐁(퐁트브로 수도회 신부) 57, 146,
  165, 187, 266, 291, 294, 301, 310, 396
뒤발, 앙드레('에울라리우스', 신학자)
  224, 242, 258, 353
뒤 벨레, 조아솅 187
뒤클로, 프랑수아(의사) 191, 197, 199,
  222

뒤퐁, 위르뱅(법원 서기보) 39
뒤뛰 형제(자크와 피에르) 98, 311
드뢰(시농 재판소의 민형사 대리관) 185,
 261, 263, 279
디오니(외과의) 194

라그랑주 → 기욤 오뱅
라로슈포제, 앙리루이 드 샤스테니에르
 드(푸아티에 주교) 65~67, 99, 126,
 146, 152, 166, 168, 185, 239, 244,
 266~267, 375
라메나르디에르, 이폴리트 쥘 필레 드
 (의사) 216, 220, 224~226, 228~232,
 314, 351, 353, 398
• 라모트브라세, 안 드 → 안 드 생타녜스
라바르, 드(시농 재판소 대리관보) 185,
 261, 263
• 라지이 양 164, 249
라트레무이유, 카트린 드(푸아티에
 성십자가 수녀원 원장) 246
라포르주 경(의사) 220
락탕스(리모주 출신의 성 프란치스코회
 신부) 56, 152, 180, 182~184, 198, 221,
 243, 279, 295~296, 298, 300, 325
락탕스, 가브리엘(리모주 출신의
 원시회칙파 신부)
랑부이예, 카트린 드 비본(후작부인) 354
랑크르, 피에르 드(판사) 13, 157, 178,
 278, 283
레비스트로스, 클로드 383~384
레세스, 앙투안(예수회 신부) 359
렘브란트(렘브란트 하르먼스 판 레인)
 192, 202
로바르드몽, 장 마르탱 드(남작) 18, 21,
 49, 101, 115~121, 124~126, 128~133,
 137, 139, 141~146, 151, 162, 169, 183,
 185~187, 196, 234, 258, 261, 264~268,

273, 275, 277, 279, 281~282, 286,
 292~293, 295, 297, 301, 307, 314,
 319~320, 323~328, 331, 335, 339,
 342~343, 346, 350, 361, 366~368,
 395, 397
로아탱(조리니의 지주, 푸아티에 중급
 재판소 판사) 261, 263, 294
로지에, 다니엘(위그노 의사) 39, 86~87,
 191, 196, 199, 222
루소, 마튀랭 29
루소, 질베르(예수회 신부) 280, 325
루이 13세 21, 47, 49, 53, 117~118, 126,
 274, 365
• 루이즈 드 제쥐(루이즈 드 바르브지에르)
 33, 36, 151, 159~160
뤼카, 미셸(국왕의 수기 비서관) 117~118,
 124, 151
르노도, 테오프라스트 123, 309, 311
르말, 미셸(리슐리외의 제1비서관) 119,
 324
르베리에, 위르뱅 19~20
르봉(소르본 신학박사) 280
르투르뇌르, 레옹(의사) 219~220
르페브르, 앙리 17
리샤르(푸아티에 중급 재판소 판사)
 261, 323
리슐리외, 아르망 장 뒤 플레시 드(추기경,
 공작) 21~22, 50, 67, 94, 103, 118~120,
 122~124, 127~130, 141, 160, 168, 183,
 232, 285, 295, 309, 320, 323, 326~328,
 335, 342, 344, 365, 367, 369, 404

• 마르베프, 안 드 → 안 드 생토귀스탱
마르탱, 앙투안(신학자) 242
• 마르트 드 생트모니크(마르트 뒤 마누)
 28, 31~32, 151, 161
• 마리 드 라비지타시옹(안 데스쿠블로 드
 수르디?) 162

마리 드 메디시스 47, 122
• 마리 드 생가브리엘(로바르드몽의
　처제이며 잔 데장주의 친척인 드
　당피에르 양?) 162
• 마리 드 생사크르망(마리 드 보발리에)
　162
망드루, 로베르 391
메르센, 마랭(성 프랑수아 드폴회의 신부)
　177, 349
메스맹 → 시이, 메스맹 드
모누리, 르네(라쇼메트의 지주, 외과의)
　25, 39, 86, 191, 196, 283, 325
모랑, 르네 드 66, 145, 325, 343, 365
모로, 장(그랑디에의 변호사) 272
모세 105~106, 108, 218
몽테뉴, 미셸 에켐 드 60~61
무소(작고한 수도원장. 우르슬라회
　수녀들의 전임 부속사제) 28, 93~94,
　182
무소, 니콜라 151
무소, 루이(검사장) 39
뮐만, 빌헬름 11
므뉘오, 피에르(검사) 137, 140, 272~273
미뇽, 장 29, 31, 37, 42, 85~86, 151~152,
　192
미슐레, 쥘 17, 94
미카엘리스, 세바스티앙(신부) 13, 41,
　238

바라다, 프랑수아 드(국왕의
　시종장이었으나 파면됨) 122
바레, 피에르(신부) 29, 31, 73, 75~78,
　84~85, 116, 124, 140, 152, 276, 282
바르베지외, 루이 드(노주레의 영주, 잔
　데장주의 삼촌) 159, 371
• 바르브지에르, 루이즈 드 → 루이즈 드
　제쥐

• 바르브지에르, 잔 드 → 잔 뒤 생테스프리
바르비에, 알프레드 397
바슐르리, 장(예수회 신부) 336, 342
• 바스타, 엘리자베트 → 엘리자베트 드
　라크루아
바질(샹피니의 교회참사회장) 66
발랑(의사) 236
방돔, 프랑수아 드(보포르 공작) 360
베르니에, 르네(신부) 19
베르몽, 프랑수아즈 드 157
베르트랑(집달리) 144
벨가르드, 옥타브 드(상스 대주교, 잔
　데장주의 종조부) 159, 371
• 벨리아르, 마들렌 164
벨시에르 집안 159, 371
• 벨시에르, 루이 드(코즈 남작, 잔 데장주의
　아버지) 159, 371
벨시에르, 잔 드 → 잔 데장주
보느로, 프레장(의사) 27
보댕, 장 278
• 보리외, 마리('뒤탕플'이라고 불림) 164
• 보발리에, 마리 드 → 마리 드 생사크르망
보이르, 아르노(예수회 신부) 336
봉탕(집달리) 146
부그로, 모리스 195
부르뇌프. 오귀스트 뒤 무스티에 드
　(레젤뤼 재판소장) 137, 140, 263
부셰, 장(프란치스코회 수도사) 176
부아스게랭, 마로 드(위그노, 루됭의 전임
　지방총독) 48
부온탈렌티, 베르나르도 17
불리오, 이스마엘 96, 233, 252, 302~303,
　402
뷜리옹, 클로드 드(재정감독관) 343
브누아(신부, 아마도 카푸친 작은형제회
　소속) 354
브레제, 니콜 뒤 플레시리슐리외
　(원수元帥) 185, 199~200

브레제, 위르벵 드 마이예(후작, 장군) 354
브루, 르네 드(리게유의 영주) 103
브루, 마들렌 드 103~104, 273, 326
브리오(공보관) 272
브리옹, 프랑수아(외과의) 40, 86, 185, 191~192, 197, 199, 222
• 블랑샤르, 이자벨(혹은 엘리자베트) 163, 167, 198, 314, 329, 331
블레이크, 윌리엄 17
비뇽(파리 고등법원 국왕 전속 대관) 101
비니, 알프레드 드 17
비레트, 상송(성 아우구스티누스 수도회 수도사) 253, 257
비텔레스치, 무치오(예수회 총장) 355

• 사지이, 클레르 → 클레르 드 생장
생시랑, 장 뒤베르지에 드 오란(신부) 65, 130, 327
생트마르트, 세볼 드(푸아티에 세무서장) 95, 97, 104
샤르통, 자크(신학자) 242
샤르팡티에(리슐리외의 비서관) 122
샤를마뉴 대제 274
샤비니, 부틸리에 드(행정감독관)
샹피옹, 피에르(대소인) 102, 180~181, 319
성 아우구스티누스 374
성 요셉 99, 352~353, 359~362, 365, 368, 378
세기에르, 피에르(대법관) 125, 131
세례자 요한 33
소小플리니우스 216
쇼, 베르트랑 드(투르의 대주교) 366
쇼베, 루이(민사 대리관) 39, 86, 116, 325
쇼베, 샤를(배석판사) 39, 86, 116, 263, 273
수르디, 데스쿠블로 드 → 마리 드 라비지타시옹

수르디, 앙리 2세 데스쿠블로 드(보르도 대주교) 66, 68, 277
쉬랭, 장조제프(예수회 신부) 15~16, 18, 21, 54, 104, 177, 249~251, 254~256, 311, 331, 335~346, 349~351, 354~355, 359~365, 368, 370, 377~378, 391
슈발리에(테섹의 지주, 푸아티에 중급 재판소 판사) 261, 263
스갱(투르의 의사) 110, 205, 213, 310, 318, 398
스리제, 기욤 드(게리니에르 경, 루됭 대관) 39, 103, 116, 272
시라노 드 베르주락, 사비니앵 드 215
시이, 메스맹 드 116, 120, 129, 137, 275, 395

아르샹주(카푸친 작은형제회 신부) 285, 291~292, 314
아르셰, 세라피크 151
아리스토텔레스 147, 225, 240
• 아몽, 쉬잔(카트린의 여동생) 123, 163
아몽, 카트린(별명은 '구두수선 시녀') 122~123, 163
아빌라의 테레사 374, 377~378
• 아셰, 마리 → 카트린 드 라나티비테
안 도트리슈(왕비) 365
• 안 드 생타녜스(안 드 라모트브라세) 151, 160
• 안 드 생토귀스탱(안 드 마르베프) 162
알랭(외과의) 191, 196
앙리 3세 65, 129
앙리 4세 371
• 앙젤리크 드 생프랑수아(앙젤리크 드 푸빌) 162
앙주뱅(왕실 공증인) 292, 295, 297, 313
앙토냉 드 라샤리테(가르멜회 수사) 29, 84

에르베, 르네(형사 대리관) 39, 86, 101, 137, 272~274
에스티에브르(위르벵 그랑디에의 대소인) 102
에스티에브르, 잔 르네(위르벵 그랑디에의 어머니) 96, 137~139, 142~144, 147~148, 267, 396
에울라리우스 → 뒤발
엘레아자르(카푸친 작은형제회 신부) 325, 354
엘루아 드 생피에르(가르멜회 수도사) 29
• 엘리자베트 드 라크루아(엘리자베트 바스타) 151, 159, 161
엘리제(가르멜회 신부, 구마사) 183, 280
엘리제(카푸친 작은형제회 수도사) 29, 152
오뱅, 기욤(라그랑주의 영주이자 시농 치안관) 137
오뱅, 니콜라(역사학자) 94~95
오뱅, 폴(메스맹 드 시이의 사위) 129
오브리, 니콜 13
오제, 샤를(의사) 40, 191
• 오프레, 카트린 → 카트린 드 라프레장타시옹
외제브 드 생미셸(가르멜회 수도사) 29, 31, 37
외젠 드 생르네(가르멜회 수도사) 29
우멩(오를레앙 중급 재판소의 형사 대리관) 261, 263, 265, 313
위리엘(카푸친 작은형제회 원장) 29
위베르(뒤 퐁 신부의 서신상대) 57, 310, 396
이냐시오 데 로욜라 363
이블랭, 피에르(의사) 203
이장베르, 니콜라(신학자) 242

자리, 알프레드 16

자케, 앙투안(의사) 185, 191~192, 222
• 잔 데장주(잔 드 벨시에르, 원장수녀) 16, 18, 21, 28~30, 32~35, 39~40, 53~54, 57~58, 68, 70, 73~78, 81, 85~88, 104, 151, 153, 159, 162, 164, 169~171, 178, 180, 182~184, 199, 217~218, 221, 235, 239, 250, 281, 283, 313, 327, 329, 332, 337, 339, 341, 343~346, 353~354, 359~379, 406
• 잔 뒤 생테스프리(잔 드 바르브지에르) 151, 159~160
제임스 1세(영국 국왕) 234
조제프(프랑수아 조제프 르클레르크 뒤 트랑블레, 카푸친 작은형제회 신부) 22, 123~125
주베르, 가스파르(위그노 의사) 39, 87, 191

차키아스, 파올로(의사) 61

카레, 프랑수아(의사) 191, 199, 222
카리온(요하네스 네겔린) 110
카스토르와 폴룩스 404
카인 107
• 카트린 드 라나티비테(마리 아셰) 162
• 카트린 드 라프레장타시옹(카트린 오프레) 151, 161, 186
칼릭스트 드 생니콜라(가르멜회 수도사) 29
캉탱(파리에 있는 스갱의 서신상대) 110, 310, 318, 398
코니에, 알퐁스(의사) 40, 86, 191~192, 199, 222
코용, 앙팀 드니(님 주교) 343~344
코트로(투르 재판소장) 208, 261, 366
콩데 공(앙리 드 부르봉) 47, 66, 121, 365
콩데, 샤를로트 드 몽모랑시(공부인) 369

쿠스티에, 가브리엘(의사) 86, 191
• 클레르 드 생장(클레르 드 사지이) 33, 151, 160, 183, 199, 239, 241, 281
키예, 클로드(의사) 216, 224, 232~233, 399
킬리그루, 토머스 155, 396

테오프라스토스 206
텍시에르(생멕상 재판소의 민형사 대리관) 261, 263, 265, 291
토마, 피에르(예수회 수사) 330, 365
토마스 아퀴나스 61, 147, 249, 252~254, 337
트랑킬(오스몽 출신의 라로셸 카푸친 작은형제회 원장) 51, 146, 152, 221, 257~258, 270, 272~274, 280, 298, 318, 320~321, 325, 328, 352, 354
트랭캉, 루이(루됭 왕립 재판소 검사장) 19, 103
트랭캉, 필리프(루이의 딸) 103
티보, 피에르(법원 서기보) 39, 86

파스칼, 블레즈 254
파탱, 기(의사) 194~195, 201, 204, 399
팡통, 마티외(의사) 40, 87, 191
페레스크, 니콜라클로드 파브리 드 311, 328, 349
펜데레츠키, 크시슈토프 17
펠리포, 루이(국무경) 117, 125~126, 261, 394
포, 뱅상 드(의사) 40, 87, 191
폴룩스 → 카스토르와 폴룩스
폼포나치, 피에르토 225, 236
푸르노, 프랑수아(외과의) 25, 286
푸르니에, 피에르(변호사) 140, 145, 263
• 푸르제르 드 콜롱비에르, 가브리엘 → 가브리엘 드 랭카르나시옹

• 푸빌, 앙젤리크 드 → 앙젤리크 드 생프랑수아
푸케, 장(의사) 25, 137
프랑수아 드 살 361, 364, 378
프로이트, 지그문트 184
피네트 드 제쥐(부르주의 우르술라회 수녀) 158
피두, 프랑수아(의사) 224, 352~353
피에르 토마 드 생샤를르(가르멜회 수도사) 29, 31
• 필라스트로, 레옹스(별명은 '막내') 163
• 필라스트로, 프랑수아즈 163, 198

헉슬리, 올더스 17
히포크라테스 201, 237

루됭의 마귀들림

초판 1쇄 | 2013년 10월 31일
초판 3쇄 | 2022년 7월 15일

지은이 | 미셸 드 세르토
옮긴이 | 이충민

기획 | 고원효
책임편집 | 김영옥
편집 | 송지선 허정은 고원효
디자인 | 슬기와 민
저작권 | 박지영 형소진 이영은 김하림
마케팅 | 정민호 이숙재 박치우 한민아 이민경 박지영 안남영 김수현 정경주
브랜딩 | 함유지 함근아 김희숙 박민재 박진희 정승민
제작 | 강신은 김동욱 임현식
제작처 | 영신사

펴낸곳 | (주)문학동네
펴낸이 | 김소영
출판등록 | 1993년 10월 22일 제2003-000045호
주소 | 10881 경기도 파주시 회동길 210
전자우편 | editor@munhak.com
대표전화 | 031-955-8888
팩스 | 031-955-8855
문의전화 | 031-955-3578(마케팅) | 031-955-2660(편집)
문학동네 카페 | http://cafe.naver.com/mhdn
인스타그램 | @munhakdongne
트위터 | @munhakdongne
북클럽문학동네 | http://bookclubmunhak.com

ISBN 978-89-546-2271-4 93920

잘못된 책은 구입하신 서점에서 교환해드립니다.
기타 교환 문의 031) 955-2661, 3580

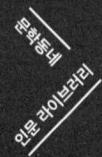

세상은 언제나 인문의 시대였다.
삶이 고된 시대에 인문 정신이 수면 위로 떠올랐을 뿐.
'문학동네 인문 라이브러리'는 인문 정신이 켜켜이 쌓인 사유의 서고書庫다.
오늘의 삶과 어제의 사유를 잇는 상상의 고리이자
동시대를 이끄는 지성의 집합소다.
살아 움직이는 유기체적 지식을 지향하고, 앎과 실천이 일치하는
건강한 지성 윤리를 추구한다.

1	증여의 수수께끼	모리스 고들리에	지음	오창현	옮김
2	진리와 방법 1	한스게오르크 가다머	지음	이길우 외	옮김
3	진리와 방법 2	한스게오르크 가다머	지음	임홍배	옮김
4	역사—끝에서 두번째 세계	지그프리트 크라카우어	지음	김정아	옮김
5	죽어가는 자의 고독	노르베르트 엘리아스	지음	김수정	옮김
6	루됭의 마귀들림	미셸 드 세르토	지음	이충민	옮김
7	저자로서의 인류학자	클리퍼드 기어츠	지음	김병화	옮김
8	검은 피부, 하얀 가면	프란츠 파농	지음	노서경	옮김
9	전사자 숭배—국가라는 종교의 희생제물	조지 L. 모스	지음	오윤성	옮김
10	어리석음	아비탈 로넬	지음	강우성	옮김
11	기록시스템 1800·1900	프리드리히 키틀러	지음	윤원화	옮김
12	비판철학의 비판	리쩌허우	지음	피경훈	옮김
13	부족의 시대	미셸 마페졸리	지음	박정호·신지은	옮김
14	인간성 수업	마사 C. 누스바움	지음	정영목	옮김
15	자유의 발명 1700~1789 / 1789 이성의 상징	장 스타로뱅스키	지음	이충훈	옮김
16	그래프, 지도, 나무—문학사를 위한 추상적 모델	프랑코 모레티	지음	이재연	옮김
17	햄릿이냐 헤쿠바냐	카를 슈미트	지음	김민혜	옮김
18	뮤즈, 글쓰기를 배우다	에릭 A. 해블록	지음	권루시안	옮김
19	기나긴 혁명	레이먼드 윌리엄스	지음	성은애	옮김
20	죽음과 오른손	로베르 에르츠	지음	박정호	옮김
21	근대의 관찰들	니클라스 루만	지음	김건우	옮김
22	상상계의 인류학적 구조들	질베르 뒤랑	지음	진형준	옮김